ウィリアム・リリー
William Lilly
© Ashmolean Museum, University of Oxford

ウィリアム・リリー著
クリスチャン・アストロロジー
第3書

田中要一郎 監訳

田中紀久子 訳

ウィリアム・リリー
アシュモレアン博物館所蔵

はじめに

　本書はイングランドの占星術師ウィリアム・リリーによる『クリスチャン・アストロロジー』の第３書です。

　本書は１６４７年に著されましたが、現在、西洋占星術における重要古典の一冊となっています。

　『クリスチャン・アストロロジー』は３書から成り、第１書は占星術の基本的な概念。第２書はホラリーを扱っています。

　本書である第３書は、出生図の判断と、未来予測の技法を扱います。

　本書では数多くの占星術の判断法、技法が網羅されています。

　これらは、リリーが学んできたものですが、当時世間で出版されていた数多くのラテン語の占星術の文献を基にしています。

　判断法や技法は優れたものが多いですが、あくまで本書は古典であるので、読者の皆様は時代背景を考慮し、今の時代の占星術に活かして頂きたいと思います。

　特に、病気や死、災難に関しては、当時の医療技術、治安などを考慮すれば、現在そのまま使用するのは問題があると思われますので、実践を通して検証して頂きたいと思います。

　本書はできるだけ原書に近い形での出版を目指しました。

　『クリスチャン・アストロロジー』の第３書にあたる部分は原書での４８９ページから始まっているので、本書も４８９ページから始まっています。原書１ページ１ページに対応するように翻訳し編集していますが、原文でページをまたぐ部分や、翻訳文が１ページに収まらない場合もあり、そういった部分はページが前後するので、ご了承下さい。

　なお表記につきまして、春分点を基準に黄道を１２等分したサインは漢字表記で、実際の星座はひらがな、もしくはカタカナで表記しています。例えば、「乙女座」は十二サインで、「おとめ座」は実際の星座です。区別して閲読して頂きたく思います。

　この書を翻訳し紹介できることに感謝を申し上げます。現在に至るまでに失われてしまった占星術の知識が再び研究され、伝統的な占星術が少しでも甦ることを切に願います。

田中　要一郎

＊ 本書は現在の見地からすると、差別的表現と受け取られかねない表現が使用されている場合がありますが、作品の書かれた１７世紀のイギリス当時の事情を考慮し、できる限り原文をそのまま訳出しています。本書には差別的意図がないことをご理解いただけますようお願い申し上げます。

第二版に寄せて

『クリスチャン・アストロロジー第3書』の初版から6年を経て、この度、第二版が出版されることになりました。このような専門的な古典翻訳物が版を重ねるというのは、非常に恵まれたありがたいことだと思います。

この6年間を振り返ってみると、まず私を取り巻く環境は大きく変わりました。欧米の占星術カンファレンスに参加することが増え、伝統派の占星術家との交流が増えました。ベンジャミン・ダイクス、クリス・ブレナン、マーティン・ガンステン、ルーメン・コーレヴ、他様々な伝統派の占星術家から多くのことを直接学び、知識は整理され深まりました。6年前の原稿を今から見返すと、翻訳の用語や表現、註釈をより適切なものにしたいと思い、第二版が出版されるこの機会に翻訳原稿一文一文を原書と照らし合わせ、改稿いたしました。

『クリスチャン・アストロロジー』のレグルス版がイギリスで復刻されてから、35年以上過ぎています。欧米での伝統占星術の研究の速さは驚くべきもので、近年ではギリシャ語、ラテン語だけでなくアラビア語の文献も直接英訳されることが増えてきていますし、1990年代、2000年代前半の頃よりも伝統派の研究家自身の伝統占星術、また現代占星術に対する考え方は成熟してきています。

では日本ではどうでしょうか。2015年に『クリスチャン・アストロロジー第3書』の初版が、3年後には『クリスチャン・アストロロジー第1書＆第2書』が出版され、特に第1書＆第2書が出版されてから、日本における伝統占星術、古典占星術といわれるものの認知度は以前よりも高まり、学習する方も増えてきていると日本の占星術の研究家におっしゃって頂くことが多くありました。確かにこの『クリスチャン・アストロロジー』の日本語版がそういったきっかけのひとつになった一面はあるとは思いますが、それまでの謙虚に地道に研究を重ねてきた伝統派の占星術家、また同時期、またそれ以降にいくつか伝統占星術に関する書籍が刊行されたこと、そういった様々な要因が重なったからとも思えます。

いずれにせよ、伝統占星術に興味をもつ方が増えつつあるというのは喜ばしいことでありますし、日本でも研究が盛んになってくれればと思います。

本書がきっかけになって、日本でも伝統占星術を愛する方々が増えることを願っています。

2021年　東京オリンピックの夏の日

田中　要一郎

出生図をどのように判断するか
についての簡単でやさしい方法

ヘルメスのトルティーネ、アニモダー、
もしくは出来事による
出生図の時刻修正

天上の１２のハウスの意味に基づく
人生での一般的な出来事を明らかにする
簡潔な判断法

ディレクション、レボリューション、プロフェクション、
そしてトランジットの影響
ディレクションでの正確な時間の測定単位

占星術研究家　ウィリアム・リリー著

占星術の道は長く、人生は短い。

ジョン・パートリッジと
ハンフリー・ブランデンに捧ぐ

ブルードネルによる出版
１６４７年ロンドン

Contents

はじめに　　　　　　　　　　　　　　　　　　　　　　　　　　　　　　　　iii
第二版に寄せて　　　　　　　　　　　　　　　　　　　　　　　　　　　　　v

出生図の判断についてのイントロダクション　　　　　　　　　　　　　　489
　９８章　出生図を時刻修正する様々な方法　　　　　　　　　　　　　　　500
　９９章　アニモダーによる出生図の修正　　　　　　　　　　　　　　　　505
　１００章　過去の出来事による出生図の時刻修正と、占星術のスペキュラムの作成　　507
　１０１章　レギオモンタヌスの表によって天象図を作る　　　　　　　　　519
　１０２章　出生図を判断する前に考慮すること　　　　　　　　　　　　　524
　１０３章　寿命について、出生図の持ち主は長生きか否か　　　　　　　　525
　１０４章　ハイレック、ハイレグ、アフェータと呼ばれる寿命のプロロゲーター。そして、死や破壊の惑星　　527
　１０５章　出生図のロード　　　　　　　　　　　　　　　　　　　　　　531
　１０６章　身体の顔や気質、惑星とサインの性質　　　　　　　　　　　　532
　１０７章　出生図の持ち主や子供の行動様式　　　　　　　　　　　　　　534
　１０８章　惑星それぞれから本質的に識別されるであろう行動様式の性質　　539
　１０９章　出生図の持ち主の知力や理解力　　　　　　　　　　　　　　　543
　１１０章　体の身長、体型、形状　　　　　　　　　　　　　　　　　　　546
　１１１章　サインの性質、顔と髪の毛の色　　　　　　　　　　　　　　　547
　１１２章　身体が太っているか、痩せているか　　　　　　　　　　　　　549
　１１３章　出生図の持ち主の一般的な幸運や不幸　　　　　　　　　　　　551
　１１４章　裕福か、否か　　　　　　　　　　　　　　　　　　　　　　　553
　１１５章　出生図の持ち主が裕福になったり貧しくなったりするのはどこから、どういった方法か　　554
　１１６章　出生図の持ち主が財産を得るのは正当な方法か、ずるがしこい方法か　　560
　１１７章　出生図の持ち主の財産が維持されたり、恒久的な場合　　　　　562
　１１８章　兄弟や姉妹がいる場合　　　　　　　　　　　　　　　　　　　564
　１１９章　兄弟姉妹の運と状態　　　　　　　　　　　　　　　　　　　　566
　１２０章　出生図の持ち主と兄弟、姉妹との結束や仲の良さ　　　　　　　567
　１２１章　兄弟姉妹の人数　　　　　　　　　　　　　　　　　　　　　　568
　１２２章　母　　　　　　　　　　　　　　　　　　　　　　　　　　　　570
　１２３章　母が出生図の持ち主を出産する時、難産か、母は出産後生きているか　　572
　１２４章　出生図の持ち主は父の財産に恵まれるか、あるいは、浪費したり消費するか　　572
　１２５章　両親同士の仲の良さ　　　　　　　　　　　　　　　　　　　　573

126章	出生図の持ち主と両親同士の愛情、そして、両親のどちらに最も愛されているか	574
127章	出生図で表示される鉱山から大きな財産を得ること	575
128章	視力の弱さ、あるいは、目を負傷するであろう前兆	581
129章	出生図の持ち主が患っている病気は治療できるか、否か	585
130章	使用人、あるいは、小さな家畜	586
131章	出生図の持ち主は妻を得ることが簡単か、難しいか	589
132章	妻の人数	590
133章	出生図の持ち主はどこから、どの方角から妻を得るか	592
134章	出生図の持ち主が得るであろう妻や妻たちがどのような状態か、美人か、美人ではないか	593
135章	男性と妻のお互いの愛と仲の良さ	597
136章	出生図の持ち主か妻のどちらが先に亡くなるか	599
137章	女性の結婚	600
138章	出生図の持ち主は何人子供を持つか	604
139章	出生図の持ち主は旅行するか、否か	606
140章	旅行の目的	609
141章	旅行における成功	610
142章	出生図の持ち主の宗教	611
143章	夢	614
144章	出生図の持ち主は地位を手に入れたり昇進したりするか、あるいは全くないか	615
(145章は原文に記載なし)		
146章	昇進はどのような状態か、あるいは、その性質と理由	621
147章	地位や名誉は続くか	622
148章	出生図の持ち主の熟達、実務や職業	624
149章	出生図の持ち主の仕事の熟達、商業、職業に関するいくつかの経験則	626
150章	友人の性質	636
151章	2人の間に仲の良さや結束はあるか	637
(152章は原文に記載なし)		
153章	敵はどのような状態か？　敵の性質について	640
154章	出生図の持ち主は敵に勝つか、負けるか	641
155章	監禁、あるいは、投獄	642
156章	非業の死か、自然死か	644
ディレクションの影響		651
157章	ディレクションの影響はどれぐらい続くのか	654
158章	5つのハイレグの位置、すなわち、アセンダント、ミッドヘブン、太陽、月、そして、パート・オブ・フォーチュンがプロミッターへディレクションすることについての影響	656
159章	アセンダントが木星自体と木星のアスペクトへディレクション	657
160章	ミッドヘブンがプロミッターへディレクション	668

１６１章	ミッドヘブンが恒星へディレクション	677
１６２章	太陽がプロミッターへディレクション	679
１６３章	太陽が恒星へディレクション	689
１６４章	月がプロミッターへディレクション	691
１６５章	パート・オブ・フォーチュンのディレクションについて。パート・オブ・フォーチュンがディレクションされることで特に明らかとなる富と動産の状態や、その増加や減少などの時期	703
１６６章	ディレクションでの時間の測定単位	708
１６６章	年間プロフェクションと、どのような方法で年毎のプロフェクションのサインを見つけるか	715

（１６６章は原書に二つ存在する）

１６７章	プロフェクションの使用と、これらの影響	718
１６８章	プロフェクション図における判断方法	726
１６９章	アセンダントと月のプロフェクション、そして、それぞれのハウスでこれらが何を意味するか	729
１７０章	ミッドヘブンと太陽のプロフェクション、そして、これらの意味	731
１７１章	プロフェクションでのパート・オブ・フォーチュンのサインと２ハウスのサインの意味	732
１７２章	レボリューション	734
１７３章	惑星のラディックスにおける惑星自身の位置と他の惑星の位置への回帰	738
１７４章	惑星のトランジット	741
１７５章	イングランドの商人の出生図で占星術を実践する	742
１７６章	出生図の持ち主の行動様式	745
１７７章	裕福さ	749
１７８章	兄弟姉妹	751
１７９章	両親	752
１８０章	病気、使用人	753
１８１章	結婚	754
１８２章	子供	757
１８３章	旅行	758
１８４章	名誉、昇進、仕事の熟達と、どのような評判が伴うか	760
１８５章	友人	762
１８６章	投獄	763
１８７章	死の性質	763
出生図の持ち主の２９歳における、ハイレグの惑星と他の惑星の、プロミッターへのディレクション		781
出生図の持ち主の３０歳におけるハイレグのディレクションと、他の惑星からこれら自身へのディレクション		785
出生図の持ち主の３１歳におけるディレクションの判断		787
３３歳のディレクション		792
３４歳のディレクションの流れ		794
３５歳のディレクション		796
３６歳のディレクション		798

３７歳のディレクション	801
３８歳のディレクション	803
３９歳のディレクション	806
４０歳のディレクション	808
４１歳のディレクション	810
４２歳のディレクション	811
４３歳のディレクション	813
４４歳のディレクション	815
４５歳のディレクション	817
４６歳のディレクション	820
４７歳のディレクション	822
４８歳のディレクション	824
４９歳のディレクション	825
５０歳のディレクション	827
読者へ	830
土星、木星、火星、金星、水星のサークル・オブ・ポジション	831
イングランドの主要都市と主な町の経度・緯度表	832
イングランドの商人の出生図	833
レボリューション図とプロフェクション図	834
恒星一覧	852
トレミーに則った惑星のエッセンシャル・ディグニティの表	854
リリーによるマイナーアスペクトの記号	854
惑星のフォーティチュードとデビリティを調べるための便利な表	855
すべての占星術師や実践者が理解するのに適した、サインに関しての必要不可欠な表	856
用語解説	857
監訳者あとがき	863
訳者あとがき	871

★

刊行に寄せて／鏡リュウジ	873
参考文献	882

GULIELMUS LILLIUS Astrologus Natus Comitat: Leicest: 1° May 1602.

Guliel: Marshall sculpsit.

出生図の判断についてのイントロダクション

時間の時と分から赤道の度と分への変換表							
	赤道の度		赤道の度＆分			赤道の度＆分	
時間	度	時間の分	度	分	時間の分	度	分
1	15	1	0	15	31	7	45
2	30	2	0	30	32	8	0
3	45	3	0	45	33	8	15
4	60	4	1	0	34	8	30
5	75	5	1	15	35	8	45
6	90	6	1	30	36	9	0
7	105	7	1	45	37	9	15
8	120	8	2	0	38	9	30
9	135	9	2	15	39	9	45
10	150	10	2	30	40	10	0
11	165	11	2	45	41	10	15
12	180	12	3	0	42	10	30
13	195	13	3	15	43	10	45
14	210	14	3	30	44	11	0
15	225	15	3	45	45	11	15
16	240	16	4	0	46	11	30
17	255	17	4	15	47	11	45
18	270	18	4	30	48	12	0
19	285	19	4	45	49	12	15
20	300	20	5	0	50	12	30
21	315	21	5	15	51	12	45
22	330	22	5	30	52	13	0
23	345	23	5	45	53	13	15
24	360	24	6	0	54	13	30
		25	6	15	55	13	45
		26	6	30	56	14	0
		27	6	45	57	14	15
		28	7	0	58	14	30
		29	7	15	59	14	45
		30	7	30	60	15	00

表の使用

レギオモンタヌス*の表によって図を作る場合、この表は非常に有益であろう。あなたが理解しなければならないことは、1時間は赤道equatorの15度で、2時間は30度……であり、1時間における1分は赤道での15分で、（時間の）2分は赤道の30分である。

*レギオモンタヌス Regiomontanus：ドイツ語名はヨハン・ミューラー・フォン・ケーニヒスベルク Johannes Müller von Königsberg、1436～1476年。数学者、天文学者、占星術師。三角法を研究し、トレミーの『アルマゲスト』をギリシャ語からラテン語へ翻訳し、集約版である *Epytoma in almagesti Ptolemei* を著す。占星術のハウスシステムを考案し *Tabulae directionum* を著す。

この表を使用するなら、例えば、図を作成する場合、正午を基準にした前後の時間を赤道の度と分に変換しなければならない。そして、これは俗に言う、時間の赤経（ライトアセンション Right Ascension）で、これらの度と分を太陽の位置する赤経の度と分に加えなければならない。次に、赤経表で、その加えた度と分に対して黄道では何度なのかを調べる。その度数が10ハウスのカスプである。1647年6月12日土曜日3：25PMで作成した図の10ハウスのカスプは、この方法を行うことで知ることができるだろう。その時の太陽の位置は（黄道で）蟹座0.51だが、しかし、私はまるまる1度でとった。赤経表の「蟹座」を見ると、1度は「蟹座」の最初の欄にあり、91度5分と分かる。つまり、これが蟹座1.00の時における太陽の赤経である。

先程の表で、3時間は赤道の45度だと分かるだろう。そして、「時間の分」の欄に25を見つける。それに対して、赤経が（「赤道の度＆分」の欄において）6度15分というのが分かる。私の作業では以下のようになる。

```
3時間        45. 0
25分          6.15
太陽の赤経   91. 5
            142.20
```

もし赤経表で導き出した142.20が黄道で何度なのかを調べたいなら、獅子座20.00ということが分かるだろう。そして、それは10ハウスのカスプである。

もし私が赤経のミッドヘブンである142.20に90度を足すと、142.20+90=230.20となり*、次の、「緯度53度でのオブリーク・アセンション Oblique Ascension（斜昇赤経）*表」でそれを調べると、その高度でのアセンダントの度数が分かるだろう。

*230.20にはならない。原書の計算ミス。
*オブリーク・アセンション Oblique Ascension：黄道の度数とともに東から斜めに上昇する赤道上のポイント。反対に黄道の度数とともに西に斜めに没する赤道上のポイントはオブリーク・ディセンション Oblique Descension（斜降赤経）と言う。

２３０．２０というまったく同じ数字は見つけられないが、「蠍座」の５度に、私は２３０．５２という極めて近い数値を見つける。その数値は２３０．２０より大きいので、それより小さい円弧（アーク Arc）＊から割合を出さなければならない。しかし、このことについては後で説明しよう。アセンダントは４度以上だが、５度まではないだろう。レギオモンタヌス方式によって天上の図をどのように作成するかを初学者に教えるため、次の４つの表を私は記載した。初学者は出生図を正確な時間で作らなければならない。しかし、一般的な疑問として必要以上により細かい度数を出したいというのがある。今、私が行ったことは、初学者への手ほどきであり、初学者たちは少しばかりは理解できるであろう。私は次の事例を分まで正確に出してみようと思う。もし表を使わないとすると、与えられている時間に１５を掛ける。そして時間の分を４で割る。この方法でもまた、一般的な時間から赤道の度数に変換することができ、どちらも速く行える。しかしながら１０ハウスのカスプを得ようとするなら、時間における赤経に太陽の赤経を加えることでのみでしか得られない。もし３６０以上あると、３６０を引き算し、そして、残った数字を「赤経表」で調べれば、それに対して黄道で何度になるのか分かり、そして、それが１０ハウスのカスプとなるだろう。

＊円弧（アーク Arc）：古代においては天体は地球を中心とした球面上に配置されて動くと考えられた。円弧はその球面上のある点から点の長さ、距離。

＊本書での度と分の表記に関して、例えば蟹座０度５１分の場合、現代での表記は蟹座０°５１′だが、リリーは本書で００．５１と表記していたり、また別のページでは例えばこの場合であるなら００：５１と表記している場合もあったり、記号のない０　５１といった場合もある。本文の訳出においては、統一するため０．５１のような表記とする。小数点ではないことに注意。

赤経表											
		牡羊座		牡牛座		双子座		蟹座		獅子座		乙女座	
度		度	分	度	分	度	分	度	分	度	分	度	分
0		0	0	27	54	57	48	90	0	122	12	152	6
1		0	55	28	51	58	51	91	5	123	14	153	6
2		1	50	29	49	59	54	92	12	124	16	154	0
3		2	45	30	46	60	57	93	17	125	18	154	57
4		3	40	31	44	62	0	94	22	126	20	155	54
5		4	35	32	42	63	3	95	27	127	22	156	51
6		5	30	33	40	64	6	96	33	128	24	157	48
7		6	25	34	39	65	9	97	38	129	25	158	45
8		7	20	35	37	66	13	98	43	130	26	159	41
9		8	15	36	36	67	17	99	48	131	27	160	37
10		9	11	37	35	68	21	100	53	132	27	161	33
11		10	6	38	34	69	25	101	58	133	28	162	39
12		11	1	39	33	70	29	103	3	134	29	163	25
13		11	57	40	32	71	33	104	8	135	29	164	21
14		12	52	41	31	72	38	105	13	136	29	165	17
15		13	48	42	31	73	43	106	17	137	29	166	12
16		14	43	43	31	74	47	107	22	138	29	167	8
17		15	39	44	31	75	52	108	27	139	28	168	3
18		16	35	45	31	76	57	109	31	140	27	168	59
19		17	31	46	32	78	2	110	35	141	26	169	54
20		18	27	47	33	79	7	111	39	142	25	170	49
21		19	23	48	33	80	12	112	43	143	24	171	45
22		20	19	49	34	81	17	113	47	144	23	172	40
23		21	15	50	35	82	22	114	51	145	21	173	35
24		22	12	51	36	83	27	115	54	146	20	174	30
25		23	9	52	38	84	33	116	57	147	18	175	25
26		24	6	53	40	85	38	118	0	148	16	176	20
27		25	3	54	42	86	43	119	3	149	14	177	15
28		26	0	55	44	87	48	120	6	150	11	178	10
29		26	55	56	46	88	53	121	9	151	9	179	5
30		27	54	57	48	90	0	122	12	152	6	180	0

		赤 経 表										
		天秤座		蠍座		射手座		山羊座		水瓶座		魚座	
度		度	分	度	分	度	分	度	分	度	分	度	分
0		180	0	207	54	237	48	270	0	302	12	332	6
1		180	55	208	51	238	51	271	6	303	14	333	3
2		181	50	209	49	239	54	272	12	304	16	334	0
3		182	45	210	46	240	57	273	17	305	18	334	57
4		183	40	211	44	242	0	274	22	306	20	335	54
5		184	35	212	42	243	3	275	27	307	22	336	51
6		185	30	213	40	244	6	276	33	308	24	337	48
7		186	25	214	39	245	9	277	38	309	25	338	45
8		187	20	215	37	246	13	278	43	310	26	339	41
9		188	15	216	36	247	17	279	48	311	27	340	37
10		189	11	217	35	248	21	280	53	312	27	341	33
11		190	6	218	34	249	25	281	58	313	28	342	29
12		191	1	219	33	250	29	283	3	314	29	343	25
13		191	57	220	32	251	33	284	8	315	29	344	21
14		192	52	221	31	252	38	285	13	316	29	345	17
15		193	48	222	31	253	43	286	17	317	29	346	12
16		194	43	223	31	254	47	287	22	318	29	347	8
17		195	39	224	31	255	52	288	27	319	28	348	3
18		196	35	225	31	256	57	289	31	320	27	348	59
19		197	31	226	32	258	2	290	35	321	26	349	54
20		198	27	227	33	259	7	291	39	322	25	350	50
21		199	23	228	33	260	12	292	43	323	24	351	45
22		200	19	229	34	261	17	293	45	324	23	352	40
23		201	15	230	35	262	22	294	51	325	21	353	35
24		202	12	231	36	263	27	295	54	326	20	354	30
25		203	9	232	38	264	33	296	57	327	18	355	25
26		204	6	233	40	265	38	298	0	328	16	356	20
27		205	3	234	42	266	44	299	3	329	14	357	15
28		206	0	235	44	267	49	300	6	330	11	358	10
29		206	57	236	46	268	54	301	9	331	8	359	5
30		207	54	237	48	270	0	302	12	332	6	360	0

緯度34度でのオブリーク・アセンション表												
		牡羊座		牡牛座		双子座		蟹座		獅子座		乙女座	
度		度	分	度	分	度	分	度	分	度	分	度	分
0		0	0	20	1	43	26	72	57	107	50	144	13
1		0	38	20	43	44	19	74	3	109	2	145	26
2		1	17	21	26	45	12	75	9	110	15	146	38
3		1	56	22	9	46	6	76	15	111	27	147	50
4		2	35	22	52	47	0	77	21	112	40	149	2
5		3	14	23	35	47	54	78	28	113	53	150	14
6		3	53	24	19	48	49	79	36	115	5	151	26
7		4	32	25	3	49	44	80	44	116	19	152	38
8		5	11	25	47	50	40	81	52	117	31	153	50
9		5	50	26	32	51	36	83	0	118	44	155	2
10		6	30	27	17	52	32	84	9	119	57	156	13
11		7	9	28	2	53	29	85	18	121	10	157	25
12		7	48	28	47	54	26	86	27	122	23	158	37
13		8	28	29	33	55	24	87	37	123	37	159	48
14		9	7	30	19	56	23	88	46	124	50	161	0
15		9	47	31	5	57	22	89	56	126	3	162	11
16		10	27	31	52	58	21	91	6	127	16	163	23
17		11	7	32	39	59	21	92	17	128	29	164	34
18		11	47	33	27	60	21	93	28	129	42	165	46
19		12	27	34	15	61	22	94	39	130	55	166	57
20		13	7	35	3	62	23	95	50	132	7	168	8
21		13	48	35	52	63	24	97	1	133	20	169	20
22		14	29	36	41	64	26	98	13	134	33	170	31
23		15	10	37	30	65	28	99	24	135	46	171	42
24		15	51	38	19	66	31	100	36	136	59	172	53
25		16	32	39	9	67	34	101	48	138	11	174	4
26		17	13	40	0	68	38	103	0	139	24	175	16
27		17	55	40	51	69	42	104	12	140	36	176	27
28		18	37	41	42	70	47	105	25	141	49	177	38
29		19	19	42	34	71	52	106	37	143	1	178	49
30		20	1	43	26	72	37	107	50	144	13	180	0

緯度34度でのオブリーク・アセンション表											
度	天秤座		蠍座		射手座		山羊座		水瓶座		魚座	
	度	分	度	分	度	分	度	分	度	分	度	分
0	180	0	215	47	252	10	287	3	316	34	339	59
1	181	11	216	59	253	23	288	8	317	25	340	41
2	182	22	218	11	254	35	289	13	318	18	341	23
3	183	33	219	24	255	48	290	18	319	9	342	5
4	184	44	220	36	257	0	291	22	320	0	342	47
5	185	56	221	49	258	12	292	26	320	51	343	28
6	187	7	223	1	259	24	293	29	321	41	344	9
7	188	18	224	14	260	36	294	32	322	30	344	50
8	189	29	225	27	261	47	295	34	323	16	345	31
9	190	40	226	40	262	59	296	36	324	8	346	12
10	191	52	227	53	264	10	297	37	324	57	346	53
11	193	3	229	5	265	21	298	38	325	45	347	33
12	194	14	230	18	266	32	299	39	326	33	348	13
13	195	26	231	31	267	43	300	39	327	21	348	53
14	196	37	232	44	268	54	301	39	328	8	349	33
15	197	49	233	57	270	4	302	38	328	55	350	13
16	199	0	235	10	271	14	303	37	329	41	350	53
17	200	12	236	23	272	23	304	36	330	27	351	32
18	201	23	237	37	273	33	305	34	331	13	352	12
19	202	35	238	50	274	42	306	31	331	58	352	51
20	203	47	240	3	275	51	307	28	332	43	353	30
21	204	48	241	16	277	0	308	24	333	28	354	10
22	206	10	242	29	278	8	309	20	334	13	354	49
23	207	22	243	42	279	16	310	16	334	57	355	28
24	208	34	244	55	280	24	311	11	335	41	356	7
25	209	46	246	7	281	32	312	6	336	25	356	46
26	210	58	247	20	282	39	313	0	337	8	357	25
27	212	10	248	33	283	45	313	54	337	51	358	4
28	213	22	249	45	284	51	314	48	338	34	358	43
29	214	24	250	58	285	57	315	41	339	17	359	23
30	215	47	252	10	287	3	316	34	339	59	360	0

緯度４９度でのオブリーク・アセンション表												
	牡羊座		牡牛座		双子座		蟹座		獅子座		乙女座	
度	度	分	度	分	度	分	度	分	度	分	度	分
0	0	0	14	22	32	45	59	59	97	9	138	34
1	0	27	14	53	33	30	61	5	98	30	139	58
2	0	55	15	25	34	15	62	11	99	51	141	21
3	1	22	15	57	35	1	63	18	101	13	142	44
4	1	50	16	29	35	47	64	26	102	34	144	7
5	2	18	17	1	36	34	65	35	103	56	145	30
6	2	45	17	34	37	22	66	44	105	18	146	54
7	3	13	18	8	38	10	67	54	106	40	148	17
8	3	40	18	41	38	59	69	5	108	3	149	40
9	4	8	19	15	39	49	70	16	109	25	151	3
10	4	36	19	49	40	39	71	28	110	48	152	26
11	5	4	20	24	41	30	72	40	112	11	153	49
12	5	32	21	0	42	22	73	53	113	34	155	12
13	6	0	21	35	43	14	75	6	114	57	156	35
14	6	28	22	10	44	7	76	20	116	20	157	58
15	6	57	22	46	45	1	77	35	117	44	159	21
16	7	25	23	23	45	56	78	51	119	7	160	44
17	7	54	24	1	46	52	80	7	120	30	162	7
18	8	22	24	38	47	48	81	24	121	53	163	29
19	8	51	25	16	48	45	82	40	123	16	164	52
20	9	20	25	54	49	42	83	57	124	39	166	14
21	9	49	26	33	50	40	85	14	126	2	167	37
22	10	19	27	13	51	39	86	32	127	26	169	0
23	10	48	27	52	52	39	87	50	128	49	170	23
24	11	18	28	32	53	40	89	9	130	13	171	46
25	11	48	29	11	54	41	90	28	131	37	173	8
26	12	18	29	53	55	43	91	48	133	1	174	31
27	12	49	30	35	56	46	93	8	134	24	175	53
28	13	20	31	19	57	50	94	28	135	48	177	16
29	13	51	32	1	58	54	95	48	137	11	178	38
30	14	22	32	45	59	59	97	9	138	34	180	0

緯度49度でのオブリーク・アセンション表											
	天秤座		蠍座		射手座		山羊座		水瓶座		魚座	
度	度	分	度	分	度	分	度	分	度	分	度	分
0	180	0	221	26	262	51	300	1	327	15	345	38
1	181	22	222	49	264	12	301	6	327	59	346	9
2	182	44	224	12	265	32	302	10	328	42	346	40
3	184	7	225	36	266	52	303	14	329	25	347	11
4	185	29	226	59	268	12	304	16	330	7	347	42
5	186	52	228	23	269	32	305	19	330	48	348	12
6	188	14	229	47	270	51	306	20	331	28	348	42
7	189	37	231	11	272	10	307	21	332	8	349	12
8	191	0	232	34	273	28	308	21	332	47	349	41
9	192	23	233	58	274	46	309	20	333	27	350	11
10	193	46	235	21	276	3	310	19	334	6	350	40
11	195	8	236	44	277	20	311	51	334	44	351	9
12	196	31	238	7	278	36	312	12	335	22	351	38
13	197	53	239	30	279	53	313	8	335	59	352	6
14	199	16	240	53	281	9	314	4	336	37	352	35
15	200	39	242	16	282	25	314	59	337	14	353	3
16	202	2	244	40	283	40	315	53	337	50	353	52
17	203	25	245	3	284	54	316	46	338	25	354	0
18	204	48	246	26	286	7	317	38	339	0	354	28
19	206	11	247	49	287	20	318	30	339	36	354	56
20	207	34	249	12	288	32	319	21	340	11	355	24
21	208	57	250	35	289	44	320	11	340	45	355	52
22	210	20	251	57	290	55	321	1	341	19	356	20
23	211	43	253	20	292	6	321	50	341	52	356	47
24	213	6	254	42	293	16	322	38	342	26	357	15
25	214	30	256	4	294	25	323	26	342	59	357	42
26	215	53	257	26	295	34	324	13	343	31	358	10
27	217	16	258	47	296	42	324	59	344	3	358	28
28	218	39	260	9	297	49	325	45	344	35	359	5
29	220	2	261	30	298	55	326	30	345	7	359	33
30	221	26	262	51	300	1	327	15	345	38	360	0

緯度５３度でのオブリーク・アセンション表											
		牡羊座		牡牛座		双子座		蟹座		獅子座		乙女座	
度		度	分	度	分	度	分	度	分	度	分	度	分
0		0	0	12	14	28	34	54	46	92	58	136	26
1		0	23	12	41	29	15	55	52	94	23	137	54
2		0	46	13	8	29	57	56	59	95	43	139	22
3		1	9	13	26	30	39	58	6	97	12	140	49
4		1	32	14	4	31	22	59	14	98	38	142	7
5		1	56	14	32	32	6	60	23	100	4	143	44
6		2	19	15	1	32	51	61	33	101	30	145	12
7		2	43	15	30	33	36	62	44	102	56	146	39
8		3	6	15	59	34	22	63	56	104	22	148	7
9		3	30	16	29	35	8	65	9	105	48	149	39
10		3	54	16	59	35	55	66	22	107	15	151	1
11		4	17	17	29	36	43	67	36	108	42	152	29
12		4	41	18	0	37	32	68	51	110	9	153	56
13		5	5	18	31	38	22	70	6	111	36	155	23
14		5	29	19	32	39	13	71	22	113	4	156	50
15		5	53	19	54	40	5	72	39	114	32	158	17
16		6	17	20	7	40	57	73	57	115	59	159	44
17		6	41	20	40	41	50	75	15	117	26	161	11
18		7	5	21	13	42	44	76	34	118	54	162	38
19		7	30	21	47	43	39	77	53	120	21	164	5
20		7	55	22	21	44	36	79	13	121	49	165	32
21		8	20	22	56	45	33	80	34	123	17	166	59
22		8	45	23	31	46	31	81	55	124	45	168	26
23		9	10	24	7	47	30	83	16	126	13	169	53
24		9	36	24	43	48	29	84	38	127	41	171	20
25		10	2	25	20	49	29	86	0	129	8	172	46
26		10	28	25	58	50	30	87	22	130	36	174	13
27		10	54	26	36	51	32	88	45	132	4	175	40
28		11	20	27	15	52	35	90	9	133	31	177	7
29		11	47	27	54	53	40	91	33	134	59	178	34
30		12	14	28	34	54	46	92	58	136	26	180	0

度	緯度５３度でのオブリーク・アセンション表											
	天秤座		蠍座		射手座		山羊座		水瓶座		魚座	
	度	分	度	分	度	分	度	分	度	分	度	分
0	180	0	223	34	267	2	305	14	331	26	347	46
1	181	26	225	1	268	27	306	20	332	6	348	13
2	182	53	226	29	269	51	307	25	332	45	348	49
3	184	20	227	56	271	15	308	28	333	24	349	6
4	185	47	229	24	272	38	309	30	334	2	349	33
5	187	14	230	52	274	0	310	31	334	40	349	51
6	188	40	232	19	275	22	311	31	335	17	350	22
7	190	7	233	47	276	44	312	30	335	53	350	59
8	191	34	235	15	278	5	313	21	336	29	351	15
9	193	1	236	43	279	26	314	27	337	4	351	40
10	194	28	238	11	280	47	315	24	337	39	352	5
11	196	55	239	39	282	7	316	21	338	13	352	30
12	197	22	241	6	283	26	317	16	338	47	352	55
13	198	49	242	24	284	45	318	10	339	20	353	19
14	200	16	244	1	286	3	319	3	339	53	353	42
15	201	43	245	28	287	21	319	55	340	26	354	7
16	203	10	246	56	288	38	320	47	340	58	354	31
17	204	37	248	24	289	54	321	38	341	29	354	55
18	206	4	249	51	291	9	322	28	342	0	355	19
19	207	31	251	18	292	24	323	17	342	31	355	43
20	208	59	252	45	293	38	324	5	343	1	356	6
21	210	26	254	12	294	51	324	52	343	31	356	30
22	211	53	255	38	296	4	325	38	344	1	356	54
23	213	21	257	4	297	16	326	24	344	30	357	17
24	214	48	258	30	298	27	327	9	344	59	357	41
25	216	16	259	56	299	37	327	54	345	28	358	4
26	217	43	261	22	300	46	328	38	345	56	358	28
27	219	11	262	47	301	54	329	21	346	24	358	51
28	220	38	264	12	303	1	330	3	346	52	359	14
29	222	6	265	37	304	8	330	45	347	19	359	37
30	223	34	267	2	305	14	331	26	347	46	360	0

98章　出生図を時刻修正する様々な方法

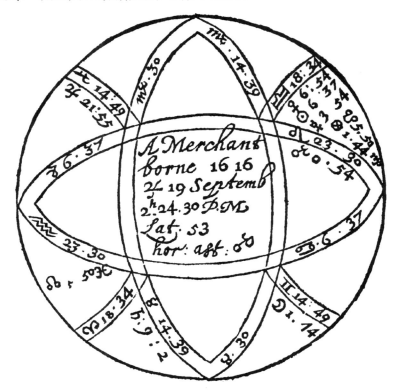

＊現代の一般的な円形の作図による出生図は８３３ページ参照。

　この商人の将来の行動、そして、天上の影響を受けて引き起こされる偶発的な出来事を出生図において判断するならば、最初に、惑星の位置が必要となる。すなわち、諸惑星の動きを正確に計算し、時刻修正（レクティファイ）する。そして、現代で最も認められている占星術の法則に従って適切な判断がなされる。つまり、最初に与えられた推定時間をもとに彼の出生図を設定しなければならない。

　その時、出生時間が正しいか、否かを考慮しなければならない。それは、出生図の持ち主のアセンダントのサインを完全に誤解してしまわないためである。もしくは、アセンダントの度数がほとんどない場合やサインの終わりにある場合、誤った不確かな時間によってアセンダントが数度違っているということを起こさないためである。

このような間違いによって、出生図の持ち主の顔や体型、体質や運命についての正確な、もしくは合理的な判断ができなくなってしまう。この間違いを解決し、時刻修正するために、先人たちはいくつかの方法と手段を後世に伝えている。それらによって、考えられている出生図の時間は修正され、正確で完璧な時間が導き出される。まず最初に、私は今からその方法を述べようと思う。そしてその方法がどのようなもので、どれを選べばよいかということを明らかにする。私はこれを占星術の研究家に最も適したものにしているので、従ってもらいたい。出生図の時刻修正についての最初の方法は、胎児が母から切り離されてから、この世界で呼吸を始めたその瞬間の時間に修正するものであるが、これは、ヘルメス（死を免れないすべての人の中で最も知的なひとりであり、モーゼと同様の古の人物）の精密な検査法、つまり、トルティーネ*によるものである。この方法はトレミー*のアニモダー*よりも遥かに古い方法である。私がこれを間違いないものと思っているように、"*Centiloquium*"（１００の格言）の５１番目で、トレミー自身が認めている（もしこの書がトレミーによるものであるならばであるが）。彼の言葉によれば、「出産時の月があるサインは、受胎時の正確なアセンダントのサインである。そして、子供が宿った時の月のサインは、出産時のアセンダントのサインとなるか、出産時のアセンダントのサインとオポジションを形成する。」ヘルメスの意見としては、「子供の受胎時の月のあるサインの度数は、出産時のアセンダントと正確に同じ度数でなければならない。」この方法は何度も使われ、数多く試されているが、この検証方法は２つや３つ程度でなく多くの例において、確かなものではない。しかし私はこれまでこの方法を十分使って来たし、使うことができた。私に不確かな時間や、１、２時間ほど間違った時間などが与えられた場合、私にとってアセンダントのサインを決定する助けになっている。しかし、アセンダントの度数ぴったりやそれに近い度数というのはまれである。ジャンクティン*がこの方法を使うことを主張していたことを、私は知っている。そして、この方法で確かめられた多くの例を挙げており、過去に起こった出来事によって正確に修正された天象図（スキーム・オブ・ヘブン Schemes of Heaven）と一致していた。また、多くの著者も、ジャンクティンと同様に高く評価していた。すなわち、シェーナー*、ポンタヌス*、クリストファー・ヘイドン*などである。

*トルティーネ：秤の意。５０２ページ参照。
*トレミー Ptolemy：クラウディオス・プトレマイオス Claudius Ptolemaeus、Claudius Ptolemy（英語名はトレミー）。８３〜１６８年頃。古代ローマの天文学者、数学者、地理学者、占星術師。占星術書である『テトラビブロス』や天文書の『アルマゲスト』を著す。
*アニモダー：５０５ページ参照。
*ジャンクティン Junctine：Francis Junctine、ラテン語名はフランキスクス・ユンクティヌス Franciscus Junctinus。イタリア語では Francesco giuntini。１５２３〜１５９０年。イタリアの聖職者。*Speculum Astrologiae* を著す。
*シェーナー Schoner：ヨハネス・シェーナー Johannes Schoener、１４７７〜１５４７年。ドイツの数学者、天文学者、占星術師、地理学者、地図製作者。*Opera mathematica* を著す。
*ポンタヌス Pontanus：ラテン語名はヨヴィアヌス・ポンタヌス Jovianus Pontanus。ジョバンニ・ポンタノ Giovanni Pontano。１４２６〜１５０３年。イタリアの詩人、歴史家、政治家。偽プトレマイオスの『ケンティロクイウム』をギリシャ語からラテン語に翻訳する。
*クリストファー・ヘイドン Christopher Heydon：１５６１〜１６２３年。イギリスの軍人、議員。*A Defense of Judicial Astrology* の著者。

推定された天象図をヘルメスのトルティーネによって修正する

あなたに持ち込まれた出産時の年、月日、時間によって、図を作り、月の位置をその時間に合わせて修正し、図に月を位置づける。

もし月が地平線の下、すなわち、月が1、2、3、4、5、6ハウスのいずれかにあるなら、東のアングル、つまり、アセンダント*から月の距離をとる。月が地平線の上、すなわち、月が12、11、10、9、8、7ハウスにあるなら、7ハウスのカスプ、つまり、西のアングルから月の距離をとる。そして、月のサインの数と度数からアングルのサインの数と度数を引き算する。もし引き算ができないなら、12サイン全体を月の位置に加える。アングルからの月の距離を次の表で探す。その表はこう名付けられる

「母の子宮内での子供の滞在表」

サイン	度	地平線より下の月、アセンダントから	地平線より上の月、7ハウスから
0	0	273	258
0	12	274	259
0	24	275	260
1	6	276	261
1	18	277	262
2	0	278	263
2	12	279	264
2	24	280	265
3	6	281	266
3	18	282	267
4	0	283	268
4	12	284	269
4	24	285	270
5	6	286	271
5	18	287	272
6	0	288	273

月 の 表		
	平 年	閏 年
1月	31	31
2月	59	60
3月	90	91
4月	120	121
5月	151	152
6月	181	182
7月	212	213
8月	243	244
9月	273	274
10月	304	305
11月	334	335
12月	365	366

＊原文では Horoscope。現在では星の配置図を一般的に指すが、古典ではアセンダントを意味するときに使われる。

これらの表の使い方と実践部分は、以下のようになる。

1. 出産の年が平年か閏年かを考慮する。

2. 出産日がその年の何日目になるかを調べる。つまり、まる１ヶ月ある月数を調べ、それに出産した月の日数を足し算する。

3. 出産日から母の子宮の中での子供の滞在の数を引き算する。そして、もし引き算ができないなら、まる１年の日数を足し算する。すなわち、３６５か３６６を出産日に加える。そして、引き算し残った数は、受胎した日の数となる。

4. 残っている数を「月の表」から探すと、月とその月の何日かが分かる。

5. 受胎した日の正午における月の位置を考える。もし出生図の推測されたアングル、つまりアセンダントから（受胎した日の正午の）月が１３度以上離れていないなら、その算出された日が受胎日となる。しかし、もし月がそれ以上に離れているなら、あなたは出産を早めた幸運な良い側面か、出産を遅らせた不吉な側面を想像できるだろう。

　私たちの出生図では、月は双子座１.４４にあり、地平線の下にある。それゆえ、私は月からアセンダントまでの距離をとる。

月の位置は	２サイン	１度	４４
すべての１２ハウスを追加する			
なぜなら引き算ができないからである	＋１２	０	０
結果、月の位置は	１４	１	４４
次にアセンダントは	－０９	６	３７
月から引くと、残り	４サイン	２５度	０７

　私は「母の子宮内での子供の滞在表」の「サイン　度」という欄を見てみる。この私の算出した数字に近いものを探すと４２４があるのが分かる。その右側の「地平線より下の月」の欄に２８５を見つける。
　つまり、母の子宮にいたのが２８５日間ということを意味する。

次に、この出産の年が平年か閏年かについて考える。出産した１６１６年で、これは４で割り切れ、余りの数がなかったので閏年であることを意味する。もし余りが１だとすると、閏年の１年後であり平年である。もし余りが２だとすると、閏年の２年後である。次に「月の表」で出産日がその年の何日目かを調べる。出産日は９月１９日である。「月の表」の閏年の欄を見ると、出産日の日数は８月の最終日である２４４日に１９日を加えたものである。すなわち、出産の日を合計すると、

$$
\begin{array}{r}
244 \\
19 \\
\hline
263
\end{array}
$$

つまり、出産日は２６３日である。

子供の滞在日数は２８５日間。

出産日の２６３から２８５を引き算するが、まる１年分の日数を２６３に足し算する。出産の年は閏年となるので、それゆえ、平年の日数である３６５ではなく、３６６日を２６３に加える。１日やそれ以上の日数の間違いが多く起こるその主な理由は、閏年の出産の場合、３６６を出産日に加えなかったためであると私は考えるからである。

出産の日に３６６を足し算する	６２９
これらから子供の滞在日数を引き算する	２８５
残り	３４４

もう一度「月の表」で３４４を探す。すると、平年の欄で１１月の最終日は３３４だと分かる。３３４にさらに１０日を加えると３４４となり、１６１５年１２月１０日日曜日となる。オリガヌス*によると、この日の正午での月の位置は、射手座２８．１３にあり、出産時のアセンダントから８度以上離れていない。もしあなたが月の日周運動を考慮するなら、最も速い動きが１５度７分であると分かるだろう。そして、１２月１０日に月が山羊座６．００へ移動するのに何時間かかるかを知りたいなら、計算すると、その月の動きは１５度と少しで、月は日曜日の夜１時あたりに山羊座６．００へ動くのが分かるだろう。子供が宿るのに適した時間でないかどうかの判断は任せよう。

＊オリガヌス Origanus：ダヴィド・オリガヌス David Origanus、１５５８〜１６２９年。フランクフルトの数学教授。天文暦を出版し、*Astrologia Naturalis* を著す。

この出生図はメディウム・コエリと、アセンダントをそれぞれのプロミッター*にディレクションし、過去に起こった出来事に照らして正確に修正されている。

> *プロミッター Promittor：出生図の配置によって、出来事や状況が約束されている promised 惑星で、すべての惑星はプロミッターに成り得る。ディレクションでシグニフィケーター（表示体）とプロミッターとでアスペクトが形成されれば約束された出来事、状況などが起こる。

幾人かの人は受胎の時間を見つける方法を述べているが、私はそれが全く馬鹿げていて受胎の時間を出せないものだと思うし、あまり信用することができない。それは次のようなものである。

太陽がどのようなサインにある場合であっても、山羊座から導き出された受胎の日の正午における太陽の赤経をとらなければならない。出産した場所の極軸（ポール）の高度*での、出産日の月のオブリーク・アセンションをとる。月のオブリーク・アセンションから太陽の赤経を引き算し、残りを時間に変換すると、これらの時間は受胎の時刻を意味する。

> *極軸（ポール）の高度 the Elevation of the Pole：Polar Elevation とも言う。Elevation を省略し、Pole のみの場合もある。地理緯度は極軸（ポール）と呼ばれることがある。これは地平線の軸であり、その場所の天頂を表す。レギオモンタヌス、アルゴル、リリーらのプライマリー・ディレクションでは惑星などのそれぞれの極軸が使用される。レギオモンタヌスらの極軸と、後のプラシーダスの極軸は異なる。また北極星の高さのことでもない。

あるいは次のようなものもある。受胎時の太陽があるサインの度数を１０ハウスにして、「ハウス表」*の「１０ハウス」の横の欄の「正午からの時間」をとる。出産時の月の位置をアセンダントにして、「正午からの時間」をとる。アセンダントの月の位置から導かれた時間から、１０ハウスの太陽の位置での時間を引き算する。もし必要なら、２４時間を加える。残った数値は受胎の時刻と思われる。

> *第１書に収録。

99章　アニモダーによる出生図の修正

今日、アニモダーの方法による出生の推定時刻の修正が多くの人々に学ばれており、大いに実践されている。
正確な時刻にできるだけ近く推定した時間で天象図を作成した時、トレミーが指示することは、出産前の最も近い新月があるサインの度数、もしくは、満月の場合は地平線の上にあるライツ*のいずれかがあるサインの度数について、努めて考慮せよということである。

> *ライツ Lights：太陽と月。一方だけの場合はライト Light。

出生図にある惑星で最もディグニティ（品位）がある惑星、すなわち、その度数においてエッセンシャル・ディグニティにある惑星を見つけよ。そして、もしその惑星の度数がミッドヘブンのカスプよりもアセンダントのカスプの度数に近いなら、アセンダントの度数を、新月か満月のいずれかがある位置の度数を支配する惑星のサインにおける度数と同じにする。しかし、その惑星の度数がアセンダントよりミッドヘブンに近いなら、ミッドヘブンの度数をその惑星の度数と同じにする。これらのアングルのいずれかに従って、先程のチャートを変えてみる。しかし、前述の度数において、２つの惑星が等しいディグニティなら、度数がアセンダントに最も近い惑星を採用する。私たちの出生図は過去の出来事によって時刻修正されていて、この時刻修正の方法を必要としない。しかし説明のために、アニモダーによって修正されたものと、出来事によって修正されたものが一致するかどうか調べてみよう。最初に私に与えられた推定時刻は、正確で正しくアセンダントにおいて１度以上の違いはなかった。出産の４日前の１６１６年９月１５日は日曜日であり、太陽と月のオポジションがあり、満月であった。そして、昼の１１時頃、太陽は天秤座２度３２分にあり、地平線の上にあった。私はその度数で最もディグニティがある惑星を調べてみる。第１書１０４ページの「エッセンシャル・ディグニティ表」*を見るなら、最もディグニティがある惑星が土星ということが分かる。なぜなら、太陽のあるサインの度数は、土星がエグザルテーションし、サインは土星のトリプリシティで、土星のタームであるからである。つまり、土星はその満月の時の主要なルーラーである。もし私たちが出生図の土星のある度数を調べるなら、土星は牡牛座９度にあるのが分かる。ミッドヘブンの度数よりアセンダントの度数に近いので、アニモダーの修正によって、アセンダントは山羊座９度２分となる。しかし、金星を最もディグニティがある惑星としてとり、同じようにするなら、奇妙にも一致するのが分かるだろう。アニモダーと呼ばれる方法で、アセンダントを修正するこの種の方法を私はただ述べただけである。しかし、ヘルメスのトルティーネやこのアニモダーは、過去の出来事から時刻修正をするようなはっきりした根拠のあるものではない。しかし、私たちが出来事が起こる前の子供の出生図を作るときにこの方法とその他の方法を使うのである。

　＊「エッセンシャル・ディグニティ表」は本書の巻末８５４ページに収録。

100章 過去の出来事による出生図の時刻修正と、占星術のスペキュラム*の作成

出生図の主要なハイレグの位置を惑星が通過することから出生図を時刻修正する方法があれば、プロフェクション図を使い、アセンダントとミッドヘブンをプロミッターに進行させることで出生図の時刻修正をする方法もある。これらの方法のいずれかに確実性や確証があったならば、私はこれらの方法を記述しただろう。しかし、私は実践したが、これら２つの方法のどちらにも真実性や可能性を見つけることができなかった。そこで、私はこの方法を実践したい人たちに任せようと思う。そのような人たちは、オリガヌスの３８０ページと、自分自身の出生図を時刻修正することでこれらの方法のうち後者を広めたヨハネス・シェーナー、そして、ペゼリウス*の２２６ページなどを読むこと。そこには、この方法を望んだ者に対して実践的な部分を著者は明らかにしている。

＊スペキュラム Speculum：ラテン語で鏡を意味する。惑星の位置やアスペクト、ハウスのカスプやタームなどの情報を記入した図表。ディレクションで参照するために作成する。
＊ペゼリウス Pezelius：クリストフェルス・ペゼリウス Christopherus Pezelius、ドイツ語名 Christoph Pezel、１５３９～１６０４年。ドイツの神学者。*De Genethliacis* を著す。

もし出生図を正確に時刻修正したいなら、出生図を扱う前に 出生図の持ち主に既に起こった出来事によって時刻修正しなければならない。そのために、出生図の持ち主はできるだけ手に入れられる多くの出来事を集め、準備しなければならない。大きな出来事には確かな時間が必要である。すなわち、年と月である。そして、もし可能であれば、その出来事が起こった日も手に入れる。もし細かな時間が手に入れられないなら、月と年でも十分役に立つだろう。なぜならば、時々私たちはその出来事が起こった月が分からず、年だけで時刻修正を強いられるからである。これらの出来事の状態とは、不幸、病気、あるいは身体に起こるような災難である。そして、これらの出来事は、アセンダントから生じ、アセンダントの進行、つまり凶作用のプロミッターとの出会いから予測される。この点において、アセンダントを私たちが作業を始める位置として認識し、この作業において、アセンダントをシグニフィケーター（表示体）と呼ぶ。それは出生図の持ち主に起こるであろう出来事や病気を意味する。惑星自体やアスペクトのいずれかにディレクションされる惑星をプロミッターと呼ぶ。プロミッターは事件・事故や病気の規模とその性質を意味する。

あるいは、シグニフィケーターが意味する来たるべきことを実行するのを約束する。メディウム・コエリはもう１つのシグニフィケーターであり、名誉、出世、結婚などについて、私たちはいくつかのプロミッターにＭＣをディレクションする。そして、このアセンダントとＭＣのアングルのどちらか、もしくは、両方に関する出来事以外では、本当は出生図を十分に時刻修正できない。すべての出生図において、太陽は重要なシグニフィケーターであり、月とパート・オブ・フォーチュンもまた重要である。それにもかかわらず、これらからは十分な時刻修正ができない。これら５つは出生図のハイレグ、つまり、重要な位置と呼ばれている。これらのディレクションによって、自然な人生の流れにおけるすべての男女に関わる物事と偶然性の大部分は分かるだろう。つまり、状況、どのような状態か、そして時期の測定、いつなのかの両方についてである。

　私が知っているみずから実践した最良の方法とは、最初に、推定時間をもとにスペキュラムを描き、推定時間に従って、惑星とハウスのカスプをその中に書き込み、告げられた推定時間に対して月の位置を注意して修正する。そして、以下のようにスペキュラムの枠を作り、あなたが見て分かるように多くの線を引いて作ること。

「私たちの出生図についての占星術のスペキュラム」

度	分	0 ♈	30 ♉	60 ♊	90 ♋	120 ♌	150 ♍	180 ♎	210 ♏	240 ♐	270 ♑	300 ♒	330 ♓
0	54	木星のタームトライン	金星のタームスクエア	水星のタームセクスタイル	火星のターム	土星のターム火星	水星のターム	土星のタームセクスタイル	火星のタームスクエア	木星のタームトライン	金星のターム	土星のタームオポジション	金星のターム
1	44		セクスタイル		月		セクスタイル	パート・オブ・フォーチュンスクエア	トライン		オポジション	トライン	スクエア
2													
3	34	オポジション		トライン	スクエア	セクスタイル		水星		セクスタイル	スクエア	トライン	
4													
5	50						ドラゴンテイル						ドラゴンヘッド
6	37 54	オポジションオポジション		トライントライン	スクエアスクエア7ハウスのカスプ	セクスタイルセクスタイル		太陽金星		セクスタイルセクスタイル	スクエアスクエアアセンダント	トライントライン	
7			金星のターム		木星のターム	木星のターム		金星のターム	木星のターム		木星のターム	木星のターム	木星のターム
8	5			木星のターム	木星のコントラアンティション		金星のターム					木星のアンティション		
9	2		水星のターム土星	セクスタイル	スクエア	トライン		オポジション	金星のターム	トライン	スクエア		水星のタームセクスタイル
10		10	40	70	100	130	160	190	220	250	280	310	340
11													
12								木星のターム					
13				6ハウスのカスプ						12ハウスのカスプ	木星のターム	金星のターム	
14	39		4ハウスのカスプ		水星のターム	金星のターム	木星のターム		M C				
15		水星のターム		金星のターム					金星のターム	水星のターム			水星のターム
16			木星のターム										
17													
18	34	3ハウスのカスプ							9ハウスのカスプ				
19							土星のターム						
20	58	20	50	80	110	140 木星のターム土星のアンティション	170	200 水星のターム	230	260 土星のターム	290 金星のターム	320 土星のコントラアンティション	350
21	55	トライン		オポジション	金星のターム	トライン	スクエア	セクスタイル		木星		木星のタームセクスタイル	火星のタームスクエア
22		火星のターム		土星のターム					水星のターム				
23	6 23		土星のターム			8ハウスのカスプ	太陽のアンティション金星のアンティション					2ハウスのカスプ	金星のアンティション太陽のアンティション
24													
25							火星のターム	火星のターム					
26	26			火星のターム		火星のターム	水星のコントラアンティション			火星のターム	土星のターム	火星のターム	水星のアンティション
27		土星のターム	火星のターム										土星のターム
28	16				土星のターム月のアンティション				土星のターム		月のコントラアンティション		
29	6		火星のアンティション						火星のコントラアンティション				
30				5ハウスのカスプ					11ハウスのカスプ				
		♈	♉	♊	♋	♌	♍	♎	♏	♐	♑	♒	♓

スペキュラムの枠を作り、その作った枠の最初、つまり最上部に１２のサインの星座記号を順に書き込んでいく。「度　分」とある左側の最初の欄はサインとハウスに関する度数のことで、２つ目の数字があるのが分かるが、それはその度についての分を意味する。

最初に、すべてのサインの所定の度数にすべての惑星のタームを書き込む。１０４ページ＊を見れば、惑星のタームの度数は分かる。「私たちの出生図についての占星術のスペキュラム」の表の牡羊座の欄の下０．５４の横に木星のタームがあるのが分かる。それは木星のタームが牡羊座の分もないところから始まるという意味である。５４分はやがて述べることになる火星のものである。次に、牡羊座の７度には、金星のタームがあるのが分かる。つまり、金星のタームは牡羊座７度から始まることを意味する。牡羊座の１５度には、水星のタームがあるのが分かる。これは水星のタームがそこから始まることを意味している。牡羊座の２２度には、火星のタームがあるのが分かる。すなわち、火星のタームは牡羊座２２度から始まる。牡羊座の２７度には、土星のタームがあるのが分かる。すなわち、牡羊座２７度から土星が支配するタームが始まる。そして、それはサインの最後まで続く。理解すべきことは、１つの惑星のタームが始まる度数においては１つ前の惑星がその力を残しており、そして惑星は次に続く惑星のタームまで力が持続しているということである。ここでは、先人、あるいは、現在活躍する占星術師の全員か、ほとんどによって犯された低俗な間違いについて述べ、あなたに注意させなければならない。つまり、シグニフィケーターを惑星のタームにディレクションする時に、占星術師は共通して１度の間違いを犯している。例えば、私たちの出生図において、彼らが天秤座６．３４にある太陽を木星のタームにディレクションするなら、彼らはたいてい天秤座の１１度の位置に木星を書き込む。ところが、天秤座において１２度に来るまでは木星のタームはない。なぜなら、天秤座の６度の初まりは完全に土星に属し、６度が終わってから、つまり、天秤座７、８、９、１０、１１度が金星＊のタームであり、次から木星が始まる。つまり１２度である。

＊第１書の１０４ページ。「エッセンシャル・ディグニティ表」のことで本書の巻末８５４ページに収録。
＊原文は水星となっているが誤り。

スペキュラムのサインと度数の欄に惑星を書き込んだなら、惑星がそれぞれのサインにどのようにアスペクトを投げかけ、それがどこの何度なのかを知らなければならない。前方と後方、順と逆、つまりサインの順周りや逆周りに従いながらである。

例えば、私たちの出生図において、牡牛座９度２分に土星があるのが分かる。私は（左から）３番目の欄の一番上に牡牛座を見つけるので、牡牛座に土星を書き込む。サインの欄の左側に度の欄があり、９と２があるのが分かる。つまり、土星は牡牛座９度２分にある。土星がシニスター*のセクスタイルをどこに投げかけるのか知ろうとするなら、牡牛座９度に６０度を加えるか、もしくは、土星の位置からサインが３つ目ということから、蟹座９度にセクスタイルであると分かる。土星のスクエアは獅子座９度にあり、土星のトラインは乙女座９度にある。土星のオポジションは蠍座９度である。土星のデクスター*のセクスタイルは魚座９度２分にあり、土星のデクスターのスクエアは水瓶座９度２分にある。土星のデクスターのトライン、つまり、サインの順序とは逆になるトラインは、山羊座９度２分にある。そして、土星に関するアスペクトを扱ったように、あなたは木星、火星、太陽、金星、水星、そして月についても扱わなければならない。しかし光を発しないパート・オブ・フォーチュンや、ドラゴンヘッド、ドラゴンテイルには同じように扱わない。この出生図のディレクションにおいて、セミセクスタイル、セミクィンタイル、セミクオドレート、クィンタイル、セスクイクィンタイル、バイクィンタイル、そしてセスクイクオドレートについて述べられているのがわかるが、これらのアスペクトはスペキュラムには書き込まれていない。知っておかなければならないのは、紙面の１ページが小さいので、スペキュラムにこれらの多くの記号を書き込む余裕がないということである。しかしディレクションで、他のアスペクトの中にこれらのアスペクトをどうやって入れるかを知っていると、しばしば役に立つことがあるので、以下のようにすべきである。個人的に使用するための非常に大きなスペキュラムの枠を書き、非常に大きな四角の欄を作成し、場合に合わせて新旧のアスペクトの記号をその中に書き入れる。のちに、あなたの望む形にそれらのアスペクトを導入してもよい。この作業をどのように容易に実行し続けていくかは、以下の通りである。スペキュラムの上部には、牡牛座の上に３０、双子座の上に６０、蟹座の上に９０などがあるのが分かるだろう。そして、スペキュラムの１０行目に、牡羊座には１０、牡牛座には４０、双子座には７０などが記入されているのが分かる。牡羊座の２０度のところには２０があり、その右側には、牡牛座に５０、双子座に８０、蟹座に１１０がある。以降も同じように続いていく。

　　*シニスター Sinister：左側の意。シニスターのアスペクトはサインの順番に従ったアスペクト。
　　*デクスター Dexter：右側の意。デクスターのアスペクトはサインの順番とは反対のアスペクト。

　私は３２ページ*でこれらの新しいアスペクトの度数について述べているが、これらの一般的な記号をまだ記載していない。記号は次の通りである。

　　*第１書の３２ページ

	度数	記号*
セミセクスタイル	30	⋎
セミクィンタイル（デサイル）	36	Ⓓ
セミクオドレート（セミスクエア）	45	∠
クィンタイル	72	Q
セスクイクィンタイル（トレデサイル）	108	D³
セスクイクオドレート	135	⟀
バイクィンタイル	144	Bq

＊原書ではセミセクスタイル以外の記号は現在のものと違う記号をリリーは使用している。リリーの原書で使用した記号は巻末854ページに収載。

月のシニスターとデクスターの新しいアスペクトが前述のスペキュラムのチャートの獣帯のどの部分に投げかけられるかが分かるであろう。月の位置は、見て分かるように双子座1度44分にある。つまり、月は牡羊座の始まる地点から61度44分の黄経にある。双子座は60度で、そこから1度44分増えたところが先程の度数である。月のシニスター、つまりサインの順番に従った新しいアスペクトは、以下のところにある。月の黄経は始まりの位置である。

```
月の黄経         61.44
                 30
                 91.44
```

セミセクスタイルの度数を月の黄経に足し算すると91.44となり、セミセクスタイルが蟹座1.44にあるのが分かる。月に関するアスペクトの度数をさらに続けて足していけば、残りのアスペクトもすべて算出される。

```
月の黄経         61.44      月の黄経         61.44
セミクィンタイル   36        セミクオドレート   45
                 97.44                      106.44

月の黄経         61.44      月の黄経         61.44
クィンタイル      72        セスクイクィンタイル 108
                133.44                      169.44

月の黄経         61.44      月の黄経         61.44
セスクイクオドレート 135      バイクィンタイル   144
                196.44                      105.44
```

こうすることで月に関する新しいアスペクトが、サインの順に獣帯のこれらの度数にあることが分かるだろう。すなわち、

月のセミセクスタイルは、蟹座1.44。

月のセミクィンタイルは、97.44、つまり、蟹座7.44。

月のセミクオドレートは、106.44、つまり、蟹座16.44。

月のシニスターのクィンタイルは、133.44、つまり、獅子座13.44*。
月のセスクイクィンタイルは、169.44、つまり、乙女座19.44で、土星のタームにある。これについてはスペキュラムから簡単に分かるだろう。
月のセスクイクオドレートは、196.44、つまり、天秤座16.44。
月のバイクィンタイルは、205.44、つまり、天秤座25.44。

　＊原書は30になっているが13の間違い。

月のシニスターのアスペクトを終えたので、次に、月のデクスターの新しいアスペクト、つまり、サインの順とは逆の黄道でのアスペクトをどのように出すのか教えよう。

この作業では、月の黄経からそれぞれのアスペクトの度数を引き算する。もし引き算ができないなら、月の位置に360を足し算する。私は例を1つ2つあげようと思う。その後は占星術師各人の工夫に委ねたい。

月の黄経　　　　　61.44
これからセミセクスタイルを引き算する。すなわち、30を引くと、31.44が残り、月のデクスターのセミセクスタイルは、牡牛座1度44分である。
月の黄経　　　　　61.44
セミクィンタイルの36を引くと、残り25.44で、牡羊座25.44。
月の黄経　　　　　61.44
セミクオドレートの45を引くと、残り16.44で、牡羊座16.44。
月の黄経　　　　　61.44
クィンタイルの72を引く。しかし、このアスペクトは月の度数より大きい度数なので、360.00を加える。

```
                           360.00
                            61.44
足し算すると、月の位置は    421.44    となり、
                            72.00    を引き算すると、
          残りは           349.44    となる。
```

もしあなたが349.44をスペキュラムに書き込むなら、それは魚座19.44で、そこにQ（クィンタイル）の記号を書き込む。
月の黄経　　　　　421.44
セスクイクィンタイルの108.00を引くと、残りは313.44で、水瓶座13.44と分かるだろう。
月の黄経　　　　　421.44
セスクイクオドレートの135.00を引くと、残りは286.44で、山羊座16度44分と分かる。

月の黄経　　　　　　４２１．４４
バイクィンタイルの１４４．００を引くと、残りは２７７．４４で、山羊座７．４４となる。

前述の月に関するこれらの新しいアスペクトについてのやり方と同じように、他の６つの惑星について調べなければならない。惑星の位置の度数にアスペクトを足し続けることを覚えれば、シニスターのアスペクトがある天上の位置が分かるだろう。そして、度数を足し続けていき、射手座、山羊座、水瓶座、魚座に惑星があるようなとき、３６０度以上になることが起こってしまうので、その度数から３６０を引き算し、残りの数字をスペキュラムで調べる。そして、その数字の度数のところに、アスペクトの記号を書き込まなければならない。私はここでの作業を若干退屈に感じるが、物事を分かりやすくするためである。なぜなら私が独りで占星術を研究し始めて、師匠がいないとき、これらの作業は私にとって難しかったからである。では、出来事から出生図を時刻修正するが、以下のように出来事を順に記述しなければならない。

つまり、
２歳５ヶ月の時。小さなあばたや麻疹など。

５歳３、４、５ヶ月の時。あれこれの病気。あれこれの災難など。
この状況は特に考慮される。

病気と身体の怪我は、たいていアセンダントがプロミッターへディレクションされることで意味される。

職場、軍隊などでの昇進や、結婚などについては、ミッドヘブンからプロミッターへのディレクションによって求めなければならない。

前述の出生図を時刻修正するために、私が判断する出生図の持ち主である商人は、以下のような過去に起こった出来事を私に教えてくれた。そしてこれ以外の出来事はなかった。
すなわち、

	年	月
１．身分の高い師匠の元を訪ねる	１６歳	７月
２．非常に重要な海外旅行	２０歳	４月
３．高熱の病気	２０歳	１０月
４．別の発熱、 　　非常に憂鬱になり、壊血病	２４歳	１１月

その他の具体的な過去の出来事については思い出すことができなかった。彼が１７歳頃に最初の出来事が起こった。彼は師匠の元を訪ねたことによって昇進したのである。

私はメディウム・コエリからいくつかのプロミッターへのディレクションを求めた。スペキュラムを調べ、メディウム・コエリを見つける。すなわち、蠍座１４.３９にあるミッドヘブンである。私はスペキュラムの欄に目を通し、ミッドヘブンのプロミッターへのディレクションが以下のようであることがまず分かった。

赤経２２２.１０のミッドヘブン

	蠍 座１４.３９	赤経	ディレクションの円弧の長さ	
金星のタームへ	１５.００	２２２.３１	００.２１	メディウム・コエリがプロミッターへ
水星のタームへ	２２.００	２２９.３５	０７.２５	
土星のタームへ	２６.００	２３５.４４	１３.３４	
黄緯なし*の火星のコントラアンティションへ	２９.０６	２３６.５３	１４.４３	
１１ハウスへ	３０.００	２３７.４８	１５.３８	
射手座の木星のタームへ	０.００	２３７.４８	１５.３８	
火星のトラインへ	０.５４	２３８.４５	１６.３５	

＊黄緯なし：プライマリー・ディレクションでは惑星の黄緯を考慮する場合としない場合がある。黄緯のあるなしで、予測される時期が異なる。

プロミッターの赤経からミッドヘブンの赤経を引き算すると、ディレクションのアークが残る。

水星のタームの赤経　　２２９.３５
ミッドヘブンの赤経　　２２２.１０
　　　　　　　　　　　　７.２５

つまり、彼が７歳５ヶ月の時に水星のタームにやって来る。

これらのプロミッターのどれかが出生図の持ち主の（仕事の）熟達、職業、昇進に何らかの影響を及ぼすと私は考えた。

火星は１０ハウスのロードであると分かるので、彼がおおよそ１６歳７ヶ月の時にミッドヘブンが火星の何かしら好ましいアスペクトに来ていないかどうか私は考慮した。

最初に、私が考慮したことは、ミッドヘブンが射手座に進み、つまり、射手座に入るまで、ミッドヘブンに火星に対する吉作用のディレクションがないということである。そして、射手座０.５４において、ミッドヘブンは吉星である木星のタームにある火星のトラインと出会う。これから私が結論付けたのは、このディレクションにおいて、彼は師匠の元を訪ねる可能性があったということである。それゆえ、私は射手座１.００を赤経表で探してみた。すると、射手座のサインの欄の１度に対して、赤経が２３８.５１だということが分かる。しかし、火星は射手座でまるまる１度にはないので、射手座０度についての赤経と、射手座１度についての赤経との間の割合を正確に出さなければならない。

従って、大きい方の数字である射手座１．００についての赤経２３８．５１から小さな方の数字、すなわち、射手座０．００についての赤経２３７．４８を引き算すると、

　　　　　　　２３８．５１
　　　　　　　２３７．４８
　　　その差　　　１．０３　　となる。

　次に、１度、つまり６０分が６３を表すなら、火星の位置の５４分は何か。
　６０　６３　５４で計算する。
　私は真ん中にある６３に５４を掛け算し、次に６０で割り算し、最後に小さな方の赤経（２３７．４８）を足し算する。

　　　６３×５４＝３４０２　　３４０２÷６０＝５６余り４２。およそ５７。

　　　５７分を小さい方の赤経に加える、すなわち　　　２３７．４８
　　　　　　　　　　　　　　　　　　　　　　　　　　　　　５７
　　　　　　　　　　　　　　　　　　　　　　　　　　　２３８．４５

　つまり、火星の赤経は２３８．４５となり、これからミッドヘブンの赤経を引き算しなければならない。
　　　火星のトラインの赤経　　　　　２３８．４５
　　　ミッドヘブンの赤経　　　　　　２２２．１０
　　　残り　　　　　　　　　　　　　０１６．３５

　ここに残った１６度３５分はこの作業でのシグニフィケーターであるミッドヘブンと、プロミッターである火星のトラインとの距離である。もしあなたが１度毎に１年とり、１分毎に６日とるなら、１６度３５分は時間の長さでは、１６年７ヶ月であることが、あなたには分かるだろう。その頃に彼は師匠の元へ行ったのである。あなたが知らなければならないことは、ミッドヘブンは常に赤経においてプロミッターにディレクションされるということである。もし太陽、月、または、その他の惑星が、カスプちょうどからわずかに１度でも離れていれば、そのハウスの中や外のどちらであっても、その時その惑星の位置円（サークル・オブ・ポジション）＊をとらなければならない。そして、その緯度でのオブリーク・アセンションかオブリーク・ディセンションでその惑星をディレクションすること。この時間の測定単位は、先人たちが使っていたものである。すなわち、赤道の１度毎に１年とり、５分毎に１ヶ月とる。これは占星術の初学者にとって最高のものである。この今使ったものの他に、２つの時間の測定単位がある。

　　＊位置円（サークル・オブ・ポジション）Circle of Position：レギオモンタヌス、アルゴル、リリーなどのプライマリー・ディレクションで使用される。アングルではない場所に天体などがある場合、シグニフィケーターの極軸を使って、仮想の地平線である位置円を導き出し、シグニフィケーターに対してそういった天体のディレクションを行う。

ひとつは、名誉あるマギヌス*によって頻繁に使用された方法であり、もうひとつは、名誉ある博識なナイボッド*によってより頻繁に使用された方法である。私はこの論文の最後までには両方の方法について述べようと思う。

> *マギヌス Maginus：ヨハネス・マギヌス Johannes Maginus。イタリア語では Giovanni Antonio Magini。１５５５〜１６１７年。イタリアの数学者、天文学者、占星術師。*Ephemerides*、*De Directionibus* などを著す。
> *ナイボッド Naibod：ヴァレンティン・ナイボッド Valentine Nabod、Valentin Naboth とも。ラテン語名はヴァレンティヌス・ナボドゥス Valentinus Nabodus。１５２７〜１５９３年。*Enarratio elementorum astrologiae* の著者。プライマリー・ディレクションで1年を５９分8秒とした。

引き続き進めていくが、もしミッドヘブンを太陽と金星のセクスタイルにディレクションするなら、彼が２３歳の時、ミッドヘブンが太陽のセクスタイルに来て、彼が２３歳の最後から２４歳の初めに、金星のセクスタイルに来ることが分かるだろう。これらの時期は彼にとってあまり成功していなかったのか、大きな評価を得ていたのか、あるいは、彼が置かれていた雇用状態において、あまり活気がなく暮らしていたのかどうかについて、私は彼に尋ねてみた。すると、その時彼は以前の雇用状態よりも良い状態にあり、大きな評価と成功を得ていたことを認めた。

ミッドヘブンからプロミッターへのディレクションによって、これらの過去の出来事が生じたことが分かった。私はこれらの予測に大きな間違いがないことを願っていたが、このディレクションはこれらの出来事に適切であり、一致していた。それゆえ、彼が経験した病気が、病気になったその時期近くにあるその傾向があってふさわしいディレクションと一致するかを調べることに私は取り掛かった。したがって、私はアセンダントの正確な度数を調べ、スペキュラムでアセンダントを探してみると、それが山羊座6度37分であることが分かった。

アセンダントの進行は以下のようになる。

		オブリーク・アセンション	ディレクションの円弧の長さ	年	月	日
山羊座のアセンダント	6.37					
水星のターム	7.00					
木星のアンティション	8.05	313.34	1.24	1	4	24
土星のトライン	9.02	314.29	2.19	2	3	24
木星のターム	13.00	318.10	6.00	6	0	0
火星のターム	20.00	324.05	11.55	11	11	0
土星のターム	26.00	328.38	16.28	16	5	18
月のコントラアンティション	28.16	330.14	18.04	18	0	24
水瓶座						
土星のターム	00.00	331.26	19.16	19	3	6
火星のオポジション	00.54	332.02	19.52	19	10	2

アセンダントが火星のオポジションに来たとき、彼は燃えるような高熱を患っていたかどうかを私は知りたかった。

なぜならば、シグニフィケーターが風象サインにあると、血液の破壊を意味し、火星が火象サインにあると、炎症と激しい高熱を意味するからである。

アセンダントをディレクションするとき、火星のオブリーク・アセンションを調べなければならない。出生図の持ち主が生まれた場所の極軸の高度（緯度）は、５３度というのが分かる。

もし「緯度５３度でのオブリーク・アセンション表」の水瓶座の欄を調べるなら、この火星のオポジションがある水瓶座００．００はオブリーク・アセンションが３３１．２６であることが分かるだろう。つまり、これは小さい方の数値である。

　大きい方である水瓶座１．００の数値は、３３２．０６である。
　　水瓶座１．００のオブリーク・アセンション　　３３２．０６
　　水瓶座０．００のオブリーク・アセンション　　３３１．２６
　　その差　　　　　　　　　　　　　　　　　　　　００．４０
（１度の）６０が４０を表すなら火星の５４は何か。

　　４０と５４を掛け算し、４０×５４＝２１６０

　　６０で割り算する。　　２１６０÷６０＝３６

　算出された数値を、小さい方のオブリーク・アセンション、または、赤経に足し算する。
　　しかし、今回は、オブリーク・アセンションに足し算する。
　　残りの３６を３３１．２６に足し算すると、
　　　　　　　　　　３６
　　　　　　３３２．０２

次に、黄緯なしの火星のオポジションについての正確なオブリーク・アセンションである３３２．０２からアセンダントのオブリーク・アセンションを引き算する。

　　火星のオポジションのオブリーク・アセンション　　３３２．０２
　　アセンダントのオブリーク・アセンション　　　　　３１２．１０
　　その差　　　　　　　　　　　　　　　　　　　　　１９．５２

１９度５２分となり、１度毎は１年、１分毎は６日ということを考慮するなら、シグニフィケーターであるアセンダントが火星のオポジションにやって来るのは、彼が２０歳の時、あるいは、正確に言うと、１９年１０ヶ月と１０日の時である。それは、彼が最も激しく燃えるような高熱を患った時期に近かった。そして、彼の商売について、多くの反発と争いがあり、商品が盗まれたり、より多くの物を失う危険があり、火の危険にもさらされていた。なぜならば、火星が獅子座にあるからである。つまり、これらのディレクションによって、私は十分に時刻修正されたアセンダントであると思った。そして、同時にアセンダントが月のトラインに来ていることがさらに分かるだろう。それは吉作用のディレクションなので、薬のお陰で火星の脅威が大いに軽減したのである。

一般的に認められている法則は、推定時間に従いあなたのスペキュラムを作り、あなたに起こった出来事を順番に並べ、アセンダントのある欄を、あなたの目で慎重に調べることである。そして、そのような時間のコンパス（羅針盤）において、アセンダントがあなたが経験した過去の出来事を意味するようなプロミッターのアスペクトや惑星自体に来ているかどうかを観察する。最初に、プロミッター、すなわち、過去の出来事の性質を意味する惑星のオブリーク・アセンションをとる。そして、プロミッターのオブリーク・アセンションからあなたの過去の出来事が起こった年と同じ度数を引き算する。その際、１ヶ月毎に５分とると、その引き算して残った数値はアセンダントの正確なオブリーク・アセンションとなる。それに対する黄道が何度か分かり、分の割合も出す。これによって算出された度と分から、東のアングルが上昇するだろう。出生図の持ち主が生まれた場所の極軸（緯度）におけるアセンダントのオブリーク・アセンションをとることを常に注意する。そして、あなたは過去の出来事とディレクションが時間の測定において一致するまで、あなたが正しいと思えるように、スペキュラムの隅々を調べなければならない。そして、ミッドヘブンは赤経によって同じ作業を行わなければならない。

101章　レギオモンタヌスの表によって天象図を作る

私たちの出生図の持ち主は、１６１６年９月１９日木曜日２時２４分２５秒ＰＭ、緯度５３度で生まれた。

最初に、出生図の持ち主が生まれた場所の緯度に対して太陽の動きを変更し、この時間に太陽の位置を合わせた。この時間をオリガヌスの天文暦に限っていうと、すなわち、１時７分である。

その時間に対する太陽の位置は、天秤座６．３７である。

「赤経表」を見る。そして天秤座６度に対して、天秤座のサインの欄を下に見ていくと、１８５．３０が見つかる。これは天秤座６度に対する答えである。しかし、太陽の位置に関する３７分について、次の大きい円弧の長さとの差をとらなければならない。次に、割合を出す。

　　天秤座７．００の赤経　　　１８６．２５
　　天秤座６．００の赤経　　　１８５．３０
　　その差　　　　　　　　　　００．５５

６０が５５を表すなら、太陽の３７分は何か。
５５×３７＝２０３５
２０３５÷６０＝３３余り５５（５５は切り捨てる）

天秤座６度での赤経に加えると、　１８５．３０
　　　　　　　　　　　　　　　　　　　３３
太陽の赤経は、　　　　　　　　　１８６．０３　　となる。

その時間の赤経は以下のようになる。
２時間　　　　　　　　　　３０度　　０分
２４分（時間）　　　　　　０６　　　０
３０秒（時間）　　　　　　００　　　７
赤道における値を足し算すると、　３６　　７　　となるのが分かるだろう。

赤道の度数を時間に変換する規則によって、
太陽の赤経　　　１８６．０３
時間の赤経　　　０３６．０７
　　　　　　　　２２２．１０

つまり、２２２度１０分がミッドヘブンの赤経である。そして、もしこれら「赤経表」の中にこの数値を探すなら、最も近い数値として２２２．３１を見つけることができるだろう。しかし、これは私が算出した数値よりも大きいので、それゆえ、次に少ない蠍座１４度の円弧の長さををとり、割合を出す。

蠍座１５．００の赤経	２２２．３１
蠍座１４．００の赤経	２２１．３１
	００．６０

ミッドヘブンの赤経	２２２．１０
蠍座１４．００の赤経	－２２１．３１
	３９

６０が６０を表すなら、ミッドヘブンの３９分は何か。
３９×６０＝２３４０　２３４０÷６０＝３９

　蠍座１４．００に３９分を加えると、ミッドヘブンのカスプは蠍座１４度３９分となる。これに従って他のすべてのハウスを算出しなければならない。つまり、ミッドヘブンの赤経に３０度ずつ続けて足し算していく。次に、すべてのハウスに関する「オブリーク・アセンション表」を調べる。すると、赤道において何度何分かが分かり、それによってすべてのハウスのカスプが黄道で何度なのかも分かるだろう。

　レギオモンタヌスの１７５ページを調べてみると、天の赤道の北側の緯度で生まれた出生図の持ち主なら、それぞれの位置円（サークル・オブ・ポジション）、つまり１１、１２、２、３ハウスのそれぞれの極軸の高度が何かが分かるだろう。

　出生図の持ち主は極軸の高度（緯度）が５３度の場所で生まれていることは述べているが、レギオモンタヌスの１７５ページにある４番目の欄で５３を探してみる。すなわち、出生地の極軸（緯度）である。その右側の、５３の１１ハウスと３ハウスの欄に、３３　３４という数値が見つかる。これは１１ハウスと３ハウス（これらは同一である）の位置の極軸が３３度３４分という意味である。３４分は３０より上なので、私たちの例題において、私は１１ハウスと３ハウスのカスプとして極軸の３４度をとる。このことは大きな違いであること認めるが、正確に計算したいのであれば、レギオモンタヌスの教えのように、差の割合を出すとよい。右側の３番目の欄にある５３に対して、４８　５９の数値がある。この欄の上部に、１２ハウスと２ハウスの極軸の度数という表題がある。正反対となるサインと度数で、同じ高度であり、反対のハウスとなる。

ミッドヘブンの赤経	２２２．１０	
	３０	
１１ハウスのカスプのオブリーク・アセンション	２５２．１０	極軸の高度は３４。
	３０	

12ハウスのカスプのオブリーク・アセンション	282.10 30	このハウスの極軸の高度は49。
アセンダントのオブリーク・アセンション	312.10 30	この場所の緯度は53。
2ハウスのカスプのオブリーク・アセンション	342.10 30	緯度49。
3ハウスのカスプのオブリーク・アセンション	12.10	極軸の高度は34。

11ハウスのカスプのオブリーク・アセンションは、252.10で、緯度34である。もし「緯度34度でのオブリーク・アセンションの表」を調べるなら、252.10に対して、蠍座30度、あるいは、射手座0度を見つけるだろう。これ以上調整する必要のない11ハウスのカスプである。

12ハウスのカスプであるオブリーク・アセンションは、282.10で、緯度49である。
射手座15.00のオブリーク・アセンション　　282.25
射手座14.00のオブリーク・アセンション　　281.09
その差　　　　　　　　　　　　　　　　　　　1.16
12ハウスのオブリーク・アセンション　　　　282.10
射手座14.00のオブリーク・アセンション　　281.09
その差　　　　　　　　　　　　　　　　　　　1.01
1度16分が60分を表すなら、61は何か。
つまり、76分が60を表すなら61は何か。
61×60＝3660　3660÷76＝48余り18
約49分を射手座14.00に足し算する。すると、カスプは射手座14.49である。

「緯度53度でのオブリーク・アセンション表」の緯度53度の1ハウスのカスプに対するオブリーク・アセンションは312.10である。
山羊座7度のオブリーク・アセンション　　312.30
山羊座6度　　　　　　　　　　　　　　　311.31
その差　　　　　　　　　　　　　　　　　00.59

アセンダントのオブリーク・アセンション　312.10
　　　　　　　　　　　　　　　　　　　　311.31
　　　　　　　　　　　　　　　　　　　　00.39
59が60を表すなら、39は何か。
37分となり*、山羊座6.00に足すと、1ハウスの正確なカスプは山羊座6.37である。
もしアセンダントのオブリーク・アセンションにさらに30度足し算するなら、312.10＋30＝342.10となり、2ハウスのカスプのオブリーク・アセンションである。極軸の高度49度での赤道の度数について、ただ計算するだけで水瓶座の23度30分と分かるだろう。

＊37分にはならない。60×39＝2340　2340÷59＝39余り39となる。

３４２．１０に３０．００を足し算すると、３７２．１０になるので、次に円周全体、すなわち、３６０を引き算すると、残り１２．１０となる。次に、私は「緯度３４度でのオブリーク・アセンション表」でその数値を探してみる。すなわち、１１ハウスと同じである。正しく割合を出せば、牡羊座１８度３４分が３ハウスのカスプであると分かるだろう。これらの結果、ミッドヘブンの赤経と、１１、１２、１、２、３ハウスのオブリーク・アセンションが分かる。

１０ハウスのカスプ	蠍　座１４．３９	ミッドヘブンの赤経	２２２．１０
１１ハウスのカスプ	蠍　座３０．００	オブリーク・アセンション	２５２．１０
１２ハウスのカスプ	射手座１４．４９	オブリーク・アセンション	２８２．１０
アセンダントのカスプ	山羊座０６．３７	オブリーク・アセンション	３１２．１０
２ハウスのカスプ	水瓶座２３．３０	オブリーク・アセンション	３４２．１０
３ハウスのカスプ	牡羊座１８．３４	オブリーク・アセンション	１２．１０

　天象図を作り、ハウスのカスプを設定する際、すべての惑星の日周運動を計算し、これらを出生時刻に対して変更しなければならない。次に、出生図にこれらを書き込み、パート・オブ・フォーチュン、ドラゴンヘッド、ドラゴンテイルも書き込む。出生地の緯度、すなわち極軸の高度に対して、これらを変更するために必要とされるすべての惑星の動きは注意深く取り扱うこと。出生図の持ち主の出生時刻は、２時２４分２５秒なので、これに私は１時間７分を加える。これはオリガヌスの「天文暦」でのロンドンの時差を考慮したものである。そして、３時３１分での惑星の動きをとる。これは問題や間違いがなく、非常に適切だろう。出生時の場所がロンドンよりも東の方向にあり、出産時刻が２時２４分２５秒だが、３時３１分での惑星の動きを取らなければならない。

　足したり引いたりされた時刻は出生時刻と同等であり、太陽があるサインの度数の割合を出しその割合を当てる。これについてはオリガヌスの１００ページなどを参照するといいだろう。しかし、ブレドン師＊やアレン師＊と同じく、最近の有能な占星術師たちはほとんどその方法を使用してはいない。

＊ブレドン師：ウィリアム・ブレドン William Bredon。リリーの自著 *William Lilly's History of His Life and Times from the Year 1602 to 1681* の中で「また、この年（１６３３年）聖職者である、バッキンガムシャー州ソーントンの教区牧師ウィリアム・ブレドンは健在で、深遠な神学者であったが、当時、出生図の判断では完全で最も洗練された人物であり、トレミーを正確に順守しており、十分理解していた。彼はクリストファー・ヘイドンの *A Defense of Judicial Astrology* の構成に参加していた。」とある。
＊アレン師：トーマス・アレン Thomas Allen のこと。１５４２～１６３２年。イギリスの数学者、占星術師。

102章　出生図を判断する前に考慮すること

　最初に、過去の出来事から出生図を修正する。これはすべての方法において、最も確実な方法である。次に、すべての惑星とパート・オブ・フォーチュンのフォーティチュード*とデビリティ*について慎重に取り扱わなければならない。そして、これらがどのハウスにあり天上のどの部分にあるのかを観察し、獣帯のどの部分においてこれらの強さが大きくなり、本来の影響を及ぼすのか、あるいは、さらに、どこでより弱々しく、力を発揮しないのかについて観察しなければならない。なぜならば、時折、出生図の持ち主についての状態、寿命、昇進、結婚、財産、旅行について述べたり、判断する際、私たちはシグニフィケーターやプロミッターの強さや弱さを明らかにすることに関して、非常に良く理解し、熟達しなればならないからである。そして、シグニフィケーターやプロミッターと他の惑星との相互関係やコンフィギュレーション*についてもそうである。惑星の性質や天上の位置をよく理解しない限り、惑星が約束することをもたらすことができるのか、実行できるのかどうかは十分に予測できない。つまり、惑星の動き、フォーティチュード、吉星や凶星とのコンフィギュレーション、あるいは、予測されることを約束するアスペクトが良い影響なのか悪い影響なのかについての理解である。惑星の強さを調べる時、パート・オブ・フォーチュンも同じように扱い、すべての惑星のアンティションとコントラアンティションが出生図のどこにあるのか、どの部分にあるのか、惑星とどれくらいの近さにあるのかについて観察する。ハウスのカスプからどの程度の近さにあるのか、あるいは、惑星とどれぐらいの度数の近さにあるのかについても観察する。また占星術師が一般的に使用する1、2等級の恒星、その中でも注目すべき恒星は、黄道からの黄緯が小さいものである。これらの恒星の性質も考慮し、恒星の近くにある惑星とその恒星が同じ状態にあるかどうかについても観察する。なぜならば、もし恒星が惑星と同じ状態や同じ影響にあるなら、恒星はシグニフィケーターや恒星がある天上の部分に影響を及ぼすからである。

　　＊フォーティチュード Fortitude：惑星の配置で、自身のサインやエグザルテーションにあり、惑星が強い状態であること。
　　＊デビリティ Debility：惑星の配置で、惑星が弱い状態であること。
　　＊コンフィギュレーション Configuration：配置、形態の意。アスペクトのこと。

103章　寿命について、出生図の持ち主は長生きか否か

5つのハイレグの位置の特定のディレクションに進む前に、天上の位置の強さについて常に考慮すべきである。そして、その場所でのアセンダントの度数、出生図のロード（ロード・オブ・ザ・ジェニチャー）＊、太陽や月、つまり、時間におけるライト＊が非常にアフリクト＊されているかどうかなどを考慮すべきである。なぜならば、そういったことは長寿を意味しないからである。それゆえ、そのような出生図で長期に渡るディレクションをするのは無駄となる。

 ＊出生図のロード（ロード・オブ・ザ・ジェニチャー）Lord of the Geniture：５３１ページ参照。
 ＊時間におけるライト Light of the Time：昼生まれは太陽、夜生まれは月。
 ＊アフリクト Afflicted：惑星が好ましくないアスペクトなどによって傷ついていること。

しかしながら、可能であれば入手しておくべきことで、特に考慮すべきことは、子供の両親の出生図を丁寧に調べ、両親の出生図での子供のシグニフィケーターの強弱を調べることである。なぜならば、子宝とは家系上の気質に依るからである。そして、子供もそうだが、両親にも凶の状態のシグニフィケーターがあると、子供はちょっとした病気などで亡くなってしまう。しかし両親の出生図はたいてい入手できないので、以下の方法に従って進めていくと良いだろう。

第１に、生命を意味するのに最も適切であるアセンダントの度数が、吉なのか凶なのかを考慮する。吉作用の惑星のターム、または、サインにあるか、あるいは、セクスタイルやトラインにある時、それは吉である。その反対なら、凶である。つまり、位置的に、アセンダントの度数が凶星により損なわれているか、アセンダントの度数が凶星からのスクエアかオポジションのアスペクトにある時、あるいは８ハウスのロードの性質を持つ凶暴な恒星の多くがアセンダントの度数と共に上昇していたり、時間におけるルミナリー＊と共にあるか、もしくはその近くにある時である。もしこれらの法則に従って、アセンダントが吉の状態であると分かったなら、子供は幼少期を無事に生きるだろう。しかし、もしアセンダントがアフリクトされているなら、子供は幼少期を無事に過ごすのは難しい。

 ＊ルミナリー Luminary：太陽と月。

第２に、アセンダントのロードについて考慮する。そのロードがエッセンシャル・ディグニティにおいて強く、コンバストや逆行やアフリクトがなく、動きが速いか、生来的な凶星や位置的に災難を意味する惑星からの凶アスペクトによってアフリクトされていないかを考慮する。すなわち、８、12、４、あるいは６ハウスのロードから妨げがないか。そういったことは子供や出生図の持ち主は長生きすることを意味する。

たいていアセンダントのロードがコンバストされたり、アセンダントの度数がアフリクトされたりしていると短命である、とヨハネス・シェーナーは述べている。

　第３に、太陽と月について特に重視する。もし昼生まれの場合、特に太陽に注意する。もし夜生まれの場合、特に月に注意する。なぜならば、もしこれらのいずれかが強く、良いディグニティにある、あるいは、良いハウスにあり、吉星のいずれかからの好ましいアスペクトにあるなら、出生図の持ち主が長生きするであろうことを意味するからである。そうでなければ、長寿は否定される。なぜならば、一般的に観察されることだが、太陽と月が凶星とパーティル*のコンジャンクションにある時、これらは非常に凶であるからである。また、新月や満月の瞬間に生まれるほとんどの人は長生きしないか、健康な状態が続くことはない。満月に生まれた人は、湿が過剰、つまり非常に多量なために亡くなるだろう。新月に生まれた人は、湿気の不足によるか、過剰な乾によって亡くなるだろう。最も弱い身体で、最も小さく、最も病的な人は、たいてい新月に生まれている。しかしながら、先人たち曰く、もしルミナリー同士がパーティルのコンジャンクションかオポジションにあって分においてでさえきっちり同じであっても、吉星、すなわち、木星や金星がアセンダントにあると、幼少期を生きて過ごせるだけでなく、活動的で気力に満ちるということの根拠になる。つまり、人生での行動と物事において、驚くほど成功する。しかしながら、高齢までは生きないだろう。もしアセンダントに吉星の代わりに凶星があるなら、その出生図の持ち主の死や短命であることを判断する。

　　*パーティル Partile：度数が同じで正確なアスペクト。

　もしライツの両方か、どちらか１つ、特に時間におけるライツが、凶星の有害なアスペクトによってアングルにおいてアフリクトされている場合（ここであなたが気付くべきことは、太陽は土星のオポジションによってよりアフリクトされ、月は火星のオポジションによってよりアフリクトされる。しかし、太陽は火星とのコンジャンクションによって最もアフリクトされ、月は土星とのコンジャンクションによって最もアフリクトされる。）、もしライツのいずれかがアフリクトされることに加え、アセンダントのロードがコンバストか、他のことでアフリクトされ危険な状態の場合、その時生まれる子供は疑いなく長生きしない。

　多くの惑星が６、８、あるいは１２ハウスにあり、アセンダントのロードがこれらの惑星やルミナリー、あるいはアセンダントに良いアスペクトでビホールド*しなければ、出生図の持ち主は少しの間しか生きないだろう。

　　*ビホールド Behold：見るという意味。古期英語では所有するという意味もある。リリーは本書で
　　はほぼアスペクトの意味として使っている。

　多くの惑星のコンジャンクションがアセンダントにある、あるいは凶星のいずれかがアセンダントにあり、太陽と月がケーデントハウスにある、あるいは土星が１ハウスにあり、土星と火星が１ハウスと７ハウスでオポジションにあるなら、これらは短命であることを意味する。

すべての惑星が地平線の下にあり、そして太陽や月やアセンダントのロードがいずれもエッセンシャル・ディグニティにない、あるいは木星や金星の良いアスペクトがない、あるいはアセンダントのロードが8ハウスのロードとのコンジャンクションに向かっていて、他の悪い根拠が考えられるなら、短命を意味する。

ドラゴンヘッドやドラゴンテイルが4ハウスで火星か土星と同じ度数にあると、単に短命を意味する。あなたが注意すべきことは、火星が牡羊座にあり、昼生まれで、地平線の上にある時、火星は生命を破壊するさらに強い力を持つ。土星が山羊座にあり、夜生まれで、地平線の上にある時、同じような力を持つ。

月がアセンダントにおいて火星とコンジャンクションにある、もしくは、出生時において土星が不幸にも8ハウスにあると、子供は死産であると断言する人もいる。

土星、火星、月がコンジャンクションにあるか、アセンダントの度数がアフリクトされていて、火星が8ハウスにあると、長く生きない。

月が4ハウスにあり、土星か火星のスクエアかオポジションにあると、たいてい母は重労働をしいられ、子供は長く生きない。

もしルミナリーが吉星から分離し、凶作用の惑星に接近するなら、子供は死の大きな危険にさらされるだろう。その時期というのは、ルミナリーが凶星自体に来るか、凶アスペクトに出会う時であり、正確な時間の測定によって、あなたはすべてのシグニフィケーターについて注意深く観察すべきである。そして、軽々しく死について口にしてはいけない。もし月が火星自体と太陽自体の間で包囲されているなら、短命を意味する。

104章　ハイレック、ハイレグ、アフェータと呼ばれる寿命のプロロゲーター。そして、死や破壊の惑星

こ の言葉はカルデア語で、「これ以上ない」ことを意味する。そして、そのハイレグの惑星か天上の位置のいずれかを伸ばしてディレクションを行うことで、私たちは寿命や命の状態を判断する。 <small>ハイレグとは何か。</small>

ハイレック*は以下のように見つけていく。昼生まれは、太陽をとり、夜生まれは、月をとる。

　*ハイレック Hylech、ハイレグ Hyleg：出生図の持ち主の寿命に影響する惑星、位置。

そして、もしこれら太陽と月のいずれかがハイレグとして相応しい位置にあるなら、それらはハイレックだろう。つまり、これらが１、１０、１１、７、あるいは９ハウスのいずれかにあるか、それらのハウスのオーブの範囲内にある時、これらはハイレグとして相応しい位置にあると言われ、ハイレグとして受け入れられる。アセンダントの５度から２０度以内にない限り、地平線の下にある赤道の空間は受け入れられない。なぜならば、ほとんどすべての占星術師の間で一般的に受け入れられているのだが、出生時において地平線の下にあるすべての惑星は、上半球ではその力が減少するからである。８ハウスと１２ハウスは、この判断では却下される。なぜならアセンダントと結合性*がなく、出生図の持ち主に利益を与えることをめったに意味しないからである。つまり、私が言いたいのは、８ハウスと１２ハウスのいずれかにある太陽か月は、ハイレグになれないということである。

　　*結合性 affinity がない：コンジャンクションや、メジャーアスペクトが成立しない位置にあること。

　もし太陽が悪い位置にあるという理由で、ハイレグになることができないなら、その時月がハイレグとして認められるかどうかをみる。もし月がハイレグとして認められないなら、昼生まれの場合、新月が出生時より先行していたかを考慮する。しかし、夜生まれの場合は、満月が出生時より先行していたかを観察する。そして、これらの位置で最も支配力を持つのはどの惑星かを観察する。そして、太陽の位置、その先行したコンジャンクション（新月）や、オポジション（満月）の位置において最もディグニティがある惑星がどれか、エッセンシャル・ディグニティでのフォーティチュードが少なくとも３つある惑星がどれかを観察する。

　しかし、夜生まれの場合、位置については、もし満月が先行するなら、パート・オブ・フォーチュンの位置をとる。そしてこれら３つの位置で最もディグニティのある惑星がどれかを調べ、またハイレグのハウスにおいても成立しているかを調べる。さあ、これで惑星からうまくハイレグを選定できただろう。しかし、もし前述の位置で最もディグニティがある惑星が、適切なハウスにないなら、その時ただ単純に、さらに煩わせることなしに、アセンダントをハイレグとする。実際に、他の全ての方法を採用しないで、アセンダントを常にハイレグとして使用している占星術師もいる。

　さらに、昼生まれを観察する場合、出生前の新月がある黄道の度数について常に注意すべきである。もっとも出生前の満月についても少しばかり考慮する。なぜならば、昼において、太陽は月よりも強力だからである。

　夜生まれの場合、以下の３つの位置においてエッセンシャル・ディグニティにあり最も強力な惑星をとる。
　すなわち、
　　１．出生時の月の位置
　　２．先行するオポジション（満月）の位置
　　３．出生時のパート・オブ・フォーチュンの位置

もしこのような惑星がアフェータ*の位置にあるなら、その惑星はプロロゲーター*である。しかし、もしそうでない場合、新月が先行しているなら、アセンダントをとる。満月が先行なら、パート・オブ・フォーチュンをとるが、これはパート・オブ・フォーチュンがアフェータの位置にある場合で、そうでなければアセンダントをとる。

 *アフェータ Apheta、プロロゲーター Prorogator：共に出生図の持ち主の寿命に影響を与える惑星や位置。ハイレグのこと。

 さらに夜生まれの場合は、コンジャンクション（新月）が出生時に近くても、オポジション（満月）に注意する。なぜならば、月はオポジション（満月）に友好的だからである。ここで注意すべきは、ルミナリーの位置というのはそのライトの天上での位置や度数のことで、オポジション（満月）の時に、地平線より上に見られる。

 また、コンジャンクション（新月）やオポジション（満月）のいずれかであっても、もしライツと、特定の位置を支配する惑星（昼生まれは、太陽の位置を支配する惑星、先行するコンジャンクション〈新月〉の位置を支配する惑星、アセンダントを支配する惑星。一方、夜生まれは、オポジション〈満月〉の位置を支配する惑星と、月の位置を支配する惑星、アセンダントを支配する惑星）の両方が、アフェータの位置にあるなら、より力があり、より適切な場所にあるそのライツの位置が優先される。

 例えば、夜生まれの場合、月が9ハウスか7ハウスにあって、太陽がアセンダントにあるとすると、その時太陽は月よりも優先される。もし太陽がアセンダントの度数の近くにあるか、太陽のディグニティにあるか、アセンダントの25度以内にある場合はすぐに太陽をとる。昼生まれの場合、月が10ハウスにあり、太陽が9ハウスにあるとすると、その時月は太陽よりも優先されるだろう。もし月が10ハウスにあり、太陽が11ハウスにあるなら、その時これらは対等のようである。しかし、すべての曖昧さを明確にするため、エッセンシャル・ディグニティか、アクシデンタル・ディグニティのいずれかで最もディグニティのあるライトを、あなたはとらなければならない。もしそのような差がなく、これら太陽と月が根拠において対等なら、太陽、月のいずれかをディスポーズ*する惑星が、太陽、月のいずれかとの良いアスペクトに接近しているかどうかを観察する。なぜならば、アフェータ、すなわちハイレグをディスポーズするサインのロードが有力で、同じハイレグを良いアスペクトでビホールドするなら、その惑星は生命のプロロゲーターをより強くするからである。

 *ディスポーズ Dispose：配列する、傾向を持たせるといった意味があるが、占星術では、ある惑星が、あるサインにあると、そのサインのロードやエグザルテーション、ターム、トリプリシティ、フェイスのロードからディスポーズされるというように使われる。ディスポーズする惑星をディスポジターと言う。

 私は先人たちがハイレグについて記述したことを述べた。しかし、ハイレグを正しくどう取るか、あるいは、殺人者、死、破壊の惑星、または、より専門的な言い方で、破壊者、アナレタと呼ぶのに最も適切な惑星としてどれをとるかについて、私はまだ満足していない。

 多くの理論を使って先人たちは述べているが、アナレタ、もしくは、死の惑星とは8ハウスにある惑星のことであり、8ハウスのカスプの5度前から8ハウスのカスプの25度後までにあるものである。

死の惑星とは何か。

第2に、8ハウスのロードである。第3に、8ハウスのロードと接合*する惑星である（私はこの方法を認めていない）。第4に、惑星が8ハウスにない時は、8ハウスのロードをディスポーズする惑星、あるいは、8ハウスにある惑星をディスポーズする惑星である。

> *接合 join：リリーはこの言葉を定義せずに使っているが、基本的にはある惑星が別の惑星に接近していて、コンジャンクションやアスペクトの範囲内にあること。リリーは本書では特にコンジャンクションの意味で使っている。

モンタルモ*は、土星と火星のセクスタイルは死を意味しない、とトレミーに腹を立てている。

通常観察されることは、土星のデクスターのセクスタイルと火星のデクスターとシニスターのセクスタイルは、ロング・アセンションのサイン*においては、凶作用のアスペクトとして考えられ、殺人的な力を持っている（これは、病弱な出生図であったり、クライマクテリカル・イヤー（厄年）*の時、他の凶作用のディレクションが同時に起こっているなら引き起こされる）。あるいは、高齢の人々の出生図で、生命のシグニフィケーターにこれらのアスペクトが起こる時である。出生図において、好ましくない凶星のタームは、危険であると見なされる。アラビア人曰く、プロロゲーターが6、8、7ハウスのカスプにディレクションする時や、水象サインにある4ハウスのカスプをディレクションする時、また黄道でのダーク（闇）、クラウディ（曇）、星雲の部分*、あるいは、現在ある食の位置や、現在現れている彗星の位置や、アジメーン*の度数や、水星のスクエアかオポジションに対してディレクションするなら、危険で致命的である。そして、また、月か火星が8ハウスを支配し、アセンダントと出会う場合もである。

> *ロング・アセンションのサイン Signs of Long Ascensions：北半球の場合は蟹座から射手座にかけてのサイン。
> *クライマクテリカル・イヤー Climacterical Years：厄年。7と9の倍数の年齢の時で、最も凶兆なのは49歳、63歳。
> *モンタルモ Montulmo：アントニウス・デ・モンタルモ Antonius de Montulmo。14世紀後半の医師、魔術師、占星術師。
> *ダーク（闇）、クラウディ（曇）、星雲の部分：第1書の116ページ参照。ただしクラウディ（曇）Cloudy というのはなく、おそらく煙 Smoakie のこと。
> *アジメーン Azimene：惑星が弱体化する位置。第1書の116ページの「不自由,不十分の度数」のこと。

アルココデン Alcochodon とは何かについて

アラビア人がさらに観察したことは、ハイレグの位置で、どの惑星が最もエッセンシャル・ディグニティにあるか、そして、どの惑星がハイレグの位置にアスペクトでビホールドするかである。この惑星について彼らはアルココデン、あるいは、「年の提供者」と呼んでいる。そして、人生の自然な流れに従い、出生図の持ち主はこの惑星が意味する寿命を多かれ少なかれ全うするだろうというのが彼らの意見である。これは人が一時的にでも大きな妨害のディレクションに出くわさないか、突然の災難から逃げるか、駐在したり住んでいる都市、国の普遍的な運命を避けた場合である。なぜならば、個人的な運命は普遍的な災難に抵抗できないからである。

それぞれの惑星が意味する年数が大きいか小さいかについて、本書の最初57～83ページ*を参照するといい。

> *第1書

アラビア人がさらに述べているのは、もしルミナリーのいずれかがハイレグであり、エグザルテーションか自身のハウスにあるなら、そのライトはハイレグで

あり、アルココデンである。

　もしルミナリーがハイレグで、自身のハウスにも、エグザルテーションにも、自分自身のタームにもないなら、ハイレグのあるサインを支配する惑星をアルココデンとして見なすだろう。

　ライツ以外の惑星がハイレグであるなら同じように判断しなければならない。

　もし多くの惑星が根拠が同じで優越を競い合うなら、何もない惑星よりも、ハイレグにアスペクトする惑星の方が選ばれる。もしハイレグにどの惑星もアスペクトしないなら、その時エッセンシャル・ディグニティのフォーティチュードにおいて他より優れた惑星を優先する。

　観察してみると、昼においてオリエンタルの惑星は、オクシデンタルの惑星よりも優先される。すなわち、西のアングルに接しているか、近い惑星よりも、アセンダントに近い方の惑星を優先する。もしアルココデンがアンギュラーハウスにあり、強く吉の状態で、特に１ハウスか１０ハウスにあるなら、恐らく、その惑星は長寿を与えるだろう。

　私は以前述べたように、ハイレグやアナレタのいずれにも、そして、アルココデンについても十分納得していない。神がお許しになるならば、時間のある時に既に亡くなった人々の多くの出生図で、正しさが確認されているものを私自身の経験を元に入念に十分に調べることで納得し、より満足を得られるのかを確かめたい。そして、私は自身の好奇心を満たしたいので、苦痛を伴いながらもさらに観察を続けることで、この占星術研究の愛好者を満足させるだろう。そして、神がお許しになるならば、私はそれを公表するまで生きているだろう。

105章　出生図のロード

　この出生図のロード（ロード・オブ・ザ・ジェニチャー）に関して、先人たちの間にいくつか意見の相違があるが、フィルミクス*の判断はすべて否定されている。彼の意見は、もし月が誰かの出生時において牡羊座にあるなら、その時金星が次に続くサイン（牡牛座）のレディ*であるので、出生図のレディ（レディ・オブ・ザ・ジェニチャー）となる、あるいは、月が獅子座にあるなら、乙女座のロードは水星なので、水星が出生図のロードに違いないというものである。

＊フィルミクス Firmicus：ユリウス・フィルミクス・マテルヌス Julius Firmicus Maternus、４世紀前半頃活躍したラテン語作家、占星術師。Mathesis を著す。
＊レディ Lady：ロードの性別が女性なら、つまり月、金星にはロードでなくレディを使用する。

　アセンダント、ミッドヘブン、太陽、月、そしてパート・オブ・フォーチュンのある位置において、最もエッセンシャル・ディグニティがあるものを出生図のロードにするという他の意見もある。上述の惑星の次に最もディグニティのある惑星も共に判断するという考えがあるが、これは合理的である。

　私はこれについて意見を明確に持っている。

すなわち、図において、最もエッセンシャル・ディグニティとアクシデンタル・ディグニティを持つ惑星で、一番良い位置にあり、天象図において最もエレベートする惑星は、出生図のロードである。そして、確信できることは、出生図の持ち主の全ての行動は、惑星の性質が多かれ少なかれ帯び、その人の状態、顔、気質、行動様式は、惑星に割り当てられた特性によって大きく規定される（*考慮に、考慮を重ねること*）。恐らく、もし他の惑星が私たちが先程述べた惑星と同じぐらい非常に近い強さがあるなら、その惑星は大きな影響を及ぼすだろう。各惑星のそれぞれのフォーティチュードに従い、さらに他の惑星から介入される吉や凶のアスペクトが加わり、ある種の混在が形成されるだろう。ギリシャ人は月か水星の位置において最もディグニティのある惑星を出生図のロードと見なす方法を使っていた。なぜならば、水星は精神と心の力を支配するロードであり、月は身体を支配するからである。

106章　身体の顔や気質、惑星とサインの性質

生物の種に従い、個々に従い、気質の多種多様性は大きい。なぜならば、両親の気質に関連して、人体には、さまざまな良い体液と力が無限にあるからである。そして、またこれは、多種多様な星々の位置と、星々が混ざり合うことによって引き起こされる。しかし、生命の魂が宿る身体において、4つの主要な体液があるように、これらに対してもまた、4つの重要な気質がある。すなわち、多血質。これは気質的には熱と湿である。粘液質。これは湿と冷である。胆汁質。これは熱と乾である。憂鬱質。これは冷と乾である。

これら4つの気質、顔、体液は、気質を意味するシグニフィケーターの本来の特性と性質、そしてそれらがお互いに混ざり合うことから分かり、すべての性質についての根拠は集められ1つのはっきりした体系へ導かれる。すなわち、熱、冷、湿、乾である。

顔のシグニフィケーター

第1に、アセンダントのサインとそのロード。
第2に、アセンダントにある惑星や諸惑星。あるいは、ドラゴンヘッドやドラゴンテイル、あるいはアセンダントにパーティルのアスペクトをする諸惑星。
第3に、月。そして月にビホールドする諸惑星で、月とその惑星のオーブの半分以内*でビホールドする惑星。
第4に、年の四季分*、つまり、太陽のあるサイン。
第5に、出生図のロード。

＊オーブの半分以内：Medirty または Moiety と言う。
＊年の四季分：the Quarter of the Year

シグニフィケーターとそのシグニフィケーターがあるサインの性質を順番に調べる。ここであなたが忘れてはいけないことは、もし土星か火星のいずれかが、アセンダントか月を凶作用のアスペクトでビホールドするなら、すべての他の根拠が良いものであったとしても、これらは身体の気質に不摂生な性質を混ぜ合わせる。

惑星の性質			月
土星	オリエンタル	冷と湿	コンジャンクション（新月）から上弦の月
	オクシデンタル	乾	熱、湿
木星	オリエンタル	熱と湿	上弦の月から満月
	オクシデンタル	湿	熱、乾
火星	オリエンタル	熱と乾	満月から下弦の月
	オクシデンタル	乾	冷、乾
金星	オリエンタル	熱と湿	下弦の月から新月
	オクシデンタル	湿	冷、湿
水星	オリエンタル	熱	ドラゴンヘッドは木星に似た性質を持ち、
	オクシデンタル	乾	ドラゴンテイルは土星と火星に似た性質を持つ

太陽は年の四季分に従って考慮される

春▷太陽が牡羊座、牡牛座、双子座・・・・・・・・・・・・・・・・熱と湿
夏▷太陽が蟹　座、獅子座、乙女座・・・・・・・・・・・・・・・・熱と乾
秋▷太陽が天秤座、蠍　座、射手座・・・・・・・・・・・・・・・・冷と乾
冬▷太陽が山羊座、水瓶座、魚　座・・・・・・・・・・・・・・・・冷と湿

サインの性質

牡羊座、	獅子座、	射手座	火のトリプリシティ	熱と乾	すなわち、胆汁質
牡牛座、	乙女座、	山羊座	地のトリプリシティ	冷と乾	すなわち、憂鬱質
双子座、	天秤座、	水瓶座	風のトリプリシティ	熱と湿	すなわち、多血質
蟹　座、	蠍　座、	魚　座	水のトリプリシティ	冷と湿	すなわち、粘液質

シグニフィケーターとサインの性質を考慮して、4つの性質のすべての根拠を集約する。すなわち、熱、湿、冷、乾であり、目立った根拠から顔を判断する。

もし熱と湿が打ち勝つなら、出生図の持ち主は多血質の顔である。もし冷と湿が打ち勝つなら、出生図の持ち主は粘液質の顔である。もし熱と乾が打ち勝つなら、胆汁質の顔である。もし冷と乾が打ち勝つなら、憂鬱質の顔である。

4つの体液の根拠、熱、湿、冷、乾の根拠を集める際は注意して取り扱わなければならない。なぜならば、惑星とサインの性質において、根拠の数が同じになるかもしれないからである。そして、熱の根拠の数と、冷の根拠の数が同じならば、これらは矛盾する性質で、一方が他方を取り去るので、これらは数えない。つまり、矛盾がなければ、これらの根拠は適用される。ある惑星が出生図のロードで、アセンダントのロードである時、根拠の集約において、その惑星が顔に関して3倍の力や影響力があることが認められるだろう。月がアセンダントにあると、月の根拠は2倍になることを示すだろう。これについての主な部分は、これ以降の私たちの出生図においても見てみる。

107章　出生図の持ち主や子供の行動様式

心の状態と働き、人間の主要な行動と人生の出来事の大部分は、気質の性質と傾向に伴い、付随し、それらに従って実行されることを、私たちは疑わないだろう。なぜならば、心が引き起こす出来事には2つの要素があり、一方は合理性で、もう一方は不合理性、つまり感性の力により適したものである。

出生図から心の性質を判断するための一般的な法則

　第1に、もし何かしらの惑星がアセンダントのサインにあるか、あるいは、インターセプトのサインにあるなら、その惑星は行動様式の主要なシグニフィケーターである。しかし、行動様式のシグニフィケーターのある位置においてディグニティのある惑星は、どのような惑星であれ、同じように表示する意味に加わる。

　第2に、シグニフィケーターである惑星と、その惑星のディスポジターについて考慮する。なぜならば、もしその惑星が、吉作用の惑星であったり、吉作用のアスペクトを受け、強いなら、その惑星は惑星の性質に従い、健全であったり、完全な行動様式を意味するからである。もしその惑星が凶作用の惑星であったり、凶作用の好ましくない光線により荒らされ、その上、無力化されているなら、本来その惑星が意味するような悪質で堕落した行動様式を演じる。もし生来的な吉星がシグニフィケーターであるか、良い配置にあるが、弱さが存在するなら、その惑星は見た目には善良で、健全な行動様式を意味するが、内部ではこれらの良さが幾分はっきりせず、ぼんやりしているか、非常に単純である。凶星が強いのは良いことで、心地の良い状態を意味するが、常に少々毒が混ざっているような、若干解りにくい状態などが残されている。私はこのことは常に真実であると考える。

　水星は水星が身につけた惑星の性質に従って行動様式を生み出す。そして、2つの点で水星はこのことを行う。

　1．水星が惑星とコンジャンクションで接合する時。しかし、もし水星が多くの惑星と接合するなら、水星はコンジャンクションで最も近く、最も強い惑星か、最もディグニティがある惑星の性質を持つ。

　2．もし水星がどの惑星ともコンジャンクションでなければ、水星のある位置でエッセンシャル・ディグニティを持つ惑星の性質を持つ。ドラゴンヘッドは木星と等しく、ドラゴンテイルは土星と火星に等しい。

　アセンダントにあるルミナリーは、一般的には素晴らしく強く強固でない限り、大きな影響を与えない。

　もし多くの惑星がアセンダントにあるなら、これらはすべてシグニフィケーターとなり、これらは多様な行動様式を生じる。しかし、これらの中で最も強力な惑星は、最も永続性があり、その惑星の行動様式は続いていくだろう。その他の惑星はさほど永久的ではない。これらがどれだけ続いていくかについて、あなたはディレクションによって理解するだろう。

月が最も強力な惑星のタームかアスペクトにディレクションされる時、その時、出生図の持ち主はほぼ完全にその惑星の行動様式を帯び、世間での行動において最もはっきりするだろう。月のいるタームやアスペクトが変わり、別の性質のタームかアスペクトに出会う時、出生図の持ち主の行動様式は変化する。そして、月がディレクションされたタームの惑星やアスペクトする惑星の状態を帯びる。すなわち、もし月が金星のタームかアスペクトに来るなら、出生図の持ち主は陽気である。もし木星のタームかアスペクトに来るなら、思慮深く、謙虚で、信心深いことを意味する。もし火星のタームかアスペクトに来るなら、怒り、怒りっぽい、喧嘩早いことを意味する。もし土星のタームかアスペクトに来るなら、真面目、憂鬱、不機嫌、怖がり、勤勉さなどを意味する。

アセンダントに惑星がなければ、どの惑星が月か水星と接合しているのかを観察し、その惑星の性質を融合して出生図の持ち主の行動様式を判断する。

もし惑星が月と水星の両方と合するなら、アセンダントに多くの惑星があるようなことと同じである。なぜならば、これらの惑星は行動様式において矛盾を意味するからである。しかし、最も強力な惑星によって意味される行動様式は、最も長く続くだろう。

アセンダントに惑星がないか、水星か月に接合する惑星もないなら、アセンダントのロードをとり、良い性質にしろ、悪い性質にしろその惑星の性質に従って、その行動様式を判断する。しかし、アセンダントのロードのディスポジターがアセンダントのロードをアスペクトでビホールドする場合はそのディスポジターをとる。もしアセンダントのロードにアスペクトをする惑星がないなら、月と水星に力強くパーティルのアスペクトをする惑星をとる。

もし水星か月にパーティルのアスペクトをする惑星がないなら、その時水星と月の位置で最もエッセンシャル・ディグニティを持つ惑星が行動様式を意味するだろう。

行動様式のシグニフィケーターが、１等級か２等級の恒星と接合し、黄道からほんの少ししか離れていないと、行動様式において大きな意味を持ち、より明確に意味する。もし行動様式のシグニフィケーターが牡牛座２１度にある（ペルセウス座の）メドゥーサの頭（アルゴル）＊と共にあるなら、出生図の持ち主に、頑固な性質と暴力的な性質を生じさせるのは明らかである。それによって彼に突然の死が生じるか、他者に突然の死を生じさせる原因となる。
　＊メドゥーサの頭（アルゴル）：２０１５年において牡牛座２６.２２。

牡牛座２４度のプレアデス星団（おうし座の散開星団）＊は、出生図の持ち主に不貞、野心、激しさを生じさせる。
　＊プレアデス星団：２０１５年において双子座０.０６。

双子座４.３０のおうし座の目（アルデバラン）＊は、感情が激しく、勇気に溢れ軍事を好み、そわそわし、扇動的である。しかし、月がこれとコンジャンクションで、特にアセンダントに

あると、善人を意味する。しかし、もしアセンダントのロードが、月と共にあり、この恒星とコンジャンクションなら、殺人者を意味する。

もしアセンダントのロードが男性の惑星ならよりその可能性は高くなる。そして太陽なら凶運を意味する。通常土星がおうし座の目（アルデバラン）と共にあると、大きな苦悩をもたらし、奇妙な精神を意味し、非常に邪悪である。

＊おうし座の目（アルデバラン）：２０１５年において双子座１０．００。

双子座１６．３０の（ぎょしゃ座の）子羊（カペラ）＊は、人の心に好奇心を生じさせると同時に、非常に慎重で怖がりになる。すべての物事を知りたくて、新しいことにうずうずする。

＊（ぎょしゃ座の）子羊（カペラ）：２０１５年において双子座２２．０４。

双子座１７．２０のオリオン座の腰紐（ミンタカ）＊は、理解力と記憶力を鋭くし、人を勤勉にする。

＊オリオン座の腰紐（ミンタカ）：２０１５年において双子座２２．３４。

蟹座のほぼ９度にあるこいぬ座（プロキオン）＊は、子供っぽく、すねた、生意気な人物を意味し、怒りっぽく、高慢で、不注意で、暴力で、軽率になる傾向がある。

＊こいぬ座（プロキオン）：２０１５年において蟹座２５．５９。

蟹座１８度の（ふたご座の弟の）ヘラクレス（ポルックス）＊は、敏感で狡猾、霊的で勇敢、残酷さと軽率さが混ざった大胆さを生じる。

＊ヘラクレス（ポルックス）：ふたご座の双子の兄弟の名前はラテン語ではカストルとポルックスだが、ギリシャではアポロとヘラクレスと呼ばれた。２０１５年において蟹座２３．２５。

獅子座２４度のバシリスク、つまり、しし座の心臓（レグルス）＊についてだが、私が他の恒星に関して、行動様式のシグニフィケーターか、アセンダントのロードのいずれかが、恒星、あるいは恒星のいずれかとコンジャンクションになる時に述べたように、言うなれば、これらのいずれかがそれ自体で獅子の心臓と共にあるなら、出生図の持ち主は寛大になり、気前が良く、礼儀正しい状態で、規則を広めたくなったり、他者を支配することに野心的であることを意味する。

＊しし座の心臓、別名バシリスク（レグルス）：２０１５年において乙女座００．０２。

射手座４．３０のさそり座の心臓（アンタレス）は、軽率、貪欲、頑固な人物を意味し、その頑固さによって自分自身に害をなす。

＊さそり座の心臓（アンタレス）：２０１５年において射手座９．５８。

天秤座１８度のおとめ座の麦の穂（スピカ）＊は、優しい性質の人物を意味し、技芸と科学で成功するための勤勉さを意味する。あるいは水星が共にある時に最も賞賛に値する発明をする。もし土星がそこにあるなら、疑い深い人物を意味し、鋭く厳格で、激しい論争をする。もし火星がおとめ座のスピカと共にあるなら、お堅い人物だが、馬鹿、あるいは馬鹿に毛がはえた程度だろうということが予想される。

＊おとめ座の麦の穂（スピカ）：２０１５年において天秤座２４．０３。

山羊座１０度のこと座（ベガ）＊は、真面目で落ち着いた感じの傾向があるが、それは表向きの見せかけである。なぜならば、通常好色な人物だからである。

＊こと座（ベガ）：２０１５年において山羊座１５．３０。

山羊座２６度のわし座（アルタイル）＊は、大胆で、自信があり、勇敢な人物で、決して譲らなく、殺害の罪、病的な行動様式を意味する。

＊わし座（アルタイル）：２０１５年において水瓶座１．５８。

水瓶座１度のやぎ座の大きな口（ボス）＊は、もし水星がそこにあるなら、信頼のおける頭脳、あるいは鋭い理解力を意味する。

＊大きな口（ボス）：２０１５年において水瓶座５．２２。

水瓶座９〜１５度のいるか座*は、地味な顔立ちを意味するが、明るく、鷹狩と狩猟、他の楽しい娯楽を楽しむ。しかし意図することが２つあり、分かりやすい言葉で言うと、あることを言っていても別のことを意図していたり、親友に対して偽る。
　　*いるか座：２０１５年において（おおよそ）水瓶座１４．００〜２０．００。

魚座の最初にある、はくちょう座の尾、つまり、カウダ・シグニ（デネブ・アディゲ）*は、独創的な人物で、学習や知識などに適する。
　　*白鳥座の尾（デネブ・アディゲ）：２０１５年において魚座５．３１。

西暦１４９４年頃、ヨハンネス・アンゲルス*はベニス市で本を出版した。それには、適切な処世訓と図像を用いて、アセンダントの度数によってそれぞれの出生図の持ち主の行動様式について少し紹介している。しかし、この書において彼は少し厳し過ぎると私は思ったので、彼の著作についての判断は読者に任せる。それよりも伝えられている一般的な方法で分かったことを述べるのが良いと思った。

　　*ヨハンネス・アンゲルス Johannes Angelus：１４６３〜１５１２年。*Astrolabium Planum* を著す。バイエルンの医師、天文学者、占星術師、インゴルシュタット大学教授でもあった。

先人たちが伝えたことは、行動様式のシグニフィケーターが牡羊座にある時、出生図の持ち主に英知と独創性が生じるということである。

牡牛座にある時、出生図の持ち主は勤勉である。なぜなら雄牛は牡牛座によって意味されるからである。

双子座にある時、知力、欺瞞を意味するが、技芸と学問を愛する。

蟹座にある時、変わりやすく、移り気で、決して固定されない。

獅子座にある時、真面目で、冷静か慎重な人で、男性女性どちらであっても、少し残虐である。

乙女座にある時、学問と技芸を愛し、欲張りで、残虐か、人を傷つけ、戦争に好意的である。

天秤座にある時、変わりやすく、狡猾で、すべての技芸を軽蔑し、自分自身の陰部に自惚れる。

蠍座にある時、軽率で、傲慢だが、良い理解力を持ち、欲張りで、横柄である。

射手座にある時、勇敢で、怖いもの知らずである。

山羊座にある時、淫乱で、過剰に肉欲的で、妻であっても愛人であっても一定しない。

水瓶座にある時、人間味があり、愛想がよく、落ち着いて話し、誰も妬まず、自分自身の信仰心が一定している。

魚座にある時、口ごもった人で、詐欺的で、神聖さを装うが、非常な偽善者である。

また、気質が多血質なら、人は明るく、自由主義で、誠実で、愛想がよく、まとめ役で、素直、慎み深く、信心深い。

胆汁質の人は、怒りに満ち、喧嘩早く、執念深く、野心的で、しつこく、傲慢で、ずぶとく、軽率で、不必要に問題に自ら関わり、扇動的で、多くの機会において独創的で、意見を簡単に変える。

憂鬱質の人は、決定が遅く、詐欺的で、助言を聞かず、慎重で、厳しく、欲張りで、疑い深く、悲観的で、怖がりで、でしゃばりで、侮辱されたことをめったに忘れない。容赦せず、野心的で、自分以外の人を尊敬し愛せない。

粘液質の人は、非常に臆病で、妻に服従し、変わりやすく、秘密を守れない。鈍感で、仕事を行うことについて怠け者である。

108章　惑星それぞれから本質的に識別されるであろう行動様式の性質

土星が行動様式のシグニフィケーター	強く良い影響を受けている場合	真面目な人物、いくらか厳粛、慎重、深く物事を熟考する、無口、孤独、勤勉、忍耐強い、富の保持者、質素で倹約家、自身の利益のため勉強に励む、熱心、疑い深い
	弱く凶の状態にある場合	卑屈な精神、不器量、自分自身を低く考える、不平を言う、怠慢、臆病、孤独を愛する、悲観的、妬み、頑固、疑い深い、陰口、口が悪い、迷信深い、欺瞞、悪意がある、粗野な人

木星が行動様式のシグニフィケーター	良いディグニティと良い位置にある場合	誠実、信心深い、公平、自由主義、寛大、統治者、身分の高い人、高等な行為を行う、冷静、ある種の節度ある真面目さ、慎重、高潔で整然としている
	悪いディグニティか、悪い位置のいずれかにある場合	自己愛、率直で無邪気、言葉にする前に多くの性質を持った行動様式を表すが不明瞭で不完全、見下した軽蔑的な考え、高慢、迷信深い、怖がり、偽る、ある種の無駄な率直さ、怠慢、浪費家
火星が行動様式のシグニフィケーター	強力で吉の状態の場合	気前のいい人物、勇敢、勇気に溢れる、怒りっぽい、感情が激しく暴力的、手を出しがち、率直な話し方、ある種の厚かましさ、身体への危険性を恐れない、支配的になりやすい、自慢屋や上品ぶった人、復讐を誓う、隷属することや無礼なことをされたり侮辱を受けたりすることに耐えられない
	弱くケーデントにあるか、そうでなければ凶の状態にある場合	残酷な人物、喧嘩早く圧制的、軽率で頑固、かっとなりやすい、厚顔無恥、贅沢、自慢屋、不信心、不当、血を撒き散らす攻撃者、挑発しているように厚かましい、しかし、いざとなると臆病、泥棒、意見を衝突させる張本人、激情、扇動的など

**金星が行動様式の
シグニフィケーター**

出生図において、良い状態でエッセンシャル・ディグニティにおいて強い場合
{ 感じのよい人、陽気できれいな人物、きちんとした衣装、善良、気前が良い、慈悲深い、自身の楽しみに傾倒する、きれい好き、娯楽と遊戯を楽しむ、敏感、上品、風流

悪い位置にあり、ペレグリン*である場合
{ 怖がりな人、女性に貢ぐ、臆病者、やる気がない、怠け者、貴婦人や女性に言い寄ることに優れる、好色、人を信用しないか尊敬しない、女性に関することに熱心、悪名高いなど

＊ペレグリン Peregrine：エッセンシャル・ディグニティを持たない惑星。

**水星が行動様式の
シグニフィケーター**

天上において良い配置にあり、ディグニティにある場合
{ 賞賛に値する鋭い想像力のある人物、非常に勉強熱心で学習能力がある、陰険か狡猾、賢い、うまく占うか良いアドバイスを与える、すべてにおいて機敏で巧みに振舞う、詩人、幾何学者、数学者、占星術師、話術にたけた人、何かしらの技芸を学ぶ、良い身のこなしや振る舞い

位置において凶の状態で、弱く、そしてアフリクトされている場合
{ 移り気な人、意地が悪い、激しい、嫉妬深い、不誠実、嘘つき、もし水星がドラゴンテイルと共にあるか月か火星のオポジション、スクエアにあり、風象サインにあるなら、意図して偽る、破壊的な策略と陰謀を考え出す、悪名高い、すべての人とあらゆる種類の物事に干渉する、馬鹿、間抜け、べらべらとしゃべる老いぼれた人、口ごもった自惚れ家、役にたたない人など

これらの惑星とこれらが互いに混ざり合ったものから、行動様式で最も主となる判断は導き出される。

　ルミナリーの位置はこれらの性質を助長する。従って、行動様式の主要なシグニフィケーターと共にある月は、月の光が増えると、出生図の持ち主の行動様式そのものをはっきりさせる。つまりそれが原因となってすぐに出生図の持ち主は自分の行動様式に気づくだろう。しかし、月が（太陽と）コンジャンクションにあるか、暗い場合、すなわち、コンバスト（燃焼）＊か、アンダー・ザ・サン・ビーム（太陽光線下）＊のいずれかにある時、行動様式はそれほど明確ではない。月の最も大きい北緯か南緯において、月は行動様式の多様性を示す。太陽が行動様式の主要なシグニフィケーターと共にあり、太陽が強いと、ある程度の厳粛な行動様式を引き起こす。そこには、一種の陽気さと礼儀正しさが混ざり合っている。しかし、もし太陽が弱いなら、行動様式は上品ではなくなり、優雅さや喜ばしさがなく、単に病気がちなことを意味する。

＊コンバスト（燃焼）Combust：太陽の位置するサインと同じサインにある時で、惑星が太陽の前後それぞれ８度３０分よりも離れていない時。
＊アンダー・ザ・サン・ビーム（太陽光線下）under the Sun Beams：太陽自体の前後それぞれ１７度から離れるまで。

　それでも一般的に観察されることは、ルミナリーそのものよりもルミナリーのディスポジターを考慮することは、より重要である。私は１つか２つ例を挙げ、行動様式のシグニフィケーターが別の惑星と接合する時、判断をどのように混ぜ合わせるかをあなたに見せよう。

　もし土星が行動様式のシグニフィケーターで、木星が土星自体か土星のアスペクトに接合するなら、木星は土星の悪い性質を得る。だからといって、土星的な行動様式であると判断するのではなく木星の性質を多く含ませる。つまり出生図の持ち主は、非常に慎重で、賢い人物で、ものしずか、議会と裁判所での地位が高く、博識な人だろう。これは木星がかなり強い時に理解される。

　火星が土星と関係し、十分に強いなら、出生図の持ち主は何かしらに取り掛かり始めても、めったに完成しないことを意味する。なぜならば、火星の熱が上がっても、土星の冷が再びその熱を破壊するからである。たいてい、出生図の持ち主は、自慢家で、乱暴で、扇動的（恐ろしく大胆）、執念深く、他人を軽蔑し、妄想し、びくびくし、圧制的で、思いやりが欠けていて、あらゆる種類の悪行をし、神と人の両方を欺く。

　もし穏やかな金星が土星と混ざり合い、土星が十分に強いなら、女性に何も与えない男性、野心的ではない人、もしくは物事や人に喜びを感じない人、高齢者と付き合うのを楽しまない人、厳格で、嫉妬深く、自分自身の意見に頑固で、自然の神秘を知りたがり、用心深く、女性のことについて疑う。もし土星が金星と共に悪い位置にあるなら、猥褻な仲間、女性や親戚の女性などに干渉するかそのような女性を欲する、思慮の欠けた人、ただの罰当たりな人を意味する。

水星が行動様式のシグニフィケーターである時、もし水星が土星のアスペクトにあり、天上で良い位置にあるなら、出生図の持ち主は、好奇心旺盛で理解力のある人、科学と知識に貪欲で、何かしらの神秘が分かるであろう人。医学に適し、賞賛に値する建築者、哲学者、偉大な論争家、粗探しをし、慎重で、鋭い想像力を持ち、勤勉などを意味する。惑星の混ざり合いについて、より一層満足したい人は、ポンタヌスの "de rebus Coelestibus, libr. 6" を読むとよい。

一般的な法則ではあるが、最も悪い行動様式は凶星が原因であり、凶星同士が接合したり、もしくは凶星が7、8、9ハウスで水星と共にある時である。

109章　出生図の持ち主の知力や理解力

知力と知性のシグニフィケーターは、特に水星と、水星と月とのコンフィギュレーションから取られる。なぜならば、水星は脳における合理的な魂と動物的な精神を支配し、月は脳を発育し強め、より感性に近づけるからである。

もしこれらの惑星が位置する天上の配置が良い影響にあり、これらが良いアスペクトによってお互いに相互アスペクトをしているなら、合理的な魂と他の力や強さとの間で釣り合いの取れた適切な状態であり、これらから素晴らしく強い知力が生じる。しかし、もしこれらが悪い影響にあるか、お互いに対してスクエアかオポジションにある場合、あるいは、お互いに惑星のアスペクトがまったくない場合、単に鈍感で愚かな能力や知力となる。これらを詳細によく混ぜ合わせれば、平凡な人なのかどうかを予測できるだろう。

もし水星が月よりも強く、コマンディング・サイン*、ロング・アセンションのサインにあり、そして、月がオベイング・サイン*、ショート・アセンションのサイン*にあるなら、その時生まれる人は、理性的で、主に極端に感情的になることに打ち勝つだろう。よく起こることだが、もしこのような状況にある月が水星よりも強いなら、感情と劣った理解力は簡単に理性に勝るだろう。

　＊コマンディング・サイン Commanding Signs：牡羊座〜乙女座。
　＊オベイング・サイン Obeying Signs：天秤座〜魚座。
　＊ショート・アセンションのサイン Signs of Short Ascensions：山羊座から双子座にかけてのサイン。

水星と月がいずれかのサインでコンジャンクションなら、独創的な人を意味する。

水星と月がセクスタイルかトラインにあると、上記と同じである。しかし、ここではセクスタイルはトラインよりも良い。

水星と月のスクエアのアスペクトは、十分な冷静さのある知力ではなく、激しい空想力を意味する。

アングルでの水星と月のオポジションは、頑固で、激しい知力を意味する。もし水星と月のいずれかがデトリメントにあるなら、扇動的な知力、頑固で、軽率に協議する人、破壊的で厚かましい人を意味する。

牡牛座の水星が逆行かコンバストにある場合、あるいは、１２ハウスの山羊座にある場合、凶星によってパーティルにアフリクトされていると、単純で粗雑な理解力を意味する。たとえ月が水星をアスペクトしていてもである。なぜならば、これらのサインは最も強い地のサインだからである。

水星が水瓶座にあり、少しも妨げがなく、天上の良いハウスにあり、動きが速く、オリエンタルで、ドラゴンヘッドと共にあると、知力に何かしら学習する能力を与える。そして、たいていその能力を授けられた人は賞賛に値する新しい文化を創出する。

水星が自分自身のいずれかのハウスにあると、鋭い理解力を意味する。

水星がハウスやエグザルテーションで月からレシーブ＊されるなら、素晴らしい想像力を与える。惑星のほとんどが風象サインにある時、一般的に良い知力が生じる。

水星が牡羊座にあり、火星とリセプション＊なら、洞察力のある知力を与える。

月がドラゴンヘッドかドラゴンテイルと共にあると、活動的な精神を意味し、科学に傾倒する。月が光を増す時と、月が満月の状態から離れていない時が最も良い。

＊レシーブReceive：受け入れる、受容の意味がある。リリーはレシーブを定義していない。一般的には、ある惑星があるサインにあると、そのサインのロードやエグザルテーション、トリプリシティ、ターム、フェイスのロードからレシーブされる。またレシーブにはアスペクト、接近を必要とする考えもある。トリプリシティ、ターム、フェイスは単独では弱く、これらのうち同じ惑星のもの２つで重なるとレシーブが成立するという考えがあるが、リリーはひとつでレシーブを成立させ、アスペクトも接近も必要としない。

＊リセプション Reception：第１書１１２ページでの定義は、シグニフィケーターである２つの惑星がお互いのディグニティにある状態。例えば太陽が牡羊座にあり、火星が獅子座にあるような時。これはハウスによるリセプションだが、エグザルテーション、トリプリシティ、ターム、フェイスでもリセプションがある。リリーのリセプションはいわゆるミューチャル・リセプションで、アスペクトも接近も必要としない。

優れた理解力について、水星について以下の法則を観察する

第１に、水星が地平線の下にあり、いかなる惑星のアスペクトもない時、水星は技芸への興味を生じる。水星が地平線の上にある時、水星は雄弁を意味する。

第２に、水星の動きが非常に速い時、人を気まぐれにし、すぐに不安にする。自分自身の意見を度々変えるが、これらの意見にきちんとした理由を述べるだろう。もし水星が逆行か、動きが遅いなら、口ごもり、理解のない人を意味する。

第３に、水星がコンバストか、アンダー・ザ・サン・ビーム（太陽光線下）にある時、失礼な干渉をするか、単に細かく干渉するような知力を意味する。

第4に、オリエンタルにある時、水星はより自由な性質を表し、オクシデンタルの時、水星は偽善者を意味する。しかし、水星がいる位置を支配する惑星は、前述の度数をディレクションする際に大きな影響力を持つということに、気付かなければならない。すなわち、もしその惑星が吉星なら、その惑星は水星の性質を良い状態に変える。もしその惑星が凶星なら、水星の性質を悪い状態に変える。

　第5に、水星が特に火星にアフリクトされていなく、良い位置にあり、風象サインにあり、特に水瓶座にあって、ドラゴンヘッドかドラゴンテイルと共にある時、最も鋭い知力ある人を意味し、多くの言語を話す語学に堪能な人である。

　第6に、水星がアングル、特にアセンダントにあり、水星自身のハウスのひとつにあるか、魚座と蠍座以外のサインにあれば、頭の良い、あらゆる仕事に適する知力を意味する。

　第7に、水星が風象サインのアセンダントのカスプにあり、動きが速いと、良い記憶力と理解力を持つが、考えが変わりやすい人である。

　一般的に、水星が土星と共にあると、より慎重な知力となり、より安定的で辛抱強い人となる。水星と木星ならば、より誠実で、博識で、正しい判断力となる。水星と火星ならば、より自信に満ち、押しが強くなる。太陽と一緒なら、野心的で、横柄で、高慢。金星が一緒なら、より雄弁で、愛情を示す。月が一緒なら、より不安定である。また、土星は記憶力を助ける。木星は誠実さと慈愛などをもたらす。

不道徳や単純な理解力のサイン

　水星がペレグリンで、ケーデントのハウスにあり、コンバストで、遅い動きで、凶星、特に火星によってパーティルにアフリクトされていると、不道徳な知力と愚かな理解力を意味する。水星がアフリクトされればされるほど、知力と想像力において、より大きな不幸が起こる。また水星が月から分離し、月のアスペクトがないと、弱い知的能力を意味する。

　水星がアンダー・ザ・サン・ビーム（太陽光線下）にあり、逆行であると、行動する時非常に遅くなる。そしてさえない発明をするだけである。水星が水象サインにあり、吉星のひとつからアスペクトがないと、たいてい頭がよくない。そして、もし水象サインにおいて土星が水星をアフリクトしているなら、出生図の持ち主は口ごもるか、人前で話す時上手に話せない。*これは検認すること*。水星が火星のスクエアかオポジションにあると、面倒を起こす知力、凶悪、悪意を意味する。

粘液質のサインは学問の敵であり、遅い動きを意味するということに気付くこと。憂鬱質が過剰だと、まさしく頭が良くないことを意味する。多血質の気質の人は、めったに学問を続けない。単に胆汁質の人は、学問をまったく愛さない。多血質で憂鬱質の人は、最も良い研究者を意味する。胆汁質で憂鬱質の人は、優れた新しい文化を創出する。

110章　体の身長、体型、形状

アセンダントのロードをパーティルにビホールドする惑星から、身長の高低が主に判断される。もし多くの惑星がアセンダントのロードをビホールドするなら、最も強いものから判断する。

土星	オリエンタル	中ぐらいだがやや低めの身長
	オクシデンタル	低い身長
木星	オリエンタル	大柄
	オクシデンタル	中ぐらいだが高めの身長
火星	オリエンタル	高い身長
	オクシデンタル	中ぐらいだが、低くはなく高めの身長
金星	オリエンタル	背が高く、痩せ型
	オクシデンタル	低めだがさらに低い身長
水星	オリエンタル	中ぐらいよりもどちらかというと高い身長
	オクシデンタル	低い身長か、中ぐらいの身長

水星がオリエンタルやオクシデンタルにあったとしても、水星のディスポジターの性質に従った身体を形成することははっきりと観察できる。そして、もし水星が水星自身のハウスか太陽のハウスのいずれかにあるか、月のハウスにあるなら、そのサインの性質に従い、中ぐらいの身長を意味する。

ルミナリーについても同じようなことが観察される。

身体の部位の特性

身体の体型と形状について述べるために、私はアセンダントのサインとそのロード、アセンダントにある惑星や諸惑星、あるいは、アセンダントにアスペクトをする惑星、2つのライツ、すなわち、太陽と月、その年の季節、そして、アセンダントにある、もしくはアセンダントのカスプの近くにある恒星について考慮する。

111章　サインの性質、顔と髪の毛の色

上記については、イントロダクション、つまり最初の部分で十分取り扱っている。93〜99ページ*を参照すること。まとめると、

＊第1書

牡羊座、牡牛座、天秤座、蠍　座　・・・中ぐらいの身長で、高くはない
獅子座、乙女座、射手座　・・・・・・高い身長
蟹　座、山羊座、魚　座　・・・・・・低い身長
双子座　・・・・・・・・・・・・・・平均的
水瓶座　・・・・・・・・・・・・・・中ぐらいの体型

第1に、アセンダントにある惑星によって、顔や髪の毛の色について判断される。これについては、本書の最初の部分57〜83ページ*において述べている。 出生図の持ち主における色

＊第1書

第2に、アセンダントのサインと、あるならインターセプトのサインから判断する。

第3に、それらのロードから判断する。

第4に、アセンダントの度数、もしくは、アセンダントのロードをパーティルにビホールドする惑星や諸惑星から判断する。

第5に、アセンダントと共に上昇する恒星、そして、これらに関係する惑星の性質の色からも判断する。

第6に、気質から判断する。顔色に関して、多血質は、色白、きれいであったり明るい。粘液質は、青白い。胆汁質は、黄色か赤い。憂鬱質は、黒い。

ここで示されていることは、アセンダントにおいて1つか2つの吉星が存在していると、きれいで上品な色合いを与えるが、2つの凶星の場合は、悪い色を与え、たいていは醜い。

北側のサイン Septentrional Signs、すなわち、牡羊座、牡牛座、双子座、蟹座、獅子座、乙女座、また魚座、射手座もそうだが、陽気な顔色を意味する。冬のサインか凶星のハウスは、より悲しげな顔つきを意味する。そうであっても、色はたったの白、黒、黄、赤しかない。残りの色は全てこれらを混ぜることによって作られる。しかし、色の判断は、以下のように行われる。すべてのシグニフィケーターにこれらのそれぞれの色を割り当て、その後、1つに集約し、最も数が多いものから判断する。正確に注意深く混ぜ、出生図の持ち主が生まれた気候か国もまた考慮する。なぜならば、あなたの集めた根拠において、あなたが色白の人を意味することを見つけたとしても、もしその人がスペイン人の場合、あなたの判断は間違いになるからである。なぜならば、スペイン人はたいてい浅黒いか黒いからである。デンマーク人なら色白や赤髪などである。

顔の割合　顔と身体の部位の割合において考慮すべき5項目がある。すなわち、アセンダントのサインとそのロード、アセンダントにある諸惑星やそれらのコンフィギュレーション、太陽と月、年の四季分、そして、アセンダントにある恒星である。

　アセンダントのサインが人象サイン、すなわち、双子座、乙女座、そして、射手座と水瓶座の最初の部分なら、色白ではっきりとした顔を意味する。

　牡牛座、蟹座、蠍座、山羊座、魚座は、不恰好を意味し、牡羊座と獅子座の後の部分も同じ意味を持つ。

　すべての惑星のなかで、木星と金星は最高の顔を与える。次に、水星と月である。もしこれらが凶の惑星なら、悪い顔や顔色を意味するが、アフリクトされていない時は、非常に良く、美しい顔を意味する。土星、火星、ドラゴンテイル、そしてアセンダントへのこれらの凶のコンフィギュレーションは、美しくないことを意味する。アセンダントにある凶星、すなわち、土星、火星、ドラゴンテイルは、顔に傷や傷跡がある。

　太陽と月が良いディグニティだと、色白できれいなことを意味する。しかし太陽は美しくない体型を与える。

　ライツの両方が凶星のアスペクトで妨げられているなら、目に若干の傷がある。凶星が集まって接合する、つまりライツとコンジャンクションの時、凶星がドラゴンヘッドかドラゴンテイルにあるか、あるいは、ライツ自身がドラゴンヘッドかドラゴンテイルと共にある時、もしくは凶星にまったく黄緯がないか、最も大きい黄緯にある時、身体の歪み、足が不自由になったり、国王病＊による身体の変形がある。

　＊国王病：リンパ節結核の古語。

また、春のサインは、きれいな体型か体格、若々しく、髪の毛と顔色の両方が愛らしく、多血質の顔色を意味する。

　夏のサインは、やや肥満で、中ぐらいの身長、髪の毛が多く、大きい目、胆汁質の顔色を意味する。

　秋のサインは、細身の身体で、髪の毛は広がり、きれいな目で、適度な身長、憂鬱質の顔色を意味する。

　冬のサインは、均整の取れた体型で、黒く、黒ずんだ色で、髪の毛は広がっているが細く、粘液質な状態を意味する。

　恒星は恒星が同化する惑星の性質に従って、美しくしたり不恰好にする。

　水星か金星のいずれかが自身のハウスかエグザルテーションにあり、アセンダントをビホールドするなら、高い身長を意味する。これらがフォールかデトリメントなら、その反対となる。

　土星、木星、火星がフォール、デトリメント、逆行にある時、中ぐらいの身長を意味するが、低い身長の傾向がある。しかし、これらがフォールかデトリメントであっても、逆行でないなら、身長は変わらない。

　もしアセンダントのロードにパーティルにビホールドする惑星がないなら、アセンダントのロードから判断される。もしアセンダントのロードが順行なら、アセンダントのロードのいるサインは考慮されない。

　もしアセンダントのロードが逆行でフォールにあるなら、私たちはその惑星の性質からではなく、アセンダントのロードのあるサインから体型を判断する。同様に、ルミナリーがアセンダントで力があって、ディグニティにあると、ルミナリーのいるサインの性質に従った体型となるのが分かる。しかし、水星がアセンダントを支配していると、水星のディスポジターとなる惑星の性質に従った体型となる。

112章　身体が太っているか、痩せているか

たちが言う身体が太っているか、痩せているかというのは、成年期の後、つまり、３０歳頃やその後に、身体に本来の性質として起こる。

これについての判断は、アセンダントのサインとそのロードから行う。すなわち、そこで最もディグニティのある惑星からである。

牡羊座、牡牛座、獅子座	最初の部分は太っていて、後の部分は痩せている。
双子座、蠍　座	最初の部分は痩せている、後の部分は太っている。
蟹　座、山羊座	最初の部分は普通だがむしろ痩せ気味、後の部分は太り気味。
射手座	最初の部分は痩せている、後の部分は太っている。
水瓶座、魚　座、天秤座、乙女座	中ぐらいの体型。しかし、水瓶座の後ろの部分は痩せている傾向がある。

アセンダントのロードは、次のように考えられる。もしアセンダントのロードがアセンダントの度数にパーティルにビホールドするなら、アセンダントのサインの性質に従い判断する。もしそうでない場合、アセンダントのロードがあるサインの性質に従って判断する。それはアセンダントのロードに惑星から何かしらのアスペクトがある場合である。

もしアセンダントのロードに惑星からのパーティルのアスペクトがないなら、アルムーティン＊が占拠していない、つまり、アルムーティンが位置しないそのサインの中央から判断する。

　　＊アルムーティン Almuten：ハウスにおけるアルムーティンは、判断を求めるハウスのカスプで上昇したり、下降するサインで最もディグニティがある惑星。図におけるアルムーティンは、図全体においてエッセンシャル・ディグニティとアクシデンタル・ディグニティについて最も力がある惑星。これは第１書での定義だが、著者によって定義が異なる。

アセンダントのロード、もしくは、アセンダントでエグザルテーションとなる惑星が太陽とオーブの半分以内で接合し（火星はない）、アセンダントのサインにアセンダントのロードがあるなら、大きな身体を意味する。

もし２つの惑星がアセンダントを等しく支配するなら、アセンダントに最もパーティルのアスペクトを投げかける惑星から判断しなければならない。しかし、エグザルテーションになる惑星よりハウスとなる惑星を優先する。あなたの判断をより良くするために、惑星の性質、身長、体型を扱った、イントロダクションの最初の部分を参照すること。

怪物のようなものを扱うこともあるだろうが、そのようなものは自然の誤りであり、天上の自然な流れに属してはいない。ここではこれらについて述べることを控えたい。

113章　出生図の持ち主の一般的な幸運や不幸

　出生図を十分考慮し、特に惑星のフォーティチュードとデビリティについて調べる。天象図において、エッセンシャル・ディグニティにある惑星が3つか4つあるかどうか、あるいは、お互いをそういったディグニティでレシーブしているかどうかを観察する。そのような場合、天上が意味することは、出生図の持ち主ははっきりとした数多くの幸運を楽しむだろうということである。そして、その性質に従い、勇敢に生き、そして十分な評価を受けるだろう。生まれてからの人生の道程は普通以上である。そして、人生の大部分は幸せで、賞賛に値する成功によって、彼は人生全般においてうまく行動するだろう。反対に、ほとんどの惑星がフォールかデトリメントにあるか、あるいは、天上の不運のハウスにあるか、ペレグリンである時、このような人は一般的に多くの不幸と関係し、悪いことは続いてやって来るだろう。

　あらゆる出生図での太陽と月を考慮する。なぜならば、これらが良い位置か悪い位置かによって、あなたはこの種の判断を多く見つけるからである。もし太陽と月が残りの惑星と同時に良い位置であったり悪い位置であれば、良いか悪いかを判断することが、より確実で有効になるだろう。

　あなたが根拠から平凡な人だと判断する時は、どのような状況かというと、いくつかの惑星がエッセンシャル・ディグニティにあり、他の惑星は完全に凶の状態で、非常に弱い惑星を見つける時、あるいはシグニフィケーターは十分に強いが、天上の無情で不運のハウスにある時、あるいはこの反対の状態にある時などである。こういった場合これらはむらのある幸運を意味し、変わりやすく、大きく転換することを意味する。その結果、人生の多くの部分において、出生図の持ち主は非常に幸せで、申し分のない人生であり、そして、ある時は、最も惨めで、落胆した状態である。これについては、私たちの今生きている時代にあまりにも多くの哀れな実例を見てきた。また一般的に出生図ではっきりと約束されていることは人に起こるのだろうし、そして、起こる出来事はゆっくりとやって来るだろう。私が述べたかったのはこのようなことだが、出来事が起きる時期は、天上の5つのハイレグの位置のディレクションに基づいている。なぜならば、惑星が非常にフォーティチュードであることで、様々な神の恵みを惑星は約束するが、出来事が起こる時期は、ラディックスにおいてそのような出来事をはっきり意味するようなプロミッターとシグニフィケーターが出会うことから求められるからである。

２つのライツがペレグリンで、これらのディスポジターがフォール、デトリメント、あるいは、哀れな位置にあり、木星と金星が弱くてペレグリンか、凶の状態で、土星と火星が天上の同じクオーター*にあるといった場合、土星、火星、ドラゴンテイル、水星が、幸福を表示する主要なシグニフィケーターであるか、すべての惑星が遅い動きにあると、出生図の持ち主は人生の大半において、多くの災難と、多くの惨めさを予測されるだろう。それがどこから生じるかは、凶星がある天上の位置から予想し、それがいつなのかは、シグニフィケーターが惑星のアスペクトや惑星自体へディレクションすることから予測されるだろう。

*クオーター Quarter：クオドラント Quadrants 象限とも言う。天上の四分の一のこと。

富や家財の２ハウス

すべての出生図において、以下のシグニフィケーターを考慮しなければならない。

第１に、２ハウスの始まりの部分であるカスプの５度前から３ハウスのカスプの５度以内まで。そのハウスのロード。そして、どれぐらいディグニティがあるか。

第２に、２ハウスにあるインターセプトのサインのロード（もしあるなら）。

第３に、パート・オブ・フォーチュンとそのロード、そして、富の一般的なシグニフィケーターである木星。

第４に、これは以前からいつも考慮されているが、位置的に２ハウスにある惑星や諸惑星。惑星が２ハウスのカスプの近くにあればあるほど、より明白で明らかなシグニフィケーターとなる。

出生図の持ち主が財産を手に入れるのは、誰からで、何の要因によるかということについて、トレミーは、"lib. 4. cap. 1" *で以下の説明を与えるだけである。曰く、パート・オブ・フォーチュンのあるサインを支配する惑星と、パート・オブ・フォーチュンに対してそれらの惑星がどのようなファミリアリティ*であったり、アスペクトをしているのかを考慮せよ。パート・オブ・フォーチュンのあるサインを支配する惑星とパート・オブ・フォーチュンに吉作用のアスペクトをする惑星、そしてまた、これらより上にエレベートする惑星を性質が同じであっても反対であっても観察する。パート・オブ・フォーチュンを支配する惑星が非常に強い時、特に太陽と月によって助けられていると、出生図の持ち主の財産は非常に多くなるだろう。

*ファミリアリティ Familiarity：親しむという意味。一般的に２つの惑星間のアスペクト、パラレル、ミューチャル・リセプションを意味する。
* "lib. 4. cap. 1" は『テトラビブロス』第４書の第１章。

土星は、建築、航海、農業によって豊かになる。木星は、忠誠、信用、政治、聖職、すなわち、宗教により豊かになる。火星は、戦争、軍隊を指揮することにより豊かになる。金星は、友人、女性の恩恵により豊かになる。水星は、雄弁、商売により豊かになる。

　土星がパート・オブ・フォーチュンを支配し、木星がそれに良いアスペクトを投げかけている時、相続を意味する。特にアスペクトが高位のアングルにある時や、木星がバイコーポリアルサイン＊にあり、西のアングルにあり、そして、月と良いアスペクトにあるか、月が助けている時、そのような時出生図の持ち主は誰かの養子となることを意味し、他人の財産を相続するだろう。

　　＊バイコーポリアルサイン Bicorporeal Signs：ダブルボディサインとも言う。双子座、射手座、魚座。
　　乙女座を含む場合もある。

　パート・オブ・フォーチュンをディスポーズする惑星と、意味において同じ性質の惑星が接合するなら、裕福であることは続いていくだろう。しかし、もし凶星がこれらの位置を主に支配しているか、これらの位置で上昇しているなら、財産の破壊を引き起こす。そのような時期は例外なく、アングルとサクシーデントの位置へ惑星が接近するときである。このようにトレミーは述べている。

　勤勉な作家であるレオヴィティウス＊は、このハウスに関する判断を非常に洗練させており、このことについては、トレミーの非常に短い説明よりもはるかに優れている。私はレオヴィティウスとオリガヌスの意見に従う。

　　＊レオヴィティウス Leovitius：キュプリアヌス・レオヴィティウス Cyprianus Leovitius。１５２４～
　　１５７４年。ドイツのラウインゲン大学の天文学の教授、占星術師。１５８４年に大洪水が起こり
　　世界が終ると予言した。

114章　裕福か、否か

　もしすべてのシグニフィケーターが前述と同じように構成されている場合、すなわち、アングルにあるか、これらの大部分がエッセンシャル・ディグニティにある場合、出生図の持ち主は非常に多くの財産を得て、すべての物に富み、欠く物がないぐらい手に入れることの根拠となる。そして、あなたはフォーティチュードかデビリティのいずれかの根拠を多く見つけていき、その後出生図の持ち主の財産の強さや弱さを判断する。すべてのシグニフィケーターが弱いと、貧困を意味する。もし中ぐらいの強さなら、出生図の持ち主の財産は多くもなく少なくもないだろう。あるいは、レグルス（しし座の心臓）やスピカ（おとめ座の麦の穂）、あるいは、天上の良いハウスにある吉星と共にある場合もそう考慮する。この種の判断において、財産と富のシグニフィケーターが吉星か凶星であるかということについては重要ではない。

　２つのライツが地位を表す恒星と共にあるか、あるいは、吉星と共にある時、多くの財産があることを意味する。

富のサイン

月がアセンダントにあると幸運であり、長い人生において富を与え、尊敬される。

太陽と月がトラインで、その時太陽がエグザルテーションにあり、これらのどちらにも土星か火星による凶作用がなければ、幸運が大きいということの十分な根拠となる。木星が２ハウスにあり、月が１ハウスにある、あるいは、木星がアセンダントにあり自身のディグニティにあり、月が２ハウスにあり自身のディグニティにあると、富を約束する。昼生まれで土星が８ハウスにあり、吉星のいずれかのアスペクトがあると、出生図の持ち主は人の死によって財産を得る。あるいは、もし８ハウスのロードが、エッセンシャル・ディグニティのいずれかにあって吉の状態で、１０ハウスにあるなら、出生図の持ち主は思いがけない幸運を得るだろう。そして、故人から遺産を得るだろう。パート・オブ・フォーチュンのロードが８ハウスにあり、アセンダントのロードがそれにアスペクトしている時、富は亡くなった家族からもたらされる。

土星が良い位置にあり、エッセンシャル・ディグニティにおいて強く、アセンダントにトラインのアスペクトをしている時、出生図の持ち主は、土地、果樹園、野原、牧場によって裕福になる。

貧困のサイン

月がアングルにある土星とコンジャンクションなら、たとえ王であっても、貧困に陥るだろう。土星と月のスクエアかオポジションは、財産を破壊する。凶星がアングルにあり、吉星がサクシーデントにある、あるいは、月がコンバストで、月のディスポジターが凶の状態、つまり凶星とコンジャンクションかオポジションの位置にあり圧迫されていて、ケーデントにあり、その位置のロードが凶星で強い場合、あるいは、木星がケーデントにあり、木星のディスポジターが強くない場合、出生図の持ち主は広大な土地を持っていて多くを望むだろうが、結果は反対となる。

115章　出生図の持ち主が裕福になったり貧しくなったりするのはどこから、どういった方法か

こであなたが考慮しなければならないことは、シグニフィケーターの性質であり、シグニフィケーターがあるのはどのハウスなのか、シグニフィケーターはどのハウスのロードなのかについてである。

そして、これらのシグニフィケーターの内、強く、吉の状態であるものだけが財産を与える。しかし、これらのシグニフィケーターのディグニティが低いだけなら、それに従った財産を与える。弱い凶星が中ぐらいの強さがあるシグニフィケーターを妨げているなら、貧しく困窮する。

他の章よりもこの章において、私は多くの内容を説明することになるだろう。なぜならば、この内容がよく理解され、すべての出生図の持ち主に正しく適用されれば、占星術師の判断に非常に役立ち、完璧なものとなるからである。

第1に、財産の意味に関して、支配力と力を持つ惑星の性質を考慮する。

第2に、シグニフィケーターがあるサインを考慮する。

第3に、シグニフィケーターがあるハウスの性質を考慮する。

第4に、シグニフィケーターへパーティルのアスペクトをする惑星などを考慮する。

シグニフィケーターの性質は事柄や人物に区別される

土星の意味	
事柄や物事	農業や耕作、大地からの収穫による利益、地下鉱山、埋蔵物、建物、家、世襲財産、服が汚れやすい職業と仕事、故人からの遺産、刑務所、高利貸し、航海。
人　物	先祖、農夫、鉱山労働者、製革職人、石職人、陶芸家、頑固で不機嫌な人、憂鬱な人。さらに知るには59ページ*を参照。

＊第1書

木星の意味	
事柄や物事	教会の権威、宗教、政府、法律、身分の高い人物からの推薦、聖職禄や教会での生活、本質的に誠実で道徳的。
人　物	崇高な精神、内気、人間味のある、高位聖職者や牧師、司教、枢機卿、司祭、弁護士、裁判官、唱道者、貴族、金持ち、地方・町・都市の統治者、紳士。

火星の意味

事柄や物事	訴訟、論争、口論、討論、戦争、争い、勇敢な行動、錬金術、手芸の商い、鉄や火を使う仕事、専制政治、抑圧、暴力、馬、馬術。
人　物	傲慢、扇動的、陰謀家、泥棒、短気、冷酷、厚かましい、大胆、不敬、陰口を言う、外科医、大佐、指揮官、兵士、射撃手、創設者、軍曹、刃物師、刀鍛冶、法律の唱道者、いがみ合う人。

太陽の意味

あらゆる種類の大きな事柄	王国、共和国、貴族、行政長官、度量が大きい、剛勇、名誉、支配や政府、昇進、公職、公的な雇用、俸給、年金。
人　物	皇帝、王、公爵、侯爵、伯爵、男爵、騎士、行政長官、野心的、名誉と昇進を望む、権力者。

金星の意味

世間の事柄	愛情、慈悲、愛想の良さ、礼儀正しさ、友人と女性からの恩恵、婚姻、持参金、宝石、淫乱、暴動、ゲーム、カード遊び、サイコロ遊び、遊びなど。
人　物	小綺麗で繊細な人、穏やかで愛想が良い、踊り子、音楽家、詩人、画家、裁縫師、好奇心旺盛な教授、精巧な発明、女性を飾る傾向がある、妻や母や恋人。

水星の意味

世間の事柄	契約、交渉、鋭い想像力または話術によるあらゆる種類の緻密な技芸、新しい技術と装置の発明、予言、幾何学、天文学、占星術、好奇心、自由七科。
人　物	哲学者、学者、代書人、彫刻家、財務大臣、貿易商、いろいろと気が利き独創的な小売商人、法定代理人、雄弁家、修史家。

月 の 意 味	
世間の事柄	湿気が多いすべての物事、海、川、歴史の勉強、大使館、航海、長旅、水、魚釣り、エール酒やビールの醸造、明礬を沸騰させる、塩の製造など。
人　物	女王、女帝、王女、未亡人、一般市民や大衆、絶え間なく動く人、水夫、召使い、使者、大使、漁師、放浪者、気の弱い人、船頭、家の女主人、母。

サインの性質は以下の通りである

火象サインは、火で作られたものによって、もしくは略奪や争いによって利益を得ることを意味する。
地象サインは、大地からの利益を意味する。
風象サインは、風車、行政長官の恩恵からの利益を意味する。
水象サインは、水車、養魚池、航海からの利益を意味する。

土星的なサインは、大地、穀物、金属、高利で金銭を貸すことからの利益を意味する。
木星的なサインは、公的な職場や、教会での昇進からの利益を意味する。
火星的なサインは、争い、火に関する仕事からの利益を意味する。
太陽的なサインは、王、君主と彼らの恩恵からの利益を意味する。
金星的なサインは、女性からの利益を意味する。
水星的なサインは、知力、産業、商品、旅行、大使からの利益を意味する。

ハウスの性質

1 ハウス
出生図の持ち主の本来の勤勉さによって得る財産を意味する。

2 ハウス
人の人生を支えるために必要な財産と富、あるいは、家財道具を意味し、出生図の持ち主自身の労働で手に入れた利益を意味する。

3 ハウス
兄弟、姉妹、親戚、隣人、小旅行、もてなし、突然の知らせや目新しい物を意味する。

4ハウス

父、土地、世襲財産、不動産、建物、創設、野原、牧草地、村、どこかに隠された宝、あらゆる種類の鉱山、あるいは、地下から取り出されたものからの利益、農業を意味する。

5ハウス

息子と娘、恩恵、興味を引く洋服、祝宴、遊び、あらゆる喜び事。

6ハウス

悲しみや心配の前兆やそれらを意味する物事、身体や身体の部位の傷、使用人、小さな家畜。父方のおじやおば、病気、医療や薬、蜜蜂、鳩、ガチョウ、雌鶏、豚を意味する。

7ハウス

結婚、女性、協力、訴訟、外交問題、公的な敵、窃盗、強奪、あらゆる種類の戦争など、扇動を意味する。

8ハウス

人の死、新妻の持参金や寡婦資産、女性の財産、予期せぬ遺産、毒、ひどい恐れ、遺贈。

9ハウス

宗教や信仰心、宗教の宗派、夢、長旅や航海、聖職者、教会に属している物事、書簡、知力、科学、学習、学問、大使。

10ハウス

政府、王国や公国、公職、権力、指揮権、名誉、公的な行政長官、共和国（コモンウェルス、連邦）の行政、取引、さまざまな種類の職業、特に母を意味する、出生図の持ち主に適した天職。

１１ハウス
　仕事での幸せな結末、友情、友人からの支え、公職や昇進による利益、望み、快適さ、友人の推薦による昇進。

１２ハウス
　これは悪霊であり、悲しい出来事の意味がある、悲しみのハウス、精神的苦痛、苦悩、労働、貧困、投獄、隠れた敵、詐欺師、獰猛で手なずけるのが難しい大きな家畜、売春婦、馬、雌牛、雄牛。

　しかし、あなたはこれらすべてを実践するために下記のようにしなければならない。実践部分
　出生図の持ち主が財産を得るのは、誰から、あるいはどこからなのか、財産を誰によって失うのか、損害を受けるのかについて、もしあなたが知りたいなら、最初に、シグニフィケーターのフォーティチュードを考慮する。シグニフィケーターで強いものがいくつあるのか、シグニフィケーターの多くが十分に強いか、あるいは、弱く、そして凶の状態かどうかについてである。めったにないことだが、もしこれらすべてが強く、吉の状態であると分かったなら、それぞれの惑星の性質とシグニフィケーターがあるハウスの性質に従って、財産や資産、あるいは、人々から与えられた資金のいずれかを手に入れようと進んでいくだろうと判断する。そして、このことは、ハウスによって意味され、それによって出生図の持ち主は蓄えを増やすであろう。もしすべてのシグニフィケーターが強くなく、大部分が強くない場合、その時シグニフィケーターがあるサインとハウスから、そして同時に惑星の性質から判断する。財産の損失や財産を得ることに妨害があるというのは、弱い惑星と、その弱い惑星があるハウスから判断する。もし凶アスペクトで妨げている惑星が３ハウスにあるなら、惑星から人物像を判断したり言い表したりする。ハウスは、その人物が兄弟や親戚などであると告げている。恐らく起こるであろうことだが、人生の大部分において、いつも財産を手に入れ、常に利益を増やしたとしても、数年経てば、そして、何度かは、人は損害を受けたり損失したりする。それにもかかわらず、それほど害が及ばないのは、その人の財産を約束する一般的なシグニフィケーターが強いからである。同じ様に判断できるであろうことだが、すべてか、もしくは、ほとんどのシグニフィケーターが弱く、吉の状態にあるのがほんのわずかしかないなら、時々成功するかもしれないが、恐らく、大多数のシグニフィケーターがほとんど悪い状態なので、多くを蓄えることはできないだろう。このように判断するだけで判断は多様になり、出生図の持ち主が誰から、何によって財産を増やすのか、誰から損失を受けるのかについて分かるだろう。

もし財産のシグニフィケーターの強いものと弱いものが同数なら、これらはある種、変わりやすい財産を暗示し、ある時、出生図の持ち主はある人物、ある商品や手段によって財産を増やすだろう。そして、またある時、そういった人物やそういったものから出生図の持ち主自身は貧しくなるだろう。その結果、財産は多くはないが、恐らく、財産がないことで悩むことはないだろう。先祖たちから残された財産の状態を考慮すると、恐らく、出生図の持ち主が先祖と同じ状態にあることに気付くだろう。その出生図の持ち主は個人的な財産をさほど増やさないし、出生図の持ち主自身が節約をおこたったり、節約が不十分であることから世襲財産を減らすこともない。

116章　出生図の持ち主が財産を得るのは正当な方法か、ずるがしこい方法か

の質問の解決法は、財産のシグニフィケーターの吉や凶の性質から判断する。

　生来的に吉作用の惑星か、あるいは、生来的に凶星だが吉星のディグニティにある惑星のいずれかを私たちは吉作用のシグニフィケーターと呼んでいる。この判断法においては慎重に混ぜ合わせなければならない。

　吉作用の惑星が裕福のシグニフィケーターであり、凶作用の悪いアスペクトが何もない時、出生図の持ち主はずるがしこい方法ではなく正当で合法的な手段で、裕福さを得るだろう。

　もし凶星がシグニフィケーターであり、吉作用の惑星と関わっていないなら、これは先程とは反対のことを意味する。そして、また、逆行、コンバスト、ペレグリンや、そうでなくとも多くのアフリクトがあるといった時も同様である。

　もし吉作用の惑星がシグニフィケーターであるが、凶星のエッセンシャル・ディグニティにあるなら、出生図の持ち主は実直な、もしくは合法的な手段により財産を得るだろうし、また、ずるがしこく不法な手段によっても財産を得るだろう。もし吉作用の惑星がコンバストか逆行しているなら、同じ判断をする。

もし凶作用の惑星が財産のシグニフィケーターで、吉星のディグニティにあるなら、同じように判断する。

　もし生来的に凶作用の惑星が財産のシグニフィケーターで、吉星のディグニティにあるにもかかわらず、逆行かコンバストにあるなら、悪さが重なり合ってしまう理由から、出生図の持ち主は合法的あるいは正当な手段よりも非合法的であったり、ずるがしこい手段によって財産を得るだろう。

　反対に、もし吉星が凶星のディグニティ、逆行、あるいはコンバストにあると、どちらかと言うと不当な手段によって成功する。

　したがってこれに関しては次の４つを考慮して判断する。

　第１に、シグニフィケーターの性質が吉か凶か。
　第２に、シグニフィケーターがいるサインの性質。
　第３に、シグニフィケーターがコンバストしているかどうか。
　第４に、シグニフィケーターが逆行か、逆行ではないか。

　このようなことに従って、シグニフィケーターは吉であったり凶であったり、正当な方法かずる賢い方法かを約束する。

　このような判断の全ての面において、複数ある根拠に従って判断を確定する。この時他の惑星からのシグニフィケーターへのアスペクトに依るべきである。例えば、木星が２ハウスのロードか、パート・オブ・フォーチュンのディスポジターで、土星が６ハウスから、木星にスクエアのアスペクトをしているとすると、木星が非常に吉の状態で、エッセンシャル・ディグニティにあると想像できるだろう。そして、このことは出生図の持ち主が非常に裕福になるという、最も確かな根拠である。それにもかかわらず、父の親戚、使用人から、あるいは、小さな家畜を取り扱うことから損害を受けるだろう。そして、出生図の持ち主がそのような損害を受ける時期について、知りたいなら、パート・オブ・フォーチュンが土星のターム、スクエア、コンジャンクション、オポジションのいずれかに来る時期を注意して見る。そして、出生図の持ち主が十分な年齢であったり、世間で仕事をすることができる年齢ならば、そういった人物や物事からその時期あたりに損害を受けるだろう。

そして、ここではパート・オブ・フォーチュンを逆方向、順方向にディレクションする。あるいはまた、アセンダントが土星の凶アスペクトに来る時、出生図の持ち主は前述のような人々から損害を受けるだろう。そして、このディレクションが2ハウスへ入る時や、レボリューションで2ハウスに土星があり、ラディックス*での2ハウスのロードか、パート・オブ・フォーチュンへ何かしらの凶アスペクトがある時にも同様である。

　　＊ラディックス Radix：根、根源の意。出生図や出生時の星の配置。

　吉作用の惑星、あるいは、シグニフィケーターが適度に強く、凶星の凶アスペクトがある時、凶星の影響と性質が加わる。凶星が吉星の幸運なアスペクトに助けられると、凶星の悪い影響の多くは失われる。

　しかし、適度に強いだけなら、シグニフィケーターの性質は、常に変わりやすい。そして、ラディックスにおいて、財産のシグニフィケーターを凶アスペクトで妨げていたり、アフリクトしている惑星や諸惑星のタームのいずれかにシグニフィケーターが出会った時、シグニフィケーターの性質が良いのか悪いのかを明確に表す。前述の内容をよく考え、判断しようとする者は、この章の最初の部分での約束事をもとにして、相当な数の判断を生み出すことができるだろう。

117章　出生図の持ち主の財産が維持されたり、恒久的な場合

　財産の主要なシグニフィケーターから、私たちはこの種の判断を導き出す。もしエッセンシャル・ディグニティにおいて強いなら、シグニフィケーターは常に2ハウスにある惑星である。もしこの惑星が吉作用で、力強く、私が言ったように、エッセンシャル・ディグニティにおいて質が高いと認められるなら、出生図の持ち主の財産はどんな妨害もなく、人生を通して維持され、残るだろう。

　もしその惑星が弱いなら、裕福さは続くが、多くの困難を伴うだろう。その結果、裕福さを手に入れることは非常に難しく、財産を維持するために多くの労働を強いられるだろう。なぜならば、何度も、出生図の持ち主は富を十分に蓄えるであろうが、突然また、蓄えた財産と同じ程度の損失があるからである。

　もし凶星が2ハウスにあるなら、その凶星が強いか弱いかについて考える。もしその凶星が強いなら、財産は維持されるが、困難が伴い、財産を蓄えるというよりもむしろ損失を被るだろう。凶の状態ならば、財産は維持されず、破産し、なくなってしまうだろう。その惑星が単に適度に強い時は、それに応じて判断を調整する。

もし多くの惑星が2ハウスにあるなら、主に最も強い惑星が優先され、その惑星の性質に従って判断しなければならない。

よくあることだが、もし2ハウスに惑星がないなら、2ハウスのロードとパート・オブ・フォーチュンのディスポジターを優先し、その後出生図の持ち主に関する財産や貧困について考慮する。

もしあなたが「出生図の持ち主に富や家財が期待できるのは、人生のどの時期、いつなのか？」といった時期を必要とするなら、最も良い方法は、シグニフィケーターとパート・オブ・フォーチュンを吉作用のプロミッターへディレクションしたり、2ハウスのロードのセクスタイル、トライン、コンジャンクションへディレクションしたり、あるいは、パート・オブ・フォーチュンのディスポジターや、2ハウスにある惑星、そして、これらのさまざまなアスペクトにディレクションすることから時期を見つけることである。もし一般的な方法によって知りたいなら、前述の裕福のシグニフィケーター、特に最も強いそのシグニフィケーターがある天上のクオーターを考慮する。もしシグニフィケーターの惑星、諸惑星が、または、その諸惑星のほとんどがアセンダントから10ハウスの間にあるなら、出生図の持ち主は青年期において、財産を得たり、富を増やす。もし裕福のシグニフィケーターが9、8、7ハウスにあるなら、壮年期か、あるいは、成年期、25歳〜35歳か40歳までに富がもたらされるだろう。もしこれらが6、5、4ハウスにあるなら、老年期に近いか、40歳過ぎて、55歳前までに富がもたらされるだろう。もしこれらが3、2、1ハウスにあるなら、晩年に富がもたらされるだろう。この判断において、出生図の持ち主が恐らくこれから長い年月を生きるか、短い年月しか生きないかを十分に考慮すべきであり、これに従って時期を分け、そして、出生図の持ち主が富を手に入れる時期を指摘する。

シグニフィケーターが太陽のオリエンタル＊にあるなら、迅速であり、そのような時期は早いことを意味する。太陽のオクシデンタル＊にあるなら、老年期に近い時期と言われている。逆行の惑星もまた同じことを意味する。すなわち、遅れることを意味する。惑星が順行で、動きが速いと、裕福になる時期は早くなる。もしディレクションとその絞った時期とが一致するなら、ここでのあなたの判断はより確実であると分かり、より確信できるだろう。

＊オリエンタル Oriental：太陽が地平線の上に上昇する前に惑星が地平線の上に上昇する状態にあること。
＊オクシデンタル Occidental：太陽が地平線の下に沈んだ後に惑星が地平線の下に沈む状態にあること。

土星、火星、あるいは太陽が2ハウスにあると、不吉である。

2ハウスのロードのコンバストがあるなら、非常に悪い。そして、パート・オブ・フォーチュンが凶の状態なら、たいてい財産の没収、追放などを意味する。ルミナリーがアングルにある惑星に接近していると、出生図の持ち主は先祖によって残された財産を維持する。しかし、もしルミナリーがケーデントハウスにある惑星に接近するなら、出生図の持ち主は世襲した蓄えを減らす。おうし座の目（アルデバラン）、さそり座の心臓（アンタレス）、メドゥーサの頭（アルゴル）が、パート・オブ・フォーチュンと共にあるか、パート・オブ・フォーチュンのロードと接合すると、裕福さを失い、貧困に脅かされる。土星によって財産が意味されている人は強欲だろう。しかし、太陽と月が財産を意味する時、そうはならない。もし何かしらの凶星が財産のシグニフィケーターにビホールドし、その両方が逆行、ケーデント、ペレグリン、反対の性質のサインにあるなら、出生図の持ち主は永久に貧乏だろう。

親族、すなわち、兄弟と姉妹について３ハウスの判断

　兄弟と姉妹を一般的に判断するならば、特に第一子の出生図から推論すべきである。なぜならば、第一子の出産の後に続いて生まれてくるであろう弟と妹の人数を第一子の出生図が最も明確にするからである。しかし、もし第一子の出生図が手に入らず、それでも兄弟と姉妹の状態と性質について幾分知りたいと望むなら、以下の法則に従うと良い。第１に述べるのは、出生図の持ち主は兄弟や姉妹を持つかどうかについて。第２に、彼らの状態がどのようなものかについて。第３に、出生図の持ち主と兄弟や姉妹が結束して仲良く暮らすかどうかについてである。

118章　兄弟や姉妹がいる場合

ての出生図における兄弟と姉妹のシグニフィケーターは、

　第１に、３ハウスで、３ハウスのカスプの５度前から次のハウスの５度まで。

　第２に、３ハウスのロード。そしてもしあるなら、３ハウスのインターセプトのサインにある惑星や諸惑星。

　第３に、常に兄弟の一般的なシグニフィケーターである火星と、姉妹のシグニフィケーターである月。

それゆえ、もしこれらすべてのシグニフィケーターやシグニフィケーターの大部分が、私たちが多産と呼ぶような惑星であり、多産のサインにあるなら、兄弟と姉妹が多いことが分かる。もしシグニフィケーターが不妊の惑星で、不妊のサインにあるなら、兄弟と姉妹の数は少ないか、まったくいないだろう。

もし根拠が平均的な場合、すなわち、不妊の惑星が多産のサインにある場合や、その反対の場合、兄弟と姉妹はごく少数か、平均的な人数であるということが予測される。彼らの人数の増減については、不妊か多産の根拠いずれかにおいて勝っているというような、シグニフィケーターの数と強さに従う。

私たちは木星と金星を多産惑星や実りの惑星と呼んでいる。そして、木星と金星の性質を持つドラゴンヘッドを加える者もいる。

不毛や不妊の惑星は、土星と火星であり、土星と火星の性質を持つドラゴンテイルもまたそうである。

ルミナリーは平均的であることを意味する。それでも、太陽はより不妊気味で、その理由は太陽の熱が過剰だからである。月は性質的に湿である点から、不妊よりは多産である。

水星は中立で、多産の惑星と接合していると人数が多いことを意味し、不妊の惑星と共にいると、その反対を意味する。なぜならば、水星はコンフィギュレーションにおいて関わる惑星の性質を帯びるからである。

ここではあなたはアスペクトの性質について注意しなければならない。すなわち、コンジャンクションはトラインより優先され、トラインはセクスタイルより優先され、セクスタイルはスクエアより優先され、スクエアはオポジションより優先され、またパーティルはプラティック＊よりも優先される。

＊プラティック Platic：リリーの第1書での定義では、惑星同士のオーブの半分以内でのアスペクト。

兄弟姉妹の判断におけるサインの性質

牡羊座は不妊の惑星である火星のハウスであり、太陽にとってエグザルテーションのハウスという理由から、むしろ不妊のサインとなる。

牡牛座は多産である金星のハウスであり、月にとってエグザルテーションのハウスであるから、不妊よりも多産であると評される。

双子座は水星のハウスであり、水星はそれ自身何も意味しないので、不妊であると判断される。

蟹　座は月のハウスであり、木星にとってエグザルテーションのハウスであるから多産のサインである。

獅子座は太陽のハウスであり、獅子が子を産むのは稀なので、不妊と評される。

乙女座は不妊のサインと呼ばれる、なぜならば、処女は出産などしないからである。

天秤座は金星のハウスであり、土星にとってエグザルテーションのハウスなのでむしろ多産のサインである。

蠍　座は火星のハウスだが、一般的に多産として受け入れられている。

射手座は常に多産と考えられている。なぜならば、木星のハウスだからである。

山羊座は不妊の傾向があり、ほとんど子供がいないサインである。

水瓶座は疑いなく不妊よりも多産である。

魚　座は木星のハウスであり、金星にとってエグザルテーションのハウスなので、非常によく実り、多産である。多くの子供を意味するサインである。

119章　兄弟姉妹の運と状態

シグニフィケーターの状態から、私たちは兄弟姉妹の運について判断する。もしこれらのすべてか大部分が強いなら、これらは兄弟と姉妹に対する、幸せな状態、長寿、名誉、財産を暗示する。そして、そのことで出生図の持ち主は幸運となるだろう。シグニフィケーターが弱い時、その反対のことが意味される。

もしシグニフィケーターが部分的に弱く、部分的に強いなら、兄弟姉妹にはほどほどの幸運な者もいれば、とても不幸な者もいるだろう。これもまたこつこつ観察すべきことで、もしシグニフィケーターのすべてか大部分が強く、これらの中で月が十分強く、火星が弱いと分かるなら、姉妹は兄弟よりも幸せであることを意味する。しかし、その反対に、もし火星が強く、月が弱く、アフリクトされているなら、兄弟は姉妹より出世するようになり、良い暮らしをすることを意味する。

120章　出生図の持ち主と兄弟、姉妹との結束や仲の良さ

　もし吉作用のアスペクトが1ハウスのロードと3ハウスのロードの間にあるなら、兄弟姉妹の仲が良く、お互い好意的であることを意味する。すなわち、出生図の持ち主と兄弟、姉妹との関係においてである。もしスクエアかオポジションが1ハウスのロードと3ハウスのロードの間にあるなら、兄弟姉妹との仲が良いという兆しはない。もしアスペクトがまったくないなら、兄弟姉妹への愛情はないようである。

　兄弟、姉妹と彼らがお互い好意的かについて述べられた内容は、親戚、隣人、血縁関係者にも適用できるかもしれない。通常見かけられることで、今まで間違ったという記憶がないことだが、出生図において、3ハウスにペレグリンの土星、あるいはそこに火星やドラゴンテイルが位置すると、多くの情のない出来事、多くの論争、そして、出生図の持ち主自身の肉親などから絶え間なく生活を乱されるといったあらゆる種類の出来事が予想外に起こる。アセンダントのロードが土星か火星か、または、その両方とオポジションやスクエアにあると、兄弟姉妹との間での愛情はほとんど期待できない。もし3ハウスのロードが火星で、アセンダントのロードにトラインでビホールドをし、リセプションなら、兄弟姉妹同士の意見の相違はあるが、出生図の持ち主は兄弟姉妹と仲良くやっていくだろう。3ハウスのロードがアセンダントにあり、アセンダントのロードと合しているか、ミューチャル・リセプションであったり、3ハウスと1ハウスのロードが同じ惑星であるなら、出生図の持ち主と兄弟姉妹は非常に仲が良いだろう。もし3ハウスのロードが、天上の良い位置において、パート・オブ・フォーチュンや、パート・オブ・フォーチュンのロードと接合するなら、兄弟、姉妹、親戚から恩恵と利益を得られるだろう。ドラゴンテイルが3ハウスにあり、2ハウスのロードがコンバストなら、出生図の持ち主は自分の財産に関して兄弟姉妹から損害を受けるだろう。牡羊座か天秤座が1ハウスなら、兄弟姉妹は貧しい状態にあることを意味するか、そうでなければ、敵を意味する。蟹座か山羊座が1ハウスなら、権力のある親戚や兄弟姉妹を意味するが、彼らは役立たずで、むしろ敵である。獅子座か水瓶座が1ハウスなら、兄弟姉妹は出生図の持ち主と意見が一致しないか、問題を引き起こす。水星が火星のオポジションにあると、意見の相違を意味する。兄弟姉妹について述べたことは、親戚、隣人としても理解すること。

121章　兄弟姉妹の人数

３ハウスのサインから兄弟姉妹の人数について判断する。もし３ハウスのサインが多産で、３ハウスのロードも多産の場合、出生図の持ち主の兄弟姉妹の人数は多く、その反対の場合なら人数は少ない。３ハウスか３ハウスのロードに多くの惑星がビホールドし、それが男性サインからだと兄弟が多いことが意味される。もしビホールドする惑星が女性サインにあるなら、姉妹が多いことを意味する。もしシグニフィケーターである諸惑星が、良いアスペクトによってお互いをビホールドするなら、兄弟姉妹は生きるだろう。もし悪いアスペクトなら、兄弟姉妹は亡くなるだろう。火星がコンバストなら、兄弟の数は少なく、もし兄弟がいたとしても、若くして亡くなることを意味する。３ハウスのロードがコンバストか、太陽が３ハウスにあるか、木星のオポジションにあると、兄弟姉妹の数は少なく、彼らは長生きしないだろう。土星か木星が１ハウスにあると、そのような時生まれた子は第一子か、すべての兄弟姉妹の中で最も長生きするだろう。土星か太陽がエッセンシャル・ディグニティにあり、アングルのいずれかにある場合、あるいは、もしアセンダントのロードが３つの上位の惑星*のひとつであり、３ハウスにある場合、あるいは、３ハウスのロードが下位の惑星*で、アセンダントにある場合、そのような時生まれた出生図の持ち主は第一子か、子供の中で最も良い状態で生きるだろう。

*上位の惑星：スーペリア・プラネット Superior Planets 火星・木星・土星の地球より外の惑星。
*下位の惑星：インフェリア・プラネット Inferiour Planets 水星・金星・月の地球より内側の惑星。

　先人たちはこのハウスの判断において、ある意味トレミーの方法を全て排除している。トレミーは、母のハウスであるミッドヘブンのサインからの判断を求めている。昼生まれは金星から、夜生まれは月から判断し、そして、ミッドヘブンに後続するハウス、すなわち、出生図の１１ハウスからの判断を必要としている。そして、トレミー曰く、もし吉作用の惑星がこれらの位置にビホールドする場合、私たちは兄弟姉妹が多いことを予測するだろう。ここで疑いなく、トレミーが意味したことは、もし出生図の持ち主と同じ母から生まれた兄弟や姉妹が多いかどうかについて尋ねた場合、そうであるならそのこと（兄弟姉妹が多いこと）は事実である可能性があり、それを理由にすることができるであろう。その他の点においては、私の前述の方法はより一般的に従われており、より合理的である。そして、この判断法はトレミーが独りで提唱していることで、ギリシャ人、ユダヤ人、アラビア人、ラテン人の誰もが従わないでいる。

実際に試しもしないで信じることは愚かである。

両親に関することと父の財産についての４ハウスの判断

すべての出生図において、父のシグニフィケーターとは、

第１に、４ハウスである。第２に、４ハウスのロードである。第３に、昼生まれは太陽で、夜生まれは土星である。第４に、４ハウスにある惑星や諸惑星を検討する。これらのシグニフィケーターやこれらのほとんどが強く吉の状態で、木星や金星から良いアスペクトがあると、子供の出産の後に父が幸福な状態であることを意味する。

> 父について

もしシグニフィケーターが凶の状態で、凶アスペクトで妨げられているなら、父は落ちぶれ、低い地位にあり、父は多くの不幸に出会うことなどを意味する。

もしシグニフィケーターが強いものもあれば、弱いものもあるなら、平均的な傾向があり、両親の財産は４ハウスにある惑星や諸惑星の性質に従って意味され、決定される。そして、もし多くの惑星が４ハウスにあるなら、最もディグニティのあるものが判断において優先されるだろう。しかし、これらの判断は父自身の出生図から判断するのが一番良い方法である。

もし４ハウスに吉星があり、４ハウスのロードがアングルやサクシーデントにあり、良い状態でディスポーズされ、凶星のアスペクトがないなら、あなたは両親が賞賛に値するほど良い状態にあると判断するだろう。しかし、もしシグニフィケーターがケーデントハウスにあり、凶星が４ハウスにある場合、あるいは、もし前述の位置のロードが、凶星によってアフリクトされている場合、あなたは両親が多くの不幸に見舞われることを予想するだろう。そして、あなたは彼らの幸福や不幸の規模をシグニフィケーターの強弱によって判断する。４ハウスのロードがアセンダントのロードとのリセプションの関係にあるか、トラインやセクスタイルにあると、父は繁栄の状態にあることを意味する。

太陽か木星が４ハウスにあると、父の身分が高いことを意味する。もし父を意味する惑星がアングルかサクシーデントハウスにあり、その惑星自身のハウスかエグザルテーションにあるなら、一般的に高く評価されていて、上流階級の父を意味する。

太陽、土星、火星、そして水星が４ハウスにあると、父の人生は短いだろう。

もし木星と金星がコンフィギュレーションにおいて太陽や土星に接近していたり、アスペクトにある場合、そしてこれらの間に友好的なアスペクトがあり、これら両方が強い場合、父の長寿を約束する。太陽がドラゴンヘッドと共にあり、月が４ハウスにあると、父は良い親だが、出生図の持ち主は長生きしないことを意味する。

太陽が月よりもディグニティが良いと、父は母より良い家系の出である。そして、その反対なら、反対となる。太陽と月が男性サインにあり、コンジャンクションなら、父の身分が高いことを意味するが、母は短命で、父よりも先に亡くなる。

太陽か４ハウスのロードが１２ハウスにあり、ペレグリンの場合、父は非常に低い身分であることを意味する。太陽がドラゴンテイルとコンジャンクションし、獣象サイン*のケーデントにあると、両親が落ちぶれていることを意味する。太陽と土星がケーデントハウスにあり、コンジャンクションならば、父が短命であることを意味する。土星が太陽に凶作用を及ぼすと、父は憂鬱（黒胆汁）が原因で亡くなるだろう。

＊獣象サイン Bestial Signs：第１書でのリリーの定義は牡羊座、牡牛座、獅子座、射手座、山羊座のこと。

122章　母

母について　**母** のシグニフィケーターとは、第１に、１０ハウスである。第２に、１０ハウスのロードである。第３に、出生図が昼生まれなら金星で、夜生まれは月である。第４に、１０ハウスにある惑星や諸惑星である。

これらシグニフィケーターのすべてか大部分が、出生図で良い配置にある場合、すなわち、良いハウスにあるか、エッセンシャル・ディグニティにあるなら、母の出た家柄の性質に応じて母にとって良いことを意味する。これは、あなたが扱う出生図の持ち主である子供が産まれた後のことである。しかし、もしシグニフィケーター、特に月が非常にアフリクトされているか、非常に凶の状態なら、母に多くの不幸が起こったり、母は病気になる。そうでなければ、不自由なことが多く、心が混乱することで妨げられる。父と母の両方のシグニフィケーターを調べることによって、幸せな状態なのは父か母のどちらなのか、あなたが心配することになるのは、財産といった物質面なのか、身体面なのか、精神面なのか、簡単に分かるだろう。

一般的な法則であるが、父と母のシグニフィケーターが最も強いと、父母の状態は最も幸せである。何が良かったり、何が親のいずれを昇進させるのかに関する質というのは木星や金星によって意味される。何から損害を受けるかについては土星や火星によって意味される。それらのあるハウスを考慮すること。火星がシグニフィケーターをアフリクトしていると、火星的な人物や物事から損害を受ける。土星がシグニフィケーターをアフリクトしていると、土星的な人物や物事から損害を受ける。前述のハウスに注意し、また、月と金星のオリエンタルとオクシデンタルにも注意する。オリエンタルならその吉星は命をさらに傷つける。オクシデンタルは財産に損害を与える。母のシグニフィケーターが幸運な状態だと、母が良い状態にいることを意味する。父のシグニフィケーターが良いディグニティにあると、父は幸運で繁栄の状態にあることを意味する。

　月か金星が１０ハウスにあり、木星の良いアスペクトにあると、母は健康で幸せな状態にあることを意味する。月か金星が土星とコンジャンクションにあり、火星か水星が１０ハウスか４ハウスにあると、母は長生きしないことを意味する。

　もし月が自身のハウスにあり吉の状態、あるいは、アングルやサクシーデントハウスにあり、エグザルテーションで、金星のセクスタイルかトラインによって助けられているか、そうでなければ木星のアスペクトが月にある場合、母は長生きで幸せである。

　月と金星が出生図の不幸な位置にある場合、すなわち、一方が１２ハウスにあり、他方が６ハウスにあると、母が使用人であったことを意味する。

　土星か火星がスクエアかオポジションによって月をアフリクトし、これらの動きが遅く、アングルから外れていると、病弱な母を意味する。もし月と土星、火星の動きが速く、月と金星が１ハウスか１０ハウス、２ハウスか１１ハウスにあると、母は短命である。月がオリエンタルにあり、土星からアフリクトされていると、母に対して熱、悪寒、ふるえや大きな災難を意味する。月がオクシデンタルにあり、アフリクトされていると、多くの病気を表す。子宮、腎臓など、見えない部分にできる膿瘍による死を意味する。月が土星のオポジションにあると、絶え間ない病気と疝痛によって母は亡くなることを意味する。

123章　母が出生図の持ち主を出産する時、難産か、母は出産後生きているか

アセンダントが斜めに上昇するサイン*、つまりアセンダントが山羊座、水瓶座、魚座、牡羊座、牡牛座、双子座で、凶星がスクエアやオポジションによってアセンダントをアフリクトするか、ドラゴンテイルがそこにあると、母の危険な出産を意味する。

> *斜めに上昇するサイン Signs of Oblique Ascensions：ショート・アセンション（短い上昇）のサイン。山羊座から双子座にかけてのサイン。惑星の上昇が速く、偏っている。

ロング・アセンションのサインが１ハウスにあり、吉星のアスペクトがあるか、ドラゴンヘッドがそこにあると、安産を表す。

吉星がコンジャンクションやアスペクトによって月を助けている時、もしくは、男性の出生図なら太陽か月が真っすぐ上昇する男性サイン*である獅子座、天秤座、射手座にある時、女性の出生図なら、蟹座、乙女座、蠍座にある時、出生図の持ち主は母の子宮からたやすく簡単に産まれる。

> *真っすぐ上昇する男性サイン Masculine Sign of Right Ascension：真っすぐ上昇するサインとはロング・アセンション（長い上昇）のサインのこと。つまり蟹座から射手座のことで、そのうちの男性サインは獅子座、天秤座、射手座で、女性のサインは蟹座、乙女座、蠍座である。

凶星が１２ハウスにあると、出産時に母から出生図の持ち主が出て来るのが遅く、母は大変危険であったことを意味する。

月が斜めに上昇するサインにあって月が逆行の惑星や、ステーション（留）や動きが遅い惑星と共にあると、出生図の持ち主の出産時に母の陣痛が長かったことを意味する。

もし１０ハウスのロードが８ハウスにあるなら、母は出産時に亡くなる可能性がある。

124章　出生図の持ち主は父の財産に恵まれるか、あるいは、浪費したり消費するか

出生図の持ち主が昼生まれで、太陽が木星か金星と接合する場合、あるいは出生図の持ち主が夜生まれで、土星と月が木星か金星と接合する場合、あるいは木星や金星から良いアスペクトがあり、特に２ハウスか４ハウスである場合、あるいはそれらが４ハウスを支配している場合、出生図の持ち主に十分な世襲財産がもたらされることを意味する。そして、出生図の持ち主は財産を上手に増やし、父方の遺産を非常に大きくするだろう。しかし、火星が同じ様に、昼生まれの太陽か、夜生まれの土星のいずれかをアフリクトし、そのアスペクトに介入し阻止する吉星の吉作用のアスペクトがないと、出生図の持ち主は父の財産を浪費するだろう。

さらに、もし夜生まれで月の光が減少していて、また火星か土星から凶アスペクトで妨げられ、そして２ハウスのロードが同様であるか、４ハウスのロードとそのハウスがアフリクトされ、これと同時に、２ハウスとそのロードが凶の状態なら、これらすべてが意味することは、出生図の持ち主は世襲財産を浪費し、すべてを失うということである。

　土星が１２ハウスで、４ハウスのロードと共にあり、その両方がペレグリンだと、出生図の持ち主は父の財産を消費する。凶星が４ハウスにあり、５ハウスのロードがこの凶星と共にあり、凶の状態である場合も同じである。そして太陽と火星がコンジャンクションで、ペレグリン、そして、２ハウスをアフリクトしていると同じ意味を持つ。

125章　両親同士の仲の良さ

昼生まれは、太陽と金星を考慮し、これらのコンフィギュレーションやお互いのミューチャル・リセプションに従って、両親同士の愛情について判断する。もし金星が吉の状態でコンバストに向うなら、妻は夫を喜ばせようと努力することの根拠となる。もし金星が逆行で、ペレグリンで、凶の状態で、太陽から離れるなら、反対のことを判断する。すなわち、女性は頑固で、反抗的だろう。

　夜生まれは、土星と月を考慮し、これらがお互いをどうアスペクトしているかについて考慮する。もしこれらに吉作用のアスペクトがあるなら、愛情、結束、好意を予測できるだろう。そして、これらがスクエアかオポジションにある時、その反対を予測する。すなわち、彼らは永久に意見が合わないだろう。もし１０ハウスのロードが４ハウスのロードとオポジションにあるなら、彼らは意見が合わないだろう。凶星が１０ハウスにあると、母にその原因がある。凶星が４ハウスにあると、父は悪い状態にある。

126章 出生図の持ち主と両親同士の愛情、そして、両親のどちらに最も愛されているか

最初に考慮される一般的なシグニフィケーターとは、昼生まれの場合、父は太陽で、母は月である。これら2つのシグニフィケーターが、1ハウスのロードにビホールドしたり、あるいは、アセンダント自体にセクスタイルかトラインのアスペクトをするなら、出生図の持ち主と両親との間には愛情があり、仲が良いだろう。

夜生まれの場合、父は土星で、母は月として考慮する。もしこれらが1ハウスのロードに友好的なアスペクトでビホールドするなら、両親と出生図の持ち主の間には愛情と結束があることを疑う必要はないだろう。

もしこれらがアセンダントのロードにスクエアかオポジションを投げかけるなら、そのアスペクトは両親との間で起こる多くの揉め事を意味する。

常に観察すべきことであるが、もし月か金星が、土星か太陽でなく、アセンダントのロードにセクタイルかトラインを投げかけるなら、母は出生図の持ち主に最も愛情を注ぐだろう。そして、これとは反対のアスペクトがある時や、アセンダントのロードと父か母のシグニフィケーターのいずれかとでミューチャル・リセプションがある時も同じように判断する。どの惑星とリセプションなのかを観察し、そのシグニフィケーターによって意味される親から、出生図の持ち主は最も愛されるだろう。

レギオモンタヌスは、息子の出生図から父の出生図を引き出す方法を"Problem 24"で説明しており、これはこの王国の幾人かの優れた占星術師たちから非常に多く使用された方法である。その方法について簡単に説明すると下記の通りである。もし昼生まれで、太陽が10ハウスか4ハウスのカスプにないなら、太陽の位置円（サークル・オブ・ポジション）をとり、その極軸で、太陽の度数をアセンダントとする。そして、太陽のオブリーク・アセンションから90度を引き算すると、ミッドヘブンの赤経となる。レギオモンタヌスの175ページで、他のハウスの極軸がどのくらいかが分かり、ミッドヘブンの赤経に30度ずつ足し算していく。30度ずつ足し算していったもののオブリーク・アセンションに対する黄道の度数がいくらであるかを求めれば、11、12、2、3ハウスのカスプが分かる。

こうすることで、出生図の本当の場所のように簡単に作図され、そこに従ってそこにすべての惑星を配置していく。

127章　出生図で表示される鉱山から大きな財産を得ること

土星が4ハウスのロードであるか、土星が4ハウスにあり、エグザルテーションか自身のハウスのいずれかにあって、順行で、動きが速く、コンフィギュレーションにおいて、吉作用のアスペクトがあり、吉星が伴えば、出生図の持ち主は、金属、石炭、石や鉱物を採取できる採石場と鉱山を管理することで十分な財産を得ることを意味する。土星が強ければ強いほど、より多くの利益が期待でき、その影響はより明確に現れるだろう。

4ハウスのロードがルミナリーのいずれかか、ライツのいずれかをディスポーズする惑星とミューチャル・リセプションでレシーブされているなら、炭鉱、採石場、鉛鉱山、鉄鉱山など、鉱山からの豊富な財産を意味する。

木星が天秤座の4ハウスにあると、地下からの、特にスズによる多くの富を得ることを出生図の持ち主に約束し、そして、十分な相続遺産か、父からの動産を意味する。疑いなくこの判断において、土星が最も好ましい時は、土星が水瓶座の4ハウスにあり、その時木星が天秤座にある時だろう。火星が獅子座の4ハウスにあり、太陽が牡羊座にあると、出生図の持ち主が鉄鉱山、銀山、金山を扱うことを確実に約束する。

炭鉱や鉛鉱石の財産に関しては、土星が地象サインにあり、土星に太陽、火星、あるいは水星からのいくつかの良いアスペクトがあり、土星が4ハウスにある、もしくは、土星が4ハウスにあるこれらの惑星に良いアスペクトをすることが必要である。

6ハウスと6ハウスに関する判断

身体の虚弱と病気について

以下の方法によって、身体の健康について判断する。

第1に、出生図の持ち主の生命と気質を意味するアセンダントのサインとそのロードから。

第2に、太陽と月から。なぜならば、月は体液を支配し、太陽は精神的な活力を支配するからである。もしこれらが強い場合、健康を約束する。もしこれらが悪い場合、病気を約束する。

第3に、6ハウスと6ハウスのロードから。

第4に、6ハウスにある惑星や諸惑星から。

第5に、アセンダントの反対側にある7ハウスと7ハウスのロードから。

シグニフィケーターにおいて実質的に考慮される3つの項目

第1に、シグニフィケーターが強いか弱いか、吉星のアスペクトがあるか、悪い影響を及ぼす恒星と接合していないかどうか。
第2に、シグニフィケーターが土星と火星の悪いアスペクトと関わっていないかどうか。
第3に、気質の均衡はとれているか、とれていないか。

もしすべてかほとんどのシグニフィケーターが十分強く、凶星の敵対的なアスペクトに関わっておらず、凶作用の恒星と接合していないと分かるなら、健全な身体と強さを意味し、病気に対してそれほど悩まなくてよい。なぜならば、身体は強く維持されるからである。もし吉星のサインにアセンダントがあり、凶星の悪いアスペクトに関わっておらず、月が強く、凶星にいかようにもアフリクトされていないなら、出生図の持ち主は病気にはならないと期待できるだろう。

しかし反対に、もしすべてかほとんどのシグニフィケーターが弱く、凶の状態であったり、凶作用の惑星や、凶作用の惑星のアスペクトによってアフリクトされている場合、そうでなければ、ペレグリンやコンバストであったり、ほとんどのシグニフィケーターが12、8、6ハウスにある場合、治療が困難な数多くの大きな疾患を身体に患う。

このハウスに関して役立つ格言

　もしアセンダントとそのサインのロードか、そこでインターセプトされるサインのロードが凶の状態、つまり、凶星にアフリクトされている場合、あるいは、アセンダントのロードが６ハウスか１２ハウスにある場合、病気がちな人だと言われている。

　１つのトリプリシティのサインの中に、アセンダントとすべての惑星がある人は、そのトリゴン（トリプリシティ）の主な性質から生じる病気に継続的に苦しめられるだろう。もし水象サインの場合、粘液による。地象サインの場合、憂鬱(黒胆汁)による。火象サインの場合、胆汁、怒り、熱、顔に赤い湿疹やにきびが生じる。風象サインの場合、多血による。

　アセンダントのロードが６ハウスのロードに接近すると、出生図の持ち主は自分の健康に最も無頓着であることを意味する。

　太陽がアングルにある場合、すなわち、１ハウスか１０ハウスにあり、特に蟹座にあると、長寿を意味する。太陽が６、８、７、あるいは１２ハウスにあると、時々短命を意味し、病気がちで、多くの苦悩がある。

　太陽と月がコンジャンクションなら、たいてい肌の色が悪く、痩せ型で、年の割りに非常に虚弱で、たびたび狂気や理解力の不足を示し、病気に悩み、内科医はこれらを発見することも治療することもできない。

　月が土星のスクエアかオポジションによりアフリクトされているか、１ハウスか２ハウスでドラゴンテイルと共にあると、一生虚弱であることを意味する。土星の性質を持つ恒星がライツと接合すると、痩せ型で虚弱な人となる。

　病気がちで弱々しい人は、火星が土星より上にエレベートしているだろう。火星が６ハウスにあると、突然思いがけない病気になりやすく、簡単に再発する。もし火星が１２ハウスにあるなら、偶然思いもかけず極端に身体が弱くなることで苦しむ。出生図において凶星が男性惑星だと、思いがけず病気になったり、転倒することを意味する。もし凶星がベスパーティン＊なら、長患いを意味する。火星がアセンダントにあると、顔に傷や傷跡がある。

　＊ベスパーティン Vespertine：太陽の後に沈む惑星。

　土星がミッドヘブンにあると、突然、激しく転倒し負傷する。

そしてまた昇進の道からその人を追放する。

しかし私たちは前述の方法に従って進めていこうと思う。

健康であるという多くの根拠があればあるほど、出生図の持ち主を苦しめる病気はより少ないと判断するだろう。そして、病弱についてもまたそうである。シグニフィケーターの大部分が凶の状態、弱い、あるいは、アフリクトで苦しんでいるなら、出生図の持ち主が多くの病気を患うと確信するだろう。

さらに続けると、土星か火星のいずれかがアセンダントのロードか6ハウスのロードであり、そして凶星がどちらもアフリクトによって苦しんでいる、すなわち、これらのいずれかが弱く、もう一方の凶星から影響を受けている場合、土星か火星のいずれかはシグニフィケーターであるのと同時に病気を生み出す者であろう。凶星が、弱いだけか、もしくは、もう一方の凶星からアフリクトされているだけで、その他に何もなければ、シグニフィケーターであるというだけである。また、凶星がシグニフィケーターでなく、スクエアかオポジションのアスペクトによって他の惑星をアフリクトする場合はその凶星は病気を生み出す者というだけである。土星と火星以外の惑星はシグニフィケーターであっても、病気を生み出す者ではないだろうと一般的に考えられているが、吉星が二重にアフリクトされているなら、つまり、これら惑星自身が弱いことと、土星や火星の凶作用のコンフィギュレーションにあるなら、病気を生み出す者となる。従ってもしシグニフィケーターが結果としてこの2つの点でアフリクトされるなら、これらによる影響はより激しいものになるだろう。しかし、もしシグニフィケーターがその惑星自身の弱さだけだったり、単に凶星の悪いアスペクトによりアフリクトされているだけなら、それは悪いことは悪いのだが、よりましな悪さを意味する。そして、確かにその影響はアスペクトがどれぐらいパーティルかによって明確に現れ、アンギュラーの惑星からその影響は生じる。

種類と性質、どうやって分かるか

弱かったり、凶星からアフリクトされていたり、そうでなければ、時々ではあるが自らが無力で、さらにアスペクトによってアフリクトされているようなシグニフィケーターの性質によって病気の種類や性質が明確にされる。

次に、病弱の性質はシグニフィケーターがある獣帯のサインから取られたり、そこから見つかる。また、シグニフィケーターに影響を与える凶星の性質からも取られ、最後に、シグニフィケーターに影響を与える凶作用の惑星があるサインの性質からも取られる。

土星/病気を意味するシグニフィケーター、あるいは、病気を生み出す者
右耳、脾臓、膀胱、骨、歯。
これらの部位の病気は冷で、これらの部位における体液の衰えから生じる。
ハンセン病、癌、麻痺、結核、黒色黄疸、四日毎の悪寒、水腫、カタル＊、小腸の痛み。

＊カタル：粘膜の炎症。

木星の意味すること
肺、助骨や脇腹、軟骨、肝臓、動脈、脈拍、精子。
これらの部位の疾患。
息切れ、肺の炎症、脳卒中、痙攣、胸膜炎、悪寒や心臓の動悸、扁桃炎、ひきつけ。
さらに、腸内ガス、臭い、あるいは腐敗が原因で生じるようなすべての病気。

火星の意味すること
左耳、胆嚢、腎臓、静脈、陰部。
また、以下の病気も意味する。
伝染病、膿瘍、急性熱病、黄疸、癰（よう）、瘻孔（ろうこう）、天然痘、癲癇、下痢を伴う三日熱と普通の熱、顔の傷と傷跡。
熱と乾によるすべての病気。

太陽の意味すること
脳、筋肉、心臓、視力、右目。
これらの部位の疾患。
失神、心臓と胃の痛み、急性の胆汁質の体液から生じる目の炎症、あらゆる種類の目の分泌液。

金星の意味すること
子宮、腎臓、生殖器、乳首、喉、腰、肝臓、精液。
そして、これらの部位の疾患。
子宮の締め付けと痛み、淋病、排尿の病気、持続勃起症、つまりペニスの勃起が続く、肝臓の衰え、胃の弱さ、梅毒、胃液、つまり絶え間なく嘔吐する、赤痢、胃腸風邪。

水星の意味すること
脳、精神、想像力、記憶、舌、手と足。
これらの部位の疾患。
狂気、狂乱、感覚の欠乏、無気力、吃音、しゃべることや舌の障害、しゃがれ声、癲癇、結核、つばが多い。

月の意味すること
脳、女性は右目、男性は左目、心臓の心室、腸や腸全体や内臓、膀胱、味覚。
これらの部位の病気。
癲癇、麻痺、胆汁、女性の月経、粘液質による膿瘍、すべての障害。

サインが意味する病気

牡羊座・・・　頭、そして、頭の部分、目、耳、顔、歯、顎鬚、難聴、歯痛、顔の傷、そばかす、イボ、白癬、皮疹、これらの部分のかゆみ。
牡牛座・・・　首とその隠れた部分、喉と声。
双子座・・・　肩、腕、手、肩甲骨。
蟹　座・・・　肺、胸、肋骨、乳首、肝臓、脾臓。
獅子座・・・　心臓、胃、背中、脇腹、横隔膜や上腹部。
乙女座・・・　腹、腸、上腹部。
天秤座・・・　腰、臍、腎臓、腿、尻、膀胱。
蠍　座・・・　陰部、膀胱、肛門。
射手座・・・　太腿、腿。
山羊座・・・　膝。
水瓶座・・・　脚（足首まで）。
魚　座・・・　足（足首から下）、足首。

ハウスそれぞれには本来意味される病気があり、第２書の２４５ページに十分な情報を記載している。それぞれを比較することによって、出生図の持ち主の弱いのはどこか、どの身体の部位なのか、何の病気なのかが分かるだろう。

手短に言うと、第1に、シグニフィケーターが吉か凶かのいずれかについて考える。第2に、シグニフィケーターがあるサインを考える。第3に、シグニフィケーターをアフリクトする凶星を考える。第4に、その凶星のあるサインを考える。これらから出生図の持ち主が被るであろう病気の性質と原因が判断されなければならない。常に注意することだが、病気のシグニフィケーターである惑星が地平線の上にあると、病気や疾病は身体の目に見える部位に明確に現れる。しかし、地平線の下にあると、目に見えない、隠れた部位に現れる。

128章　視力の弱さ、あるいは、目を負傷するであろう前兆

出生図のアングルにおいて、太陽と月が火星か土星、もしくはその両方とスクエアやコンジャンクションなら、視力に危険があることを意味する。

太陽か月が、天の川、つまりヴィア・ラクティア via lactea にある場合。それは、北の部分は双子座21.00から蟹座1.00で、南の部分は蟹座7.00から17.00。さらに、射手座22.00から山羊座5.00。あるいは、太陽か月が雲状のものと共にある（星雲の星と共にある）場合。すなわち、牡牛座24.00のプレアデス星団にある場合。獅子座2.13の（かに座の）プレセペ星団、乙女座16.00のかみのけ座、射手座4.27のさそり座の心臓（アンタレス）、山羊座4.00のいて座の目（フェイシズ）。＊他にはみずがめ座の水が流れ、波打つ部分。いかなる出生図の持ち主であっても、ライツがこれらの恒星の近くか共にあると、目に対して障害や傷を負う前に亡くなることはないということが、一般的に正確であることが分かる。そして、視力を意味するルミナリーがアンギュラーにあると、このような傷とは切っても切れないだろう。

＊2015年においての恒星の位置。
天の川（北）：（おおよそ）双子座26.00～蟹座6.00。
天の川（南）：（おおよそ）蟹座12.00～22.00、射手座27.00～山羊座10.00。
プレセペ星団：獅子座7.25。
かみのけ座：（おおよそ）乙女座19.00～天秤座13.00。
いて座の目（フェイシズ）：山羊座8.31。

ライツのいずれかが天の川で、星雲状恒星と共にあり、凶星のいずれかとコンジャンクション、スクエア、オポジションのいずれかにあり、両方のライツがアフリクトされていると、盲目を意味する。太陽がそういう位置にあると右目だけを、月の場合は左目の盲目を意味する。もし土星がアフリクトしているなら、カタルによって盲目となるだろう。もし火星がアフリクトしているなら、打撲か突発的な出来事が原因となる。月が太陽とオポジションにあり、星状の恒星と共にあると、両目が傷つく恐れがある。太陽が8ハウスで、火星とコンジャンクションで、月に土星のオポジションがあり、月が人象サインにあると、盲目と多くの病気を患う恐れがある。月がオリオン座の腰紐（ミンタカ）と共にあり、アンダー・ザ・サン・ビーム（太陽光線下）にあると、出生図の持ち主は少なくとも片方の目が盲目になる。

太陽と月がアングルでオポジションで、他の凶星と関わっていなければ、たいてい目がよく見えないか斜視を意味する。また、太陽と月の両方が星雲状恒星と共にある時も同様である。

耳の悪さ

２つの凶星は聴力の弱さを意味する。特に土星であり、風の動きと性質を主に支配する水星のタームとハウスに土星がある時、そして、特に土星が６ハウスか８ハウスにある時にこれは顕著に現れる。ここから私たちが判断することは、もし水星が６ハウスのロードで、アセンダントにあって凶の状態であり、そして土星が水星にスクエアかオポジションでビホールドするなら、そうでなければ、土星が６ハウスをオポジションでビホールドするなら、出生図の持ち主は耳が聞こえなかったり、聴覚に多くの障害があるだろう。もし６ハウスのロードか月が弱い場合、あるいは、凶星が他の凶星から凶アスペクトで妨げられた場合、出生図の持ち主の聴力に多くの困難をもたらすだろう。水星が６ハウスか１２ハウスのロードで、６ハウスにあって凶の状態にあると、出生図の持ち主は耳が聞こえなかったり、聴力に関して多くの悩みを持つことを意味する。

水星が凶の状態で土星のハウスにあり、そして１０ハウスにあって、凶星が水星にアスペクトをしていると、出生図の持ち主は聴力によって少しばかり恩恵を受けるだろう。もし吉星が吉作用のアスペクトをそこに投げかけないなら、より確かなものとなる。

舌の障害とその原因

もし土星と水星が太陽と共にあり、これら両方が太陽のオクシデンタルで、アングルにあり、火星と木星のどちらからもアスペクトがないなら、しゃべることや舌に障害があるだろう。

水星がアンダー・ザ・サン・ビーム（太陽光線下）にあり、月のアスペクトがなく、ミュートサイン*にあると、出生図の持ち主はほとんど話さないか、話し方が流暢ではない。

　　＊ミュートサイン Mute Signs：蟹座、蠍座、魚座。

水星が太陽のコンバストにあって、基本的にはアセンダントにあり、ミュートサインか水象サインにあると、出生図の持ち主は無口か非常にものしずかであるか、自己表現することに多くの困難を伴う。

水星が６ハウスのロードで、アセンダントにあって凶の状態にある場合、あるいは水星が土星のハウスかタームにあり、１ハウスか８ハウスにある場合も同様である。

水星が蠍座にあり、火星のタームとフェイス、すなわち、蠍座の最初の６.００以内にあり、月が水星にオポジションのビホールドをするなら、出生図の持ち主

は口ごもったり、話し方に障害があるだろう。水星が6ハウスのロードで、ミュートサインにあり、凶星のオポジションにあると、出生図の持ち主は口ごもった話し方をするだろう。

口ごもることの最も大きい理由となるであろうことは、アセンダントのロードと、アセンダントのロードがエグザルテーションとなるサインのロードと、水星があるサインのトリプリシティのロード、これらすべてがミュートサインにあり、月を伴うことであろう。

病気のシグニフィケーターから分かる歯痛と原因

火星が蠍座のアセンダントにある人は、すべての永久歯を失くす可能性がある。私は実際試みて分かったのだが、火星が蟹座か魚座のアセンダントにあると、永久歯を失くすのである。土星が太陽のコンバストにあり、蟹座、蠍座、魚座のような水象サインにあると、歯のひどい苦痛と痛みを意味する。そして、土星と太陽がアセンダントか6ハウスにある時、さらに歯の痛みがひどくなる傾向がある。他のサインにあると、むしろ目や鼻の分泌液が頻繁に口に流れ込むことで極度に痛むことを意味する。山羊座か水瓶座以外のサインのアセンダントにある土星は、疑いなく歯のひどい痛みの根拠となる。また、土星が7ハウスにある時、つまり、アセンダントに対しオポジションにある時も同様である。私は絶えず観察しているが、土星が山羊座以外の地象サインのアセンダントにある時、出生図の持ち主の歯は弱く簡単に歪む。もし土星が風象サインにあるなら、出生図の持ち主は歯痛でいらいらするが、ほとんど歯を抜くことはない。もし土星が火象サインにあるなら、過度の熱が歯痛を引き起こし、歯自体に問題や痛みなどなく腐敗していくが、1、2日間は保たれる。

癲癇と狂気

これについてはシグニフィケーターといくつかのシグニフィケーターとを混ぜ合わせて考慮し、十分な判断をすべきである。そして、癲癇とは、思うようにはいかなく、悪質な汚れた体液から患う病気であると理解するべきで、その体液が量において必要以上に過度にあることが、そうでなければ有害な性質が脳の活動を低下させる。

その結果、この病気を患う人は、突然倒れ、口から泡を吹き、しばらくすると、自分自身で起き上がり元の状態に戻る。この病気について、アルブバター*、カルダヌス*、ポンタヌスも断言しているように、以下の４つの原因があると知られている。

> *アルブバテル Albubater：Abū Bakr ai-Hasan ibn al-Khasīb。９世紀前半に活躍した占星術師で De Nativitatibus を著す。
> *カルダヌス Cardanus：ジェロラモ・カルダーノ Gerolamo Cardano。ラテン語表記では Cardanus。１５０１年〜１５７６年。イタリアルネサンス期の数学者、医師、哲学者、占星術師。

癲癇について

第１に、水星と月がお互いをアスペクトしていない時。

第２に、水星と月が魚座と山羊座にあり、月と水星の両方にとって相応しいハウスにある時。つまり月と水星が１２、６、８ハウスにあり、月と水星のどちらもアセンダントをアスペクトしない時。

第３に、土星や火星について、夜生まれは土星が強く、昼生まれは火星が強く、アングルから水星と月の両方をアフリクトしている時。

第４に、昼生まれは土星が、夜生まれは火星が、水星と月をディスポーズする時。

以上のこれらのコンフィギュレーションが同時に起こると、その人は癲癇であることを意味する。

狂気の原因

狂気や愚者を生じるものは、占星術においてほとんど同じ原因である。それ故に、癲癇を患う人は、たいてい月がアセンダントにあり、月は水星と土星にオポジションである。出生図で土星と火星が順行でオポジションにあり、１つはアセンダントにあり、もう１つは７ハウスにある場合、あるいは、１つはミッドヘブンにあり、もう１つは４ハウスにある場合であっても同じ病気を患うだろう。

月が太陽とパーティルのコンジャンクションにあり、火星が４ハウスにあり、土星が先程のシグニフィケーターにスクエアかオポジションのいずれかでアフリクトするなら、出生図の持ち主は癲癇を患うだけでなく、狂気を引き起こしたり、脳が乱れる。

太陽と金星がアセンダントにあり、土星のオポジションにあると、癲癇を意味する。

月が７ハウスにあると、癲癇にさらになりやすい傾向がある。特にアフリクトされていると、最初に、愚行や、狂気を引き起こす。

もし月が満月の状態にあり、火星とコンジャンクションなら、出生図の持ち主の判断力を疑う原因となる。もし月がボイド・オブ・コースで、土星と共にあるなら、あまり頭がよくなく、頑固か、まったく機転がきかない人物を意味する。

金星が土星と共にあり、火星と水星が月と共にあると、出生図の持ち主は自負心のある、自惚れ屋だろう。

太陽が蟹座にあり、月の光が少なく、水星が山羊座か牡牛座にあると、出生図の持ち主はまさしく頑固で、愚かな人を意味する。

石の病気

　もし昼生まれで、出生図において、土星と火星が8ハウスか7ハウスにある場合、あるいは、火星が蠍座か天秤座の6ハウスにあり、月とスクエアかオポジションの場合、あるいは、月が蠍座か天秤座にあり、土星の悪いアスペクトがある場合、すなわち、土星とスクエアかオポジションの場合、（体内にできる）石を患うだろう。

　土星が蠍座にあると、排尿痛や排尿困難など意味する。
　土星が牡牛座にある場合も同様である。

痛　風

　痛風の病気はルミナリーから推論される。つまり、ルミナリーが凶星のコンジャンクションかオポジションによってアフリクトされ、病気を意味するサインにある時、すなわち、牡羊座、牡牛座、蟹座、蠍座、山羊座、水瓶座、魚座にある時である。そして、ライツの1つか、凶星の1つが、6ハウスか1ハウスをハウスとして持つか、そこでエグザルテーションとなる時も同じである。なぜならば、これらの星座は、本来青年期の病的な性質を意味するだけではなく、出生図の持ち主がより年齢を重ねたあとに痛風になることを意味するからである。
　同じ病気を意味するのは、夜生まれの場合、火星、金星、あるいは月がカーディナルにあり、牡牛座、獅子座、射手座、あるいは魚座のいずれかにある土星とオポジションにある時である。
　土星が魚座にあり、火星か、太陽か、月とオポジションなら、痛風を意味する。あるいは、もし土星が乙女座、射手座、山羊座にあり、12ハウスか6ハウスにあり、火星、太陽、あるいは月とスクエアかオポジションなら、同じことを意味する。

激しい転倒

　このような出来事は、土星、火星、ドラゴンテイル、あるいは太陽が風象サインにあり、10ハウスにある暴力的で激しい恒星の近くにあると引き起こされる。私は多くの出生図からこの真実を見つけた。もし火星が双子座、獅子座、天秤座にあり、12ハウスにあるなら、出生図の持ち主は馬術や四つ足の獣などによって大変危険な目に合うだろう。
　もし土星が10ハウスにあり、他の惑星より上にエレベートし、ライツのいずれかとコンジャンクション、スクエア、オポジションにあり、アセンダントか8ハウスを支配しているなら、出生図の持ち主は激しく転倒し、身体を酷く傷つけ苦しむだろうと言う人もいる。

129章　出生図の持ち主が患っている病気は治療できるか、否か

し吉作用の惑星がシグニフィケーターの位置にセクスタイルかトラインのアスペクトをし、シグニフィケーター自身が活動サインにあるなら、病気は簡単に治療されるだろう。

もしシグニフィケーターが不動サインにあり、凶の状態のシグニフィケーターがある獣帯の位置に吉星がアスペクトしないなら、病気は長引くか、治療が難しいかのいずれかである。良いアスペクトがシグニフィケーターの近くに来れば来るほど、つまり、よりパーティルにアスペクトであればあるほど、治療などはより簡単にできるだろうと予見できる。しかし、良いアスペクトが遠くにあればあるほど、病状は悪化し、治療は長引くだろう。病気の治療を意味する3つの惑星がある。木星はお金と良い医療機関を意味し、水星は薬を意味し、金星は魔力的な性質、神の援助、偶然などを意味する。木星、金星、あるいは水星が十分に強く、病気のシグニフィケーターとセクスタイルかトラインのいずれかにあると、回復を約束する。しかし、もし病気のシグニフィケーターが自身のハウスかエグザルテーションにあるなら、治療の望みはほとんどない。

130章　使用人、あるいは、小さな家畜

　家族*のシグニフィケーターとは、第1に、6ハウスと6ハウスのロードである。第2に、使用人の一般的なシグニフィケーターは水星である。第3に、6ハウスにある惑星や諸惑星である。もしこれらのシグニフィケーターか、これらのうちほとんどが生来的に吉作用があるか、十分強いなら、出生図の持ち主は大家族で、多くの使用人がいて、彼らは倹約につとめ、出生図の持ち主に利益をもたらすだろう。シグニフィケーターが生来的に凶で、天象図において凶の状態であると、その反対の判断となる。同じように、あなたは小さな家畜などの性質について判断し、そして、出生図の持ち主にこれらが利益を与えるかについて判断しなければならない。観察すべきことは、凶作用の惑星がエッセンシャル・ディグニティにおいて強く、使用人のシグニフィケーターがアセンダントのロードに良いアスペクトなら、不作法だが良い使用人を意味するだろう。

　　*イギリスでは家族に使用人も含まれる。

　6ハウスのロードがアングルにあり、吉の状態であれば、良い使用人を意味する。6ハウスのロードが10ハウスにあると、出生図の持ち主は使用人を気に入ることを意味する。水星が10、1、6、あるいは12ハウスの良い位置にあり、柔軟サイン*か活動サインにある木星に接近していると、使用人が多いことを期待でき、彼らは忠実である。しかし、もし水星が逆行かコンバストし、不動サインにある凶星に接近するなら、出生図の持ち主の使用人は盗みを働いたり、忠実ではないことなどを意味する。吉星が6ハウスか12ハウスにあると、良い使用人と使用人の働きによる利益を意味する。土星がペレグリン、ドラゴンテイルか火星が風象サインか火象サインの6ハウスにあると、たいてい盗癖のある使用人を意味する、あるいは例えば主人は彼らを雇用しても何も得られない。

　　*柔軟サイン：原文ではコモンサイン common Sign。柔軟サインと同義で、双子座、乙女座、射手座、魚座を指す。

7ハウスと7ハウスに関する判断

結婚と、男性の初婚

考慮すべき多くのことがあるが、特に以下のことである。

第1に、男性の結婚について、金星と月を主に観察しなければいけないということを理解すべきである。

第2に、7ハウスと7ハウスのロードである。

第3に、7ハウスにある惑星や諸惑星である。これらを十分に注意深く考慮することによって、妻に関する性質、地位、持参金、その他の取り巻く環境について判断することができる。

出生図の持ち主は結婚するか、否か

これまで述べられた結婚に関するすべてのシグニフィケーターについて、バランスをとりながら判断すべきである。これらのシグニフィケーターが、特に金星と月がどのように影響を受けているのかについて注意する。

未婚のサイン

もし金星と月の両方が不妊のサイン、すなわち、乙女座、双子座、獅子座にあり、さらにケーデントハウス、すなわち、6、9、12、8ハウスにあるなら（8ハウスはケーデントではないが、その悪い影響の理由によってこの判断に入れる）、これらの根拠は、独身生活か、結婚への嫌悪感かのいずれかを意味する。そして、もし偶然にも、同時に他のシグニフィケーターも、不妊のサインとケーデントハウスにあるなら、先程のシグニフィケーターの影響はより明らかに明確に現れるだろう。

もし前述のシグニフィケーターが、特に月と金星がそのように構成されていないなら、月か金星のいずれかが弱いか、ほとんど強くないかを見る。さらに、非常に強い土星と接合しているか、金星が独りぼっちで惑星からの良いアスペクトの助けがないかを見る。そして、次に月が不妊のサインにあるか、ケーデントハウスにあるか、非常にアフリクトされていることが分かれば、これらは未婚やまったく結婚願望がないことを意味する。

しかし、この判断において、常に理解すべきことは、土星が非常に強くなければならないことである。なぜならば、もし金星と月が土星よりも強いなら、前述の判断は正確ではなくなるからである。

既に説明した同じ判断を、独身生活が続くか、結婚に気が進まないのかについて適用できるだろう。出生図において、土星が月や金星のいずれかよりもエレベートし、これらいずれかを助ける惑星がない場合である。なぜならば、ここでは土星のエレベートは、コンジャンクションと同等の意味を持つからである。そして、この判断は理にかなっていると確信されるであろう。なぜならば、月と金星は正当な結婚を意味し、結婚生活に対する出生図の持ち主の愛情を意味するからである。それゆえ、もし月と金星のいずれかか、両方が、修道院での生活や、孤独や、独身生活を生み出す者である土星から凶アスペクトで非常に妨げられているなら、土星は出生図の持ち主が一般的に結婚生活をしたいという望みを掻き立てる感情を取り去ってしまうのである。妾と愛人がいるのが認められるのは、金星が土星と火星にアスペクトし、これらすべてがペレグリンか弱く、そして、太陽か月の良いアスペクトがない場合である。太陽、木星、水星は純潔を意味し、金星と火星は厚かましさと強い欲望を意味する。

あなたは以下について覚えておかなければならない。つまり、他の結婚のシグニフィケーターについても調べてみること。すなわち、シグニフィケーターが不妊のサインにあるか、ケーデントハウスにあるか、あるいは、弱く、非常にアフリクトされ、土星とコンジャンクションし、土星が十分に強いかどうかについてである。なぜならば、もしシグニフィケーターについてこれらの根拠が金星と月のアフリクトと共に起こるなら、疑いなく、出生図の持ち主は決して結婚しないからである。月が蠍座にあり、土星とスクエアで、土星が獅子座か牡牛座にある場合や、あるいは、月が太陽のコンバストにあり、土星とスクエアかオポジションで、月が山羊座、水瓶座、天秤座にあると、出生図の持ち主は決して結婚しないだろう。

金星と土星のオポジションやスクエアは、独身生活の意味を強める。金星と同時に月が不妊のサインにあり、ケーデントハウスにあり、他のシグニフィケーターのいくつかが悪いハウスや不妊のサインのいずれかに不幸にもある場合も独身生活の意味を強める。しかし、注目すべきは、月が土星とスクエアかオポジションにあってもそれほど強く独身生活を意味しない。月自身は多くの独身生活の根拠がなければ、幾分か結婚を意味するからである。ただし金星自身が不妊のサインにあれば結婚を意味しない。

結婚の兆し

7ハウスのサインが多産のサイン。

7ハウスのロードが吉の状態。7ハウスに吉作用の惑星がある。

金星と月が多産のサインにあり、5、1、あるいは11か10ハウスにある。

アセンダントのロードが7ハウスのロードに接近し、これらの間で等しいリセプションがあるなら、出生図の持ち主は結婚を望むだろう。そして、これらは金星的な行動に対する能力と性的能力が出生図の持ち主にあるということのはっきりした根拠である。従って、これらのコンフィギュレーションがあったり、大部分においてこれらが同時に起こっていることを見つけるなら、出生図の持ち主が結婚するであろうということを意味する。

131章　出生図の持ち主は妻を得ることが簡単か、難しいか

こでは、あなたはすべての結婚のシグニフィケーターの性質について考慮すべきである。もしシグニフィケーターの大部分が吉星であったり、十分強いことを見つけるなら、出生図の持ち主は妻を簡単に得るだろう。もしシグニフィケーターが弱く、凶星によって意味されるなら、出生図の持ち主は労力と困難なしに妻を得ることはできないだろう。しかし、もしすべてのシグニフィケーターが弱く、悪くアフリクトされているなら、出生図の持ち主は多くの女性を愛し、度々女性に騙される。結論から言うと、妻を得ることは非常に難しいのである。出生図において、金星に火星の良いアスペクトがなければ、恋愛や愛情において多くの不自由な状態に苦しむだろう。

さらに、シグニフィケーターの性質を考慮する。吉作用の惑星は幸せな成功を約束する。これらが強ければ強いほど、より幸せになるのである。凶作用の惑星はたとえ非常に強くても、たいてい多くの苦労を意味する。私は常に観察しているが、土星と火星が1ハウスと7ハウスでオポジションの時や、土星だけが7ハウスのカスプの近くにある時や、金星が獅子座か蠍座にあって、火星のアスペクトがない時や、火星に、金星とのアスペクトがあろうがなかろうが、火星が乙女座、山羊座、牡牛座の7ハウスにある時、出生図の持ち主は妻を得ることが驚くほど難しいが、最終的には突然結婚する。しかし、それにもかかわらず出生図の持ち主は女好きになる傾向があり、病的な性欲に満ち、悪い意味で極めて金星的になる。

結婚の時期

もし結婚のシグニフィケーターのすべてか、大部分、そして、これらの中で、月が太陽のオリエンタルにあり、天上のオリエンタルのクオーターにあるなら、すなわち、10、11、12、4、5、6ハウスにあるなら出生図の持ち主は青年期かより成熟した年齢になった後に結婚し、若い女性を妻とするだろう。

もしシグニフィケーターが太陽のオクシデンタルにあり、天上のオクシデンタルのクオーターにあるなら、すなわち、9、8、7、1、2、3ハウスにあるなら、出生図の持ち主は晩婚か、そうでなければ青年期に未亡人や高齢の人と結婚することを意味する。

　これに加えて、シグニフィケーターの動きについて観察すべきである。なぜならば、もしシグニフィケーターが順行で、動きが速いと、青年期での結婚を表すからである。しかし、もしシグニフィケーターが逆行、動きが遅い、あるいはステーション（留）なら、結婚の時期を遅らせる。シグニフィケーターの根拠を集め、もし矛盾を見つけたなら、この場合月か金星、特に月に最も近く合致するシグニフィケーターを重んじなければならない。

　さらに特定された時期を最も良く判断できるのは、7ハウスの度数や7ハウスのロード、あるいは月や金星から、アセンダントの度数やアセンダントのロードへのディレクションである。結婚の時期は、私の判断ではよりよく見つけられる。これらの方法と矛盾する先人たちの意見をすべて重んじなければならない。すなわち、もし金星がラディックスにおいて強いなら、ミッドヘブンから金星とのコンジャンクション、セクスタイル、スクエア、トラインへのディレクション。もしくはミッドヘブンから月との同じアスペクトへのディレクション。あるいは、太陽から月か金星の惑星自体、セクスタイル、スクエア、トラインへの順方向と逆方向のディレクション。あるいは、月から太陽か火星との前述のアスペクトへのディレクション。もしディレクションで太陽か火星のいずれかのスクエアかオポジションに出会うなら、これが吉星のタームにないかどうかを確認する。また、ミッドヘブンか太陽か月のいずれかから7ハウスのロードか7ハウスにある吉星のセクスタイルかトラインへのディレクション。これらのディレクションは結婚の時期を意味する。

132章　妻の人数

しすべての結婚のシグニフィケーターが一般的に多産と言われる水象サインにあるなら、たいていは多くの妻や、1人よりも多い妻を意味する。乙女座、獅子座、双子座にあると、その反対となる。

すべてのシグニフィケーターの中で、月と金星は、男性の結婚において最も力があるので、最も明白な結婚の根拠となる。一般的には、月が7ハウスにあると、たとえどのサインにあろうとも、月が土星か太陽に非常にアフリクトされていなければ、妻は1人よりも多くなるだろう。告白しなければならないことだが、月が7ハウスにある時、出生図の持ち主は多くの女の友人（別名、妾や二号）と付き合うことができないことを私は知らなかった。月が非常に強い場合を除けば、常に再婚するわけではない。非常に強い場合の月は1人よりも多い妻などを表す。

月が1つの惑星だけに接合すると、プラティックかパーティルのアスペクトのどちらであっても、たった1人の妻を意味する。ここで観察することは月が1つの惑星だけと接合する時、月が月にアスペクトをする惑星より強いと、男性は妻よりも長生きする。しかし、もし月と接合する惑星が月よりも強いと、夫は妻よりも先に亡くなる。

もし月がどの惑星自体とも接合していないなら、次のような惑星がいくつあるかを考慮する。その惑星とは、順行で、コンバストしておらず、フォールやデトリメントの位置になく、月にパーティルのアスペクトをする惑星である。しかしこれは月がこの惑星に接近し、この惑星は月に接近していないような時である（ここでは太陽は考慮しない）。これらから、妻の人数が推測できるだろう。月にアスペクトをする惑星があるサインの性質を考慮しなければならない。多産サインであれば人数を2倍にする。これはトレミーの法則だが、月が一形態サイン Sign of One Form にあり、1つの惑星に接近していると、1人の妻を意味する。バイコーポリアルサインにあり、多くの惑星に接近していると、多くの妻や1度ではなく度重なる結婚を意味する。

もし前述のような状況がないなら、順行で、コンバストでなく、もしくは太陽のビームに関わらない惑星がミッドヘブンとミッドヘブンからアセンダントに向かって進んでいる金星との間でいくつあるか考慮する。そして、その数と同じ人数の妻を出生図の持ち主は持つであろう。

もしミッドヘブンと金星の間にあるこれらの惑星が、逆行やコンバストだが、エッセンシャル・ディグニティ、つまり、自身のハウスか、エグザルテーションにあるか、そのようなディグニティのミューチャル・リセプションがあれば、これらの惑星を妻や妻たちのシグニフィケーターとして数えられるだろう。

これらの法則が当てはまらず、使うことができない時には、逆行であっても、コンバストであっても、7ハウスのロードをパーティルのアスペクトでビホールドする惑星がいくつあるか観察し、そのことから妻の人数を導く。

　私の今までの経験上から最も満足できる法則は、以下のようなものである。月があるサインにある惑星で、月が接近し、分離しない惑星がいくつあるか考える。その数が出生図の持ち主が持つであろうと予測できる妻の人数である。もしそのような惑星がないなら、月があるサインにディグニティを持つ惑星で、月にパーティルのアスペクトでビホールドする惑星がいくつあるか観察する。その数が望むことのできる妻の人数である。

　妻に関する一般的な法則をよく見ると、もしシグニフィケーターが弱いなら、そのシグニフィケーターは結婚よりもむしろ、恋人、売春婦や、女性に言い寄るようなことを意味する。また月が柔軟サインにある惑星に接近しているなら、2人の妻を持つことを意味する。もし月が多産のサインにあり、多産やバイコーポリアルサインにある惑星に接近しているなら、3人の妻を持つことを意味する。この格言に付け加えるとするなら、7ハウスのサインが多産で、7ハウスのロードが柔軟サインか多産サインにあるなら、出生図の持ち主は3人の妻を持つことは疑いの余地がない。

133章　出生図の持ち主はどこから、どの方角から妻を得るか

　結婚のシグニフィケーターが9ハウスか3ハウスにあるか、そうでなければペレグリンで、エッセンシャル・ディグニティになければ、出生図の持ち主は外国人と結婚することを意味し、出生図の持ち主が生まれた州の出身ではない人である。（私は国とは言わない。）

　7ハウスのロードが9ハウスにあるか、9ハウスのロードが7ハウスにあると、出生図の持ち主が生まれた国や、生まれた場所の近くで生まれていない人と結婚することを意味する。特に、シグニフィケーターが吉星で、十分強いと、妻は信心深く、金持ちで、高潔な妻を意味するだろう。9ハウスのレディである金星が1ハウスか10ハウスにあると、別の国で生まれた妻を得る。太陽と金星が7ハウスでコンジャンクションか、7ハウスにビホールドすると、外国人の妻を意味する。

パート・オブ・フォーチュンが3ハウスにあると、出生図の持ち主が生まれた場所で生まれていない妻を意味する。

7ハウスのサイン、7ハウスのロードがあるサイン、金星と月があるサイン、そして、これらがある天上のクオーターについて考慮するなら、より明確な判断が下せるだろうし、より多くの根拠で判断することとなる。

134章　出生図の持ち主が得るであろう妻や妻たちがどのような状態か、美人か、美人ではないか

これについて正確に意味されることは、一般的に、7ハウスのサインと、妻の主要なシグニフィケーターである惑星の性質からとられる。あるいは月をビホールドする諸惑星からとられるが、(この場合)月はその諸惑星とのコンジャンクションや他のパーティルのアスペクトのいずれかに接近している。もしこれらのすべてか、これらの大部分が美しさを意味するサインにあるなら、美しい妻であることを意味する。美しくないことを意味するサインにあると、美しくない妻であることを意味する。美人を意味するサインとは、双子座、乙女座、天秤座と、射手座の最初の部分である。蠍座、水瓶座、魚座は、平均的な美しさを意味する。美しくないことを意味するサインとは、牡羊座、牡牛座、蟹座、獅子座、そして山羊座の後半と射手座の後半の部分である。

美しくないことを意味する主要なシグニフィケーターは土星で、それゆえ、土星が悪いアスペクトで、シグニフィケーターをアフリクトしていると、土星は美しくないことを生じる。シグニフィケーターが太陽のコンバストにあると、顔色が美しくない。金星が土星のタームにある土星と共にあるか、土星が金星にビホールドする時、出生図の持ち主は年老いた女性と結婚するか、自分の年齢よりもかなり年上の女性と結婚する。土星と火星が7ハウスにあると、同じことを約束する。

木星、金星、月がコンフィギュレーションにおいてお互い吉の状態にあるか、7ハウスのカスプか主要なシグニフィケーターをアスペクトしていると、美しい妻を表す。

木星が7ハウスにあり、月とコンジャンクションであったとしても、他の状況が同時になければ、非常に美しい女性は得られない。これは私が多くの機会において真実だと証明したものである。また、もし木星が7ハウスにあり、エッセンシャル・ディグニティにおいて強くないなら、出生図の持ち主は処女ではない未亡人が与えられる。

妻の状態　それでは妻の状態についてだが、一般的に、それらは妻を意味する惑星から表され、これについての判断は、トレミーに従う。レオヴィティウス、ペゼリウス、スコネルス（シェーナー）、ガルケウス＊、オリガヌスは、これに関する判断をトレミーから借用している。すなわち、もし月が土星に接近するなら、土星がよい影響を受けている時、土星が約束することは、女性は無口で、真面目で、慎重で、質素で、働き者などである。しかし、もし土星が悪い影響を受けている時、女性は厄介者で、でしゃばりで、疑い深く、頑固で、嫉妬深く、単なるぐうたら者で、非常に怠惰であることが示される。

　　＊ガルケウス Garceus：ヨハネス・ガルカエウス Johannes Garcaeus（ヨハネス・ガルケウス Joannes Garceus）、Johann Gartze。１５３０～１５７４年。ヴィッテンベルク生まれ。ドイツの神学者、占星術師。１６世紀後半の重要な占星術師の一人と評される。Astrologiae methodus は４００ものホロスコープで占星術の解説をしている。

　木星が良い位置にあると、女性は非常に信仰深く、穏やかで、貞節で、高貴で、誠実で、家事が上手で良い主婦であることを意味する。もし木星が悪い位置にあるなら、女性にはこれらの長所があるのだが、曖昧であり、彼女にいくつか欠点があることで、女性のこれらの長所がはっきりしない。

　月が火星に接近し、火星がよい影響を受けていると、女性は非常に思いやりがあり、親切で、気が強い若い娘で、服従することを非常に恥じ、侮辱や無礼に耐えられず、激怒したり、怒ったり、彼女に危害を加える者には復讐する傾向がある。女性は進んで亭主を尻に引くだろう。火星が悪く影響されている時、女性は喧嘩早く、強情で、暴力的で、贅沢な婦人で、高慢で、悪名が高く、決して黙らない、悪名の高い激しい女性である。

　月が金星に接近する時、月が良い配置であると、女性は美人で、堂々とした貴婦人で、愉快で、様子は優しく、都会的で礼儀正しく、愛想がよく、貞淑である。もし金星がディグニティにおいて悪い状態なら、妻に述べてきたこととは反対の性質が生じることが予想されるだろう。すなわち、妻は横柄で、無駄使いが多く、おしゃべりで、口うるさい主婦で、浪費家で、財産を使い果たし、恐らくあまり誠実ではないだろう。

　月が水星とコンジャンクションにあるか、水星に接近し、水星がエッセンシャル・ディグニティにあって強いか、凶星と関わりがないかのいずれかの場合、利口な女性で、慎重で、楽しくておしゃべりが上手で、家族を気遣う人などである。

　もし水星が悪いディグニティにあるなら、女性はおしゃべりで、噂好きで、嘘つきで、話に裏があるような話し方をし、考えが変わりやすく、意地が悪く、おしゃべりな主婦で、彼女がやって来るところには不和が生じる。

　ここでは、太陽と月が意味すること、つまり妻の状態について表示される意味は少しもない。

　妻の体型と背丈は、私たちがここで多く述べている出生図における惑星とサインの性質に従って形成される。

金星の位置に関する格言

　もし金星がオリエンタルで、エッセンシャル・ディグニティにあり、木星が金星とのアスペクトにあるなら、女性が主人になることを意味する。

　金星が２ハウスにあると、出生図の持ち主は財産のために妻と結婚することを意味する。

　金星が６ハウスにあると、出生図の持ち主は従順であったり、低い身分の妻などと結婚する。

　金星が４ハウスにあり、水瓶座の月とスクエアかオポジションの場合、妻は軽率であることを意味する。もし金星が蟹座にあるなら、出生図の持ち主は淫乱な妻を得ることを意味する。

　金星が７ハウスにあると、出生図の持ち主は結婚するまでが長く、売春婦を愛するだろう。

　金星が１１ハウスにあると、出生図の持ち主は子供を持つ女性と同棲するだろう。

　金星が１０ハウスにあると出生図の持ち主は勇敢で気高い精神の女性と結婚するだろう。もし木星のアスペクトがあるなら、より気高くなるだろう。

　金星が１ハウスで土星と共にあり、特に土星自身のハウスにあるか、そうでなければ金星のハウスにあると、出生図の持ち主に不誠実で年上か、非常に貧乏で卑劣な妻のいずれかが与えられる。

　金星が４ハウスで水星と接合したり、そうでなければ水星のハウスにあり、土星が１０ハウスにあると、出生図の持ち主は卑劣な女性や、身分のない女性と結婚するだろう。もし同時に金星に対して、火星のアスペクトがあるなら、妻は変わり者で意地が悪く、魔術を使ったり毒を使用したりしていないかを疑われるだろう。蟹座や山羊座においてなら、売春婦を意味する。

　月が４ハウスにあり、金星が土星と共に１０ハウスにあると、妻が高齢であるか、体質の問題が原因で妻は子供を授からない。

　金星が土星と火星に６ハウスでコンジャンクションなら、出生図の持ち主へ不倫に注意するよう忠告する。

　金星と土星が７ハウスで、コンジャンクションなら、出生図の持ち主は子供を作る能力がないか、子供を出産する能力がないことを意味する。

　金星が土星、木星、水星とコンジャンクションなら、出生図の持ち主は働き者の妻で、良い主婦で、夫を優しく愛する女性を得る。

　火星が金星と共にあると、妻は気迫に満ち、活動的で、悪い主婦で、浪費家で、出生図の持ち主は不倫をしているか、不倫をするようになるだろう。

金星に土星のアスペクトが混ざると、淫らであったり、不潔で、下品なことが助長される。木星のアスペクトなら、公正さ、清潔さ、謙虚さが助長される。水星のアスペクトなら、ディグニティや凶の状態によって、良かったり悪かったり度々変化する。

妻の富　妻に伴う富や、妻の持参金によって生じられる富について、ここであなたが考慮すべきは、私が以前説明した惑星についてである。すなわち、良いアスペクトで月にビホールドする惑星や、月とコンジャンクションする惑星である。なぜならば、もしこれらの惑星が吉作用の惑星で、エッセンシャル・ディグニティにおいて強いなら、富と財産のある妻で、良い家柄の出であったことを表すからである。もしこれらが凶作用の惑星で、悪いディグニティにあるなら、その反対のことを意味する。

そこで、私は一般的な注意事項をあなたに教えなければならない。すなわち、高貴な妻だとか、良い家柄の妻だと軽率に口にする前に、出生図の持ち主の性質と家柄について考慮しなければならない。例えば、私が物乞いの出生図を判断したとすると、出生図の持ち主の射手座に木星があるならば、あらゆる種類の障害から無縁であることを意味し、木星は彼が結婚する妻を意味する。そして、私は木星的な人物や木星の状態を言い表すだろう。しかし、結婚相手の女性が高貴であるとか、生まれが良いとか、私は言わないが、出生図の持ち主は木星の性質の妻と結婚するという判断をするだろう。出生図の持ち主の状態に関して家柄の良さのある人である。つまり、恐らく、その女性は商人か農場主などの娘だろう。そして、このことは、出生図の持ち主や彼の貧しさにとって、物乞いと農場主との違いを考えるなら、その女性はまるで高貴な生まれのようである。そして、そこで木星に意味されることは、女性は裕福に違いないということである。疑いもなく、妻はそう意味され、妻は両親や友人からの相当な持参金を持っているだろう。そして、妻はこの貧しい物乞いの男性を変え、この女性との結婚によって、男性の生活や財産が改善されるだろう。つまり、占星術師は不可能を予測するのではなく、あらゆる人に対して*その可能性の範囲*において予測するが、これはこれまでのことにも適している。

一般的に、吉星や吉星のいずれかが７ハウスにあり、特に強いなら、裕福な妻で、良い家柄を意味する。凶作用の惑星が７ハウスにあると、多くの問題を意味する。もしこれらが強いなら、恐らく、妻は裕福だが、悪い状態にある。

７ハウスのロードが１０ハウスにあるか、１０ハウスのロードが７ハウスにあると、良妻を約束する。
２ハウスのロードが７ハウスにあるか、７ハウスのロードが２ハウスにあると、同じことを約束する。

１２ハウスのロードが７ハウスにあるか、７ハウスのロードが１２ハウスにあると、たいてい貧乏な妻で、生まれが悪く、身分が低い両親を予測する。

良妻の兆し

木星が金星か月に吉アスペクトをして、同等のディグニティにおいてリセプションの場合、裕福な妻を意味し、身分の高い生まれの人と結婚する。

７ハウスのロードが７ハウスにあると、誠実で、純真な妻を意味する。

７ハウスのロードが８ハウスにあり、もしその惑星が吉星なら、裕福な妻を意味し、非常に多くの遺産を持つ生まれである。

１等星の王の恒星が７ハウスのカスプ近くにあり、カスプもまた吉の状態なら、このような根拠は、裕福で高い地位にある妻であることを意味する。

妻が凶運となる兆し

凶作用の惑星が７ハウスにあり、非常に強いと、妻は裕福だが、何かしらの中傷や問題なしに得ることはできない。

非常に弱い凶星が７ハウスにあると、妻たち、あるいは妻は、非常に貧乏で、惨めで、不潔な状態と生まれを意味する。

７ハウスのロードが６ハウスか１２ハウスにあるか、その逆にある時、つまり、６ハウスか１２ハウスのロードが７ハウスにあると、妻は使用人か、非常に貧乏な生まれかのいずれかを意味する。

土星か火星のいずれかが７ハウスにあり、吉星のこれらへのアスペクトがなく、吉星がそのハウスから落ちている*ことは、出生図の持ち主にとって良くない。なぜならば、土星は結婚の事柄について、悲しみと労苦を引き起こし、火星は出生図の持ち主に対して死と破壊を意味するからである。

金星が月とスクエアかオポジションにあると、結婚による損害を意味する。

金星が２ハウスにあり、凶作用の惑星の凶アスペクトにあると、妻の原因による損害を表す。

月が７ハウスのレディで、８ハウスにあり、光が減少していると、結婚における非常に大きな幸福を否定する。

＊そのハウスから落ちている：原文は Cadent from the House。諸説あるが、この場合では６ハウスにある、あるいは２、６、８、１２ハウスにあってアスペクトをしない位置にあること。

135章　男性と妻のお互いの愛と仲の良さ

妻の人数を意味する惑星や諸惑星を考慮し、これらが吉星で、友好的なアスペクトで月にビーホールドするかどうかを考慮する。もしそうなら、多くの愛情と甘い関係を意味し、２人の間で好意が永久に続いていくだろう。

しかし、これらが生来的に凶作用で、月とスクエアかオポジションなら、いつもちょっとしたことで仲たがいを起こし、２人の間に完璧な結束はまったくないだろう。

もし穏やかな惑星が月に悪いアスペクトをするなら、出生図の持ち主と妻は意見が一致するが、ほどほどであり、たいていは仲の良い関係にあるだろう。

もし凶作用の惑星が月に友好的なアスペクトをするなら、彼らは意見が一致しても無関心であり、ほとんどの場合、意見は合わないだろう。なぜならば、吉星の悪いアスペクトはほとんど傷つけないが、凶星の吉作用のアスペクトは、ほとんどの場合において、悪い傾向があるからである。

この事柄における吉や凶のアスペクトについて私が述べたことは、７ハウスのロードと月にだけ関係することで、他のシグニフィケーターとは関係がない。

男性と妻との意見の一致や意見の相違が分かる最も確かな方法とは、もし入手可能な場合、彼らの出生図を一緒に比較することである。そこで、もし妻の出生図における太陽が、男性の出生図における月があるサインの度数にあるのを見つける場合、あるいは、妻の出生図における月が、男性の出生図における太陽の位置にあるのを見つける場合、それは結束と仲が良いことを意味する非常に良い兆しである。

あるいは、もし結婚のシグニフィケーターにセクスタイルかトラインがあるなら、これらは結束と愛情を意味する。そして、反するアスペクトは、反対の感情を意味する。

吉星が月や７ハウスのロードにセクスタイルかトラインでビホールドするなら、仲が良いことを意味する。
金星が火星をビホールドする土星と共にあるなら、出生図の持ち主と妻の間に嫉妬が起こるだろう。
金星が１２ハウスにあると、単に悪い結婚を意味する。木星もまた１２ハウスにあるなら、妻にはほとんど財産がない。
金星に月や凶星からの悪いアスペクトがあると、好色などの原因によって、男性と妻の間での揉め事があることを意味する。
結婚のシグニフィケーターが活動サインにあると、結婚の不安定さを意味し、結婚からの満足はそれほどないだろう。
金星が活動サインにあると、愛情が変わりやすい男性を意味し、特に月か金星が蟹座か山羊座にあると、出生図の持ち主は１人の女性では満足しないだろう。
金星が柔軟サインにあると、結婚における喜びを意味する。
もしアセンダントのロードが柔軟サインにあり、金星が凶の状態なら、出生図の持ち主は１人の女性では満足しないだろう。

もし月が良いアスペクトで、太陽にビホールドし、月と太陽の両方が人象サインにあり、吉星の１つが月か太陽のいずれか両方にアスペクトしているなら、出生図の持ち主と妻は非常に意見が一致するだろう。もし太陽と月の間のアスペクトが悪く、凶星が月か太陽のいずれか両方にスクエアかオポジションなら、彼らは永久に意見が合わないだろう。月が光を減じていて、活動サインにある火星とコンジャンクションなら、出生図の持ち主の妻は夫を決して心から愛さず、他の男性を愛するだろう。

　あるいは、もし月が７ハウスのレディで、光が減少し、８ハウスにあるなら、出生図の持ち主は結婚において幸福を得ることはないだろう。

136章　出生図の持ち主か妻のどちらが先に亡くなるか

　この質問の判断について、妻のシグニフィケーターや７ハウスのロードを重んじ、もしこれらが凶星によってアフリクトされているか、ケーデントハウスにあるなら、特に８ハウスの反対側にある２ハウスにあるなら、妻の死や長患いを意味する。

　月が１つの惑星にだけ接合すると、１人だけの妻を意味し、月が月と合する惑星よりも強いなら、妻は先に亡くなる。もしその惑星が月よりも強いなら、男性が先に亡くなる。

　月が４ハウスにあると、出生図の持ち主の妻や妻たちが先に亡くなる。

　月が火星から分離し、天上の西やオクシデンタルの部分にある金星に接近していると、出生図の持ち主は多くの妻を持つが、妻たちは彼より先に皆亡くなるだろう。

　月と金星が７ハウスにある土星とコンジャンクションであれば、妻の死と、妻を得るために苦労があることを表す。

　金星が４ハウスにあり、火星と土星の凶アスペクトにあると、妻の死を表す。もし４ハウスで金星が活動サインにあるなら、出生図の持ち主は多くの妻を持ち、妻たちは彼より先に皆亡くなるだろう。

　月が７ハウスにあり、凶星の悪いアスペクトにあり、木星や金星の助けがないと、妻が先に亡くなる。

　金星が太陽のオクシデンタルにあり、ペレグリンで、凶星のコンジャンクションか、凶星とスクエアかオポジションだと、妻は生きるが短命だろう。

　金星が１２ハウスの火星とコンジャンクションであれば、出生図の持ち主は妻にとってならず者であり、妻を卑劣に扱うだろう。

　凶星の１つが７ハウスか４ハウスにあると、出生図の持ち主は妻を亡くすだろう。

凶星がペレグリンで7ハウスにあり、7ハウスを支配するなら、出生図の持ち主は自分の敵と妻たちの死を目にするであろうことを意味する。

7ハウスのロードがコンバストかケーデントにあると、出生図の持ち主の妻が彼より先に亡くなる。

7ハウスのロードが8ハウスにあると、同じことを意味する。

137章　女性の結婚

　第1に、女性の結婚のシグニフィケーターは太陽と火星であり、女性の出生図で最も意味がある。
　第2に、7ハウスと7ハウスのロードである。
第3に、7ハウスにある惑星や諸惑星である。
　これらのシグニフィケーターのディスポジション、つまりシグニフィケーターの性質と位置から、私たちは男性の出生図と同じように判断し、ここでは月の代わりに太陽を用い、金星の代わりに火星を用いる。そして、ここで考慮することは、シグニフィケーターが不妊か多産であるか、ダブルボディサインにあるか、多産のサインにあるかについてである。そして、シグニフィケーターが吉星か凶星か、強いか弱いか、こういったことからそれぞれの質問を判断していく。

女性は結婚するか

もし女性の出生図においてシグニフィケーターが多産で、吉のハウスにあり強く、吉星の良いアスペクトにあるなら、これらは結婚を約束する。しかし、もしシグニフィケーターが不妊で、凶のハウスにあり、弱く、凶作用の惑星からアフリクトされているなら、これらは結婚を意味しない。女性の出生図において、金星が7ハウスにあり、オクシデンタルで、土星が4ハウスにあると、その女性の結婚願望は強くなく、金星的な娯楽に対して何ら喜ばないことを意味する。

もし太陽と月が男性サインにある、もしくは、同じ天上の男性のクオーター＊にあるか、まったく同一の男性のサインにあるなら、女性は口やかましく、男性の世話をしないようになり、もし彼女に結婚する機会があるなら、手に負えない妻であることを意味するだろう。

＊男性のクオーター：アセンダントからミッドヘブンまで、7ハウスのカスプから4ハウスのカスプまでの部分。

困難を伴うか、否か

シグニフィケーター同士お互いに吉作用のアスペクトに接近するか、あるいは、シグニフィケーター自身が吉星なら、女性は困難なしに結婚することを表す。凶作用のアスペクトに接近するなら、シグニフィケーターは、その反対のことを意味する。

いつなのか、つまり、どの時期か

結婚の特別な時期とは、ミッドヘブンや太陽のディレクションによって分かる。一般的な時期は、太陽のディレクションによってである。もし太陽がオリエンタルのクオドラントにあるなら、青年期に若者か年老いた人のいずれかと結婚する、もしくは、成人した後に若者と結婚することを意味する。もし太陽がオクシデンタルのクオーターにあるなら、結婚するまでの期間が長く、後に年老いた人と結婚するだろう。

夫の人数

太陽が一形態のサインにある、もしくは、夜明け（早朝）に太陽より先に昇っている惑星 Matutine Planets の1つとアスペクトがあれば、女性は1回だけ結婚することを意味する。太陽が多形態サイン a Sign of Many Shapes にあるか、夜明けに太陽より先に昇っている惑星と多くのアスペクトがあれば、女性は1度よりも多く結婚するだろう。

7ハウスのサイン、7ハウスのロード、そして太陽が柔軟サインにあると、女性は2人の夫を持つことを意味する。太陽か火星のいずれかがダブルボディサインにあると、2人の夫を意味する。金星が柔軟サインや回帰線＊にあり、金星のディスポジターもまたそのようなサインにあると、より多くの夫を意味する。

　＊回帰線 Tropic：蟹座と山羊座。

さらに、出生時に太陽があるサインにおいて、惑星自体や、パーティルやプラティックに太陽と接合している惑星がいくつあるかを見る。その数だけ女性は夫を得るだろう。もし太陽がそれ自体でどの惑星とも接合していないなら、太陽があるサインにおいてディグニティのある惑星で、太陽にビホールドし、太陽はその惑星に接近するが、その惑星は太陽に接近しないというような惑星がいくつあるかを見る。その数だけ女性は夫を得るだろう。

結婚相手の出身

もしシグニフィケーターがペレグリンなら、夫は外国人だろう。あるいは、女性の出生図において、パート・オブ・フォーチュンが3ハウスにあるなら、同じことを意味する。

夫はどのような状態か

　７ハウスのサインを夫の身体の体型を意味するものとしてとり、７ハウスのロードは夫の状態で、７ハウスのロードと太陽の他の惑星へのアスペクトも参考にする。これは今までで最も確かな方法であると思う。土星は夫を土星的であるように表す。木星なら、夫を木星的に表す。残りもそう判断する。

裕福であるか

　先人たちの法則に反して、私は以下の方法を常に遵守している。８ハウスの強さと８ハウスのロードの強さと、８ハウスにある惑星や諸惑星の強さを調べ、私はこれらの位置やフォーティチュードに従って裕福かどうかを判断する。なぜならば、もしこれらのシグニフィケーターが強く、凶作用のアスペクトと関わらないなら、これらは裕福な夫を意味するからである。そして、その反対なら反対を意味する。８ハウスのロードが自身のハウスにあり、アンギュラーの場合、私は夫の財産について決して心配しない。

意見の一致があるか

　結婚のシグニフィケーター同士がミューチャル・リセプションか、お互いがセクスタイルかトラインにあるか、もしくは吉星の良いアスペクトがあるかのいずれかなら、結束を意味する。反対のアスペクトで、シグニフィケーターが１２、６、８ハウスにあると、仲は良くないだろう。

５ハウスと５ハウスの適切な判断、つまり、子供について

　ここで、５ハウスを考慮しなければならない。次に、１１ハウスと１ハウスである。そして、もしこれらのハウスにおいて、多産サインにある多産の惑星を見つけるなら、子女、子供は約束される。もし不妊のサインがこれらのハウスのカスプにあり、不妊の惑星がそこにあると、これらは子供がいないことを意味する。これらのハウスに惑星が何もないと、５ハウスのロードを頼りにし、不妊と多産の根拠を集約し、主な根拠から判断する。
　子供を意味する惑星は、木星、金星、月、そして、ドラゴンヘッドである。
　不妊の惑星は、土星、火星、太陽であり、そして、それを意味するものにドラゴンテイルも加える。
　水星は変化する性質で、中立なので、水星が関係する惑星の性質に従って常に判断される。

つまり、コンジャンクションやアスペクト、もしくは、水星がいるところでエッセンシャル・ディグニティを持つ惑星からである。前述の３ハウスに関する判断のようにする。

もし子供を約束する惑星が５ハウスにあり、その反対の意味を持つ惑星が１１ハウスにあるなら、１１ハウスにある惑星よりも５ハウスにある惑星が優先され、つまり、出生図の持ち主は子供を持つだろう。反対に、不妊の惑星が５ハウスにあり、多産の惑星が１１ハウスにあるなら、むしろ不妊や子供がいないことを意味する。

もしこれら５ハウスと１１ハウスに惑星がないなら、５ハウスのロードを考慮する。もしそれが多産の惑星であるなら、出生図の持ち主は子供を持つだろう。もしそれが不妊の惑星であるなら、出生図の持ち主には子供がいないか、ほとんどいない、もしくは生きていないだろう。

多産か不妊かのいずれかを意味する惑星があるサインの性質を考慮する。もし惑星が意味することが、不妊であったり多産であったり、平均的であれば、これらのサインの性質は惑星の性質と混ざり合わさることになる。なぜならば、もし多産の惑星が多産のサインにあり、特に５ハウスにあるなら、明らかに子供を意味するからである。不妊のサインにある不妊の惑星については反対に判断する。多産の惑星が不妊のサインにあると、平均的になる。この場合、他のシグニフィケーターに判断を頼らなければならない。生来的に不妊の惑星が多産のサインにあると、この種の判断では、子供はほとんどいない。より多くの根拠に従って、子供があるのかないのかの判断について述べなければならない。

オリガヌスが自著の６４０ページで多くの言及をしているアルブバテル、シェーナーなどの格言

月と水星が５ハウスにあり、月と水星がいるサインのロードがあらゆる種類の凶アスペクトから妨げられていなければ、多くの子供を意味する。

水星がオリエンタルで、吉星の良いアスペクトがあると、水星はこれらの性質を帯びるので、多くの子供を意味する。しかし、もし水星がオクシデンタルにあり、凶星とのコンフィギュレーションにあるなら、不妊を意味する。

月が５ハウスにあると、子供を約束する。しかし、土星が同じ５ハウスにあるなら、悪い状態を意味する。

もし５ハウスのサインと、５ハウスのロードがあるサインと、アセンダントのサインが多産であるなら、多くの子供が約束される。

金星がアセンダントにあり、木星が７ハウスにあると、子供を意味し、子供から両親への利益を意味する

木星が月にトラインで、人象サインか湿サインにあると、子供が授かる。

月と金星がアングルで木星と共にあるか、アングルの木星からのアスペクトがあると、多くの子供を意味する。

金星と月が５ハウスにあり、特に多産のサインにあると、多くの子供が授かり、十分に子供がいることを意味する。

すべての惑星が多産のサインにあると、多くの子供を意味する。

凶星が子供のハウスにあり、そのハウスが凶の状態で、もしこれらの凶星が少し弱いと、出生図の持ち主は子供を持つだろう。もしこれらが多くアフリクトされているなら、子供は生きられないだろう。もし非常にアフリクトされているなら、不妊を意味する。

金星が１ハウスか７ハウスにあり、土星とコンジャンクションかオポジションにあるか、土星のディグニティにおいて交換がある場合、すなわち、土星が金星のタームにあり、金星が土星のタームにある場合、あるいは、もし土星が牡牛座にあり、金星が山羊座にあると、男性にとっては不妊、女性にとっては流産を意味する。もしくは、出生図の持ち主は（生まれて）光を見た後、まもなく亡くなるだろう。

土星が５ハウスにあり、太陽が木星のスクエアにあると、子供は授からない。

もし太陽、土星、あるいは火星が、アセンダント、５ハウス、１１ハウスを支配し、吉星の良いアスペクトがない場合、あるいは、もしこれらが子供のハウスにあり、このハウスに惑星が全くない場合、子供は単に授からない。

太陽が１１ハウスか５ハウスで土星と水星と共にあり、月にアスペクトをすると、出生図の持ち主は子供を持たないで亡くなるか、子供が生まれても、子供たちは突然亡くなるだろう。

子供を持たない最も大きな根拠は、５ハウスのロードが逆行かコンバストで、特にシグニフィケーターが凶星の場合である。木星が出生図の５ハウスにあり、蟹座で、逆行する時、夫と妻との間には子供ができる可能性が高そうであるが、子供はいないということを私は知っている。

138章　出生図の持ち主は何人子供を持つか

一般的に、子供の人数については、根拠を集めることである程度分かることができる。

多産を意味する惑星と、5ハウスか11ハウスにある惑星、これらは私たちが多産であると定めているようなサインに多くあればあるほど、子供の数はより多くなることが分かる。多産のハウスに惑星がなければないほど、そしてまた、不妊のサインにあるなら、子供はそれほどいないか、子供の数が少ないことが予測されるだろう。多産の惑星がバイコーポリアルサインにあると、子供の数を2倍にし、多産の惑星が多産のサインにあると、子供の数を3倍にする。

男子か女子か

土星、木星、火星、太陽は、男性惑星であり、もし男性のサイン、ハウス、度数にあるなら、これらは男子を表わす。月と金星は女性惑星である。もしこれらがオクシデンタルで、女性のサイン、ハウス、度数にあるなら、これらは女子を意味する。

もし子供を意味するすべてのシグニフィケーターか、その多くが強力で、強く、エッセンシャル・ディグニティにおいて強いと、子供は長生きで、有名になり、幸せな子供を意味し、両親に従順で、助けになるだろう。　長生き

シグニフィケーターの弱さは、短命を意味するだけでなく、両親に反抗的で、あまり楽な関係にはならないことを意味する。　短命

もし5ハウスのロードと1ハウスのロードとの間に吉作用のアスペクトがあるなら、父と子供はお互い愛し合うだろう。悪いアスペクトがあるなら、その反対を意味する。　両親への愛、または憎悪

子供に関するアルブバテルの格言

土星と火星が5ハウスか11ハウスにあると、出生図の持ち主の子供は長生きしないだろう。
太陽が5ハウスを支配し、凶星と接合すると、子供は1人も生き残らない。
太陽、土星、水星がミッドヘブンでコンジャンクションで、月とのスクエアかオポジションがあると、子供を死なせる。
火星が木星のオポジションにあると、子供を死なせるか、子供が病死することを意味する。また木星が土星のオポジションにある時も同様で、ほとんどの子供を死なせる。
水星がアセンダントにあり、土星が西にあると、子供は生きても短命であることを意味する。

5ハウスのロードが8ハウスにあると、子供は父よりも先に亡くなるだろう。
　5ハウスのロードが凶星とコンジャンクションであるか、8ハウスのロードと共にあるか、凶星の悪いアスペクトがあると、子供を死なせる。

　子供の判断において、あらゆる人々はトレミーの意見を拒否しているが、トレミーは１０、１１、４、５ハウスと、これらのハウスのサインと、これらにある惑星について考慮するよう助言している。

９ハウスについての判断、旅行と宗教

長旅と旅行のシグニフィケーターは、
第１に、９ハウスと９ハウスのロードからとる。
第２に、９ハウスにある惑星、諸惑星からとる。
第３に、月と水星からとる。トレミーはこれに火星も加えて考慮している。

１．出生図の持ち主が遠い国に旅行するか否か、あるいは、旅行の回数は１回か数回か、旅行は頻繁なのか、いわば、一生を通じて海外の地域に導かれるのか、めったに外国への航海がないのかどうかについて、これらすべてのシグニフィケーターから判断を導く。
２．出生図の持ち主が旅行するのが明らかである時、以下の状況を考慮する。つまり、自国から世界のどの地域へ旅行に行くのか。もし彼が訪れる地域が様々であるということが表れているなら、特にどの地域に行くのかについてである。
３．旅行の主な目的は何なのか。
４．彼は旅行において成功するのか否か。旅行によって人生に危険や災難を招くか否か。

139章　出生図の持ち主は旅行するか、否か

こ の問題に答えるには、前述のシグニフィケーター、特に月と水星だけを調べる。

月と水星がミューチャル・リセプションかコンジャンクション。

あるいは、月と水星が9ハウスのロードか1ハウスのロードとコンジャンクションかリセプション。

あるいは、月と水星が9、3、あるいは1ハウスにあるか、これらのハウスでディグニティがあるなら、疑いなく旅行を意味する。

9ハウスのロードが1ハウスにあるか、1ハウスのロードが9ハウスにあるか、これらが共にコンジャンクションの場合。

太陽が月か水星のハウスにあるか、太陽が月か水星のいずれかのエッセンシャル・ディグニティにあり、リセプションであったり、太陽が水星か月、もしくは、その両方と接合すると、旅行や長旅を意味する。多くの惑星が活動サインにあると、出生図の持ち主の気持ちを旅行へと駆り立てる。

水星が月のハウスにあるか、月が水星のハウスにあると、同じ意味を持つ。

あなたが旅行のシグニフィケーターを多く見つければ見つけるほど、出生図の持ち主が旅行に行くことがより頻繁になり、より長く続くことを意味する。そして、その反対に、旅行に関する根拠が少ない時、ほとんど旅行しない。多くの惑星がオクシデンタルなら、特に月は、多くの旅行を意味する。

これらのアスペクトやシグニフィケーターがないと、出生図の持ち主は外国を見聞したいと思わず、自国の家にいることを表す。これまで観察されていることは、シグニフィケーターが活動サインにあると、利益を意味し、旅行は順調に運ぶ。不動サインにあると、長い海外での滞在を意味し、利益はほとんどない。

出生図の持ち主は世界のどの地域に旅行するか

旅行に行く根拠がはっきりしたなら、出生図の持ち主は世界のどの地域へ旅行に行く可能性があるかを知りたいだろう。以下のように判断しなければならない。

第1に、ここでは旅行を意味する惑星から判断は導かれる。
第2に、これらの惑星がある獣帯のサインから判断する。

太陽と**土星**は自国から東の方角を意味する。なぜならば、太陽と土星は東を愛するからである。
金星は南の方角を意味する。
木星は北の方角を意味する。
火星と**月**は西の方角を意味する。
水星は水星とのアスペクトにある惑星が示す天上のクオーターを意味する。

もし水星が太陽か月とコンジャンクションしていても、エッセンシャル・ディグニティにない限り、水星はこの種の判断では何も意味しない。

サインは、これらのトリプリシティに従って考慮される。

火象トリゴン、すなわち、牡羊座、獅子座、射手座は、東の方角を意味する。
風象トリゴン、すなわち、双子座、天秤座、水瓶座は、西を表す。
地象トリゴン、すなわち、牡牛座、乙女座、山羊座は、南を表す。
水象トリゴン、すなわち、蟹　座、蠍　座、魚　座は、北を意味する。

多数の根拠を集めることによって、方角について判断を調整する。
　トレミーに従って、出生図の持ち主が旅行するであろう方角を判断する時は、ルミナリーの位置を考慮する。トレミーの方法は他の占星術者の判断と類似性はなく、旅行を正確に意味するハウスと関わっておらずそれ自体理屈に合わない。彼の言葉によると、もしルミナリーがオリエンタルのクオドラント、クオーターで見つけるなら、世界の東と南東の方角への旅行を意味する。もしライツがオクシデンタルのクオーターにあるなら、西と北の方角を意味する。アベンロダン＊曰く、東のクオーターは１０、１１、１２、１、２、３ハウスを意味し、西のクオーターは９、８、７、６、５、４ハウスを意味する。

　　＊アベンロダン Abenrodan：ハリー・アベンルディアン Haly Abenrudian。９９８年頃～１０６１頃にエジプトで活躍した医者、天文学者、占星術師。Haly Eben Rodan（Rodohan, Ridwan）、アリ・イブン・リドワン Ali ibn Ridwan とも表記される。トレミーの『テトラビブロス』を論評する。

　あなたは火星と月の黄緯を考慮すべきである。もしこれらが北の黄緯で、シグニフィケーターとして強いと、出生図の持ち主は北の方角に旅行すると判断する。もし南の黄緯なら、南の方角に旅行すると判断する。

　最も確かで確実な方法とは、根拠を順番に集め、多数の根拠から判断することである。

彼の旅行は陸路か水路によるか

　これは最も細かい追求であるが、以下のようにすれば理にかなった答えとなる。もし大部分のシグニフィケーターが火象サインか地象サインにあるなら、これらは水路よりも陸路による旅行を意味する。
　もしこれらが水象サインか風象サインにあるなら、水路による旅行か、一部水路で一部陸路の旅行を意味する。
　四足獣のサインにあるシグニフィケーターは、馬と馬車による旅行を意味する。
　人象サインにあるシグニフィケーターは、徒歩による旅行を意味する。

140章　旅行の目的

　第1に、旅行に行く目的は、旅行のシグニフィケーターである惑星からとる。第2に、その惑星があるハウスの意味からとる。私は以前あなたに述べたが、惑星は事柄と人物を意味する。それゆえこれらの旅行を意味する惑星が、土星と接合するか、土星のエッセンシャル・ディグニティにある場合、あるいは、もし土星自身がシグニフィケーターなら、土星的な事柄や人物から生じる旅行の目的を意味する。つまり、事柄としては、豊富な鉱山の発見や、故人によって生じた遺産の回復や、土星的な物事や物品である。人物としては、老人、真面目な人、身分の高い行政長官、土星的な状態にある紳士や商人などである。

　もし木星なら、旅行の目的とは、宗教、名誉、法律、聖職における昇進など、あるいは、司教、聖職者、高位聖職者、貴族、裁判官、紳士などの任にある人が意味される。そして、残りの惑星は、2ハウスについて述べたときのように判断する。

　次に、旅行を表す惑星があるハウスの意味を考慮する。なぜならば、もしシグニフィケーターが1ハウスにあるなら、出生図の持ち主は本質的にまだ見ぬ国を見たいという要求にかられる。もし2ハウスにあるなら、出生図の持ち主は売買の欲求のために旅行をし、それによって彼自身裕福になるだろう。残りのハウスも同じように判断する。

　少ない説明ではあるが、旅行の目的とは、シグニフィケーターの性質と、シグニフィケーターがあるハウスの生来の意味から生じるのである。

ハリー*が説明する9ハウスのロードの一般的な格言

　＊ハリー Haly：ハリー・アベンラジェル Haly Abenragel。Haly Albohazen とも。１０世紀後半から１１世紀前半に活躍したチュニジアの宮廷占星術師。１０３７年没。著作はラテン語に訳され *De Judiciis astrorum* として知られる。

　もし9ハウスのロードがアセンダントにあるなら、出生図の持ち主は多くの旅行をするだろう。もし2ハウスにあると、彼は旅行によって多くの利益を得るだろう。3ハウスにあると、外国の女性と同棲し、度々場所を移すだろう。

4ハウスにあると、彼の両親は見つけるのが難しい病気を患い、出生図の持ち主は旅行中に亡くなるだろう。5ハウスにあると、彼は子供を別の国で持つだろう。6ハウスにあると、彼は奴隷、使用人、家畜を得て、旅行中に病気になるだろう。7ハウスにあると、彼は良妻を得て、彼女は従順だろう（これは良い意味である）。8ハウスにあると、出生図の持ち主は財産を獲得することに貪欲になり、それが原因で海外へ旅行するだろう。

141章　旅行における成功

シグニフィケーターが強く、吉作用の惑星のアスペクトがあるか、自身のハウスにある時、出生図の持ち主は危険もなく安全に旅行ができるだろう。そして、その人の性質に従って、シグニフィケーターは繁栄や、多くの友情、多くの栄誉を意味する。

もしシグニフィケーターが弱いか、凶作用の惑星のアスペクトにあるか、凶星のハウスにあるなら、出生図の持ち主はたいてい旅行において多くの困難と危険に出会うだろう。出生図の持ち主が出会う危険の性質は土星や火星から、そして、土星か火星があるサインから導かれる。それゆえ、土星や火星がシグニフィケーターに影響を与えている時、もしくは土星や火星がシグニフィケーターより上にエレベートしている時、あるいは、土星か火星がシグニフィケーターがある位置のロードである時、土星や火星があるハウスとサインの性質を持った旅行での危険を意味する。もし12ハウスにあるなら、投獄の危険がある。3ハウスにあると、親戚や隣人からの裏切りに遭うか、こそ泥に遭う。そして、土星があると貧困や、お金の不足を意味し、火星は泥棒と軍人による損失や怪我を意味する。

シグニフィケーターが湿サインにあると、突然の雨、水、航海による損害や、人里離れた場所を意味する。

不動サイン（蠍座を除く）にあると、突然の危険な転落や、突然の予期せぬ嵐を意味する。

活動サインにあると、稲妻や雷や、突然大気が変化することを意味する。

人象サインにあると、泥棒、詐欺、略奪を意味する。

獣象サインにあると、四つ足の獣による傷、転落や地震、家や建物の倒壊を意味する。

蠍座にあると、下痢、嘔吐や毒による危険を意味する。もし旅行のシグニフィケーターが水象サインにあり、凶星にアフリクトされ、暴力的な恒星と共にあれば、出生図の持ち主は暴風雨によって溺死するだろう。

土星が１２ハウスで９ハウスのロードと共にあると、出生図の持ち主は旅行中に殺害されるだろう。もし９ハウスのロードが土星の位置にあるなら、強盗に会うだろう。

出生図の持ち主にとって最も良く、最も幸福になる地域や国はどこか

出生図の持ち主にとってどの地域や国が最も適しているのかに関しては、あなたは出生時における１、１０、１１、２ハウス、あるいは、木星、金星やドラゴンヘッドのある位置のサインに属する王国と都市を考慮することで知ることができるだろう。凶星が悪いことを意味し、シグニフィケーターをアフリクトする時、あなたは凶星があるサインに属する王国と都市を避けなければならない。出生図で木星、金星、ドラゴンヘッド、パート・オブ・フォーチュンがある都市や王国が出生図の持ち主にとって幸運となると思われる。

７、６、８、４ハウスのサインの支配下にある地域は、出生図の持ち主にとって常に不利益であると思われる。凶星がこれらのハウスのサインにあり、木星や金星のアスペクトがないとさらに不利益になる。土星、火星、ドラゴンテイルが７、８、あるいは１２ハウスのロードなら、これらがあるサインが属する国を出生図の持ち主に注意深く避けさせないといけない。

それぞれの１２のサインが属するのはどの王国、国、都市かについては、本書の最初の部分、９３ページ＊から読むと良いだろう。

＊第１書

142章　出生図の持ち主の宗教

土星、火星、あるいはドラゴンテイルが９ハウスにあるか、土星か火星が９ハウスの反対側である３ハウスにあり、土星、火星、ドラゴンテイルがあるのが活動サインで、木星が弱い、ペレグリン、あるいはデトリメントで、ケーデントハウスにあり、凶星、すなわち、土星か火星にアフリクトされていると、たいてい出生図の持ち主は、宗教に関して非常に信仰心が発達していないか、信仰心があまり現れない、そうでなければまったくないか、学んだ場所で信仰心が曲げられたかのいずれかである。

あるいは、出生図の持ち主が何かしらの宗教に出会っているなら、出生図の持ち主は邪悪な信徒であることを意味する。

しかし、もし木星、金星、あるいはドラゴンヘッドが９ハウスか３ハウスにあるなら、出生図の持ち主は良いキリスト教徒であることを意味し、学んだ宗教を愛するだろう。

太陽、月、水星、あるいはパート・オブ・フォーチュンが３ハウスや９ハウスにあるのは、穏やかな兆しで、善性を意味し、木星か金星の吉作用のアスペクトがある時、凶星のアスペクトがあったとしてもそれを減少し、打ち消してくれる。

もし３ハウスか９ハウスに惑星が１つもないなら、生来的に宗教のシグニフィケーターである木星を考慮する。もし木星が自身のハウス、エグザルテーションにあり、さらにアングルにあるか、金星や太陽、月や水星とリセプションなら、良心的で、宗教的な人物を意味する。

もし木星がペレグリン、フォールかデトリメントで、出生図でケーデントハウスにあり、凶星にアフリクトされているなら、この反対の意味となる。

この章においては、星の影響によってあの宗教やこの宗教を信仰することに向かうとか、あるいは、星の影響が信心深いかそうでないかの原因となると私は人に考えさせたくはない。そういったことは神の恵みが影響する。すなわち、神の恵みによって、信心、信仰の深さ、精神的品位が与えられる。星々によって読み解かれることは、出生図の持ち主の本来の性質が良いか悪いかだけであり、また性質の傾向に従って、いずれであってもそれが永久的に続くか否かということだけが読み解かれる。

信仰への傾倒を意味する格言

木星、金星、あるいはドラゴンヘッドが９ハウスか３ハウスにあるか、おとめ座のスピカと共にあると、宗教的な人物を意味する。

木星、金星が太陽のカジミ＊にあると、予言と占いに適した魂を表す。

＊カジミ Cazimi：太陽の前後それぞれ１７分以内に惑星がある状態。コンバストと違い、惑星が非常に強くなる。

太陽、月、水星、そしてパート・オブ・フォーチュンが９ハウスか３ハウスにあると、適度に宗教を好む人物を意味する。

９ハウスの太陽は、出生図の持ち主の信仰心が深いことを意味し、宗教的な出世を与え、賞賛に値する伝道師になる。

土星が９ハウスにあり、自身のディグニティにあると、宗教、純潔さ、信念を意味する。

９ハウスのロードが吉星であっても、悪くディスポーズされるなら、出生図の持ち主は適切な判断力があるが、彼を信用する人はほとんどいないだろう。

土星か火星が９ハウスか３ハウスにあり、順行で、吉星からの良いアスペクトに照らされていて、これらが不動サインにあると、正しい信仰心を意味する。だが、もし吉星が土星か火星のある位置にあるなら、信仰心はそれほど誠実なものではないし、確固たるものではない。もし前述の惑星が弱いなら、これはその反対を意味する。

太陽と木星が９ハウスを支配し、水星、月、アセンダントの位置にディグニティを持ち、その上、水星と月のアスペクトがあるなら、出生図の持ち主の言葉は神託のようになるだろう。

多くの惑星が９ハウスにあると、長所が混ざり合うことを意味する。

９ハウスに惑星がない場合、木星を考慮する。なぜならば、木星が自身のハウスにあるか、金星、太陽、月あるいは水星とリセプションか、金星とコンジャンクション、セクスタイル、あるいはトラインで、これらがアングルにあると、出生図の持ち主は宗教的な人物であることを意味する。

不信心を意味する格言

土星、火星、ドラゴンテイルが９ハウスか３ハウスにあり、活動サインにあり、木星がペレグリンかデトリメントで、ケーデントにあり、凶星からの悪い影響がある場合、出生図の持ち主は１つの宗教に忠実ではないだろう。

９ハウスのロードがアングルにあり、凶の状態だと、信仰深いことを侮辱する人を意味する。もしこれらの惑星が逆行なら、より確実となる。そこで認められることは、土星は異端、火星は冒涜、ドラゴンテイルは無神論者といった傾向がある。

土星が９ハウスにあり、逆行で、柔軟サインにあると、信仰心のない人を意味し、信仰心は見かけだけであることを意味する。火星が９ハウスにあり、凶の状態だと、論争する聖職者、嘘つきなどを意味する。月、水星とアセンダントのロードがダブルボディサインにあると、出生図の持ち主は異端か、最初に学んだ宗教を改宗することを意味する。

金星か月が９ハウスにあり、活動サインかバイコーポリアルサインにあると、出生図の持ち主は意見をころころ変え、予言の愛好者であることを意味する。

水星が９ハウスにあると、出生図の持ち主はある宗教から別の宗教に改宗する。

月がドラゴンテイルと共に９ハウスにあると、出生図の持ち主は宗教に関して哀れである。つまり、誰の世話もしない。

143章　夢

星か金星が9ハウスにあり、強く、アフリクトされていないと、たいてい夢と一致した結果になることを意味し、その夢は無駄ではない。

凶星が9ハウスにあると、卑しく、人を誤らせる夢を意味する。もし吉作用の惑星が9ハウスにあるが、いずれかが弱い状態であったり、かなりアフリクトされているなら、夢は曖昧さを意味し、時々は真実を見せるが、時々は偽りであり、これらを信用したり、信頼したりすることはできない。

9ハウスに惑星がないと、9ハウスのサインと9ハウスのロードを考慮し、その惑星の性質と配置に従い判断する。

夢の性質

もし土星がシグニフィケーターなら、出生図の持ち主の夢は土星的な事柄と人物についてだろう。すなわち、農業、粗雑な事柄、地面の穴を掘ること、宝の発見、地下のがらんとした洞窟、暗い場所、砂漠、死者の墓、悪魔、霊、恐れと恐怖を引き起こす恐ろしい物事などである。

木星は喜びの夢を意味し、上流階級、昇進、教会についての事柄、身分の高い人物、王、君主、貴族などに関係する。

火星が暗示する夢は、争い、戦い、敵意、騒ぎ、馬、戦争、家の火事、犬、狩猟などについてである。

太陽が暗示する夢は、黄金やお金、非常に尊敬される人物で、太陽が月より上にあると、熟達、威厳、地位や昇進についてである。

金星は完全に喜びの夢を意味し、楽しいこと、祝宴、歓喜、素晴らしい衣類、美しく若い少女、絵画、甘い香りを意味する。

水星が意味する夢は、旅、学習、本、取引、執筆、お金、若さ、子供である。

月が起こす夢は、水、航海、多くの仕事、海での危険、空を飛ぶことである。しかし、土星が月と共にあると、最も恐ろしい夢を表す。

10ハウスと10ハウスに関することについての判断

出生図の持ち主の名誉や地位

第1に、名誉、昇進、地位、評価については基本的にルミナリーから求められ、太陽を最も考慮する。そして、ライツ、特に太陽にオーブの半分以内でビホールドする惑星から求めらる。

第2に、ミッドヘブンのロードから判断する。

第3に、ミッドヘブンにある惑星や諸惑星の配置から判断する。

第4に、10ハウスか1ハウスのカスプの近くにある王を意味する1、2等級の恒星から判断する。

144章　出生図の持ち主は地位を手に入れたり昇進したりするか、あるいは全くないか

1．これらのシグニフィケーターがそれら本来のハウスにあったり、エグザルテーションにあったり、あるいは、エッセンシャル・ディグニティでのミューチャル・リセプションにあるなら、(生まれながら能力のある) 出生図の持ち主に、名誉、世間から信用される公職、大きな指揮権、並外れた支持、身分の高い人の間での良い評価を授ける。

もしこれらのシグニフィケーターがシグニフィケーターのトリプリシティ、ターム、フェイスにあるなら、昇進に関するすべての物事において、平均的か普通なだけである。

ペレグリン、デトリメント、あるいはフォールにあり、エッセンシャル・ディグニティによるリセプションがないと、地位はほんの少しか、まったくない。

2．もしこれら、すなわち、シグニフィケーターがアングルにあるなら、十分な昇進を与える。サクシーデントにあると、中ぐらいの評価や、名誉や地位はほとんどないことを意味する。

8ハウスにあるか、ケーデントハウスにあると、名誉や評判は非常に乏しいことを意味するが、むしろ平凡で、世に知られない状態の人生や、身分のない人物を意味する。すなわち、出生図の持ち主はこの世界で評判を得られないだろう。

3．シグニフィケーターが、王を意味する１、２等級で特に黄道の近くにある恒星と、前か後で５度以内の距離で接合するといった星の配置は、賞賛に値する昇進や大きな名誉などを意味する。

名誉に関する根拠を集めるなら、このような３つのコンジャンクションについての根拠から確かな判断をすることができる。

恒　星

おうし座の目（アルデバラン）	双子座　４．３０
ヘラクレス（ポルックス）	蟹　座１８．００
しし座の心臓（レグルス）	獅子座２４．３０
おとめ座のスピカ	天秤座１８．３０
てんびん座の輝く星（ズベン・エル・ゲヌビ）	蠍　座　９．４５＊
さそり座の心臓（アンタレス）	射手座　４．３０

　＊てんびん座の輝く星 Lucida Lancis：２０１５年において蠍座１５．１７。

４．吉星の惑星が１０ハウスにあると、大きな昇進と地位を約束する。

５．凶作用の惑星は昇進を否定する。

平均的な惑星は、生活状態が中ぐらいであることを意味する。

１ハウスのロードが１０ハウスにあるか、１０ハウスのロードが１ハウスにあると、生まれながらに能力のある人に名声、評判、名誉、評価を与える。もし身分の低い両親から生まれるなら、尊敬される。

１０ハウスに関する判断について、古代より私たちに多くの格言が伝えられているので、ここではそのことについて少しばかり述べようと思う。占星術師が思い違いをしないことを願って、１つの格言についてはっきりした判断法を伝える。例えば、物乞いの子供が王の子供と同じ出生図だとしても、彼らは２人とも王の息子であるというわけではない。それゆえ、ディレクションで並外れたようなことが起こる時、その影響によって、王は並外れた、非常に大きな名誉を手に入れる。物乞いの若者の出生図のディレクションにおいて、同じようにとても幸運なことが起こるなら、もう恵んでもらうことはない。いずれの人生でも、物乞いをするほど卑しくはならない。王であるなら、国民からの公債やお金を手に入れる。物乞いは善良な人々から普通以上のたくさんの施しを手に入れることが起きる。王は名誉ある功績をあげる。

物乞いは仲間意識を持ちすばらしく仲間を助け、物乞い仲間の中で普通以上に尊敬される。つまり、ここでは、ある人はその人の能力に従った名誉を手に入れ、また、ある人は名誉と同じくらい喜ぶことのできる仲間内での名声を手に入れるのである。そして、実際、私は貧しく庶民的な無骨な田舎者の地位と状態を手に入れている。これは王や君主の地位と状態よりもはるかに上である。なぜならば、博識なブキャナン*の意見によると、天国へ行く王はまれであるというからである。

＊ジョージ・ブキャナン George Buchanan：１５０６〜１５２８年。スコットランドの歴史家、人文学者。

２つのルミナリーの特別な法則

太陽と月がちょうどエグザルテーションの度数にあり、凶星と関わらなく、出生図の持ち主に能力があるなら王国を手に入れることを意味する。

時間におけるルミナリーについては、昼生まれは太陽をとり、夜生まれは月をとる。それらがエグザルテーションで、ミッドヘブンにあり、アセンダントのサインに王を意味する恒星があり、ライトのあるサインのロードがアセンダントやミッドヘブンにあると、出生図の持ち主が王の子供なら、王位への昇進を意味する。もし出生図の持ち主がその生まれでないなら、彼の生い立ちに従い、王のような、ある種の権威となるだろう。

時間におけるルミナリーがミッドヘブンの度数にカルミネートし、他の惑星からの吉作用のアスペクトに囲まれていると、出生図の持ち主は王国の大きな指揮権を持つだろう。しかし、もしそのライトに他の惑星から助けがないか、他の惑星が１０ハウスのカスプの近くに位置していないなら、出生図の持ち主は王や、王国の業務の管理とは関係のない組織の長か、あるいは、公的機関を管轄する王の二番目の側近に寵愛されるだろう。ルミナリーがアングルにあり、惑星に囲まれていないなら、出生図の持ち主は父か先祖と同じような状態で生活するだろう。もしルミナリーがケーデントで、諸惑星もまたそうであるなら、出生図の持ち主は惨めな状態で、人生すべてにおいて、町や村の一般庶民と親しむだけである。

出生図において、ライツがどちらもアングルや男性サインにない、あるいは、ライツが吉作用の惑星と共にないような人は、落ちぶれた人で、身分がないだろう。

太陽、月のある位置、アセンダントの度数の位置の支配権を持つ惑星がオリエンタルにあり、十分強いと、出生図の持ち主は自分の力で高い地位に昇進するだろう。

王の出生図について、以下のコンフィギュレーションについて観察する

　太陽が天上の心臓、すなわち、火象サインでカルミネートの度数＊にあり、金星が射手座にあるか、そうでなければ、木星が獅子座にあり、そして、火星が牡羊座にある場合。あるいは、太陽が金星と共に獅子座にあり、射手座の木星と、牡羊座の火星が度数において一致している場合。第2に、太陽が金星と共にあって、前述のような木星の位置にあり、月が獅子座か射手座にある場合。なぜならカジミにある金星は多くの富を与えるからである。第3に、太陽、木星、火星が、火象サインに位置し、金星が木星と火星の両方を天上の同じクオーターからスクエアのアスペクトでビホールドする場合。主に太陽か木星が王を意味する恒星と共にある場合。第4に、太陽が牡羊座か獅子座にあり、木星と火星が獅子座、牡羊座、あるいは射手座にあり、同じ度数にあるが、太陽とコンジャンクションでない場合。

　第5に、太陽、火星と金星が同じ度数で結合し、金星のディグニティにある場合。すなわち、牡牛座か天秤座にあって、プレアデス星団か、おとめ座のスピカと共にある場合。以上に述べたこれらの星の配置によって力強い王となり、多くの人々を従わせるが、多くの病気の影響を受ける。

　＊カルミネートの度数：MCの意味で使われている。

それほど大きくない王国や支配権を約束する太陽に関する格言

１．太陽、木星、そして月がパーティルのトラインによってお互いにビホールドする。
２．太陽が射手座のミッドヘブンにあり、木星が獅子座か牡羊座にあり、金星と共にある、もしくは、王を意味する恒星と共にあり十分強い。
３．蟹座の太陽、双子座の月、蠍座か魚座の木星。これらは他よりもさほど働かないが、素晴らしい昇進を与える。

　太陽が火象のトリプリシティにあり、１０ハウスのカスプにあり、月のアスペクトがあると、地位を約束する。太陽が火象サインにあり、月が牡牛座にあると、さらに高い王の威厳を約束する。木星、金星、そして月がコンジャンクションか、パーティルのトラインにある場合。木星と金星がアングルでコンジャンクションし、そして何より、ミッドヘブンか１ハウスにある場合。ドラゴンヘッドと木星、もしくはドラゴンヘッドと月が牡羊座、獅子座か射手座、魚座もしくは蟹座にあり、１度以内か１度近くにあり、１０ハウスのカスプにある場合、これらは大きな地位を意味する。

　太陽が牡羊座に入る日のちょうど正午に生まれた人物は、他に根拠がなくても偉大な人物であることを意味する。

月に関する格言

夜生まれで月がアセンダントにあり、月が喜ぶサインにあり、そしてその時月が満月なら、月は大きく名声を上げ昇進することを意味し、出生図の持ち主は兄弟姉妹以上に地位が高まるだろう。

月が1ハウスにあり、7ハウスに太陽があり、オポジションで、4ハウスにある木星とスクエアなら、行政長官と密偵によって富と権威を得る。

月がアセンダントにあり、太陽が金星とパーティルのコンジャンクションであると、聖職における昇進を得る。

月が牡牛座にあり、アセンダントのカスプにあり、また太陽が獅子座にあると、大きな名誉を与える。

もし月がしし座の心臓（レグルス）と共にあり、木星が10ハウスで、火星とトラインにあり、強く、太陽がドラゴンヘッドと共にあると、田舎の無骨者の息子だったとしても昇進がある。

月が木星と共に蟹座にあり、ミッドヘブンかアセンダントにあると、出生図の持ち主は幸運で、気品がある、あるいは君主か、身分の高い人から寵愛され、多くのことを任せられる。

出生図において月が多くの惑星からアスペクトを照らされているか、そうでなければ、地位を表す恒星と接合していると、地位の高い人物を意味する。

出生図において凶の状態である人は、富と名誉について、月が等級の大きい恒星と共にあったとしても、1度か数回か、思いもよらない地位を得るが、再び突然地位を落とされる。

ミッドヘブン

木星が10ハウスにあり、昼生まれだと、出生図の持ち主は公的機関で働く（これは多くの出生図から真実だと分かったことである）。しかし、もし土星か火星のいずれかが木星とスクエアかオポジションなら、出生図の持ち主は最後に地位をすべて失い、元の状態になる。

太陽が10ハウスにあり、エグザルテーションにあるか、木星のハウスのいずれかにあると、父の王座を受け継ぐ王となる。そして、この法則は様々な人物に応じて変えること。

もし10ハウスのロードがアセンダントのロードに接近し、その両方がオリエンタルで、これらがエグザルテーションにあるなら、出生図の持ち主は王国の偉人となり、王からの寵愛を受けるだろう。

夜生まれで火星が１０ハウスにあって、男性サインにあり、自身のハウスか木星のハウスにあると、危険な人物を意味し、度々騙される。さもなければ、知事、統監、指揮官、地方や都市の知事となり、来るところすべてに災いをもたらす人物となることを意味する。

土星が１０ハウスにあると、出生図の持ち主は名誉を長く楽しむことはなく、ほとんど思いもよらず、真っ逆さまにその地位から落とされるだろう。そして、一度落ちてしまうと、出生図の持ち主はそれ以上昇進することはない。

アセンダント

火星がアセンダントのロードで、もし１０ハウスのカスプにあるなら、出生図の持ち主は権力や支配力を持ち、残酷で、それを悪用するだろう。

アセンダントのロードが太陽にトラインかセクスタイルでビホールドするか、あるいは、アセンダントのロードがオリエンタルにあり、太陽に最も近いか、ミッドヘブンのロードである惑星と接合すると、出生図の持ち主は王や地位の高い人からの寵愛を受けるだろう。

もしアセンダントのロードがエグザルテーションにある惑星に接近し、アセンダントのロードがアングルにあると、出生図の持ち主は自分の力で昇進するだろう。しかし、アセンダントのロードがサクシーデントハウスにあるなら、昇進は少ないだろう。

アセンダントのロードがアセンダントのサインにあると、出生図の持ち主は自分の力で大きな評価や名誉を得るだろう。

恒　星

プレアデス星団とヒアデス星団*がカルミネートするか、太陽か月と共に（アセンダントで）上昇していると、軍隊の司令官や指揮官、皇帝、騎馬隊の大佐を意味する。

　　＊ヒアデス星団：おうし座の顔に位置する散開星団。２０１５年において双子座６.０１。

水星、火星、月と太陽の性質を持つ恒星は、出生図の持ち主に栄光と名誉を与える。木星的で金星的な恒星や、水星的で金星的な恒星がアセンダントにあるか、天上の心臓にあり、太陽か月と共にあると、名誉と富の両方が得られる。

メドゥーサの頭（アルゴル）が太陽か木星か月と共にカルミネートすると、出生図の持ち主に相手と戦う剣の力を与える。

おうし座の目（アルデバラン）とさそり座の心臓（アンタレス）に太陽か月が共にあり、カルミネートするかアセンダントにあると、出生図の持ち主は暴力と獰猛さによって大きな名誉への道を開く。しかし、多くの困難と多くの災難が伴う。スウェーデンのグスタフ王*でこのことは十分に実証される。アルゴリ*の著作での彼の出生図を見よ。

　　＊グスタフ王 Gustavus King of Sweden：グスタフⅡ世アドルフ Gustav II Adolf。１５９４～１６３２年。スウェーデン王国最盛期の国王。三十年戦争で戦死。
　　＊アルゴリ Argoll：アンドレア・アルゴリ Andrea Argoli。Argolus とも。１５７０～１６５７年。イタリアのタリアコッツォで生まれる。法学者、数学者、天文学者、占星術師。*Primi Mobilis Tabvlae* を著す。リリーの自著 *William Lilly's History of His Life and Times from the Year 1602 to 1681* の中に "I was my fortune, upon the sale of his books in 1634, to buy Argoll's Primum Mobile for fourteen shillings, which I only wanted."（幸運にも１６３４年に、ただただ欲しかったアルゴリの *Primum Mobile* が売りに出されていて40シリングで買った）という記述がある。

おとめ座のスピカは、聖職者が昇進する傾向をもたせる。

土星的な恒星が太陽を伴うと、出生図の持ち主は多くの苦難に巻き込まれ、出生図の持ち主がそこから抜け出すのは難しい。

フォーマルハウト＊と双子座１２．００で上昇する星々＊は、不滅の名声を与える。カルダーノ独りが賞賛しそう言っている。

　　＊フォーマルハウト：うお座の南の魚の口。２０１５年において魚座４．０４。
　　＊双子座１２．００：２０１５年において双子座１７．００。

恒星は大きな才能を与え、たとえ貧しくても極端な繁栄の極みへと昇進させる。しかし、７つの惑星はそうはしない。

（しし座の）レグルス、（うしかい座の）アークトゥルス＊、オリオン座の右肩（ベテルギウス）、もしくは、ぎょしゃ座の左（カペラ）が、１０ハウスにあり、太陽、木星、あるいは月と共にあれば、十分な幸運と偉大な名誉を与える。
　アングルにある恒星は、素晴らしい昇進を与える。しかし、惑星が恒星と一緒になく、助けがなければ、たいてい不幸で終わる。
　２匹のいぬ座のシリウス（おおいぬ座）＊とプロキオン（こいぬ座）が太陽と共に（アセンダントで）上昇するか、太陽と共にカルミネートすると、王位への昇進を与える。

　　＊アークトゥルス：２０１５年において天秤座２４．２６。
　　＊シリウス：２０１５年において蟹座１４．１７。

146章　昇進はどのような状態か、あるいは、その性質と理由

これについては、２つのライツの内、特に天象図において最もエッセンシャル・ディグニティの強いルミナリーにパーティルのアスペクトをする惑星や諸惑星から判断される。これを考慮するにあたって、これらの惑星が意味することがどのようなことで、どのような人なのかに注目すべきである。そして、事柄と人物の特徴から、複数の根拠に従って、慎重に推論されなければならない。

土星がその惑星なら、最も強く力強いだろう。そして、ライツにビホールドするなら、遺産、財産、引き立てなどによる昇進を意味し、年配の男性、祖先、節約家で質素な男性、田舎の男性、平凡で品がない人による昇進である。

木星と金星は、出生図の持ち主の誠実さ、真面目さ、公正さといった徳による名誉、そして木星と金星に意味される人物による名誉を意味する。２ハウスの判断から多くの情報を得ることができるだろう。

火星は戦争のための遠征、勝利のために軍を率いて指揮すること、火星的な人

物の勇敢な行動と推挙などによる昇進を意味する。

　水星から予測されることは、知力、判断力、雄弁さ、知識によって、そして商人、学者、弁護士などによって地位を得て昇進することである。

　この後に、天上のどのハウスから惑星や諸惑星がライツにビホールドするのか考慮し、ここで最も強い惑星を調べる。なぜならば、もしその惑星が１ハウスにあると、出生図の持ち主は自分自身の勤勉さによって名声と地位を得るからである。２ハウスにあると、裕福さによって名声と地位を得る。残りのハウスも同じように判断する。
　ハウスの意味とルミナリーの１つ、もしくは、両方にアスペクトをする惑星の意味を混ぜ合わせ、これらから判断を導き出す。

　もしライツにアスペクトでビホールドする惑星がないか、ライツのいずれかにパーティルで接合となる惑星がないなら、１０ハウスに位置する惑星を考慮する。もし多くの惑星が１０ハウスにあるなら、その中の最も強い惑星を考慮する。その惑星に含まれる事柄と人物に従って、判断し、これを出生図の持ち主に生じる地位の原因とする。

　もし１０ハウスに惑星がないなら、１０ハウスのロードを頼りにし、１０ハウスのロードの特徴に従って、出生図の持ち主の将来の地位の原因を推論する。ここでもまた、１０ハウスのロードがある天上のハウスの意味を混ぜ合わせる。

　忘れてはいけないことがいくつかあるが、判断において、地平線の上にあるルミナリーのディスポジターと、１０ハウスのロードとを判断において混ぜ合わせる。地平線の上にルミナリーがないなら、１０ハウスのロードか１０ハウスそのものに最もパーティルなアスペクトでビホールドするライトのディスポジターを判断において混ぜ合わせる。

147章　地位や名誉は続くか

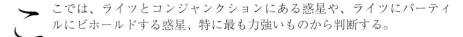
　こでは、ライツとコンジャンクションにある惑星や、ライツにパーティルにビホールドする惑星、特に最も力強いものから判断する。

　もしこれらの惑星が木星と金星で、これらが強いと、出生図の持ち主は永久的に地位を上げ、簡単に苦労せずに地位に就き、その地位に居続けられるだろう。

　吉星が適度にアフリクトされている時、それが意味するのは、出生図の持ち主は少しずつ、次第に昇進し、若干の障害はあるが、昇進が続いていくだろうということである。もしこれらが単に弱いと、評価や名誉を得るにはしばらく我慢が必要で、評価が下がることはあってもなくなってしまうことはないし、永久的に評価が崩れることはないだろう。

しかし、土星か火星がライツとコンジャンクションか、ライツにパーティルのアスペクトで、天上において幸運な位置にあると、疑いなく出生図の持ち主の地位は継続するが、多くの機会において危険が伴い、しばしば妨害を受けるだろう。

　もしこれらが天上において強さにおいて単に劣っていたり、劣った位置にあるなら、出生図の持ち主の名誉と名声は少しずつなくなっていくが、かすかに残る。
　もしこれらが非常に凶の状態なら、これらが意味する名誉はすぐに消えてしまい、何も残らないだろう。

　水星がこの性質の意味を持ち、ルミナリーにアスペクトしている時、最初は名誉が上がるのが速く、しばらく継続するが、最後にはこれらを維持することが大変困難になる傾向があるだろう。なぜならば、水星は不安定な惑星だからである。

　水星が適度に強いと、没落の恐れがある。しかし、出生図の持ち主は完全に落ちぶれたりはしないだろう。知力によって守られる。

　水星が凶の位置にあり、良いディグニティがないと、出生図の持ち主の名誉は一時的に上がるが、最後は不運に終わるだろう。

　もしライツにビホールドする惑星がないなら、ミッドヘブンにある惑星や諸惑星を出生図の持ち主の地位を継続させるものとして取り、その惑星の性質と強さ、あるいはその惑星がエッセンシャル・ディグニティにあるか否かを考慮する。

　もし１０ハウスに惑星がないなら、名誉が継続する期間を見分けることのできる１０ハウスのロードから判断する。疑いのないことだが、１０ハウスのロードが不動サインにある場合、サイン自体は固定されている。そして、太陽か月、木星か金星のいずれかが１０ハウスのカスプか、１０ハウスのロードへ友好的なアスペクトをする場合、昇進は出生図の持ち主にとって続いていくことを意味する。

特別な格言

　恒星が、特に（おうし座の）ヒアデス星団、（ふたご座の）ヘラクレス（ポルックス）、さそり座の心臓（アンタレス）、南の秤皿（ズベン・エル・ゲヌビ）がアングルにあり、凶星がこれらにスクエアかオポジションを投げかけるなら、掃き溜めから身を起こすが、最後には復讐されて落ちぶれるだろう。

　太陽が天秤座か山羊座にあり、吉星と凶星と共にある、もしくは、単独の状態で、恒星と共にあるか、恒星の近くにあると、太陽が悪いディレクションに来た時、そして悪いレボリューションに出会った時、出生図の持ち主はそれまで続いてきた地位から著しく投げ出されるだろう。しかし、もしこれらのうち1つだけなら、当分落ちぶれるだけで、もう一度這い上がるだろう。

　王の出生図が民衆や王国の出生図と一致する時、王は民衆を公平、平等に扱うだろう。

　月が山羊座のミッドヘブンにあり、土星か火星が4ハウスにあると、出生図の持ち主は悪名高いだろう。

　もし月が蠍座にあり、火星が牡牛座にあると、出生図の持ち主は一生悪名高く、永久に不運だろう。

148章　出生図の持ち主の熟達、実務や職業

　星術師が名付けた出生図の持ち主の熟達とは、研究や楽しみ、技芸や行動のことである。仕事を熟達する場所で誰かしらが出生図の持ち主の人生を導き、生活を潤し、評価を保つ。そして、出生図の持ち主は人生の主な部分をそこで過ごすのである。それは王や君主のように、公（おおやけ）のものであったり、法を執行するところであったり、軍事演習であったり、狩猟であったりする。他の行動に喜びを感じる者もいて、哲学と神学に喜びを感じる者もいれば、数学に喜びを感じる者もいる。

　あるいは、出生図の持ち主の仕事が民間のものかどうか、他人から教わったものか、もしくは、自分自身の努力で得たものか、もしくは手仕事や手のかかる仕事であるのか、いずれであっても喜びを感じる。なぜならば、恐らく、どのような人であっても、多かれ少なかれ、何かしら1つの才能、職業などに向くからである。

この判断において常に考慮される3つの項目

　第1に、出生図の持ち主が少しでも熟達するかどうか、すなわち、何かしらの商業、研究、職業においてである。あるいは、出生図の持ち主にこれらがいずれもないかどうかである。

第2に、どのような種類の技芸や研究であるか。
　第3に、出生図の持ち主に仕事を熟達する場所でどのような幸運があるか、そして、彼はそこで有名になるか否か。

このようにシグニフィケーターをとる

　火星、金星、水星について考慮すべきである。水星は智恵と精神的な部分を意味する。火星は苦痛に耐え得る身体の強さを意味し、金星は喜びを意味する。もしこれらのどれかが仕事の熟達を意味するのにふさわしい天上の位置にある場合、すなわち、１０、１、あるいは７ハウスにあり、これら自身のディグニティにあり、惑星や諸惑星がコンバストしていないか、アンダー・ザ・サン・ビームでない位置にあれば、出生図の持ち主に向く技芸、職業、仕事の熟達を意味するだろう。

出生図の持ち主が技芸を持っている場合

　もしこれらの惑星が１つもそのような位置にないなら、この３つの惑星の内どれがミッドヘブンのサインのロードで、エッセンシャル・ディグニティにあるかどうかについて考慮する。なぜならば、もしその惑星がペレグリンかフォールにあるなら、これを意味することはできないからである。

　考慮し、このような位置になければ、３つの惑星の内どれが月をパーティルにビホールドしているかを見る。３つの惑星の内、２つかすべてが月にパーティルにビホールドするなら、最も強いものを優先する。最も良いアスペクトで、最もパーティルで、デクスターよりもシニスターを優先する。

　もし前述の３つの惑星すべてが月にパーティルにビホールドしないなら、これらの惑星の内どれが月に、月のオーブの半分以内の強いアスペクトをするのかを見る。そのような惑星は仕事が十分熟達していないことを意味するととれるだろう。それゆえ、その惑星は凶作用の惑星自体とコンジャンクションやスクエアやオポジションといったアフリクトをされてはいけない。もし惑星がそうであるなら、その惑星をとってはいけない。

　もしこれらを考慮してもどれにも当てはまらないなら、惑星の日周運動に従い、３つの惑星の中から、太陽に先行する惑星をとり、職業の支配権をその惑星に与える。

　観察しなければならないのは、これら３つの惑星のうち、第１か第２の法則に従って出生図の持ち主の職業の性質を意味している惑星が全くなく、第３、第４、第５の法則に従っている場合である。そのような場合はたいてい、不名誉な職業に就き、なまけながら仕事をするか、そうでなければ、まったく仕事の熟達や技芸のない生活へと導かれる。

私はこれまで私にもたらされた出生図に関して、商業についての多くのことは１０ハウスのサインと、１０ハウスのロードがあるサインとハウスから推測し知り得た。

トレミーの判断によると、職業についてのロードの取り方には２つの方法がある。それは太陽からと、ミッドヘブンのサインからである。そして、朝に太陽の前にあって次に昇る惑星と、ミッドヘブンのロード、もしくは、ミッドヘブンにある惑星で、月にビホールドするならこれらの惑星を考慮するがよい。そして、偶然にも、１つの惑星が太陽の前にあり、次に昇るだけでなく、また１０ハウスのロードであったり、１０ハウスにあるなら、この惑星は出生図の持ち主の行動と技芸の主、つまりシグニフィケーターとなるだろう。惑星がこれらの状態の両方を満たしていないなら、その１つの状態に当てはまる惑星をとる。

149章　出生図の持ち主の仕事の熟達、商業、職業に関するいくつかの経験則

第１に、もし技芸や仕事の熟達を意味するシグニフィケーターが単独であるなら、金星的、水星的や火星的のいずれかのその惑星自身の性質に従った職業の性質を与える。しかし、そのシグニフィケーターが技芸を意味する別のシグニフィケーターと強く接合するなら、意味される性質が混ざり合うことを意味する。つまり、もし水星が職業のロードで、火星の強くて有効な良いアスペクトがあると、水星は技芸の権利を放棄する。そして、出生図の持ち主は、全体的に、火星が位置するサインとハウスの意味をもった火星的な種類の商業に従事する。残りもそのように判断していく。残りの惑星、サイン、ハウスは表示する意味を増やしたり減らしたりする。木星は援助を意味し、土星は損害を意味し、太陽は仕事の熟達に力を与え、月は世間の人々からの信用を与える。木星は宗教、純真、雄弁を愛し、土星は怠慢、欲深さ、憂鬱さ、長い協議、悲しみ、苦痛、欠乏と貧窮を喜ぶ。そこでは土星は技芸の性質の傾向が強く、もし出生図の持ち主が農夫、水夫、運搬人や荷物運び、羊飼い、教会の使用人でないならば奇跡である。しかし、以下の格言を見れば、職業の性質について更なる多くの発見があるだろう。

水星が職業のロードである時

　水星は精神、頭で想像することを意味し、精神、頭から生じたことを意味する。つまり、水星は身体的な強さよりもむしろ、勤勉さによって成し遂げられ、頭脳や精神を使う商業や職業を与える。例えば、活字、数字、執筆、学習、雄弁、算数、占星術、哲学的な思索、売買、詩、人工的な機械や物を形作ることなどである。それゆえ、文法学者、秘書長、算術家、幾何学者、哲学者、詩人、仕事が充実している人、流通と売買への傾向、自制心のある人となる。しかしそうであっても、水星に木星の良いアスペクトがないなら、出生図の持ち主の利益は何もないか、努力によって何かしらの幸せを得る。

他の惑星と接合する時に水星が意味すること

　水星が土星自体と接合するか、水星が土星にアスペクトする（セクスタイルかトラインが最も良いが、土星から水星へのスクエアかオポジションは、たいてい話すことや言語能力に妨げがある）かのいずれかの場合、他人に雇われて従順に事務所で働くか、施しを懇願したり、教会の事を騒ぎ立て、教会の中やその周辺で哀れな生活を送ることになる。しかし、同じアスペクトが火星から水星に、あるいは水星から火星にあると、農夫、水夫、羊飼い、牛飼い、製革職人、肉屋、仕立て屋、石切職人、彫刻家、夢の解釈家、魔術師、迷信を信じる人、隠れた能力がある気難しい人となる。

　水星が木星とのコンジャンクションかアスペクトにあると、優れた演説家を意味し、原因を判断する時に、非常に公平であり、慎重に正確に法を解釈し、同様に、何かしら我慢することがあれば節度があることとなる。また、出生図の持ち主は身分の高い人と友人になったり、神学者、弁護士、修辞学者、裁判官、お金に関する両替商、銀行員となる。

　水星自体が太陽と接合し、水星が逆行でなく、コンバストではなく、太陽の心臓、つまりカジミであったり、そのディグニティにあれば、出生図の持ち主は資産家である行政長官に知られることとなり、会話するようになる。法律学者、お金の管財人や会計係、監督官となる。もしくは王や共和国の公的取引を扱う役人として雇用される。議員、主任裁判官となったり、気高いすべての行動をとる。火星が太陽と水星と共にあるという根拠があるなら、化学者に向く。特に土星が前述のシグニフィケーターに少なくともアスペクトをするなら、お金の硬貨の形を整えたり、鋳造することに向く。

水星が月と共にあるか、月の良いアスペクトがあると、水星の理解力は増加する。特に月が牡牛座、山羊座、もしくは、蟹座にある水星に接近する場合、出生図の持ち主は未来や起こるべき物事を知ろうとする欲望に掻き立てられ、占いに非常に傾倒する。もしこの接近が乙女座か蠍座にある水星になら、占星術師などとなる。

　この接近が牡羊座、獅子座、天秤座にある水星になら、技術もなく、勝手に独自に起こるべきことを占う人である。

　この接近が射手座か魚座にある水星になら、望みをもたせる魔術か偽りの魔術のいずれかを意味する。水星が金星と共にあり、コンジャンクションか、セクスタイルのアスペクトに照らされるかのいずれかなら（金星に水星の他に何もない場合）雄弁である傾向があり、素晴らしい様々な状態を意味する。

金星が単独で職業を意味する時

　金星そのものは喜び、楽しさ、優しさ、優雅さ、もてなし、客人、そして、感覚をくすぐって楽しませるようなすべての物事を意味する。

　金星は学問と自制心にとって強大な敵で、土星以外に金星は負けることはない。それゆえ、規律に則らなければならない時は無礼な行動様式をとる。

　金星が単独で仕事の熟達を意味する時、薬屋、薬剤師、食料雑貨商、香水商、ワイン商人、宿屋の主人、画家、宝石商、車輪製造者、衣装保管者、音楽家などとなる。

金星が他の惑星と混ざり合う場合

　金星が土星と混ざり合うと、人を楽しませることに役立つ物や商品を売買する商人となる。しかし、もし金星や土星のいずれかが悪くアフリクトされているなら、あざける人、道化師、悪知恵が働くずるがしこい悪党、酒場の主人、舞台の手品師となる。しかし中身がない。貧しく質素な画家、たとえどのような技芸であっても、私たちが労働者階級と呼ぶような仕事、あるいはそのような商業を偽る人である。金星が木星の意味と混ざり合うと、神学者、内科医、服地屋、織物商人、絹商人、服飾職人、小間物商となり、そして、女性か宗教によって大きく昇進することを欲する。

金星が太陽のコンバストにあると、技芸を意味しないが、金星が太陽の心臓にあると、金星は大きな富の蓄えを意味する。もし金星が太陽のディグニティのところにあるなら、金星は素晴らしい芸術家を作り出し、名声と評価はより大きくなり、利益はより確かなものになることを意味する。

火星が単独で職業のシグニフィケーターである時

火星は困難で厳しい職業を意味し、身体全体の強さと努力の両方を必要とする。それゆえ、火星は主に肉体を使う仕事を支配し、火を使って、辛い仕事をする。もし太陽に火星のアスペクトがあるなら、その職業は火によって行われる。夜生まれにおいて、火星はむしろ戦争や、戦争によって得られる名誉と栄光を意味する。火星が良い位置にあると、軍人、騎手、指揮官、軍の司令官、狩猟家などになる。もし火星が低いディグニティなら、競技者、銅と鉄の鍛冶職人、鋳物職人、技術者、鉄器製造者、農夫、内科医、外科医、石切り職人、大工、建築家となる。しかし、もし火星が弱いなら、火星は料理人、木こり、製革職人、労働者、海賊、泥棒となる。

火星が他の惑星と混ざり合う場合

火星が土星と意味において混ざり合う、つまり、土星のスクエアかオポジションによってアフリクトされると、火星のすべての仕事での熟達の支配権が失われる。これは特に金星か水星が良い位置にあり、火星自身が逆行である場合であるが、そうでなければ、このような場合、軍隊を意味することはすべてなくなる。なぜならば、土星の意味は恐怖だからである。このような配置から、溝堀人夫や日雇い労働者、庭師、石弓製造者、弓職人、革職人が予測されるだろう。もし火星が天上で悪い位置にあるなら、火星は炭鉱夫、煙突掃除人、火を扱う人、木炭製造者か炭焼き職人、製粉業者、下水道に関することで働く人などになる。火星と木星が良い位置にあると、全ての宮廷人を意味し、戦争の指揮での幸運を生じる。しかし、もし火星と木星のアスペクトやいる位置が凶の状態なら、牧夫、農場管理人、紳士への料理の仕出し屋、守衛、軍隊の酒保商人、たばこ店主となる。

火星が太陽と共にあると、職業よりもむしろ仕事の熟達に傾く。

もし火星と太陽がお互いに凶アスペクトにあるなら、金細工職人（つまり、金細工作業）、お金の硬貨を鋳造する人や、金山を掘るような、お金の鋳造に関することになる。

　火星が月と共にあると、肉屋を意味し、土星が火星と月と共にあり、支配権を持つと、生垣職人、日雇い労働者、漁師、船頭、醸造業者、染織職人を意味する。

水星と金星が混ざり合う場合

　もし水星と金星が技芸か職業を意味するなら、非常に独創的で、流暢であったり、楽しく会話をする人であると分かる。出生図の持ち主は口数が多く、気まぐれで、非常に陽気である。水星と金星はたいてい音楽家を作り出し、特に水星と金星が金星のサインにあると、詩人、演説家、踊りの先生、綱渡りの曲芸師や踊り子、画家、婦人用化粧水の製造者、蝋燭職人、肖像画家、舞台脚本家、習字の先生、教員を作り出す。

　もし水星と金星の両方、または、いずれかが土星をビホールドするなら、職業はさほど軽々しいものではなく、より真面目なものであり、女性の洋服や、女性が喜ぶような家具や装飾品などを売ったり作ったりする。

　職業の創造者である木星、金星と水星が３、５、１１ハウスにあるなら、若者にとっての優れた教育者か指導者、伝道師や唱道者となる。もし９ハウスにあるなら、弁護士を意味し、もし１２ハウスにあるなら、公的機関の管理者となる。

　木星、金星、水星と月は、賞賛に値する雄弁さを与える。もし木星がドラゴンヘッドと共にあり、水星か金星の良いアスペクトがあるなら、素晴らしい詩人である。

　肉感的で詩的な歌は、火星、金星と水星のアスペクトから生じる。水星が逆行で、同じサインで金星と接合するなら、素晴らしい詠唱者で歌手である。

水星が火星と共にある場合

　水星が技芸を意味する火星とあり、良くディスポーズされるなら、これらは最も鋭い考えを作り出し、洞察力を持った理解力のある人、内科医、外科医、兵器製造者、塑像・彫像の製造者、競技者となる。または、錬金術師、彫刻師、多くの場合は公証人、測量技師、印刷業者となる。もし水星と火星が悪い位置にあるなら、サイコロ製造者、お金を鋳造する人、証拠を偽造する人、噂話を広める人やお世辞を言う人、売春婦を斡旋する人となる。土星が火星と水星に関係すると、泥棒、お金を偽造する人、殺し屋、毒の調合師、賭け事でのイカサマ師となる。しかし、木星が土星の位置するところにあると、優れた議員、法廷代理人、唱道者、大陸法の弁護士となる。しかし、もし木星の火星と水星へのアスペクトが悪いなら、強欲な人、虚栄心の強い人、口論する法廷代理人を意味する。

火星、水星と月がコンジャンクションで、良いディグニティでないと、泥棒、押し込み強盗、ペテン師、詐欺師となる。もし土星が7ハウスにあるなら、絞首刑になるような悪党である。

火星と金星が技芸のシグニフィケーターである場合

火星と金星が共にある時、職業における労苦と喜び、お世辞を言ったりねこをかぶって大胆にずうずうしく振舞うことが予測される。これからあなたが判断できるであろうことは、料理人、鶏肉屋、優れた内科医である。または、理髪師、薬屋、外科医、庭師、染物屋などである。火星と金星が悪い位置にあり、悪さが強いと、売春宿のおかみ、売春の仲介人を意味する。

火星と金星が土星と関係していると、教会の使用人になるか、日々病気を患うような貧しい聖職者を意味する。司教であれ長老派の司祭であれ、魂を救済する聖職者に太った者はいないだろう。あるいは、墓の製造者、墓に碑文を書き込む職人などを意味する。

火星と金星が木星と共にあると、最も宗教に熱心で、まったく欲のない非常に良い教師を作り出す。なんと恐ろしいほどの前兆であろうか。聖職者であれば欲はないだろう。

どのような成功か

職業から予測できる成功はシグニフィケーター、つまり仕事の熟達のロードの強さから求められる。もしそのシグニフィケーターがエッセンシャル・ディグニティにあり強く、凶星の凶作用のあるパーティルのコンフィギュレーションによってアフリクトされておらず、さらに出生図のアングルにあり、オリエンタルなら、出生図の持ち主は有名な職人で、素晴らしく自分の仕事を極めていて、それによって大きな評価を得る。それゆえ、世間の評判となる。

しかし、もしシグニフィケーターが弱く、オクシデンタルかケーデントで、凶星によって抑圧されているなら、出生図の持ち主は単に不器用で、これといった才能のない人であることが分かる。その上他の惑星にビホールドするなら、軽蔑に値する人で、技芸による成功はなく、皆その技量を軽蔑する。注意することは、土星がシグニフィケーターをアフリクトしている時、出生図の持ち主は怠け者で、無精者で、自己主張を恐れる人であることを示す。

もし火星の凶アスペクトでの妨げがあるなら、軽率で、頑固で、うぬぼれが強く、悪名高い人である。もし凶星の両方がシグニフィケーターを一度にアフリクトしているなら、職業上の苦悩は数え切れないほどあったり、終わりがない。

サインの性質　シグニフィケーターがあるサインの性質によって、多くのこの種の判断が導かれる。私は前述の説明より、より十分にさらに繰り返して言おう。以下の通りである。

活動サイン、すなわち、牡羊座、蟹座、天秤座、山羊座は、知的能力を必要とする技芸や職業を導く。そのため、これらは知力での熟考によって導かれる。すなわち、幾何学、医学、占星術などである。

蠍座を除く不動サインは、学問や教育を求める。

人象サイン、すなわち、双子座、乙女座、天秤座、水瓶座は、人間の感情を意味し、人間特有のリベラル・アーツ（自由七科）を意味し、人生において特に有益で、その技芸は権威者から教わる。

水象サインと地象サイン、すなわち、蟹座、蠍座、魚座、牡牛座、山羊座は、水と土に関する職業を意味し、草原、ハーブ、医療、船、魚、葬式を意味する。

四足獣サイン、すなわち、牡羊座、獅子座、射手座は、手仕事の職業を意味し、肉屋、牧畜業者、建築業者、製革職人、石切り職人、石を削る職人、衣服商、羊毛紡績を意味する。

アルブバテルは博識なアラビア人の医者であり、私たちの占星術の格言のほとんどは彼の書物から集められ、サインについて以下のように分類している。曰く、

火象サインは、火に関する商業や職業を意味し、鍛冶屋、金細工職人であったり、パン職人、ガラス製造者である。

地象サインは、土に関する職業や地下から生じるものを意味し、例えば鍋の製造者、溝を堀る職人、穴掘り職人、書物などの調査員、土堀職人やレンガ製造者である。

風象サインは、歌手、道化師、野鳥を狩る人、粉屋、射撃手を意味する。

水象サインは、漁師、洗濯屋、洋服の縮絨工、船頭、水道に関する職人を意味する。

職業の性質

技芸、仕事の熟達、職業の性質と種類は、職業を明らかにする３つの惑星の性質と特性から分かるだろう。つまり、３つの惑星とは私が以前説明した火星、金星、水星であり、これらがあるサインと、火星、金星、水星やこれらの内のどれかと他の惑星とのコンフィギュレーションから分かるだろう。ここでは、常に最も強いアスペクトが弱いものよりも優先され、そして、仕事の熟達を意味する点において、支配権を持つ惑星が２つあるなら、最も強い惑星がまず最初に優先される。

ここでそれぞれの惑星が意味する様々な職業について繰り返し述べることは不要である。私はそのことについて詳細にこの書の最初の部分で述べており、５７～８３ページ＊を読者は参照すること。ここで私は惑星自身がそれぞれ単独で意味する性質について説明した。そうではあるが、惑星は他の惑星とのコンフィギュレーションによって、惑星の意味が強まったり、はっきりしなくなったりする。もし土星が凶作用のアスペクトで、職業を意味する火星と混ざり合うなら、軍人というよりむしろ、卑屈な軍人や、貧しく育ちが悪い下級兵士、台所の使用人、あくせく働く労働者、奴隷、身分の低い人となる。外科医というよりむしろ、下水道に関することで働く人、食肉解体業者、水路の掃除人、くず屋、煙突掃除人、水汲み人、不潔でだらしのない荷馬車屋、汚らしい料理人、呼び売り商人、市場で売買し買い占める交渉人、製革職人、靴の修繕屋、売春宿や娼婦用の浴場を管理する人、借金の取り立て屋、責任逃れをする軍曹、下級役人、汚れることを引き受ける仕事となる。

＊第１書

もし木星が火星にアスペクトするなら、より崇高な職業を意味し、指揮官、戦争の司令官、王のような考えを持つ人、収益管理人や収税請負人を意味する。

もし太陽が火星にビホールドするなら、太陽はその職業の性質に加わり、よりきちんとして礼儀正しくなり、質が良くて評判の良い商品を売買する。

水星と木星なら有名な演説家となり、博識な弁護士、裁判官、名声のある人たち、すなわち、王、君主や貴族のいずれかのような、暮らしている国で最も身分の高い人々と共に才能を活かす。

水星が土星と共にあると、多忙な人、口論する事務弁護士、あらゆる物事を引き受けるが何もしない人、旋盤職人、陶芸家、製革職人、不器用な職人などを意味する。

時々だが、占星術や学習もしないで、未来の不慮の事故が分かる振りをする愚かでろくでもない人、迷信を信じる人、異教徒などを意味する。

土星に金星のアスペクトがあり、これらの両方、または、これらの1つに悪い影響があるなら、売春宿のおかみ、売春婦、布織職人、宿屋の主人となる。

観察すべきは、双子座、乙女座、水瓶座、天秤座のような人の形や姿のサインで、これらは、リベラル・アーツ（自由七科）の知識、そして、人類にとって最も役立つようなことに関する知識を大いにもたらす。

牡羊座、獅子座、射手座のような四足獣を表すサインは、手仕事の技術、建築学、金属の取扱い、流通業、製造業、鍛冶や鍛冶場を意味する。

牡牛座、山羊座、蟹座、蠍座、魚座のような地象サインと水象サインは、水や川について精通する職業、例えば、船頭、船大工、魚屋、醸造業者などを意味する。

１１ハウスに関する判断

友人など

第1に、１１ハウスに位置する惑星や諸惑星や、それらの惑星にアスペクトでビホールドする惑星について考慮する。次に、吉作用か、凶作用か、あるいは、両方の中間の性質のいずれであっても、１ハウスにある惑星を頼りにする。最後に、１１ハウスのロードと、１１ハウスのロードにアスペクトをする惑星を重んじる。

木星と金星は吉星であり、もし木星と金星が十分強く、これらの位置にあるなら、一般的に、木星と金星は多くの友情と親交や、善良で有益な多くの友人を意味し、彼らの愛情は偽りなく、出生図の持ち主にとって利益となるだろう。ドラゴンヘッドも同様の意味を持ち、特にドラゴンヘッドが双子座、魚座、蟹座、牡牛座、天秤座、獅子座にある場合である。もし吉星が悪い影響を受けているなら、

単に中立か中ぐらいの友情や、友人からの希望や期待はほとんどない。つまり友人の性質に関しては、部分的には誠実だが、部分的には欺瞞的である。ドラゴンヘッドが射手座、蠍座、山羊座、水瓶座、牡羊座、乙女座にある時、ドラゴンヘッドが意味することは全く同じものである。

凶星、すなわち、土星か火星がこれらのハウスにあると、愛情を意味し、土星か火星に十分ディグニティがあると、多くの友人がいることを予測できるが、彼らのほとんどは偽善者や、心から信用できない人である。

もし木星と金星が弱いなら、友人はほとんどおらず、彼らは非常に不誠実であることを意味する。ドラゴンテイルは２つの凶星と同じ判断をするが、友情に関して火星ほども悪い意味を持たない。実践において私が見つけた最もひどい友人の意味を表すのは、凶星が活動サインか柔軟サインにあり、ペレグリンの時である。

太陽、月、水星は中立の惑星であり、パート・オブ・フォーチュンもまたそうである。これらや、これらの内のいくつかが１ハウスか１１ハウスにあり、十分ディグニティがあるなら、これらは多くの友人を意味する。これらの状況において両方とも平均的だと、平均的な友情ではあるが、より誠実である。もしこれらが悪い影響を受けているなら、友人が少ないことを意味し、彼らのほとんどは嘘つきで、不誠実で、考えが変わりやすいことを意味する。もし様々な性質を持った多くの惑星がこれらのハウスにあるなら、友人が混在することを意味するが、本当の友人はいずれかのハウスにある最も強い惑星から述べられるべきである。

１ハウスか１１ハウスに惑星が何もない時、１１ハウスのロードが吉星かどうか、強いか弱いか、生来的に悪いか、単に平均的な意味か考慮されなければならず、その性質に従って、友人の性質を判断しなければならない。

友人に関する特別な法則

吉星が１１、５、７、１、９ハウスにあると、多くの友人を意味する。凶星が１２ハウスかアングルにあると、多くの敵を意味する。蟹座のアセンダントなら、出生図の持ち主は友人を得るのが非常に難しい。月が水瓶座か魚座にあると、出生図の持ち主は君主から十分に認めてもらえない。１１ハウスのロードがアセンダントのロードから分離すると、友人は少なく、意見の一致もほとんどない。

１０ハウスのロードが逆行で、アセンダントのロードから分離すると、君主は出生図の持ち主に我慢できないだろう。

もしアセンダントのロードが逆行で、１０ハウスのロードから分離すると、出生図の持ち主は君主を嫌うだろう。土星が１１ハウスにあると、嘘つきで怠惰な友人を与える。火星が１１ハウスにあると、誠実ではない友人を約束する。太陽が１１ハウスにあると、力強い友人を与える。金星が１１ハウスにあると、女性のおかげで友人を手に入れる。水星が１１ハウスにあると、多くの友人を意味する。月が１１ハウスにあると、出生図の持ち主は多くの人に知られるが、ほとんど友人はいない。

150章　友人の性質

１ハウスか１１ハウスに惑星があるなら、その惑星の性質から、あるいは、１１ハウスのロードか１ハウスのロードから、あるいは、あるならインターセプトのサインからわかり、明らかにされる。

　土星が１１ハウスか１ハウスを支配しているか、これらのハウスのいずれかにあると、土星自身の性質に従った友人を意味する。すなわち、土星的な老人、農夫、金属を扱う人、石切り職人、高利貸し、汚い商品を取り扱い、汚れやすい職業に就いている強欲な人である。

　木星は、聖職者、高位聖職者、弁護士、貴族、金持ち、地方の統治者、誠実で真面目な人、裁判官、紳士を意味する。

　火星は、指揮官、軍人、外科医、高慢で大胆で恥らいのない人、赤毛の人、商売人を意味する。

　太陽は、王、君主、君主の相談役、大きな権威を持つ人、共和国で身分の高い人、行政長官、最高官吏を意味する。

　金星は、音楽家、詩人、薬剤師、賭博師、容姿の整った人、礼儀正しい人、小綺麗な人、女房孝行をする人、浮気者、画家、女性などを意味する。

　水星は、独創的な人、優れた技術家、博識な人、大臣、数学者、代書人、商人、緻密な人、水星的な人、秘書、事務員を意味する。

　月は、未亡人、既婚婦人、貴婦人、大使、使者、水夫、漁師、一般大衆、移り気で迷いやすい人々を意味する。

友人の恒久性

　１１ハウスのカスプが不動サインなら、固定した友人を意味する。活動サインは、変わりやすい友人を意味し、柔軟サインは、中立で恒久的な友人を意味する。

あるいは、友人の恒久性は１１ハウスのサインと、シグニフィケーターがあるサインとから分かるだろう。もし１１ハウスのロードが１１ハウスにビホールドしないか、自身のハウスにある金星にビホールドしないなら、出生図の持ち主を元気付けてくれる友人は少ないだけだろう。

151章　２人の間に仲の良さや結束はあるか

人間関係がどのようなものになるか。最も確実な方法は、彼ら両方の出生図を比較し、そこに一致や不一致があるか観察する。気質と行動様式において一致するものがあると、お互い好意的であることを意味する。不一致なら、争いと口論を意味する。

アセンダントとアセンダントに位置する惑星や諸惑星は気質、行動様式、知力を支配する。それゆえこの種の判断法においてあなたが注意して見なければならないことは、第１に、２人のそれぞれのアセンダントである。第２に、アセンダントにある諸惑星である。第３に、それぞれのアセンダントのロードである。２人のアセンダントから友情があることを確認するには、２人のアセンダントが同じサインか、アセンダントがまったく同じ惑星をレシーブしているかどうか、その惑星は友好的か、あるいは、ディグニティでレシーブされているかどうか、良いアスペクトで関わっているかを見る。

第１に、２人のアセンダントに同じ１つの惑星があると、同じ行動様式と同じ愛情となる。なぜならば、母の愛情のようなものだからである。もしその惑星が同じ１つの惑星でなく、それぞれのアセンダントに違う惑星があるなら、これらの惑星が友好か敵対かについて観察する。もしこれらの惑星が友好なら、愛情と友情を意味する。もしこれらの惑星が敵対なら、憎悪、意見の不一致、愛情が別の人に移り、疎外感を常に感じることを意味する。

土星の友好惑星は木星、太陽、月であり、土星の敵対惑星は金星、火星だが、金星は火星よりも敵対する。

なぜならば、金星は冷の性質において土星と合致して一致し、土星が金星のハウスである天秤座にあればエグザルテーションとなるが、金星は行動様式において反対だからである。なぜならば、土星は哀しみの親であるが、金星は歓喜の母だからである。

木星は火星だけが敵対である。

火星は金星だけが友好である。しかし、金星は火星を愛していない。なぜならば、性質が反対だからであり、火星は熱と乾の性質を持ち、金星は冷と湿の性質だからである。金星は上品な言葉と柔和さにより、火星の悪い影響を減らす。残りのすべての惑星は火星を嫌い、特に太陽と火星は嫌い合う。

太陽は木星と金星だけが友好的で、その他のすべての惑星は敵対である。
金星は土星だけが敵対で、その他のすべての惑星は友好である。
水星は土星、木星、金星が友好で、残りはすべて敵対である。
月は土星、木星、金星が友好で、その他のすべては敵対である。
ドラゴンヘッドは木星と金星が友好である。ドラゴンテイルは土星と火星が友好である。

以下の4項目について、アセンダントのロードの状態を観察する。なぜならば、2人に精神的な結束が生じるからである。

第1に、アセンダントのロードが同じ惑星の時。
第2に、アセンダントのロードがハウスやエグザルテーションによって相手のアセンダントのロードからレシーブされる時。
第3に、アセンダントのロードが相手のアセンダントのロードとコンジャンクションの時。
第4に、アセンダントのロードが相手のアセンダントのロードとセクスタイルかトラインにある時。2人の出生図において、上記の1つにも一致していないなら、2人の友情は長く続かないだろう。

2人の出生図において、一方の出生図で吉星かライツのある位置にもう一方の出生図では吉星が交換されている時。例えば、一方の出生図で月があるところに、一方の出生図では金星があるような場合。この状態から確かな友情が予想される。
　もし太陽か月、あるいは水星と月、あるいは、太陽と水星がお互いの位置に在住するか位置するなら、好意はそれほどしっかりとした堅固な状態では続かないだろう。
　もし土星、木星、金星、そして火星がお互いの位置にあるなら、ある種の友情が混ざった意見の衝突があるだろう。しかし、もし木星と土星がお互いの位置で交換するなら、2人の出生図の持ち主は単に欲深さのために愛情を注ぐ。
　火星と金星がお互いの位置にあると、不正を行う。
　もしお互いの出生図において、太陽か火星が水星か月のオポジションなら、2人はお互いを傷つけ、凶星が支配する位置なら、最も害をなす。お互いの出生図において、土星と火星がオポジションなら、永久的に敵意があることは避けがたい。

凶星のある位置がそれぞれの人の出生図においてオポジションの時、出生図の持ち主は唱道者、商人、弁護士、内科医のように、お互いの利益のために争う。

　もし凶星がそれぞれの出生図において一致するなら、出生図の持ち主は不正や悪行においてお互い友人になるが、お互いあまり誠実ではない。

　太陽が相手の出生図の何かしらの惑星がある位置にあると、誠実さ、名誉、善性のための友情となる。木星は結束のため、金星は歓喜のため、月は月の性質に適したことに従う。

　２人の間にある最も堅固で素晴らしい友情とは、一方の太陽、月、パート・オブ・フォーチュン、あるいはアセンダントのロードが、他方の出生図において同じサインにある場合である。

どちらの友人がより誠実か

　アセンダントのロードが吉作用の惑星の人か、アセンダントに吉星がある人か、アセンダントのロードが相手のアセンダントのロードのシニスターのセクスタイルかトラインに接近する人に、出生図の持ち主は最も愛情を注ぐ。

　アセンダントのロードが凶作用の惑星の人か、アセンダントに凶作用の惑星がある人を、出生図の持ち主は最も嫌う。

　２人の出生図において一方のアセンダントのサインが、相手の出生図で１２、６や８ハウスのサインであれば、２人は決して意見が一致しない。

１２ハウス

敵

　敵については、７ハウスか１２ハウスのいずれかにある惑星、そして、ルミナリーに対してオポジションの惑星から考慮し判断する。多くの惑星が７ハウスか１２ハウスにあるか、あるいは、両方のライツがいくつかの惑星とオポジションなら、多くの敵と敵対者を意味する。７ハウスと１２ハウスに惑星がないと、敵は少ないかまったくいない。１ハウスのロードが１２ハウスにあるか、１２ハウスのロードが１ハウスにあると、多くの敵対者を意味する。

あるいは、１ハウスのロードが７ハウスにあるか、７ハウスのロードが１ハウスにある時も同じ意味を持つ。ドラゴンヘッドは金星や木星と同じ意味を持ち、ドラゴンテイルは火星や土星と同じ意味を持つ。もし１２ハウスのロードがアセンダントのロードをビホールドしないなら、多くの敵がいないことを意味する。

153章　敵はどのような状態か？　敵の性質について

あなたは７ハウスか１２ハウスのいずれかにある惑星の性質について観察しなければならない。次に、１２ハウスのロードと７ハウスのロード、そして（もしあれば）、ライツのオポジションとなる惑星についても観察する。

あなたが７ハウスにある惑星か、ルミナリーのオポジションとなる惑星を考慮することで、敵の悪意が分かるであろうし、素直に言い表せるだろう。このような惑星や、１２ハウスにある惑星、諸惑星は、念入りに悪がしこくあらゆることを行うことを意味し、隠れたところで悪口を言う人を意味する。もし本来、友情を意味する１１ハウスのロードが７ハウスにあるなら、ある時は友好的だが、またある時は友好的ではない人や人々を意味する。ディレクションにおいて、ハイレグの位置が、１１ハウスのロードの吉アスペクトへ接近すると、友好的な人を意味する。ディレクションで、ハイレグの位置が、１１ハウスのロードとスクェアかオポジションの時、悪意のある人や不親切な人を意味する。しかし、反対に、通常観察されることであるが、もし１２ハウスのロードがアセンダントにあるなら、１２ハウスのロードによって意味される人物は敵よりもむしろ友人を意味する。これについて私が考えた理由とは、つまり、アセンダントのロードが１２ハウスのロードをディスポーズすると、１２ハウスのロードの悪意を抑えるからである。

出生図の持ち主に対する敵の一般的な状態は以下のように判断する

第１に、敵を意味する惑星の性質から。
第２に、敵を意味する惑星がある天上のハウスから。
第３に、エッセンシャル・ディグニティを根拠として、敵を意味する惑星のフォーティチュードから。

吉星は強力な敵を意味し、凶作用のシグニフィケーターは隠れた身分のない人を意味する。

これは常に考えられていることだが、吉星か凶星のいずれかがアングルにあり、十分強いと、力強い敵を意味する。サクシーデントハウスにあると、平均的な状態の人を意味する。ケーデントハウスにあると、身分のない敵を意味する。

同じように、シグニフィケーターがエッセンシャル・ディグニティにあると、敵が男性か権力者であることを意味する。

もしペレグリン、デトリメント、あるいはフォールにあるなら、隠れた敵を意味する。これらのトリプリシティやタームやフェイスにあるなら、財産が少ない敵を意味するか、平均的な状態の人を意味する。

154章　出生図の持ち主は敵に勝つか、負けるか

7ハウスのロードが10ハウスにあるか、10ハウスのロードが7ハウスにあると、出生図の持ち主は敵に勝つだろう。

12ハウスのロードが10ハウスにあるか、10ハウスのロードが12ハウスにあると、同じことを意味する。

12ハウスのロードが逆行、フォール、あるいはデトリメントで、6ハウスにあると、出生図の持ち主は敵に勝つだろう。

ルミナリーについて、特に時間におけるルミナリー（すなわち、昼生まれは太陽、夜生まれは月）が火星のエッセンシャル・ディグニティに位置する場合、あるいは、ハウスによってお互いリセプションが成り、8ハウスにない場合、明らかな勝利を意味する。火星が他の惑星よりも強く、ライトとコンジャンクションやライトの近くにある時も同じことを意味する。

土星と火星が12ハウスにあり、力が強いと、出生図の持ち主は敵の死を目にすることを意味する。しかし、もし土星と火星が12ハウスで弱められていると、その反対を意味し、その身体の部位の衰弱を意味する。

ある凶星が12ハウスにあり、別の凶星が6ハウスにあると、出生図の持ち主は敵によって殺される危険があるか、そうでなければ病気が絶え間なく続くか、投獄されて苦しむだろう。

木星か金星が12ハウスのロードであれば、敵は出生図の持ち主を傷つけることはなく、出生図の持ち主は逃がれられるだろう。

双子座、射手座や水瓶座にアセンダントがある出生図の持ち主は、自分に反する敵を挑発する。

獅子座か射手座が１２ハウスで、１２ハウスに凶星があると、出生図の持ち主は落馬し、亡くなることを意味する。

出生図の持ち主はどのような人との交友を避けるべきか

出生図の持ち主が交友を避けるべき人物は、アセンダントのロードが凶星で、ドラゴンテイルや悪い影響を及ぼす恒星と共にある人、もしくは、相手の出生図が出生図の持ち主自身の出生図と一致がない人である。なぜならば、悪気がなかったとしても、その人は汝を怒らせるからである。

もし一方の出生時のルミナリーがもう一方の出生時のルミナリーとスクエアかオポジションでアフリクトするなら、２人は永久に敵同士だろう。敵同士の２人のうち勝つのは、勝利と幸運に関するシグニフィケーターが数においてより多く、より明らかな方である。

155章　監禁、あるいは、投獄

投獄のシグニフィケーターとは、第１に、２つのルミナリーである。第２に、土星と火星である。第３に、１２ハウスと７ハウス、そして、１２ハウスと７ハウスにある惑星である。

土星と１２ハウスは、刑務所、労苦、隠れた敵を意味する。火星は口論、争い、明らかな敵を意味する。

ライツのいずれかがアングルにある土星か火星のコンジャンクション、スクエア、オポジションによってアフリクトされていて、凶作用のいずれかのハウスにある場合、すなわち、牡羊座、山羊座、蠍座、あるいは水瓶座にあり、凶星が獅子座か蟹座にある太陽か月を抑圧すると、投獄を意味する。

もしライツの１つが１２ハウスにあり、土星か火星のいずれか、または、両方とコンジャンクションで、それらがデビリティなら、監禁を意味する。

火星が７ハウスか１２ハウスにあり、牡羊座、牡牛座、蠍座、山羊座、水瓶座、獅子座、蟹座にあり、ライツの１つを火星だけがアフリクトする場合、あるいは、火星がこれらのサインのどれかにあり、土星がパーティルかプラティックのアスペクトで、太陽か月をアフリクトする場合、同様の意味を持つ。

土星と火星がお互いをスクエア、オポジション、あるいはコンジャンクションでビホールドし、エグザルテーションや自身のハウスになく、吉星かルミナリーとのリセプションがなく、土星と火星のいずれかが単なる順行で、７ハウスか１２ハウスのカスプにディグニティがあるなら、監禁、逮捕、自由の制限を意味する。

同様の恐れがあるのは、もし土星と火星がお互いのディグニティにあってオポジションで、その時土星と火星の内、1つが1ハウスか2ハウスにあり、もう1つが7ハウスか8ハウスにあり、土星と火星のいずれかが12ハウスのロードの場合である。

土星、月と火星が4ハウスでコンジャンクションなら、監禁を意味する。火星が8ハウスで金星と接合し、土星とスクエアかオポジションにあるか、6ハウスの土星とセクスタイルにあると、永久的な投獄を意味する。

12ハウスのロードが火星のエッセンシャル・ディグニティにあって、7ハウスにあり、凶星のいずれかにパーティルにアフリクトされていると、監禁の恐れがある。アセンダントのロードと12ハウスのロードが4、6、8、あるいは12ハウスにあってコンジャンクションで、そして、アセンダントのロードが凶の状態、もしくはアセンダントのロードがアングルで逆行かコンバストし、12ハウスのロードとスクエアかオポジションなら、投獄を意味する。

12ハウスのロードがデトリメントかフォールにあり、パーティルかプラティックに凶星からアフリクトされると、投獄を意味する。土星、太陽、火星、月、金星が12ハウスにあると、同じ意味を持つ。木星、土星と火星が12ハウスでコンジャンクションであれば、同じ意味を持つ。太陽、火星、水星がコンジャンクションし、これら2つがコンバストで、7ハウスのロードが12ハウスにあり、太陽、火星、水星に対してスクエアかオポジションにあると、投獄を意味する。

太陽と月が8ハウスでコンジャンクションし、これら自身のサイン、つまり、蟹座、獅子座、牡牛座を除いた他のサインにある場合、吉星の非常に吉作用のあるプロヒビション*が介入しない限り、多くの場合監禁の恐れがある。もし太陽と月が自身のハウスでコンジャンクションし、凶星によってパーティルにアフリクトされているなら、投獄の恐れがある。

*プロヒビション Prohibition：意味としては阻止、妨げ。ある惑星が別の惑星に近づきアスペクトを形成する前に動きの速い第3の惑星が先に惑星とアスペクトを形成すること。

出生図のロードが獅子座か牡羊座ではない10ハウスでアンダー・ザ・サン・ビーム（太陽光線下）にあると、出生図の持ち主が王に仕えているなら、王は出生図の持ち主を収監するだろう。凶星が太陽にビホールドするなら、出生図の持ち主は王に殺されるだろう。

在監が続くことは、12ハウスの反対側にある凶作用の惑星の力とフォーティチュードから分かる。もしこれらの惑星が十分強く、これらの凶作用が吉星によって抑制されないなら、長期の在監を意味する。しかし、もし吉星がこれらに吉作用のアスペクトを送るなら、短期間の在監を意味する。

156章　非業の死か、自然死か

非業の死の根拠

こ こであなたが考慮すべきことは、第1に、太陽と月である。第2に、土星と火星、そして、暴力的と呼ばれている以下のサイン、すなわち、牡羊座、蠍座、山羊座、水瓶座、天秤座であり、土星は死に関してより強い意味を持ち、火星もそのような類である。第3に、8ハウスと8ハウスのロードである。第4に、アセンダントのロードである。第5に、火星と土星の性質を持つ恒星であり、主なものとしては、牡牛座21.00の（ペルセウス座の）メドゥーサの頭（アルゴル）、双子座4.00のおうし座の目（アルデバラン）、蟹座18.00の（ふたご座の）ヘラクレス（ポルックス）、双子座23.00のオリオン座の右肩（ベテルギウス）＊、射手座4.00のさそり座の心臓（アンタレス）、蠍座9.00の（てんびん座の）ハサミ（ズベン・エス・カマリ）＊である。

＊オリオン座の右肩（ベテルギウス）：2015年において双子座28.58。
＊（てんびん座の）はさみ（ズベン・エス・カマリ）：2015年において蠍座19.34。てんびん座は昔、さそり座のはさみの部分とされていた。

第1に、ルミナリーの両方が暴力的なサインにある場合。ただし、1つの同じサインにルミナリーの両方あるのではなく、別々にあって、お互いビホールドしない場合、非業の死を意味する。

月が牡羊座にあり、太陽が蠍座にある、あるいは、月が水瓶座にあり、太陽が山羊座にある時、ライツはつながりのあるサインにあると言われる。その他も同じである。

ルミナリーの両方が暴力的な恒星と共にあり、5度以内の距離にあると、非業の死の恐れがある。月がさそり座の心臓（アンタレス）と共にあり、太陽がおうし座の目（アルデバラン）と共にあると、疑いなく非業の死を示す。そして、非業の死が最も確実である場合は、アセンダントのロードと8ハウスのロードがライツのいずれかとコンジャンクションの時である。

アセンダントのロードか8ハウスのロードがライツの1つとコンジャンクションの時や、あるいは、太陽か月のいずれかが1ハウスか8ハウスを支配している時、以上の非業の死の法則は適用され効果を発揮する。

もし太陽か月のいずれか一方が暴力的なサインにあり、もう一方のライツが暴力的な恒星と共にあるなら、非業の死を意味する。しかし、この場合において必要なことは、このコンフィギュレーションと一緒に、凶星の1つが太陽か月か8ハウスのロードのいずれかを害することである。

第2に、ルミナリーの両方が土星と火星によって凶の状態にあり、ライツの1つと凶星の1つが暴力的なサインにあるか、暴力的な恒星と共にあると、非業の死を意味する。

もしルミナリーの両方がたった1つの凶星にアフリクトされ、もう一方の凶星が凶アスペクトで妨げられているか、暴力的なサインにあり、8ハウスでディグニティがあると、非業の死の恐れがある。

土星と火星のコンジャンクションがアングルにあり、特に暴力的なサインでミッドヘブンにあり、ライツの1つだけを害する場合。

凶星がそれぞれ暴力的なサインと他のサインにあってオポジション、スクエアや相互のアスペクトにあり、アングルにあるにもかかわらず、これらの1つが8ハウスで力を誘発するなら、非業の死を意味する。

凶作用の惑星が8ハウスにあり、8ハウスのロードが暴力的なサインにある生来的な凶星にアフリクトされ、ライツの両方かいずれかがアフリクトされるか、暴力的なサインにあると、非業の死を意味する。

8ハウスのロードがアセンダントにあり、フォールか、デトリメントか、暴力的なサインにあるか、暴力的な恒星と共にあり、ライツの1つが凶作用の惑星のいずれかに害される場合。

8ハウスのロードがデトリメントか、フォールにあり、凶星の1つからアフリクトされ、さらにルミナリーのいずれかと共にあるか、暴力的なサインにある他の凶星と共にあると、非業の死を意味する。

1ハウスのロードが暴力的なサインにある、あるいは凶星から害され、そしてさらに、時間におけるライツのディスポジターが暴力的なサインにあるか、アフリクトされていると、非業の死を意味する。

1ハウスのロードが8ハウスにあり、生来的に凶星で、その上アフリクトなどされているなら、非業の死を意味する。しかし、もし1ハウスのロードが生来的に凶作用の惑星ではなく、暴力的なサインにあり、凶星のスクエアかオポジションによって妨げられているなら、同じことを意味する。

8ハウスのロードと1ハウスのロードがライトのいずれかのディスポジターで、これらのいずれかがデトリメントかフォールにあり、凶星の1つが暴力的なサインにあるもう一方のライトをアフリクトしていると、非業の死を意味する。

月が7ハウスにあり、暴力的な性質を持つ恒星があるサインにある場合、すなわち、牡牛座、双子座、蟹座、射手座にある場合、月が太陽とスクエアかオポジションにあるか、凶星が8ハウスにあるか、凶星が8ハウスを支配し、どちらも暴力的なサインにあると、非業の死を意味する。

前述の法則がすべてではあるが、これについて一般的に例外が認められる。この例外に当てはまらなければ非業の死を完全に意味する。例外とはすなわち、吉星の1つがアセンダントにあり、もう一方の吉星が8ハウスにあるなら、突然の死や、非業の死のすべての恐れは取り除かれる。

非業の死の状況や種類

これについて意味されることは、死のシグニフィケーターを最も重くアフリクトするシグニフィケーターからとる、あるいは死のシグニフィケーターの位置で、主な権威と力を持つシグニフィケーターからとる。死のシグニフィケーターの位置とは、すなわち、ルミナリー、アセンダントのロード、8ハウスのロードのある位置や、これらのハウスである。シグニフィケーターとサインの性質を混ぜ合わせ、時には、シグニフィケーターがある天上のハウスの性質を混ぜ合わせる。

土星は生来の性質に適切に従い、溺死や、難破、古い建物の崩壊、毒による死を意味する。
火星は、火、鉄、雷や稲妻、銃撃、落馬による死を意味する。
土星と火星はどちらも高い場所からの転落、窒息による死を意味する。

この種の判断におけるサインの性質

火象サイン、すなわち、牡羊座、獅子座、射手座は、火、雷、稲妻、銃撃による死を意味する。
風象サインは、高い場所からの転落、首切り、窒息、首吊りを意味する。
水象サインは、溺死を意味する。
地象サインは、（建物などの）崩壊*、不慮の災難、転落による死を意味する。
人象サインは、人による死、つまり、武器や暴力による死を意味する。
毒のサインは、毒による死を意味する。

* 原文はRainとなっており、雨となるが、地象サインに合わない。原文で度々出てくるRuin（崩壊）の間違いであると思われる。

ハウスの性質

１０ハウスは、行政長官の命令による死を意味する。
１２ハウスは、馬や大きな家畜による死や、隠れた場所での謀殺を意味する。
６ハウスは、召使い、奴隷、隣人による死を意味する。

２つ、３つやそれ以上の根拠が同時にあると、より確信できる。例えば、火星が死の創造者で、火象サインにあると、死の種類は火や剣などによるものだろう。

非業の死の性質

ここでは多くのことが考慮され、それによって私たちはより正確な判断ができるだろう。私たちが第１に知るべきであり、判断すべきであるのは、出生図の持ち主は非業の死によって死を迎えるか否かについてである。
第２に、私たちは出生図の持ち主の行動様式について考慮しなければならない。つまり、出生図の持ち主が泥棒、殺人者になる恐れがある人か、あるいは、異教徒になるような人かどうかについてである。なぜならば、出生図に邪悪さが出ているなら、非業の死のシグニフィケーターよって公的に罰せられることが意味されるからである。
第３に、その人の状況を観察する。例えば、君主は庶民の一般的な男性と同じような死に方をめったにもしくは全くしないからである。

トレミーによって死の性質は求められるだろう。第1に、凶作用の惑星の性質から。第2に、そのサインから。第3に、死と生命のシグニフィケーター、つまり、ルミナリー、1ハウスのロードと8ハウスのロードをアフリクトする凶星があるハウスからである。ライツの近くにある恒星を考慮する。

性質をさらに完全に判断するため、そして、非業の死がどのようにやって来るのかについて、私はシェーナー、カルダーノ、アルブバテルなどから、そして昔同じようなことをしたオリガヌスから、彼らの経験によって正確であると分かった格言を集めた。

土星に関する法則

土星が魚座にあり、月が乙女座にある、もしくは、土星が水象サインにあり月が土星にオポジションなら、出生図の持ち主は水によって亡くなるだろう。すなわち、溺死や、そうでなければ、ワインの飲み過ぎによって亡くなる。

土星が7ハウスにあり、太陽か月にオポジションなら、投獄、ふしだらな女性、毒、貧困、恐怖、苦痛、地下牢、あるいは、転落や追放などによる死を意味する。

土星が月とのコンフィギュレーションにあり、私たちがイアーソーン*のアルゴー船の帆柱と呼ぶ星座、つまり、蟹座、獅子座、乙女座にあれば、出生図の持ち主は難破や大嵐によって溺死することを意味する。

水星が土星と接合するか、地象サインの土星とスクエアかオポジションのアスペクトなら、出生図の持ち主は狂犬か蛇に噛まれるか、毒のある凶器に刺されて非業の死を遂げる。もし金星に土星と水星のアスペクトがあり、前述のような配置なら、出生図の持ち主は女性やほれ薬によって亡くなることを意味する。

土星が太陽とコンジャンクションか、不動サインにある太陽とスクエアかオポジションであると、多くの場合、石で強打されたり、火か水による窒息死を意味する。時には、首切り、銃や大きな器具による死や、首つり、首を絞められることなどによる死を意味する。

土星が10ハウスにあり、時間におけるライツにオポジションで、地象サインにあると、家の倒壊による死を意味する。もし水象サインが4ハウスにあると、水による死を意味する。

火星と土星が12ハウスにあると、大きな獣による死や危険を意味する。土星と火星が7ハウスにあり、柔軟サインで、月が土星と火星にオポジションなら、突然の転落による死を意味する。土星が8ハウスの射手座にあると、落馬による死を意味する。土星が7ハウスにありドラゴンテイルと共にあると、首を吊ることを意味する。吉作用の惑星はこれらの判断を和らげることを常に注意しなければならない。

*イアーソーン：ギリシャ神話に登場する英雄。アルゴー船でコルキスの黄金の羊の毛皮を探索した。

火星に関する判断と格言

　火星が人象サインにある月とスクエアかオポジションなら、出生図の持ち主は暴動、戦争や自分自身の手によって亡くなるだろう。火星がライツのいずれかに先程と同じようなアスペクトで、金星とオポジションかスクエアなら、女性によって殺害されるだろう。火星が水星と共に人象サインにあるか、アスペクトにあると、泥棒や海賊によって殺され、非業の死を迎える。火星がメドゥーサの頭（アルゴル）かアンドロメダ星雲＊とあると、出生図の持ち主は斬首されることを意味する。もし火星のそのアスペクトが両方のライツか、ライツの1つにあり、9、11、4ハウスにあるなら、絞首刑になることは明らかである。

　　＊アンドロメダ星雲：２０１５年において牡羊座２８.０３。

　火星が蠍座か射手座にあり、前述のようにライツをアスペクトすると、焼け死んだり、医者や外科医に身体の部位を切られ、切開されることによる死を意味する。
　火星が前述のようにあり、１０ハウスか４ハウスにあり、特にケフェウス座＊かアンドロメダ星雲と共にあると、首吊りや車などによる事故を意味する。
　火星が７ハウスにあり、火象サインにあると、焼け死ぬことを意味する。
　火星が７ハウスにあり、凶暴なサイン＊にあると、錯乱による死や、建物や家の倒壊やそこからの転落、動物や馬からの落下による死を意味する。

　　＊ケフェウス座：２０１５年において（おおよそ）牡羊座４.００〜双子座１.００。
　　＊凶暴なサイン Feral Signs：獅子座と射手座の後半部分。

　これらの表示される意味においてはすべて、ライツの1つもしくは両方がコンフィギュレーションにおいて火星と関わっていなければならない。そうでなければ、この判断は無効になる。

アセンダントのロード

　もしアセンダントのロードか８ハウスのロードがアセンダントとオポジションなら、出生図の持ち主は非業の死を迎えるだろう。
　もし７ハウスのロードか８ハウスのロードが９ハウスにあって、地象サインにあり、凶の状態であるなら、出生図の持ち主は突然の不幸によって亡くなるだろう。
　太陽が獅子座でアセンダントのロードと接合し、火星がアセンダントを支配していないか、吉星が８ハウスにないと、出生図の持ち主は火によって亡くなるだろう。
　死のロードが生命のシグニフィケーター自体か、アセンダントのロード自体に接合するか、あるいは、月が獅子座か射手座にある太陽と接合し、火星がこれらにアスペクトするか、月か太陽が火星の性質を持つ恒星と接合するなら、出生図の持ち主は火による死の危険があるだろう。もし火星の代わりに土星がライツにビホールドするなら、出生図の持ち主は煙によって窒息死するだろう。
　もしアセンダントのロードが太陽か火星によって、そして８ハウスのロードによって凶の状態となっているなら火による死を意味する。

恒星の格言

太陽がアルゴルの頭と共にあり、吉星のアスペクトがないか、8ハウスにあり、時間におけるライツのディスポジターが火星とオポジションかスクエアにあると、出生図の持ち主は斬首されるだろう。もしルミナリーがカルミネートするなら、出生図の持ち主の身体は生きている間に傷つけられるか、切り裂かれるだろう。もし火星がその時双子座か魚座にあるなら、出生図の持ち主の手か足は切断されるだろう。

もし7、9、10、11、あるいは1ハウスに、火星が（うしかい座の）アークトゥルスと共にあり、月が（双子座の）ヘラクレス（ポルックス）と共にあるなら、出生図の持ち主は窒息によって亡くなるだろう。凶星が7、4、11、12ハウスにあり、おうし座の目（アルデバラン）と共にあり、月がさそり座の心臓（アンタレス）と共にあると、出生図の持ち主は剣や投げ矢に突然に突かれて亡くなるか、突然の転落などによって亡くなるだろう。

もし土星が蠍座の心臓（アンタレス）と共にあり、月がおうし座の目（アルデバラン）と共にあるなら、出生図の持ち主は首を吊るか、剣の一撃によって殺されるだろう。火星が同じ位置にある時も同じ意味を持つ。

出生図において凶星がメドゥーサの頭（アルゴル）と共にあり、月がみずがめ座の輝く星（サダルスウド）*と共にあると、君主の命令による打ち首や絞首刑のいずれかで非業の死を迎えるだろう。

*みずがめ座の輝く星（サダルスウド）：２０１５年において水瓶座２３.３６。

もし凶星がそういう位置にあり、月がうみへび座の輝く星（アルファード）*と共にあるなら、出生図の持ち主は水や毒によって亡くなるだろう。しかし、それは凶星がアンギュラーにある時だと常に考えられている。ミッドヘブンのカスプや、アセンダントのカスプや、7ハウスのカスプに近ければ近いほど、非業の死はより確実である。

もし凶星が11、9、あるいは8ハウスにあるなら、同じ判断になるという意見がある。

もし太陽と火星が地平線の上にあり、ケーデントにあるわし座（アルタイル）と共にあって、月がこいぬ座（プロキオン）と共にあるなら、出生図の持ち主は狂犬に噛まれて亡くなるだろう。凶星がペガサス座の中心（マルカブ）*と共にあり、月が荒れ狂ったいぬ座の星（シリウス、プロキオン）と共にあると、出生図の持ち主は火や、鋭利な武器や、獣からの怪我によって亡くなるだろう。

凶星がペガサス座の中心（マルカブ）と共にあり、月がこと座の輝く星（ベガ）と共にあると、出生図の持ち主は非業の死によって亡くなるだろう。

凶星がペガサス座の背中（アルゲニブ）*と共にあり、月がオリオン座の腰紐（ミンタカ）と共にあると、出生図の持ち主は溺死するだろう。しかし、月が凶星のあるその位置にあって、さらに凶星が月のその位置にあるなら、出生図の持ち主は男性の手によって殺されるだろう。

月がプレアデス星団と共にあり、凶星がしし座の心臓（レグルス）と共にあると、出生図の持ち主は目の片方か両方を失明するだろう。

火星がプレアデス星団と共にあり、土星がしし座の心臓（レグルス）と共にあると、出生図の持ち主は暴動によって殺害されるだろう。

私はその他多くの格言を記録した。

*うみへび座の輝く星（アルファード）：２０１５年において獅子座２７.２９。
*ペガサス座の中心（マルカブ）：２０１５年において魚座２３.４１。
*ペガサス座の背中（アルゲニブ）：２０１５年において牡羊座９.２１。

しかし、主要なシグニフィケーターをしっかり混ぜ合わせて判断しなければ、それらだけでは先人たちが伝えたような結果にはならない。その判断はそれぞれ占星術師の胸の中に残っていて、それはどのように正しく理解するかということである。それゆえ、私は占星術の研究者にさらに研究を進める上での注意点をここに残しておく。研究者に保証しておくが、先程述べた格言は、私自身が知っている中で最も優れたものであり、私自身が判断した出生図において、これらの格言の多くが正確であることを確認している。

　もし出生図において前述の法則が見られないなら、それは出生図の持ち主は病気や病によって自然死するだろうというはっきりとしたあらわれである。病気の性質については8ハウスにある惑星とサインの性質からとられる。ここで観察することは、もし多くの惑星が8ハウスにあるなら、最も強い惑星を優先することである。もし惑星が8ハウスにないなら、8ハウスのロードと8ハウスのロードがあるサインから判断する。それぞれの惑星に関する病気は、6ハウスを判断することから述べられる。そして、死の時期とは、神の手の中にだけあり、占星術師はそれについて自信過剰にならないでもらいたい。常に死の危険を意味するのは、アフェータが殺人惑星の好ましくない光線のところに来るのを見つける時で、あるいは、シグニフィケーターのディレクションでの出会いが悪ければ悪いほど、さらに大きな危険があるだろう。特にクライマクテリカル・イヤー（厄年）の時である。あまり大胆にはならず、謙虚に、すべては神聖な神の摂理に任せること。

ディレクションの影響

　すべてのディレクションの技法は、レギオモンタヌス、マギヌス、レオヴィティウス、マンギヌス＊、ゾボラス＊などによって数多く扱われている。しかし、アルゴラス＊による *Primum Mobile* が最も精巧であり、後世の人々は非常に恩恵を受けていることを理解すべきである。レギオモンタヌスが表を作成する以前において、先人たちはハウスのカスプ上にないシグニフィケーターをディレクションする時、大変悩まされたのは確かな事実である。というのも、惑星がハウスのカスプから離れている時、正しい惑星の位置円（サークル・オブ・ポジション）が分かる正確な方法はなかったからである。そういった時、彼らは出生図の持ち主が生まれた場所の緯度に適したハウスの表によって、あるいは、昼と夜のホラリータイム＊によってディレクションを行っていたが、それはめんどうで難しく、曖昧な方法であった。唯一トレミーの方法だけが残っているが、それはオリガヌスの著作の３９１ページと、アルゴラスの *Ephemerides* のイントロダクションの２８３ページ、そして、マギヌスの *Primum Mobile* の規則 55、ペゼリウスの１８６以下、ガルカエウス＊の４４９、ジャンクティンの "lib. Prim." の３９１ページに記載されている。今日において、私たちはアルゴルス以外のディレクションの方法を使用していないが、これはヨーロッパ各地において最も合理的な方法であると一般的に認められたものである。

　ディレクションの技法は、シグニフィケーターがプロミッターと出会うのがどの時期かを見つけ出すことにすぎない。より平易に言うと、いつなのか、どの時期なのかということであり、あれやこれやといった出来事が起こるのはいくつの時かということである。つまり、昇進はいくつの時か、いつ結婚するか、いつ旅行に行くのか、財産が増えるのはいつかなどである。一般的な出生図の判断においては、１２のハウスを考慮し、人生全般における出生図の持ち主の一般的な幸運が何であるのかということが読み取れる。

なぜディレクションなのか。

＊マンギヌス Manginus：イタリア語では Carlo Antonio Manzini。１５９９年～１６７７年（１６７８年とも）。イタリアの天文学者、数学者。１６２６年に *Tabulae primi mobilis, quibus nova dirigendi ars, et praecipuè circuli positionis inventio non minus facilis, quam exacta ostenditur* を出版する。
＊ゾボラス Zobolus：アルフォンスス・ゾボルス Alphonsus Zobolus、アルフォンソ・ゾボリ Alfonso Zoboli。？～１６４０年。イタリアの気象学、占星術の著述家。１６２０年に *De Directionibus* を著す。
＊アルゴラス：アンドレア・アルゴリ。６２０ページ参照。
＊ホラリータイム Horary Times：惑星の昼の円弧もしくは夜の円弧を１２で割ったもの。
＊ガルカエウス Johannes Garcaeus：ヨハネス・ガルケウス Joannes Garceus。５９４ページ参照。

しかし、ディレクションの技法においては、時期を年、月、週、日に計り分け、誕生のルーツで私たちが予測する特定の時期、一般的に約束されていることを私たちに事前に知らせてくれる。どの時点か、いつなのかについて、私たちは度々正しく的中しないことで、神を喜ばせているが、しかし、実のところ、私はその間違いはその技法にではなく、占星術師の怠慢や勉強不足のためであろうと思う。ディレクションを組み立てる前に、その占星術師は出生図を正しく時刻修正しないで、1年1年の判断を行うからである（*世界中で起こる誤りである*）。なぜならば、私もたびたび経験し思うが、本当にすべての占星術の学習で最も困難なのは、アセンダントが正しいことを確かめることである。というのも、人間は過ちを犯すので、（私たちがよくそうするように）アセンダントを2、3度間違えてしまうなら、その時はいわば、それによって意味される出来事は、数年早かったり、遅かったりで起こるに違いない。そして、ミッドヘブンの度数が正確ではない時もまた同様である。

　ディレクションに熟達したいと願うなら、ディレクションの方法を前述の著者の方法に直すこと。この場合、それは私の扱うところではない。

ディレクションの影響

　では今から、私はディレクションの影響について述べようと思う。すなわち、吉、もしくは、凶のディレクションを元に、出生図の持ち主に予測される出来事はどのような状態かについてである。そして、ハイレグの位置がそれぞれ意味するのはどのようなことか、そして、どのように活用するのか、それぞれの惑星がそれ自身意味することは何か、アクシデンタルは何かについてである。

　それゆえ、第1に、私たちは判断すべきディレクションが吉か凶かについて考慮しなければならない。それは吉か凶のアスペクトによって簡単に知ることができる。

　第2に、良いディレクションと吉のディレクションによって、ディレクションのシグニフィケーター自身が意味し、暗示するような繁栄と財産が与えられる。それはシグニフィケーターが意味するような物事において、もしくは、シグニフィケーターが意味するような人物から起こるだろう。シグニフィケーターはアクシデンタルによって、これを意味する。すなわち、誕生のルーツでシグニフィケーターが位置するハウス、あるいは、シグニフィケーターが支配するハウスによって意味するのである。

　第3に、幸福の原因は、プロミッターから意味される。これはシグニフィケーターで述べられた同じ方法に従い、プロミッター自身とそのアクシデンタルによって意味される。その後に、ディレクションで出会う天上のハウスから意味される。つまり、プロミッターとの出会いが起きる度数のあるハウスから意味される。

　第4に、凶のディレクションはシグニフィケーター自身とアクシデンタルによって意味されるような幸運とは反対のことを意味する。

第５に、凶運の根本的な原因は、そのディレクションでのプロミッター自身とそのアクシデンタルによって意味される人物と事柄から生じ、プロミッターと出会うのがどのハウスであるのかを考慮すべきである。

私たちは通常５つの位置と惑星をディレクションする。位置と惑星は事柄や人物のいずれかを意味するだろう。

> どの位置を、どの惑星をディレクションするか、そしてそれは何を表すか。

第１に、ホロスコープ、つまりアセンダントを、すべての出生図においてディレクションする。なぜならば、それは人の生命と身体、顔、肉体と精神の傾向と行動様式を意味するからである。もしアセンダントが吉作用のディレクションに来るなら、身体と精神の両方や、出生図の持ち主の健康、元気の良さ、そしてあらゆるこの世の事柄についての繁栄を意味する。しかし、もしアセンダントが反対の作用のディレクションに進行する場合、すなわち、凶作用の惑星のタームや凶アスペクトに進行するか、あるいは、アクシデンタルにおける６、１２、８ハウスのロードの凶アスペクトに進行するなら、凶であると予想される。

第２に、私たちは月をディレクションする。なぜならば、月は身体の外観、意志、出生図の持ち主の旅行、外国への旅、結婚、妻や女性や近い親戚の状態を意味するからである。

第３に、太陽のディレクションは、特に出生図の持ち主の健康と不健康、名誉や、公的な、もしくは、民間での昇進、身分の高い人からの寵愛、父の地位、評価に関してなされる。

第４に、メディウム・コエリのディレクションは、名誉、共和国での公職、貴族と王と行政長官との親交を表し、仕事の熟達、出生図の持ち主の商売や職業、母を表す。

第５に、パート・オブ・フォーチュンが吉星や凶星の吉や凶のアスペクトにディレクションされることで、富の増加や減少が意味される。そして、起こり得ることだが、このディレクションは身体への影響を意味する。私はこれについて信じていない。パート・オブ・フォーチュンのディスポジターは、同じことを意味するだろう。パート・オブ・フォーチュンはサインの順に、そして、逆にディレクションされる。しかし最高の占星術の実践家は順のみでディレクションする。

第６に、土星をディレクションするが、土星は、先祖、遺産、建物、職業、大地からの収穫を意味する。また、恐れ、嫉妬、疑惑などを意味する。これらは土星が良い影響にあるか、悪い影響にあるかに従う。

> これは一般的なディレクションではなく、前述の５つ以外のものである。

第7に、木星のディレクションは、栄光、名声、富、子供、宗教、平穏などを表す。

　第8に、火星のディレクションは、敵意、勝利、戦争、訴訟を表し、兄弟姉妹の地位を意味する。

　第9に、金星のディレクションは、結婚、愛情、喜び、高価な装飾品、処女、女性を表す。

　第10に、水星のディレクションは、知力、理解力、商売、事業、交渉、旅行、弟や妹、学問、歴史などを表す。

　どのような出生図にあっても、または、天上のどの位置においても、惑星はディレクションにおいて、惑星自身に適した物事を意味する。しかし、アクシデンタルにおいては、惑星は惑星があるハウスの性質と惑星がロードとなるハウスの性質に従った意味を持つ。これらを考慮することで、ディレクションで意味されることの真意が分かるだろう。

157章　ディレクションの影響はどれぐらい続くのか

　あらゆるディレクションの影響の激しさと大きさは、誕生のルーツにおけるシグニフィケーターとプロミッター両方の強さ、あるいは、デビリティからとられる。なぜならば、シグニフィケーターとプロミッターの両方がエッセンシャル・ディグニティにあり、アングルにある時、これらのディレクションの影響は明白ではっきりと表れる。そして、それが約束することを完全に果たすであろう。例えば、もし太陽を月とのセクスタイルにディレクションし、太陽と月の両方がこれらのエッセンシャル・ディグニティにあるなら、間違いなくこのようなディレクションで、シグニフィケーターとプロミッターが出会う時はいつでも出生図の持ち主は賞賛に値する幸福を得るだろう。

　もし太陽か月の一方が強く、もう一方が弱いと、影響は平均的だろう。そして、シグニフィケーターかプロミッターのどちらがより良いディグニティにあるのか観察しなければならない。もしシグニフィケーターの方が強いなら、幸運の影響には幸運を引き起こす大きな出来事や重大な出来事がないだろう。しかし、もしプロミッターが最も強いなら、確かに幸運が訪れる。しかし、その幸福の元となる出来事の大きさには従わないだろう。

※ 私は度々「誕生のルーツ」と呼ぶことを強いられるが、それは「ラディックス（出生図）」と呼ぶのが適切である。なぜ「誕生のルーツ」と呼ぶのかというと、英語では言葉の意味をうまく表現できないからである。

シグニフィケーターとプロミッターの両方がラディックスで弱い時、ディレクションの影響はそれに従い、幸せが生じることは約束されるがわずかだろう。シグニフィケーターとプロミッターの両方がさらに弱ければ、そのことで出来事について答えることができず、それらを生じさせる原因についても答えることはできないだろう。

　もしシグニフィケーターとプロミッターの両方が全て弱く、凶の状態なら、ディレクションの影響は何もなく、ただその影を見せるだけで何の影響もないだろう。

　また、あなたが観察すべきことだが、もしディレクションにおいて凶星がプロミッターなら、凶運を予示する。つまり、何かしらの悲しい出来事である。ラディックスにおいて、それら凶星が強いか、自身のハウスにある場合、その凶事は我慢できるものであり、被害は少なくなるだろう。なぜならば、凶星は自身のハウスに危害を及ぼさない、もしくは、自身の意味を破壊しないからである。そして良い影響を受けているなら、他の場合よりも常に凶作用を少なくするだろう。

　時々起こることだが、出生図の持ち主の同じ年の間に、様々な意味を表示する吉と凶のディレクションがあり、その結果、占星術師はこの場合どうしてよいのかはっきりしないだろう。しかし、私が判断する時は、そこに曖昧さはない。なぜならば、吉と凶のディレクションにある一定の一致がなく、適合していなくても、吉と凶のディレクションは、お互い邪魔をし合うこともなく、影響を及ぼすからである。月とアセンダントの場合、月とアセンダントの両方は身体の健康を意味する。例えば、同じ年において、アセンダントが火象サインにある火星とのクォドラチャー＊に来ることを考えるなら、出生図の持ち主はひどい熱を患うことなどを意味する。同じ年において、月が水象サインにある金星のセクスタイルかトラインに来ることを考えると、疑問としては、「ここではどのような判断を下せるか？」である。すなわち、「出生図の持ち主は病気になるか、病気になるのを避けられるか？」である。この場合、最も確かな方法とは、プロフェクションの図や、レボリューションでどちらと一致するかについて考慮する。なぜならば、それらや、それらのいずれかが火星が表示する悪い意味と一致するなら、出生図の持ち主は病気になるだろう。しかし、もしプロフェクションやレボリューションで金星と一致するなら、出生図の持ち主は完全に病気になるのを避けられるか、病気による悪さをほとんど感じないだろう。ここでのこの判断にあなたが満足できないなら、ラディックスで最も強いプロミッターがどれかを観察し、そのプロミッターに優位性を与える。

　＊クォドラチャー Quadrature：９０度の位置にあること。

そして、これらの2つのディレクションの影響に最も強いプロミッターの影響が加わると言えるだろう。

158章　5つのハイレグの位置、すなわち、アセンダント、ミッドヘブン、太陽、月、そして、パート・オブ・フォーチュンがプロミッターへディレクションすることについての影響

アセンダントが土星自体へディレクション

アセンダントが土星自体へディレクションするなら、その年において出生図の持ち主は身体に悪い体質が生じ、冷と乾から生じる病気を患う。つまり、過剰な多くの粘液や、煩わしい咳、四日熱、三日熱が重なる。脳の老化、めまい、精神錯乱による病気、奇妙な妄想、恐ろしい空想、長引く病気、未練が残り恋い慕うあまり病気になって亡くなる。幼年期の少女は鉄欠乏性貧血を患い、青年期は体力の消耗が長引く、愚かで何もかもが退屈に感じる。出生図の持ち主は（つまり病に犯された体液である）怠慢で、注意散漫で、反抗的で、全般的に無気力であったり身体全体に倦怠感を感じ、（水象サインにある時）暴力的な恒星が近くにあると水による危険である。

アセンダントが土星のセクスタイルやトラインへディレクション

土星のセクスタイルやトラインへのディレクションは、出生図の持ち主はより真面目で、落ち着き、以前よりも慎重になり、十分に年齢を重ねた人物との多くの親交がある。すなわち、老齢の真面目な人で、出生図の持ち主が彼らと商売したり交流することで利益よりも出生図の持ち主の評判を上げ、出生図の持ち主は成功し、安定して売れる商品や品物によって富を得るだろう。すなわち、農業や、土地を耕すこと、土星的な意味を持つ商品からである。出生図の持ち主は建築、家の修繕、果樹園作り、庭、田舎の物事を扱う傾向があるだろう。そして、土地や家を貸したり、購入したりするか、家を建てるか、あるいは、農民、庶民、田舎の無骨者、炭鉱労働者、あらゆる日雇い労働者を扱うことに適した時期である。高齢者から遺産を贈与されたり、高齢者を通じて財産が増加することを意味する。そして、出生図の持ち主は土地や遺産に関する仕事に雇用されることを意味し、紳士が住むための土地を貸したり、与えたり、もしくは、良い条件で賃借権を更新するだろう。

あるいは、（もしあるなら）出生図の持ち主は自分の土地から鉱山、鉱物を発見する。これは慎重で決断力のある完全に落ち着きのある人物を意味する。子供時代においては、両親に従順であることを意味する。

アセンダントが土星のスクエアやオポジションへディレクション
（他の凶作用のプロミッターと一緒になるか、土星がアナレタの時）これは恐ろしいディレクションで、死の恐れや死の危険がある。冷と乾の病気も加わり、長引き、以前患った病気が再発し、ひどい苦痛と恐怖を伴う脾臓の高熱、鼓腸、脱腸の悩み、淋病、下痢や嘔吐、赤痢、両手と関節と足に関するあらゆる種類の痛風、鼻の中の*私に触れないで*（潰瘍）、尻の瘻孔、脚や足、あるいは太腿の腫瘍、男性器の怪我を生じる。その年は悲しく嘆かわしい年となり、不満に満ち、高齢者に苛立ち、すべての活動は遅れ、公職と評判と名誉を失うだろう。

アセンダントが土星のタームへディレクション
出生図の持ち主は行動においてたいてい遅く、鈍感で、話す気持ちがなく、人を付け回し、よそよそしく、妬みと悪意に満ち、気難しく、怒りっぽく、出生図の持ち主は終わりがどうなろうと気にしないことを意味する。あなたはサインを考慮すべきである。なぜならば、土星が火象サインにあるなら、気質はより乾となり、水象サインにあるなら、より湿となり、粘液の傾向となり、風象サインにあるなら、血液の病気となり、地象サインにあるなら、より憂鬱質になるからである。

159章　アセンダントが木星自体と木星のアスペクトへディレクション

アセンダントが木星のコンジャンクションへディレクション
アセンダントが木星自体にディレクションする時、身体の健康的な状態を意味し、そして、出生図の持ち主は陽気で、愛想がよく、楽しく、信心深く、善人との会話を喜び、身分の高い人からの恩恵や引き立てによって財産が豊かになり、高く評価され、信用が増すだろう。成功する年で、出生図の持ち主はすべての行動において良い結果となり、非常に満足する。

多くの場合、この年に他に利となる状況が同時に起こるなら、出生図の持ち主は結婚する。あるいは、聖職者なら、大学で学位を得るか、聖職禄を得る。ラディクスにおける木星の意味することに注目すること。なぜならば、起こりうることだが、（木星が水象サインにあり、ペレグリンの場合）木星ははしかや小さなあばたを意味するからである。木星が風象サインにあるなら、同じことを意味する。木星が火象サインにあるなら、微熱を意味する。木星が地象サインにあるなら、壊血病を意味する。しかし、木星は出生図の持ち主に常に何かしらの幸運をもたらすが、木星がロードとなるハウスとラディックスでの木星の強さに従う。木星は予期せぬ土地や遺産を与え、息子や娘や、外国人や血縁ではない人物を通して多くの幸運の恵みを与える。また、このディレクションにおいては、出生図の持ち主は木星的な人物と接することとなる。

アセンダントが木星のセクスタイルやトラインへディレクション

木星のセクスタイルやトラインへのディレクションは、その年のすべての活動において、幸運、財産、友情、名誉、栄光が生じ、増え、心の落ち着きと、身体の健康的な状態をもたらす。出生図の持ち主は、出生時の能力に従って、君主、貴族、騎士、紳士に、あるいは、聖職者に気に入られる。出生図の持ち主は名誉ある使節団に雇用されるか、旅行に行く。そこでは評価とお金の両方を得るだろう。出生図の持ち主は自由で豊かになるだろう。商売人にこのディレクションが起こると、大きな取引によって非常に裕福になるであろうことを意味する。宮廷人にこのディレクションが起こると、別の公職に異動し、より裕福になったり、より恵まれた職場であることを意味する。田舎の男性にこのディレクションが起こると、穀物が豊作で、収穫が多いことで大きな利益を得ることを意味する。王がこのディレクションなら、国民は王の財布を満たすだろう。

アセンダントが木星のスクエアやオポジションへディレクション

このディレクションは木星があるサインに従って、一様でない病気を身体の中に引き起こす。

憎悪、敵意、欺瞞、論争が、特に弁護士、聖職者、紳士との関係において生じる。彼らは友情を口実に、出生図の持ち主にうまく取り入り、裏切るだろう。結果、そのことで、出生図の持ち主は苦しむかもしれないが、多くの財産を損失することは経験しないだろう。

このディレクションが湿サインなら、青年期では小さなあばたやはしかの恐れがある。より歳を重ねた人なら、生活が不摂生になり、みじめな状態になる恐れがある。すなわち、財産上の不注意で、保証によって損害を受ける。

そしてどのように生活するかといったことや、家族を養うことを配慮しない。十分の一税＊についての論争や、教会の人との論争、宗教における異端の教義のために危険な目に遭う。木星がロードとなるハウスや、木星があるハウスは、問題の原因や源になることを意味するだろう。もし木星とオポジションで、木星が水瓶座か獅子座にあるなら、たいてい胸膜炎や、肝臓の欠陥や、血液の病気の恐れがある。そのような血液は排出するのが良い。

＊十分の一税：教会維持のため、教区民が毎年主に農作物の１０分の１を納めていた。

アセンダントが木星のタームへディレクション

身体と精神の良い状態を生じ、出生図の持ち主は幸運に喜び、誠実で、蓄えが増え、高い地位や身分の人物と知り合い、出生図の持ち主は快適に過ごし、大いに尊敬されることを意味する。

アセンダントが火星とのコンジャンクションへディレクション

アセンダントが火星自体にディレクションすると、その年出生図の持ち主は、胆汁が多くなり、怒りっぽくなり、衝動的で、激しく怒り、これには多くの論争と訴訟や、好戦的に口論することが含まれる。妬んでいる人から悩まされるというような多くの不幸によって、出生図の持ち主自身口論しやすかったり、決闘を受けやすい。旅行中に泥棒や海賊に遭遇する危険性や、火星があるサインが意味する身体の部位に怪我の恐れがあり、それは馬、鉄、火、剣、ナイフなどから、もしくは、射撃、投石によってである。そして、投獄を意味し、そうでなければ、収監や追放のために、あるいは、金銭を支払う能力がないことで偏見を持たれることを意味する。火星がアナレタなら、小さなあばた、最もひどい高熱、死の危険を意味する。病気が強ければ、狂気、めまい、顔や体全体に水ぶくれやかさぶたができ、疫病を意味する。火星が蟹座か蠍座にあるなら、赤痢の危険がある。火星が火象サインにあるなら、腸のひどい痛み、鋭い物で刺される危険、あるいは、火や、火の粉による危険を意味する。火星が風象サインにあるなら、転落、文書による危険、もしくは血液が非常に熱せられる危険を意味する。

アセンダントが火星のセクスタイルやトラインへディレクション

アセンダントが火星とセクスタイルやトラインへディレクションするなら、出生図の持ち主にあらゆる種類の軍事的な演習や、大きな馬の乗馬、剣術、あらゆる種類の軍事に関する出来事を招く。軍人に大変尊敬され、戦争による昇進、君主、大佐、軍隊の司令官に好まれ、軍事戦略を創案することを意味する。もし出生図の持ち主が手仕事の職人なら、親しく取引し、良い仕事をし、多くの発明を試み、その年に得たものよりも多くのものを消費する。胆汁質に傾き、その体液が優位を占め、短気を起こさせるからである。

アセンダントが火星のスクエアやオポジションへディレクション
　血液が沸騰し、過度に熱されることが原因で急性の激しい熱が出ることを意味し、胆汁が満ち、多くの不幸と突然の災難、そして、吉星が悪い影響を和らげない限り、多くの場合予期せぬ死を意味する。身体の怪我、高い場所からの転落、傷、火による火傷、お金をはてしなく莫大に消費し、多くの敵を作り、多くの告訴、そして、出生図の持ち主に対する馬鹿げた情報が多発する。出生図の持ち主にとって最善なことは、このディレクションが続く間、紛争や、軍事的に使用されるあらゆる機械、道具について避けることである。火星が火象サインにあるなら、身体に熱と炎症を引き起こし、燃えるように熱い三日熱、肺病、肺炎、胸膜炎、膿瘍、不自然なはれもの、麦角中毒、腫瘍、おでき、伝染病による炎症の痛みを引き起こす。

　もし火星が地象サインにあるなら、体液の悪化と乾を伴い、最も死の危険があり、殺すか殺されるかの恐れがある。

　もし火星が風象サインにあるなら、体中の血液が熱せられ、不自然な炎症が顔や身体のあちこちに起こる。

　もし火星が水象サインにあるなら、4つの体液が不安定になったり、あらゆる積極的な性質と受動的な性質における一般的な障害、赤痢、ひどい下痢を意味する。蠍座にあるなら、たいていの場合女性から傷を負わされ、そして、海での大嵐や難破によって溺死する危険がある。陸地なら、小さな川の上を通り過ぎる時にふとした危険がある。

アセンダントが火星のタームへディレクション
　出生図の持ち主の気質は胆汁質に傾き、無謀な行動に走り、怠惰になり、多くの不道徳なことに手を染め、身体は一般的な病気になりやすい。中傷されるが、それは不当なことではない。もし火星に十分ディグニティがあるなら、火星は悪い影響を少なくする。しかし、出生図の持ち主が怒りをなくしてしまうのが良いだろう。

アセンダントが太陽とのコンジャンクションへディレクション
　出生図の持ち主にとって、地位、公職、高位、あるいは、君主や権力者からの雇用を意味していると理解する。出生図の持ち主は彼らに受け入れられるが、心に多くの不安や多少の疑いを抱えずにはいかない。あるいは、人生のすべての秘密事が公にされる。なぜならば、太陽はすべての物事を明らかにするからである。身体に一般的な病気が生じ、特に右目を傷つけることがないなら、頭の痛みを意味する。

あるいは、財産の出費や、兄弟姉妹との仲たがいを意味する。火象サインにあるなら、熱や、目に一般的な病気を生じる。風象サインにあるなら、冷たく有害な突風や臭気によって視力を傷つける。地象サインにあるなら、視力が悪く、思考を停止させる。水象サインにあるなら、涙や鼻水といった粘膜からの分泌物が非常に多く、過剰な湿がそれを引き起こす。

アセンダントが太陽のセクスタイルやトラインへディレクション

身体が素晴らしく健康で、心が落ち着き、財産が増加し、大いに重んじられている身分の高い友人が新しくできる。世間での評判と評価が上がり、多くの場合、名誉ある旅行や外国での雇用を意味する。出生図の持ち主は一般的な出来事において幸せになるか、非常に有益な仕事に出会う。

アセンダントが太陽のスクエアやオポジションへディレクション

このディレクションは身体に多くの病気を引き起こし、君主、行政長官、貴族などへの不満と不快感を生じさせる。しかし、これは常に出生図の持ち主の性質に従う。もし吉星がアスペクトによってこれらを助けていないなら、父の死や父に危険なことが起こることを意味する。多くの損失、苦難、詐欺、財産の減少、目の痛みを意味し、他の胆汁質の病気が出生図の持ち主を悩ますだろう。オポジションよりも、スクエアのアスペクトの方が、これらの徴候は少なくなる。このアスペクトがあると、出生図の持ち主は投獄の恐れや、航海による損害、身分の高い人のために引き受けたことから損害を受ける恐れがあり、そして、このことによって財産を大きく減らされる。これは常に悪い年を意味し、多くの争いと法廷での訴訟を意味する。

アセンダントが金星とのコンジャンクションへディレクション

アセンダントが金星自体へディレクションするなら、出生図の持ち主が身体や精神において求めるあらゆる種類の満足を意味する。女性に非常に受け入れられ、出生図の持ち主は女性に多く求愛し、新しい恋人との新しい交際を楽しむか、過去の恋人に対する以前の求愛を復活させる。もし出生図の持ち主の人生において年齢と状況が許されるなら、出生図の持ち主は結婚するか、女房孝行や女性と仕事をするのに忙しい。上質の衣類に喜んだり、自分自身を着飾ることを喜び、高価な宝石や家具などを購入する。もし出生図の持ち主がまさにコリドン*のようなら、この年、出生図の持ち主は、鍋、しろめの器、真鍮の器具、寝具類などを買う。そして、これはすべて田舎の娘をひきつけるためである。また、踊りをする。

＊コリドン：イギリスの詩人ニコラス・ブレトン Nicholas Breton（１５４５〜１６２６年）の詩である「フィリーダとコリドン Phillida and Coridon」から。コリドンがフィリーダに恋をする。

もし出生図の持ち主が既に結婚しているなら、この年子供が約束される。もし金星が蠍座、蟹座、魚座にあり、ラディックスにおいて異常な傾向を見つけるなら、出生図の持ち主は大酒飲みになったり、売春婦を斡旋する人、浪費家になり、暴飲暴食から生じる病気を患うか、梅毒や淋病を患う。

アセンダントが金星のセクスタイルやトラインへディレクション

楽しく快適な時で、十分に利益があり、満足し、出生図の持ち主に祝宴、宴会、女性との戯れ、貞淑な妻との結婚（もし金星がラディックスにおいてそう意味する場合）を意味し、あるいは、もし既婚なら、出生図の持ち主は子供を持つことが予測される。しかし、出生図の持ち主がたとえどのような状況でも、出生図の持ち主の人生の性質に従った幸運を意味する。商売人や田舎の農民なら、出生図の持ち主は天職において非常に成功し、親戚は出生図の持ち主に非常に親切で、満足して生活し、非常に尊敬される。

アセンダントが金星のスクエアやオポジションへディレクション

暴飲暴食や、あまりに頻繁な性交による身体の病気を意味し、時々、淋病などを意味する。密通と不貞に喜び、それゆえ、疑われたり、あきれられる。出生図の持ち主と女友だちとの不和や、女性から困らされたり、妨害される。そして、買春することを意味する。出生図の持ち主は自身の愚かな愛情によって、病的な情熱に陥り、あちこちの女性を口説き、出生図の持ち主は貞節さを軽んじる。不誠実な者に手綱はない。出生図の持ち主は嫉妬を理由に口論する、もしくは、出生図の持ち主の妻は夫を喜ばせること以外はだらしなく、アクタイオーン*の額を出生図の持ち主に授ける。

*アクタイオーン：ギリシャ神話での、アリスタイオスとアウトノエーの息子。入浴中の女神アルテミスを見たため鹿の姿に変えられ、彼が連れていた５０匹の猟犬に食い殺された。
アクタイオーンの額とは角の生えた額のことで、妻が不倫を犯す時に妻は「男に角を与える」と言う。

アセンダントが金星のタームへディレクション

出生図の持ち主の外観と性質は快活さに向かい、活発で、女性との交際を非常に喜び、音楽、踊ること、まともで楽しいすべての娯楽と遊戯を意味し、出生図の持ち主が引き受ける物事と商売における幸せを意味する。

アセンダントが水星自体へディレクション

このディレクションは、出生図の持ち主を研究、詩、数学に駆り立て、文筆によく精通し、それによって、利益と収益を約束する。その結果、これらから出生図の持ち主は財産を増やすだろう。出生図の持ち主は公職に就いたり、非常に給料の良い雇用に恵まれるだろう。出生図の持ち主は商業によって幸福になり、手仕事の職人なら、商売や職業によって幸福になるだろう。これは旅行を意味したり、その傾向を意味する。

学者なら、その年熱心に研究することを意味する。商売人なら、出生図の持ち主は楽しく仕事をする。青年期なら、徒弟になるには適した時期を意味する。熟年期の人には、取引関係や法律関係で忙しい時期であったり、事務員や法廷代理人として忙しい時期である。

アセンダントが水星のセクスタイルやトラインへディレクション

このディレクションは、理解力を鋭くし、出生図の持ち主は学問に励み、良い文学研究に駆り立てられる傾向がある。学生のような人なら、知識が非常に増えることを意味し、多くの興味深い本を読み、理解する。あるいは、総合大学や専門大学での学位を意味する。交渉、契約、取引でのあらゆる点において、出生図の持ち主には幸運がある。このディレクションは、旅行を請け負う、あるいは、使節団や伝言を意味する。出生図の持ち主の性質に従って、あなたは判断する。出生図の持ち主が使用人なら、主人は普通以上の給料で出生図の持ち主を雇用する。農民や平凡な田舎の人なら、出生図の持ち主は教区の査定や取引で忙しい。王の使用人なら、主人は様々な伝言などのために出生図の持ち主を雇用する。出生図の持ち主が貴族の使用人なら、文筆能力、会計、執事の職によって多くを得る。

アセンダントが水星のスクエアやオポジションへディレクション

水星のスクエアやオポジションは、目的もなく何らかの科学を習得するためにお金を無駄に出費し、これまで研究したことを嫌う。かゆみやかさぶた、肺が弱くなり、呼吸困難を生じ、昔秘密裏に進んでいた策略や陰謀が復活する。落ち着きがなく不安な時期で、常に目的なく時間を費やす。契約、文書、手紙における詐欺とたくらみを意味する。会計が原因となって、出生図の持ち主は訴訟に巻き込まれ、悪い使用人によって困らされたり、騙し取られたり、騙されたりする。昔の契約が原因となって、他人のお金のことで訴えられ逮捕される。陸上壊血病で苦しんだり、昔の担保責任を負ったことで苦しむ。事務員や法廷代理人と口論し、裏切られたり、目撃者が誤っていたり、若い男性や青年による嘘の情報や、中傷文、詩、馬鹿げた本を書くことで被害を被る。

アセンダントが水星のタームへディレクション

アセンダントが水星のタームに来ると、出生図の持ち主に正しい判断力を与え、知力を意味し、文筆や取引に気持ちが向かう。そして、神が出生図の持ち主に与えた人生の性質に従って、研究のために才能を傾ける。

アセンダントが月自体へディレクション

もしラディックスにおいて月がアフリクトされ、弱いなら、このディレクションは身体と精神に対する危険を意味する。出生図の持ち主を慎重に行動させないといけない。

水辺の近くやムーア人＊に関連した場所での突然の災難によって、出生図の持ち主が命の危険を冒さないためである。これは出生図の持ち主の人生を何度もかき乱す。これらのひどい災難は、月の動きと、ラディックスのライトのある位置に従う。これは出生図の持ち主を突然金持ちにしたり、同じように簡単に貧乏にもする。もし月が吉の状態なら、このディレクションは繁栄と身体の健康を意味し、出生図の持ち主が物事にあたれば、契約や、長旅や旅行によって幸運が与えられる。もしラディックスにおいて月が凶を表示するなら、鼓腸と、他の月的な病気を意味する。もし月が十分ディグニティがあり、出生図の持ち主に能力があるなら、結婚や、海外への旅行を意味するだろう。時には母の死を意味し、また時には良い昇進を意味する。

＊ムーア人：ベルベル人のこと、ムーア人に関連した場所とは主に北西アフリカの地域。

アセンダントが月のセクスタイルやトラインへディレクション
出生図の持ち主は仕事が充実し、精神的に非常に満たされ、身体は健康で、何かしらのことを請け負う傾向があり、親戚と母にとって良い時期で、出生図の持ち主は女性、特に若い女性に好かれる。結婚や旅行と、世間からの仕事が多い可能性があることを意味する。出生図の持ち主は隣人の間で非常に尊敬されて生活し、敏活に仕事をし、その年、娘のことで喜びを得るだろう。

アセンダントが月のスクエアやオポジションへディレクション
母や妻や女性との論争と争いがあり、嫉妬心が生まれ、田舎の無骨者や非常に無礼な人々との不和や、非常に下品な女性との不和、彼らから屈辱や侮辱を受けたりすることを意味する。身体は悪質で汚れた体液が過剰になることで苦しむ。水による危険や、特に左目の痛みや悩みを意味する。出生図の持ち主は落ち着きがなく、あらゆる人から侮辱される時期である。海や陸での成功はなく、陸では泥棒に襲われ、海では海賊に襲われる。法廷や、身分の高い女性から恥をかかされ、昇進や公職や地位の損失を意味する。病気になりやすく、暴飲暴食と乱暴な食生活からそれは生じ、粗悪な体液が過剰になることで身体が酷い病気にかかったり、胃は傷つけられ、出生図の持ち主は暴食をし、贅沢になり、多情になる傾向がある。

アセンダントからドラゴンヘッドへのディレクション
成功の時期と穏やかな時期を示し、身体は良い状態で、体調が良く、聖職者から重んじられ、多くの場合、出生図の持ち主に予期せぬ遺産が転がる。

出生図の持ち主に助言することは、神が出生図の持ち主に与えた天職において、幸運や財産を増やすために木星的で金星的な人物に近付くことである。

アセンダントがドラゴンテイルへディレクション
身体はおかしく、不健康で、伝染病の熱、腹痛による苦痛、胆汁、脱腸、淋病、毒に冒される危険があり、嫌悪感を抱かれる。2ハウスにあるなら、誤った金額を請求されたり、借金を余分に取られることを意味する。

アセンダントがパート・オブ・フォーチュンへディレクション
アセンダントがパート・オブ・フォーチュンへディレクションするなら、出生図の持ち主は予想外に、もしくは自身に適した事業から、財産を手に入れ、財産を非常に増やす。その時、木星がパート・オブ・フォーチュンをアスペクトするなら、出生図の持ち主の財産は木星的な人によって生じるだろう。太陽がアスペクトするなら、君主や身分の高い人の恩恵によるだろう。金星がアスペクトするなら、女性や結婚によるだろう。水星がアスペクトするなら、水星的な人の助けか、出生図の持ち主自身の事業、判断力、思慮分別さによるだろう。とはいえ、このようなディレクションにおいて、常に出生図の持ち主の財産は増える。その規模については、ラディックスにおけるパート・オブ・フォーチュンのディスポジター、ハウスを考慮することから分かるだろう。

アセンダントが恒星へディレクション
アセンダントはまた恒星にディレクションされる。恒星にディレクションされる時、恒星の性質に従って、幸運か、不運かいずれかを意味する。しかし、同時にシグニフィケーターがプロミッター自体に来る時や、同時に恒星と同じ影響を持つ惑星自体に来る時であれば、常に最も強く作用する。これらの性質について、ガウリクス*の *Tome 2* の1327ページとそれ以降を読むと良い。ジャンクティンの *Speculo* の255ページ、また、トレミーの最後の2冊についての彼の多くの註釈も読むと良い。

  * ルーカス・ガウリクス Lucas Gauricus：Luca Gaurico 1475〜1558年。カトリーヌ・ド・メディシスに仕えたイタリアの占星術師。1545年にはカソリック司教に任命される。著作集として *Opera omnia quae quidem exstant Lucae Gaurici* がある。

アセンダントが2ハウスのカスプへディレクション
高価な家具の購買と、動産の蓄え。

アセンダントが3ハウスのカスプへディレクション
出生図の持ち主は兄弟姉妹を訪ね、遊びで多くの旅行をする。

アセンダントが4ハウスのカスプへディレクション
これは死を意味する。

アセンダントが、天秤座26.30にある、うしかい座の槍（プリンケプス）*、

  * うしかい座の槍（プリンケプス）：2015年において蠍座3.22。

天秤座１８．３３にある（うしかい座の）アークトゥルスか、乙女座１６．２０にあるしし座の尾（デネボラ）＊にディレクションなら、出生図の持ち主に幸運が訪れることを意味し、出生図の持ち主は快適で、満足しこの世界を楽しむだろう。にもかかわらず、出生図の持ち主は多くの問題に巻き込まれ、不満や恐れを感じる。これは出来事そのものというよりは、むしろ出生図の持ち主自身の向こう見ずな性格から生じるだろう。

　　＊しし座の尾（デネボラ）：２０１５年において乙女座２１．４９。

アセンダントが蟹座２７．５８のアルゴー船の貯蔵庫の輝く星（マルカブ）＊へディレクション

　有益で賞賛に値する旅行を意味し、その旅行では出生図の持ち主は木星的で土星的な人と同伴するだろう。そこで出生図の持ち主は慎重に振る舞い、非常に真面目で、多くの危害を受けても、辛抱強いだろう。それらすべてが出生図の持ち主の利益と幸運に変わるだろう。

　　＊アルゴ座は巨大な星座であったので、１７５６年フランスの天文学者ラカーユによってりゅうこつ座、ほ座、とも座に分けられた。マルカブ Markeb は、ほ座の恒星。ペガサス座にもマルカブ Markab があるので注意が必要である。原文は Bucker of the ship となっているが、私見としては「Bunker 貯蔵庫」の間違いと思われる。
　　マルカブは２０１５年において乙女座２９．０６。

アセンダントが双子座１８．１１のオリオン座の腰紐（ミンタカ）へディレクション

　故人からの有益な物や、相当な遺産相続が生じる。遺産は木星的な人から得る。出生図の持ち主が真面目であったり、厳格であることを意味するが、情事の誘惑に陥り、過剰な暴食によって身体の気質の変化を伴う。

アセンダントが獅子座２４．３４のしし座の心臓（レグルス）へディレクション

　富は満ち、名誉が大きく広まり、君主と長官の間での評価を意味する。敵を打ち負かすことを意味するが、出生図の持ち主はしばらくの間自分自身の急激な変化に気付く。出生図の持ち主は侮辱的な言葉に苦しむだろう。また、もし注意深く医学的な予防をしないなら、急性の病気や、胆汁質の病気に苦しむだろう。

アセンダントが蟹座２０．３５のこいぬ座（プロキオン）へディレクション

　出生図の持ち主は軍事に関することで雇用され、それによる出生図の持ち主に対する怒りを意味する。出生図の持ち主は繊細で、知的で、思慮深く、非常に狡猾で、ずるがしこく、まさに欺こうとするキツネのようになるだろう。出生図の持ち主は買春、色情、不貞によって財産を浪費し、評価などを失う。出生図の持ち主の商売に利益はなく、契約や、出生図の持ち主が精を出す商業における幸運はなく、取引で不幸になり、学問において成功せず、盗癖のある使用人によって出生図の持ち主の物品は奪い取られる。そして強奪と激怒することで物品を手に入れる傾向がある。

アセンダントが乙女座１８.３１のコップ座、つまり水差しの底（ラブラム）*や、天秤座１８.３４のおとめ座の麦の穂（スピカ）ヘディレクション

出生図の持ち主は聖職で最も高い地位へ昇進したり、多くの聖職禄を手に入れ、賞賛され高い評価を得る。そして、それに伴った財産を得る。これらすべては出生図の持ち主の賞賛に値する創造性の賜物による。あらゆる状況や事柄に関して、出生図の持ち主は金星的あるいは水星的な人物との関係で、十分成功するだろう。

*コップ座（ラブラム）：２０１５年において乙女座２６.５３。

アセンダントが獅子座１８.１８のしし座の右膝（スブラ）*ヘディレクション

これは出生図の持ち主に大きな利益を与え、木星的で火星的な知人との親交が利益となる。市、町や城の長官や、有名な軍人の司令官を意味し、出生図の持ち主は生殺与奪の権限を手中に入れるか、あるいは、（もし軍人の場合）戦争において参謀となる。

*しし座の右膝（スブラ）：２０１５年において獅子座２４.２７。

アセンダントが獅子座１８.３８のしし座の首にある最南端の３つの星（アル・ジャー）*ヘディレクション

出生図の持ち主は名誉においてかなりの損害を受け、人生における危機であり、そして、財産に多くの損失が出ることを意味する。出生図の持ち主は軍人によって殺害されないように注意すること。そして適度な食生活、あらゆる行動に注意する。なぜならば、このディレクションに近づけば、出生図の持ち主は暴力的で不節制な傾向となるからである。

*しし座の首にある最南端の３つの星（アル・ジャー）：２０１５年において獅子座２８.０７。

アセンダントが獅子座22.00のうみへび座の輝く星（アルファード）ヘディレクション

出生図の持ち主は財産と建築に精通するだろう。多くの苦しみを感じ、危険なことや妨害があり、そして、遺産を維持できない。損失に苦しみ、女性関係でひどく恥をかく。そして彼女たちとあまりに親しくなり過ぎるだろうし、非常に贅肉が付きやすく、猥褻な女性の集まりや居酒屋に足しげく通う。

アセンダントが獅子座２.００のかに座の飼い葉桶（プレセペ星団）*、そして、牡牛座２４.２０のプレアデス星団ヘディレクション

出生図の持ち主の身体を赤い胆汁と胆汁質の体液で苦しめる。顔が傷ついたり、左目の視力を害したり、自由を制限されたり、追放や、しばらくの間身を隠したり、腕に怪我や傷を負う。

*プレセペ星団：２０１５年において獅子座７.２５。プレセペはラテン語で飼い葉桶を意味し、北にあるアセルス・ボレアリス、南にあるアセルス・アウストラリスが、その飼い葉桶の草を食べるロバに見立てられた。

私が観察したところ、このディレクションは胆汁質の体液や、激しく涙を流すことで出生図の持ち主の目を傷つける。出生図の持ち主は女性に情熱的になり、子供と一緒に彼女たちを手に入れ、売春婦を買ったり、汚れた性欲を抱きやすい。それによって、出生図の持ち主は名声を失う。出生図の持ち主は突然口論に巻き込まれ、話し合いの時に自分が愚かであることを答えてしまうだろう。普通、このようなことが起こりうる人で、同時にアセンダントか太陽が１０ハウスのロードか火星とのオポジションに来るなら、出生図の持ち主は判決文で死を宣告されるだろう。

アセンダントが獅子座の２．００と３．００の２頭のロバ*へディレクション

　これはひどい熱、左目の視力が危険にさらされ、そして、激しく涙を流し、両目を痛めることを意味する。馬、雄牛、ライオン、熊などのような獰猛な獣によって怪我をする。そして、口論しやすい。私が観察したところ、悪意ある中傷を数多く受ける前兆であるが、それに伴って軍での昇進を意味する。中傷は田舎者や身分の低い女性から生じる。

＊北のロバであるアセルス・ボレアリス：２０１５年において獅子座７．４５。
南のロバであるアセルス・アウストラリス：２０１５年において獅子座８．５６。

160章　ミッドヘブンがプロミッターへディレクション

　ミッドヘブンのディレクションによって、出生図の持ち主の昇進が期待できるのはいつであるのか、どの年なのかが分かるだろう。公的においてなのか、民間においてなのか、あるいは、何かしらの公職なのか、支配権か、あるいは、名誉職なのか。あるいは、いつ出生図の持ち主が仕事において活躍し、いつ大きな商売などをするのか、そこでいつ財産を損失したり、苦難を経験したりするかについてである。

ＭＣ（メディウム・コエリ）が土星とのコンジャンクションへディレクション

　しかしながら、ミッドヘブンが土星自体にディレクションの時、王子、行政長官、役人、身分の高い人が出生図の持ち主に対して激怒し、憤慨することを引き起こす。それは出生図の持ち主の名誉、支配権、王や国民からの信用で成り立っていたこれまでの支持と公職を失う。出生図の持ち主は怠慢にふるまい、壊血病と罪深い行動が引き起こされる。出生図の持ち主の使用人は頑強である。時々、判決文で死が宣告される。これは非業の死が意味された時だと理解される。もし出生図の持ち主が王か君主なら、国民が王や君主に背かないように注意させること。

領主や貴族なら、住人に気を付けなければならない。住人は陰謀を企てるだろう。

ＭＣ（メディウム・コエリ）が土星のセクスタイルやトラインへディレクション

高齢者や土星的な人物からの名誉や評価を意味する。そして、出生図の持ち主はより冷静で、真面目で、以前よりも慎重になる。土星の性質を持つ人物と物事から利益を得る。そして、出生図の持ち主は土地、家、果樹園、庭、森林などを扱ったり、動かし、これらによって富を蓄えるだろう。より確信して判断することは、もし土星が地象サイン、すなわち、牡牛座か山羊座にあるなら、共和国の支配権、すなわち、行政長官などを意味することである。地方行政区においてでさえ、出生図の持ち主は同じ身分の人からいつも以上に重んじられる。

ＭＣ（メディウム・コエリ）が土星のスクエアやオポジションへディレクション

このディレクションで、出生図の持ち主に多くの面倒なこと、困難、不幸で、不運な出来事が起こることが分かる。出生図の持ち主のこれまでの名誉、公職、行政長官の職、雇用や評判は奪われる。これは土星的な人物と一般大衆や、ずるくて、うわべを飾る宮廷人や、田舎の無骨者、農夫、炭鉱労働者、日雇い労働者などによってである。その者は皆陰謀を企て、出生図の持ち主に反対するであろう。これは身分の低い人々、物乞い、貧しい人にとっては恥辱を意味し、同じように、一般の人にとっては、信用を傷つけられることや、告訴、信用できない情報、窃盗による被害などを意味する。王や君主にとっては、同盟国との不和、領地での暴動、庶民の不満、枢密院の裏切り、あらゆる破壊的なことを意味する。

ＭＣ（メディウム・コエリ）が土星のタームへディレクション

出生図の持ち主に対して、老人、卑しい性質を持った人はいらいらし、失脚させたいという願望を彼らに引き起こす。出生図の持ち主はいろいろと憂鬱な考えを持つことを意味する。そして、出生図の持ち主はこれまでの評価を維持するために非常に困らされる。

ＭＣ（メディウム・コエリ）が木星自体へディレクション

木星自体へのディレクションは、出生図の持ち主に健全な利益をもたらし、栄誉のある年を意味する。

出生図の持ち主は地位が上がり、名誉を手に入れる。そして、身分の高い人（多くの場合は聖職者や弁護士）からの支持、恩恵、後援によって、世間での多大な名誉を手に入れ、それに伴い富も手に入れる。私がこのディレクションを観察したところ、すべての人は能力に従った昇進を与えられている。研究者なら、法学や神学において、必ず偉業を成し遂げたり、公職や、聖職禄のいずれかが与えられる。田舎の人なら、出生図の持ち主は教区委員になる。王や君主なら、同盟が継続されたり、王の領土が増えたり、国民の利益になる助言をするために議会や相談役を召集する。

MC（メディウム・コエリ）が木星のセクスタイルやトラインへディレクション

コンジャンクションで約束されたことと同じことが起こる。ラディックスにおいて木星が強い場合、掃き溜めからでさえ、出生図の持ち主は身を起こし、立派に昇進する。そして、出生図の持ち主に言い表せない程の利益や、公職、地位、昇進などを授ける。君主であるなら、使節団を増やす。

MC（メディウム・コエリ）が木星のスクエアかオポジションへディレクション

このディレクションは法律や判決文、判決によって生じた多くの不平を意味する。出生図の持ち主は裁判官、弁護士、紳士、行政長官、他の身分の高い人が、自分に対して攻撃的で妬んでいることが分かるだろう。彼らは公職や評価を奪おうと懸命になるが、無駄に終るだろう。なぜならば、彼らは勝てないからである。出生図の持ち主の多くの苦悩や不満は聖職者や教会の人々から生じ、その結果、出生図の持ち主は自分自身を守るために財産の一部を費やすことを強いられるだろう。そして、財産において親戚から損害を受けるだろう。出生図の持ち主は信仰心を偽る人々から非常に妬まれるだろう。もし出生図の持ち主が王か君主なら、特権を奪うことによって貴族や王国の民に不快感を与えるだろう。そして、国の裁判官と弁護士は気分を害しているのが分かるだろう。出生図の持ち主は頻繁に彼らを解任するが、そのことは彼らにとって名誉となり、出生図の持ち主にとって恥に変わることになるだろう。

MC（メディウム・コエリ）が木星のタームへディレクション

繁栄と身体の健康、紳士階級と聖職者によって出生図の持ち主のあらゆる出来事は援助される。そして、公職や立場において、あるいは、仕事が熟達することで成功することを意味する。

MC（メディウム・コエリ）が火星とのコンジャンクションへディレクション

このディレクションで、出生図の持ち主は大きな不幸に陥り、生命と幸運の両方を突然略奪される。被害を被るが、出生図の持ち主はこれが誰からによるものなのか分からない。権力者、特に出生図の持ち主に対して火星的な人物の怒りを買う。追放、投獄、憎悪、火や窃盗などによって不幸な、そして、恐ろしいまでに財産を失う恐れがある。王か君主の出生図なら、彼らを戦争に駆り立て、国民を不当に扱い、国民に対して高慢で横柄に振る舞う。殺戮や、多くの流血を引き起こす。軍人にとっては、軍の指揮権が与えられる。行政長官の手による非業の死が意味され、死についての時期と性質が意味される。

MC（メディウム・コエリ）が火星のセクスタイルやトラインへディレクション

このディレクションで、出生図の持ち主は武器を使用したり、剣術、射撃をすることに駆り立てられ、軍人や軍人の性質を持った人に同行することが引き起こされる。乗馬と狩猟を楽しみ、出生図の持ち主は司令官から十分に重んじられる。そして、もし出生図の持ち主自身に能力があるなら、出生図の持ち主は戦争によって昇進を遂げる。商売人なら、手早く取引することを意味する。そして、出生図の持ち主は活動的でよく働くことを意味する。また際立った発明をする。王であれば、戦争を始めるのに適切した時期であったり、戦争のための軍需品を準備することを意味する。

MC（メディウム・コエリ）が火星のスクエアかオポジションへディレクション

出生図の持ち主は非難される。多くの悪意、強奪、争い、口論、自由の制限、多くの危害。これらが、他人から生じるが、出生図の持ち主自身からも生じるだろう。多くの場合、公務での死の恐れや、公的な告発がある。硬貨の鋳造や、贋金造りが原因で、出生図の持ち主が告発されることを意味することがある。公職や指揮権などを失うことを意味する。王や君主の出生図においてなら、退位の危険があったり、軍隊の損失、兵士の暴動、反乱、騒動、人々が兵士に不満を持つことを意味する。平和な時においては、王の圧制と、国民の苛立ちを意味する。

MC（メディウム・コエリ）が火星のタームへディレクション

火星的な人物の出生図の持ち主に対する怒りが駆り立てられ、引き起こされる。そして、多くの場合、母にとって、出生図の持ち主の小さな子供にとって、哀しみと損害を意味する。たいていの場合、無謀で軽率な行動がこのディレクションに伴う。時々ではあるが、商売人の信用は疑われる。

MC（メディウム・コエリ）が太陽とのコンジャンクションへディレクション

ミッドヘブンが太陽自体へディレクションなら、出生図の持ち主は地位と名誉が与えられ、出生図の持ち主は親しまれ、知られるようになる。そして、王、貴族、特権階級の人、共和国で主要な支配権を持ち、信頼されている人から十分に受け入れられる。出生図の持ち主は立派な忠誠心と知力によって彼らの関心事を実行し扇動する。それによって、出生図の持ち主はさらに世間的に注目され、出生図の持ち主の苦労に対して好意を持ち感謝するだろう。王室の出生図なら、王の領土が増えることを意味する。もし両親が生きているなら、このディレクションで両親が繁栄することを意味する。出生図の持ち主の名声と評価は高まる。そして、身分の低い生まれであっても、現在の評価は上がる。出生図の持ち主の考えは向上し、自負心が育ち、贅沢になる。そして、時々このディレクションで母は殺されたり、母の死を意味する。

MC（メディウム・コエリ）が太陽のセクスタイルやトラインへディレクション

このディレクションでは、公職と名誉が約束される。出生図の持ち主は王、君主、貴族、著名人から贈り物を授けられ、親しくなる。それによって、出生図の持ち主は素晴らしい昇進への礎を作るだろう。そして、自分自身と物事を順序立て、出生図の持ち主は度量が大きくなり、慈悲深くなり、立派なことを考えるようになる。賞賛と大きな名声のもとに共和国や共和国の一部を統治したとしても、誰も出生図の持ち主の偉大さを妬まないだろう。王の出生図なら、国民を愛し、公平で、王国の大部分を発展させ、国民からの多くの好意と愛情、そして国民からの名誉を意味する。

MC（メディウム・コエリ）が太陽のスクエアやオポジションへディレクション

このディレクションでは、出生図の持ち主は明らかに多くの損失を意味する。身分の高い人を不愉快にし、出生図の持ち主は、公職、名誉、昇進を突然失い、これまでの素晴らしい幸福すべてを変えてしまい、悪い方向へ導かれる。商売人なら、信用にひびが入るか、破産などにいたる。結果として出生図の持ち主は投獄されたり、追放されたりする危険がある。そして、多くの場合（もし出生図にその恐れがある場合）君主や役人の判断で死を宣告される。

両親が生きているなら、両親は一つや二つの不幸を分かち合う。それは火事によって財産を失われるか、社会的な災害のいずれかである。王の出生図なら、国民に対して高慢であったり、無視することによって自身の名誉を傷つける。出生図の持ち主は貴族と紳士階級を軽蔑し、それが原因で、彼らの愛情を二度と取り戻せず、最後にはそのために罰を受ける。

MC（メディウム・コエリ）が金星自体へディレクション

このディレクションでは、精神は元気になり、多くの喜びとうれしさを約束する。そして、出生図の持ち主は浮かれ、陽気になり、祝宴に出席し、若い娘を同伴する傾向がある。そして、もし年齢的に許されるなら、結婚や、女性からの素晴らしい名誉を受け、親しくなる。出生図の持ち主は良い取引や商業的に良い収益を期待できることを意味する。行政長官なら、このディレクションでは、あらゆる人々に愛されることを意味し、そして、君主によって努力は十分認められ、出生図の持ち主に昇進を約束する。

MC（メディウム・コエリ）が金星のセクスタイルやトラインへディレクション

このディレクションでは、出生図の持ち主は女性に愛され、新しい家、家具、新しい衣類を手に入れたり、獲得し、多くの娯楽を楽しむことや、あらゆる世俗の事柄に満足することを意味する。一般の人々から好意を持たれ、あらゆる種類の人々から支持される。出生図の持ち主はかなりの財産を与えられ、身体は健康的になる。（もし生きていれば）母、そして、親戚や血縁者関係は安全な状態である。さらに、多くの場合、結婚することとなり、その年のうちに子供を持つ。（神のお許しにより）出生図の持ち主は祝福され、生まれながらの能力に従って予測される素晴らしい幸福が与えられる。

MC（メディウム・コエリ）が金星のスクエアやオポジションへディレクション

このディレクションは、いつも不祥事と不名誉に満ちている。女性によって出生図の持ち主の名声と名誉が損なわれる。そして、争い、憎悪、論争を引き起こす。出生図の持ち主は女性によって欺かれやすい。多くの女性に求愛し、ほとんどかすべての女性に拒絶される。女性は出生図の持ち主を騙し、軽蔑し、馬鹿にする。出生図の持ち主はあらゆる些細なことで恋人を嫉妬するだろう。王や君主の出生図なら、

妾などを持つことによる不祥事を意味する。多くの場合、母や妻の死を意味し、そして、妻との不穏で楽しくない生活を意味する。多くの場合、離婚、嫉妬、大きな不満、多くの財産や多くの高価な宝石を売却したり、損失する。メディウム・コエリが金星とのオポジションへディレクションの場合、私はいくつかの結婚を知っているが、彼らは決して長く一緒にいることなく、すぐに離婚している。さらに、それは早まった行動で、2人はすぐに離婚を後悔する。そして、たいてい彼らはもともと知り合いであった。

ＭＣ（メディウム・コエリ）が金星のタームへディレクション

喜び、楽しみ、女性との会話を楽しむことを意味し、そして、出生図の持ち主が女性に望んだことは簡単に通るだろう。このディレクションの期間は全体を通して、出生図の持ち主は喜び、十分な満足感を得ることを意味する。

ＭＣ（メディウム・コエリ）が水星自体へディレクション

このディレクションでは、出生図の持ち主は一般的な仕事を手早く処理することで幸運となる。学問、執筆、算数、取引、天文学、占星術、幾何学によって、昇進と名誉が与えられる。出生図の持ち主には勤勉さと知力に対する高い評価が得られる。そして、出生図の持ち主の世襲財産と財産がかなり増えることを意味する。このディレクションでは、出生図の持ち主は活発になり、仕事が充実し、自分と他者との利益のために取引する。しかし、水星が変わりやすいように、多くの場合、このディレクションでは不祥事、嘘や誤報が突然起こり、出生図の持ち主を落胆させ、信用は傷つけられる。このディレクションでは多くの場合、青年期なら徒弟になり、技術を習得した人なら取引を始め、学者なら学位を取る。

ＭＣ（メディウム・コエリ）が水星のセクスタイルやトラインへディレクション

出生図の持ち主は学問の研究が進み、書物全般に精通し、話し上手で、言語を学び、執筆する傾向となる。仕事、商売、商品などにおいて良い成功を意味する。読書家との素晴らしい多くの談話をすることが約束される。幸運が訪れるのは長旅と旅行、そして、出生図の持ち主が就く公職においてである。そして、能力があったり、宮廷人なら、出生図の持ち主が伝言を伝えたり、大使の職を遂行することの前触れとなる。

秘書、代書人、事務員なら、多才な執筆能力と、それによる多くの利益などを意味する。出生図の持ち主は多くの技芸を学んだり、今まで取り扱わなかった物や、商品を扱う傾向となる。これらのディレクションのいずれかにおいて、多くの旅行があったり、あるいは、商売や工場で様々な方法が用いられたり、法律顧問や仲介者などを得る。

ＭＣ（メディウム・コエリ）が水星のスクエアかオポジションへディレクション

このディレクションは、出生図の持ち主にとっては最も困難で曖昧な時期で、知的で、博識な水星的な人物によって、抑圧され、苦しめられる。彼らは出生図の持ち主に迷惑をかけたり、心を乱すことを引き起こし、様々な噂から出生図の持ち主の行動を誤解するだろう。多くの場合、辛い訴訟と、不当な判決を意味する。そして、学者なら、望んでいた公職や、学問での学位を得られなかったり、教会の聖職禄を失う。出生図の持ち主は邪悪な陰謀に巻き込まれ、昇進する機会を失うことが引き起こされる。出生図の持ち主に対して多くの偽りのある真実でない噂が生じ、文書、そして悪意のある情報、目撃者の誤認、嘘の取引、そして、不当な判決や、不公平な判決によって、聖職においてや世俗において、いずれであってもひどく罵られる。

ＭＣ（メディウム・コエリ）が水星のタームへディレクション

このディレクションは、出生図の持ち主の精神に学習意欲を引き起こし、学問、あるいは、仕事での実務や仕事に熟達することで、素晴らしい成功があることを意味する。出生図の持ち主は活動的で、用心深い傾向となる。そして、成功することと財産を増やすことに非常に熱心になり神が出生図の持ち主に与えた人生を歩む。

ＭＣ（メディウム・コエリ）が月自体へディレクション

落ち着きのない忙しい時期を意味し、身体と精神の両方は様々な物事と行動から悩まされる。厄介で、吐き気がするような時期で、時には良く、時には悪いが、仕事は充実している。時には利益があり、時には損失する。もし月が良い状態で、エッセンシャル・ディグニティにあるなら、結婚や、女性との固い友情を意味する。もしラディックスにおいて月が名誉、公職、昇進などを意味するなら、それはこの時に起こる。出生図の持ち主は旅行する傾向にあり、これまでよりもより公の場に姿を現す。そして、ラディックスにおいて月が十分ディグニティがあり、手仕事をする人なら、上客が来たり大きな取引があることを明らかに表している。そうではなく、身分の高い人なら、昇進、公職、地位などを意味する。

ＭＣ（メディウム・コエリ）が月のセクスタイルやトラインへディレクション

このディレクションでは、財産が増え、人々からいつも以上に評価され、名誉を得る。貴婦人から大きな贈り物と寄付金が与えられる。出生図の持ち主は公職、支配権、仕事において成功する。出生図の持ち主は誰かしら女性と結婚する。その女性が美人であるか下品であるか、裕福であるか貧乏であるかについては、ラディックスにおいて月が十分強い状態か悪い状態かによる。海外旅行、そして共和国での公的な支配権を意味し、たいてい出生図の持ち主は生まれや場所で可能な評価を与えられ、名声を得る。

ＭＣ（メディウム・コエリ）が月のスクエアやオポジションへディレクション

このディレクションでは、民衆から軽蔑され、女性のために妨害となるような争いが生じる。名誉、財産、地位の損失がある。贅沢と無駄な出費によって、買春、そして卑しく下劣な女性によって多くの財産が出費される。そして、（もし生きているなら）出生図の持ち主の母か、もし結婚しているなら妻のいずれかの死の恐れや、大きな危険の恐れがある。もしどちらでもなければ、出生図の持ち主と愛人や友人との間に明白な不和の恐れがある。身分の高い行政長官、裁判官や他の身分の高い人から出生図の持ち主に対して判決が言い渡される。月があるサインの性質は、凶が持続する状態を意味し、その大きさはラディックスにおけるプロミッターの強さ、そして、太陽の位置へ太陽が戻って来るレボリューション図での月の強さによって増大する。

ＭＣ（メディウム・コエリ）が１１ハウスへディレクション

このディレクションで、出生図の持ち主は新しい友人ができ、そして、もし木星が１１ハウスのカスプにビホールドするか、１１ハウスにあるなら、新しい友人は世に知られていない人ではなく、部分的に木星的な地位にいる。もし金星が同じ状況なら、金星的な友人である。もし太陽が１１ハウスを照らすなら、貴族、王、君主である。交友関係が増え、それによって利益があることを意味する。

ＭＣ（メディウム・コエリ）が１２ハウスへディレクション

出生図の持ち主には隠れた敵、投獄、追放、四つ足の獣、すなわち、馬や雄牛などによる損失に注意させること。ミッドヘブンがアセンダントにまれにディレクションすれば、名誉、賞賛、高い評価を意味する。

161章　ミッドヘブンが恒星へディレクション

ミッドヘブンが双子座１６.３３の（ぎょしゃ座の）子羊（カペラ）、そして、射手座４.３０のさそり座の心臓（アンタレス）へディレクション

出生図の持ち主は軍人か修道士のいずれか、もしくはその両方との交際を非常に楽しみそうである。彼らと知り合うことで、出生図の持ち主に名誉を生じることとなるが、ほとんど利益はないだろう。なぜならば、出生図の持ち主は武器の演習に多くのお金を浪費するだろうし、非常にそのような傾向を持つからである。出生図の持ち主は木星的か、宗教的な人物のお陰で、軍の指揮権を持ちそうである。出生図の持ち主は航海中、水兵の間で権力を持ったり、昇進し、それゆえ、非常に妬まれる。恒星だけの影響によって生じたこれらの昇進は、維持されたとしても、必ず突然の変化がある。

ミッドヘブンがオリオン座、上の右肩（ベテルギウス）へディレクション

全体的な傾向として軍事に従事する。素晴らしい技術、判断力と巧みな考えを伴い、出生図の持ち主は多くの賞賛に値する戦略を考え出すだろう。その手段によって、出生図の持ち主は軍人と知性ある人の間で高い評価を得て、そこで最高の賞賛を得るだろう。出生図の持ち主は戦争のため、また、他の目的のために珍しい機械を組み立てる傾向がある。

ミッドヘブンが双子座４.３９のおうし座の目（アルデバラン）へディレクション

このディレクションで、出生図の持ち主の辛い運は幸運に変わり、軍人と女性によって、大きな利益を得る。出生図の持ち主は独創的に実行するようになり、それによって、昇進と富を自分自身で手に入れる。

ミッドヘブンが双子座１５.４０のオリオン座の左肩（ベラトリックス）＊へディレクション

このディレクションでは、多くの災難と論争が生じ、出生図の持ち主は嫌われ、敵のずるい罠に落ちるだろう。そして、出生図の持ち主が賢く問題を取り扱わない限り、秘書や法廷代理人などが告発し悪意ある見方をされることで、投獄の危険があるだろう。
　そして、偽造や文章を偽ったり、貨幣の鋳造が原因となって、あるいは、申し出た目撃者の誤認や偽り、もしくは、悪意ある情報によって、罰を受け、汚名を着せられる。

　　＊オリオン座の左肩（ベラトリックス）：２０１５年において双子座２１.０９。

ミッドヘブンが双子座１１．３４のリゲル*、つまり、オリオン座の左足へディレクション

威厳ある君主の命令によって、出生図の持ち主は軍隊や兵士たちの隊長や指揮官に任命される。出生図の持ち主の行動様式は激しくなり、怒ったり、短気で、恐れを知らず、傲慢で、度量が大きくなる。（もし戦争の可能性がないなら）出生図の持ち主には、教会からの昇進と、大きな利益があるだろう。それにもかかわらず、限りない苦労と労働で打ちひしがれ、身体は疲れはてる。その結果、出生図の持ち主の名誉や指揮権は重荷となり、それを受ける価値がないことを意味する。

*オリオン座の左足（リゲル）：２０１５年において双子座１７．０２。

ミッドヘブンが蟹座８．４８の（りゅうこつ座の）カノープス*、あるいは、水瓶座１８．３２のやぎ座の尾の重なり（デネブ・アルゲディ）*へディレクション

このディレクションでは、年を取った聖職者や紳士から十分な地位や権力を手に入れることが約束され、非常に大きな喝采、栄光、名声、富が満ちることなどを伴う。

*りゅうこつ座（カノープス）：２０１５年において蟹座１５．１１。
*やぎ座の尾の重なり（デネブ・アルゲディ）：２０１５年において水瓶座２３．４４。

ミッドヘブンが獅子座２４．００のしし座の心臓（レグルス）、蟹座８．５３のおおいぬ座（シリウス）、天秤座１８．００の（うしかい座の）アークトゥルスへディレクション

このディレクションでは、偉大な君主、財務の性質を持つ公職、税関の収入役、町、砦や城の統治者の権威によって人々を支配する力を意味する。水の管理や水道管に関する労働者の管理者や監督者、あるいは、土木工事や建築の測量士などを意味する。あらゆることにおいて、出生図の持ち主は財産を増やし、評判を高める可能性がある。このディレクションには、貴族階級と紳士階級からの、あるいは、身分の高い人物からの多くの仕事を意味し、出生図の持ち主は請け負ったことを実行することで、大きな名誉と名声を得る。

ミッドヘブンが天秤座１８．００のおとめ座の麦の穂（スピカ）へディレクション

予想外の名誉や昇進が出生図の持ち主の望みや能力以上に与えられる。そして、多くの場合、他者に対する生殺与奪の権力を持つ。ほとんどの占星術師は、ミッドヘブンのスピカへのディレクションについて、教会での昇進を意味するとしている。

しかし、それは出生図の持ち主の出生や能力に従って働き、そして、身分の低い人々でさえ、幾分か影響するだろう。すなわち、この年において、田舎の無骨者は牧師の十分の一税を得ることによって多くの利益を手に入れるだろう。

ミッドヘブンが牡牛座２４．２０のプレアデス星団へディレクション

このディレクションでは、厄介で、悪質で、危険な仕事や、女性によって生じるいがみ合いと論争に入るように出生図の持ち主は激しく突き動かされる。突然の予期せぬ口論と、軽率な行動を引き起こす。時々、殺人や刃物で突き刺されること、投獄などを意味する。ある出生図においては、突然の昇進を意味するが、不運な終わりを意味する。このことはラディックスにおいて出生図が凶の状態であることによって判断されるであろう。

ミッドヘブンが牡牛座２０．００の（ペルセウス座の）アルゴルの頭へディレクション

このディレクションでは、出生図の持ち主は殺意をもって人を殺したり、ふと人を殺してしまったり、あるいは、誰かが突然死んでしまうことで当惑し、極端な危険にさらされるようになる。出生図の持ち主が権力者や補佐役のいずれかなら、出生図の持ち主の頭部を危険にさらす。もし他のディレクションで同時に吉の状態があるなら、他者に死を与える権力を出生図の持ち主に与える。しかし、身分の低い人の出生図においてでさえ、私はこれが悪いディレクションだと常に思う。

162章　太陽がプロミッターへディレクション

太陽のディレクションは主要なものである。太陽が活力の創造者であり、シグニフィケーターであり、そして、惑星の中で主要な統治権を持つので、私たちが太陽から判断を求めるのは、出生図の持ち主がすこぶる健康なのかそうでないのか、出生図の持ち主の地位、公的な昇進、身分の高い人からの支持、そして、出生図の持ち主の評判と名誉や、父の良い状態についてである。

太陽が土星とのコンジャンクションへディレクション

　このディレクションでは、出生図の持ち主にとっての多くの困難と、身体が病気になり虚弱になることを意味する。心臓の障害や弱さ、腹部の痛み、憂鬱質に変わり、四日熱、胆汁質の病気、暴飲暴食や身体全体が黒ずんだり、鼓腸、頭の病気や痛みを意味する。もし生きているなら、出生図の持ち主の父の病気を意味する。出生図の持ち主の目、特に右目が悪くなったり、冷による目の炎症で涙が出たり、視力が落ちることを意味する。あるいは、打撃や落下による目の怪我を意味する。出生図の持ち主に対して、土星的な君主や貴族、あるいは、土星的な状態にある身分の高い人物の怒りを引き起こし、彼らは出生図の持ち主を非常に妬み、騙し、出生図の持ち主の評判と財産は損なわれるだろう。出生図の持ち主は悲しみと辛い思いで苦しんだり、数多く悩むことになるだろう。出生図の持ち主は旅行で陸路と同じく海路でも、危険を経験するだろう。そして、確かに、このディレクションでは、必ず憂鬱（黒胆汁）に満ちたり、多くの脾臓の病気を患うこととなる。

太陽が土星のセクスタイルやトラインへディレクション

　高齢の紳士、司令官や行政長官から名誉を与えられることを示す。多くの他の者よりも好まれ、出生図の持ち主の状況は順調に穏やかになり、富と栄光を手に入れる。出生図の持ち主は真面目で、厳格になる傾向がある。田舎の商品、農業、建築と一般的な遺産によって多くの財産を手に入れることを意味する。

太陽が土星のスクエアやオポジションへディレクション

　最も恐ろしい病気、視力の低下、馬や建物からの激しい転落を意味する。出生図の持ち主の個人財産に大きな損害があり、出生図の持ち主が雇っている使用人、そして取引している農夫によって、盗まれたり、騙し取られたり、騙されたりする。住人と出生図の持ち主は争い、出生図の持ち主の評判を落とし、名声、名誉、昇進を失う。もし出生図の持ち主が商人なら、出生図の持ち主は海で損害が出たり、船が難破したり、水に漏れて役に立たなくなり、激しい風と嵐に遇うだろう。出生図の持ち主は両親を失ったり、別れたりする。すなわち、父の出生図で些細なディレクションが起こっていて、出生図の持ち主の出生図で太陽が土星とのオポジションやスクエアに来た時、父を殺す。商売人なら、信用しないように助言する。王なら、公平にするよう助言する。反乱と暴動、王室の蓄えられた金銀が消費される前兆である。

出生図の持ち主に対する妬みと悪意などの確かな兆候である。

太陽が土星のタームへディレクション

このディレクションでは、哀しみ、隣人からの妬み、多くの人からの憎しみを意味する。冷が原因となって病気が生じる。世間の評価は失われ、財産が失われて行くことを意味する。もし出生図の持ち主が農夫なら、家畜と耕作での損失がある。

太陽が木星とのコンジャンクションへディレクション

このディレクションでは、健康的な身体、心の穏やかさ、たくさんの家財に恵まれることを意味する。出生図の持ち主の能力に従って昇進し、名誉、公職、地位などが向上し、教会での名誉や、法曹界の裁判官での昇進を意味し、出生図の持ち主は身分の高い君主や、身分の高い人物からこれらを受け取るだろう。出生図の持ち主は王、多くの土地と財産がある人物、大陸法と普通法の弁護士などの間で良い評価を得るだろう。王なら、条約の改正、国民が平和で平穏であることを意味し、王は公平になり、国民は喜んで君主に従う。また、高位の聖職者を意味する。

太陽が木星のセクスタイルやトラインへディレクション

このディレクションでは、出生図の持ち主は仕事や意図することを実行する際、堅実に判断し、そうすることで名誉と名声が出生図の持ち主に与えられる。その結果、出生図の持ち主は身分の高い人たちから最高官吏、教区牧師に選ばれ、自分より身分の高い人々から十分な謝礼を貰うだろう。公職、支配権、大衆の信頼、教会と司法での昇進、これらによって利益と世間的な地位が十分に上がることを意味し、奇跡的でさえある。出生図の持ち主は父の財産を非常に増やすだろう、そして、可能であれば息子を持つ。あるいは、このディレクションにおいて、息子から非常に元気付けられる。君主の出生図でもそう作用する。私が経験から分かったことだが、もし木星がラディックスでのエッセンシャル・ディグニティにおいて強くないなら、そのように働くが効果は乏しい。しかし、健康は保たれ、望みは叶う。

太陽が木星のスクエアやオポジションへディレクション

宗教心のある人、大陸法と普通法の弁護士や、教区司祭が出生図の持ち主を嫌うだろう。

そして、彼らは出生図の持ち主の好機を邪魔したり、邪魔することに非常に懸命になるだろう。彼らが原因で出生図の持ち主の財産は減り、出生図の持ち主を侮辱し、恥をかかせるだろう。それでも、出生図全体が反しなければ、出生図の持ち主はもう一度財産と評判を取り戻し、出生図の持ち主の敵の不正に打ち勝つだろう。君主の出生図なら、貴族階級と紳士階級の不満、法律と特権の侵害を意味する。そして、君主は法律を優先することを好まず、自分の目的を望む。

太陽が木星のタームへディレクション

このディレクションでは、出生図の持ち主の名誉と地位が非常に上がり、同時に財産が十分に増加する。出生図の持ち主は非常に愛され、敵に打ち勝ち、健康に恵まれ、心は穏やかになる。そして、出生図の持ち主が数年間このタームにいるなら、これまでの数年に比べてより真面目で、善良な傾向となり、節度があって、ものしずかで、穏やかになるなどの傾向がある。

太陽が火星自体へディレクション

このディレクションでは、身体が多くの病気にかかり、過剰な胆汁によって身体は苦しめられ、急激でひどい発熱と、最も激しい頭痛、感覚の鈍化や他の災難による視力の低下、傷や傷跡によって顔の形が崩れる。そして、他の身体の部分は鉄、火、熱、熱湯による火傷によって形が崩れる。出生図の持ち主は助言、思考、行動において変わりやすく、移り気であることを意味する。そして、邪悪で、悪意のある人々や悪人によって、出生図の持ち主は、多くの労苦と困難に出会うだろう。敵は出生図の持ち主に威張り散らすだろう。出生図の持ち主は王と身分の高い人から簡単に憎まれ、不快感を表されるだろう。そして、出生図の持ち主は偏見を持たれたり、狂犬に噛まれたり、馬に蹴られたり、他の四つ足の生き物から怪我を負わされることに注意すべきである。この年、出生図の持ち主は軍人を避ける方が良い。軍人の出生図なら、昇進がある。王には、毒と裏切りに気をつけることを勧める。非業の死が意味されるなら、その時期や状況は間近に迫っていることを意味する。湿サインにあるなら、赤痢のはっきりした兆候である。

太陽が火星のセクスタイルやトラインへディレクション

軍人との友情と交際、もしくは貴族であってもなくても、火星的な人から影響を受けることが約束される。そして、戦争で司令部への昇進を意味する。兵役に服したり、乗馬する傾向があり、これまで以上に、軍事用の武器を扱う傾向となる。そして、出生図の持ち主は勇気と気概に溢れ、気前のいい寛大な性質になることを意味する。王、指揮官、軍隊の司令官やそのような人物の引き立てによって、出生図の持ち主は名誉、評判、名声を得る。あるいは、出生図の持ち主は戦争において尊敬に値する行動をし、途方もない名誉と名声を得る。旅行、そして、あちらこちらに馬の速足で行ったり、歩いて行くことを意味する。

太陽が火星のスクエアやオポジションへディレクション

このディレクションでは、出生図の持ち主は急激でひどい病気、視力の低下や眼病、盲目や涙目、つまり、いわゆる充血といった目の病気の恐れがある。もしくは、身体のひどい傷、火や鉄や悪魔のような機械が突然暴発することによって生命が危険にさらされる。

出生図の持ち主は助言がうまくいかなかったり、行動は成功せず、すべての状況と事柄に障害があり、出生図の持ち主に悪影響を及ぼす。それゆえ、出生図の持ち主に新しい仕事を始めさせないようにすること。なぜならば、このようなディレクションにおいて、出生図の持ち主にはほとんど、もしくは、すべて完璧にできないだろうからである。出生図の持ち主は道で強盗に遭いやすく、出生図の持ち主の名声は疑われる。もしこのディレクションがクライマクテリカル・イヤーに起こり、オポジションの火星がアナレタで、太陽がハイレグなら、死を意味する。そして、熱射病、狂気、感覚の喪失、高熱を意味する。

太陽が火星のタームへディレクション

出生図の持ち主の人生に不都合なことが起こり、そして、議会と交渉において大きな反対があることを意味する。多くの場合、ひどい熱がでる。出生図の持ち主が引き受けたことで成功を意味する出来事はない。出生図の持ち主は自分の状況に十分注意し、自分が傾倒し過ぎることに対して、軽率な行動をとることに用心する。

太陽が金星とのコンジャンクションへディレクション

太陽が金星自体へ進むことで、出生図の持ち主に音楽、演劇、歓楽、祝宴、そして、あらゆる金星的な喜びが引き起こされる。出生図の持ち主は一生懸命に女性を愛し、そして、全体的には求婚、結婚に関係する。

もしくは女性と取引するか、女性に関心をもつ。結婚に適した時期である。もし金星が出生図で強いなら、富と誠実さのお陰で幸せな結婚を意味する。身体は健康で、すべての物事において十分成功する。商売人の出生図なら、財産が増え、良い評価を得ることを意味する。王の出生図なら、子供から元気づけられたり、子供の誰かしらの結婚を意味する。金星が出生図において完全にペレグリンである時、不義の愛を引き起こす。

太陽が金星のセクスタイルやトラインへディレクション

このディレクションでは、出生図の持ち主は名声と多くの評判を得る、あるいは、普通以上の出世や、公職、地位を得たり、昇進することを意味する。出生図の持ち主が生まれた家族の家柄や地位、あるいは、出生図の持ち主が過ごす共和国の地域に従って、出生図の持ち主は多くの富を蓄えるだろう。そして、あらゆる種類の女性と身分の高い人から、実際にはすべて、あるいは大部分の人々から高く評価される。出生図の持ち主はあらゆることをとても容易に実行し、恋愛したい、満足したいといったすべての本当の望みを手に入れるだろう。太陽から金星のセクスタイルやトラインに来るのが、これまでないなら、たいてい結婚を意味する。あるいは、このディレクションにおいて出生図の持ち主に息子か娘が生まれることを意味する。出生図の持ち主は非常に喜びながら生活し、心配することはほとんどなく、出生図の持ち主の人生の状態が良いことを意味する。

太陽が金星のスクエアやオポジションへディレクション

不毛の時期で、この年に望みはなく、妻を得るのに非常に困難で、結婚を遅らせる多くの争いが生じる。出生図の持ち主は厚かましく、不貞なことに大胆で、性欲を抱き、卑しく汚い行ないが全体を占める。それによって、出生図の持ち主は非常に悪名高くなり、不祥事と不名誉を招く。太陽が金星とオポジションで出会うのは大変珍しい。なぜならば、動きにおいて金星は太陽から４８度以上離れることができないからである。出生図の持ち主が８０年生きない限り、太陽と金星とのオポジションのようなディレクションは起こることはない。それゆえ、ここで述べていることは、太陽から金星のスクエアへのディレクションについてだと理解されなければならない。

太陽が金星のタームへディレクション

出生図の持ち主は踊り、賭博、娯楽に駆り立てられ、出生図の持ち主と両親とは仲が良くなる。

全体的に、物事が喜ばしく動き、女性についての喜びがある。金星がラディックスにおいて妻のシグニフィケーターでない限り、結婚への影響はほとんど生じない。そしてプロフェクション図で7ハウスのサインがアセンダントにある、もしくは、レボリューションで金星が7ハウスにあり、木星やアセンダントのロードのいくつか良いアスペクトがある場合もまた同じである。

太陽が水星とのコンジャンクションへディレクション

多くの仕事を意味し、商業に適し、商業をする傾向がある。執筆が上手くなり、それによって、財産が増えたり、減ったりする。多くの人々によって出生図の持ち主の学識は増えたり、評価され、議論や学問的な紛争に巻き込まれ、使節団や伝言を伝えるために雇われることを意味する。目撃者の誤認によって不利益が生じる危険や、旅行するなら、泥棒に遭う危険がある。このディレクションでは、通常このような傾向があるが、これらによって世襲財産の損失や損害がある。多くの訴訟と、多くの論争がある。もし水星がラディックスにおいて昇進を意味するなら、このディレクションにおいて、出生図の持ち主は昇進を期待できるだろう。多くの場合、出生図の持ち主が心に描いたことを表し、出生図の持ち主は多くの研究に切り替えることができ、一定した研究をすることはない。

太陽が水星のセクスタイルやトラインへディレクション

仕事が充実し、決して単調でなく、いつも雇用される。そして、皆にせがまれるが、これらから生じる大きな利益はない。旅行に行きたくなるが、旅行先での大きな成功はない。教会や学校での昇進を意味する。出生図の持ち主は賞賛に値する考えを持つようになり、執筆、取引、本の購入、出生図の持ち主の職業に関わるような物品の売買で忙しく働く。

太陽が水星のスクエアやオポジションへディレクション

このディレクションでは、文書の偽造や、侮辱的な行ないの罪で、出生図の持ち主に多くの言いがかりや、告訴が引き起こされる。そして法的に証明されたことを不当に認めない。未払いのお金や、偽造、もしくは、硬貨の偽造や鋳造といった汚名によって出生図の持ち主は信用を傷つけられる。もし道徳性に欠けた裁判所や、教会なら、精神はひどく悩まされ、公職を失う。

そして、勉強することを嫌う。やかましく騒ぎ立てられ、さまざまな不当な中傷に苦しめられる。

人がほぼ１００年以上生きずに、太陽が水星とのオポジションにどうやって来ることができるのかについて私は自分が無知であることを認める。

太陽が水星のタームへディレクション

学習したり、知的な発明をし、商売で取引したり、楽しい休暇をとったりする傾向がある。建築、数学、多くの珍しい物事を楽しむ。

太陽が月自体へディレクション

このディレクションでは、健康を損ない、身体と体液に粘液質の変化が引き起こされ、頭の異常と胃痛とひどい痛みが必ずある。もし一般の出生図でこのようなことが意味されているなら、視力が悪くなり、盲目になる。強奪や窃盗があり、旅行に行くと、進路が変わりやすいため財産を無駄にすることを意味する。もし月に十分ディグニティがあるなら、昇進したり、公職に就くだろう。これは結婚を意味する。しかし、通常このディレクションで、出生図の持ち主は結婚するが、妻は横柄で、傲慢で、自惚れている。そして、出生図の持ち主に対して非常に命令的である。これは出生図の持ち主が引き受けた旅行や長旅などを意味する。

太陽が月のセクスタイルやトラインへディレクション

このディレクションでは、出生図の持ち主に王と非常に高い身分、地位にある人物との素晴らしい出会いがある。彼らに好意を持たれ、親交を深める。出生図の持ち主は名誉と利益のある仕事をして、不可欠で名誉ある旅行を引き受けるだろう。出生図の持ち主は裕福な女性と結婚したり、妻と女性に関するようなことで忙しいだろう。そして友人が増えるだろう。宮廷人や貴族の出生図なら、出生図の持ち主は君主から大使や長官に任じられ、外地に赴くことを意味する。

太陽が月のスクエアやオポジションへディレクション

多くの権力者が出生図の持ち主に対して怒り、多くのことで出生図の持ち主を苦しめる。出生図の持ち主は旅行において不幸である。様々な点で浮わついた時期となり、財産を失い、ほとんど成功しない。両親、または、夫と妻との別れや、彼らとの間に多くの論争が起こる。

出生図の持ち主は仕事もせず、飲んだくれになったり、そういったことに等しいことをする傾向がある。目は危険な病気を患い、身体の他の部位も病気になることを意味する。出生図の持ち主はずぼらな女性と一緒になる傾向がある。天然痘、麻疹、寄生虫がわくなどといったことが起こる。多くの場合、目の痛みと激しい熱が起こる。

太陽がドラゴンヘッドへディレクション

このディレクションでは、出生図の持ち主は君主に受け入れられ、君主の仲介と助けによって、出生図の持ち主は共和国において様々な責任ある地位に昇進するだろう。君主や王がいなかったり、出生図の持ち主に能力がなければ、これは貴族、紳士階級、権力のある人物や出生図の持ち主よりも身分の高い人物によるものであると理解する。

太陽がドラゴンテイルへディレクション

ドラゴンテイルは出生図の持ち主の名声に不利益で、破産の恐れがある。目に苦痛、痛みがあるが、ほとんどの場合は右目である。憂鬱質や粘液質の病気や、これらのいずれかの体液からの発熱を生じる。毒の危険を意味する。身体に多くの障害を持つ。他に悪いディレクションが同時に起こるなら、最も致命的となる発熱が起きる。

太陽がパート・オブ・フォーチュンへディレクション

特権階級の人物や、出生図の持ち主より高い身分や地位にあるような人物からの贈り物や寄付によって繁栄する年になることを意味する。

太陽が1ハウスへディレクション

出生図の持ち主と隠れた敵は和解し、使用人はより従順になる。そして出生図の持ち主は家族の世話や大きな家畜の世話をさらに喜ぶだろう。しかし、出生図の持ち主は手に負えない家畜に注意すること。

太陽が2ハウスへディレクション

良い結果を得るために出費が多くなる。そして、吉星が2ハウスにあるなら、出生図の持ち主は個人的な財産を増やす。

太陽が3ハウスへディレクション

出生図の持ち主は友人、兄弟、姉妹、親戚に会うために多くのちょっとした旅行をする。

太陽が４ハウスへディレクション

もし吉星が４ハウスのカスプをアスペクトするなら、隠れた宝を発見する。そして、建築や、畑や土地などを耕すことに大変喜ぶ。しかし、もし土星が４ハウスにスクエアやオポジションを投げかけているなら、住んでいる使用人や田舎の無骨者、火や、敵による損失を意味する。そして、もし生きているなら、出生図の持ち主の父は急激な熱にかかるだろう。出生図の持ち主もまた同様の状態になるだろう。

太陽が５ハウスへディレクション

このディレクションでは、出生図の持ち主の子供にとっての利益と、子供への喜びが約束される。出生図の持ち主は女性と戯れ、ごちそうを食べ、娯楽を楽しむ傾向がある。もし凶星が５ハウスのカスプをアスペクトするなら、逆の作用となる。

太陽が６ハウスへディレクション

小さな家畜を扱うことによって利益を得て、家畜の数を増やす。使用人は役に立つ。出生図の持ち主自身と父の病気を意味する。

太陽が７ハウスへディレクション

太陽から７ハウスのカスプへのディレクションでは、出生図の持ち主に非常に重い病気が告知される。出生図の持ち主は周知の敵に打ち勝つだろう。そして、自分自身の結婚を祝ったり、他人の結婚の世話をするだろう。

太陽が８ハウスへディレクション

出生図の持ち主は妻の相続分について関心を持つ。そして、遺産に関して悩み、自分自身の死を恐れ、そして、出生図の持ち主の父の死を深く悲しむだろう。

太陽が９ハウスへディレクション

出生図の持ち主は海外での世界の流行を見るために長旅をする。もし９ハウスのサインが水象サインなら、出生図の持ち主は水路によって旅行する。もし凶作用の惑星が９ハウスのカスプをアフリクトするなら、出生図の持ち主は難破や海賊によって危険な状態になるだろう。もし吉星が９ハウスのカスプにアスペクトするなら、良い旅行を意味する。

太陽が１０ハウスへディレクション

出生図の持ち主の出生時の状態よりも上の身分の王や、行政長官から名誉職を与えられる。

もし１０ハウスのカスプが凶の状態なら、君主や身分の高い人物の命令によって投獄や亡命の恐れがある。

太陽が１１ハウスへディレクション

このディレクションでは、出生図の持ち主は多くの身分の高い友人ができ、宮廷人と王の家臣から大きく評価され、出生図の持ち主はこれらによって成功する。

太陽が１２ハウスへディレクション

このディレクションでは、出生図の持ち主を不快にする多くの不正を行う敵が現れる。出生図の持ち主は陰で中傷され、多くの人から悪く言われ、出生図の持ち主の評価は下がり、投獄の危険があるだろう。しかし、出生図の持ち主は馬や雄牛などによって成功するだろう。

163章　太陽が恒星へディレクション

太陽が双子座１１．００の（オリオン座の）リゲルへディレクション

このディレクションでは、出生図の持ち主は大胆で、傲慢で、流血を欲することが予測される。出生図の持ち主自身は派閥争いを好み、人を扇動し、激励し、争いに向かわせる。出生図の持ち主は権力のある敵に怒り、拒絶する。そして、多くの不幸に苦しむだろう。出生図の持ち主は土星的な人物のたくらみと、出生図の持ち主を陥れるために意図的に仕掛けられた罠に注意すべきである。

太陽が射手座４．００のさそり座の心臓（アンタレス）へディレクション

このディレクションでは、出生図の持ち主が注意深くして、軍人に騙されないなら、多くの名誉を得ることが認められるだろう。多くの場合、燃えるような高熱や、暴力的な行動が生じ、右目を損傷する。

太陽が蟹座２０．００のこいぬ座の星（プロキオン）へディレクション

このディレクションでは、多くの争い、損失の後、軍での昇進があることを意味する。そして、身分の高い水星的な人物や、秘書、大臣や司令官が怒り、ひどい妨害をし、その昇進の邪魔をしようとする。

太陽が獅子座２４．００のしし座の心臓（レグルス）へディレクション

このディレクションでは、出生図の持ち主にある種の王や君主のような威厳と、昇進や地位が与えられる。

出生図の持ち主は多くの名誉を得て、友人らは幸せになることを意味する。しかし、必ず、急激な病気を患い、出生図の持ち主と父の２人は苦しめられるが、死ぬべき運命ではないだろう。

太陽が蟹座18.00の（ふたご座の）ヘラクレスの頭（ポルックス）へディレクション

このディレクションでは、出生図の持ち主の知力と判断力によって地位が与えられる。しかし、投獄や逮捕、預けられた金銭や品物の心配、財産に損害が出る恐れがある。そして、通常、突然の燃えるような高熱にかかる恐れがある。

太陽が双子座４.００のおうし座の目（アルデバラン）へディレクション

このディレクションでは、幸せの始まりや、幸運への素晴らしい入り口を意味する。出生図の持ち主は軍隊の司令官を信頼し、司令官から多くの名誉となる多くの勲章を授けられるだろう。しかし、その終わりは悲劇的で、名誉と財産の両方すべてを失い、元の状態に戻る。それどころか、自由の制限か、追放かのいずれかがあるだろう。

太陽が蠍座８.００と９.００の（てんびん座の）ハサミ*へディレクション

このディレクションでは、名誉に不利益となり、身体の健康が害される。毒性や、非常に急激な高熱の恐れがある。もし航海するなら、難破によって非常に苦しみ、死の危険にさらされるだろう。しかし、軍事関係の仕事での素晴らしい昇進と財産が約束される。

* 北のハサミ：ズベン・エス・カマリ（てんびん座の北の秤）。２０１５年において蠍座１９.３４。南のハサミ：ズベン・エル・ゲヌビ（てんびん座の南の秤）。２０１５年において蠍座１５.１７。てんびん座の一部の恒星はさそり座の一部に考えられていた。

太陽が天秤座18.00のおとめ座の麦の穂（スピカ）へディレクション

このディレクションでは、出生図の持ち主に、そして、もしいるなら、出生図の持ち主の両親と子供に高い地位が与えられ、多くの家財が与えられる。もしおとめ座のスピカがカルミネートし、太陽がディレクションにおいて、スピカに来るなら、教会の聖職禄を意味し、そしてまた、共和国での責任ある地位を意味する。

太陽が双子座12.30のおうし座の南の角（アルヘカ）＊へディレクション

このディレクションでは、軍事に従事し、多くの戦争の道具造り、多くの戦略を考案することを意味する。そして、敵の策略によって危険にさらされたり、生命を危うくするだろう。出生図の持ち主に敵の手に落ちないように注意させること。

* おうし座の南の角（アルヘカ）：２０１５年において双子座２５.００

太陽が獅子座2.00と3.00の（かに座の）北と南の2頭のロバへディレクション

このディレクションは、健康に悪い時期を意味し、最も激しい熱を伴う。火による危険がある。

そして、名誉と財産の損失を意味する。優れた性質があるなら、出生図の持ち主に対して恥をかかそうとする軍人の敵意と悪意を感じられ、もし出生図の持ち主が用心してそれを防がないなら、出生図の持ち主は公的に殺される危険にさらされるだろう。そして、それは首を吊るか、永久的に囚人になるかである。知力を使えば、出生図の持ち主は天上におけるこれらの危険なディレクションを防ぐことができるだろう。

太陽が獅子座２．００のかに座の胸にある飼い葉桶（プレセペ星団）へディレクション

このディレクションでは、下痢から病気にかかる。そして出生図の持ち主はこれまでよりも争ったり、論争したり、取っ組み合いの喧嘩をする傾向があることに気付くだろう。そして、恐らく、殺人を犯したり、それにより有罪となるだろう。出生図の持ち主に鉄、火、投石や、戦争で使われる機械に殺されないように注意させること。あるいは、打撃や打撲傷によって、出生図の持ち主は目の視力を失わないこと。

出生図の持ち主に銃撃と砲弾を避けさせること。少なくとも、出生図の持ち主の頭部は肩から切り離されないだろう。もし出生図の持ち主が慎重に振舞わなければ、君主の怒りを買って殺されたり、収監されたり、罰せられたり、拷問にかけられたり、ガレー船に乗せられたり、海賊に引き渡され虐殺されるだろう。

これは先人たちが述べた太陽のプレセペ星団へのディレクションについての辛く悲しい判断である。私が経験によって分かったことは、このディレクションでは、出生図の持ち主は尖った物で刺される危険があり、他の様々なひどい貧困と多くの訴訟があるだろう。

164章　月がプロミッターへディレクション

月が土星自体へディレクション

このディレクションでは、冷と湿による病気、脳卒中、麻痺、水腫、痛風、両手両足、関節の痛風、憂鬱質と粘液質の悪寒や発熱が生じる。出生図の持ち主の責任に対する嘘と不当な中傷について、出生図の持ち主は王や主要な行政長官、身分の高い貴族と戦い、不和になるだろう。

出生図の持ち主は男女両方の使用人の多くの不満に苦しむだろう。出生図の持ち主が所有する家畜の群れや、家族が所有する家畜の多くが死ぬだろう。それによって、出生図の持ち主は多くの損害を受け、精神的に大きな苦悶を抱いて暮らすだろう。通常、このディレクションでは、出生図の持ち主に多くの悲しみがあり、多くの恐れ、多くの心配、身体と精神が全体的に乱され、一般的に友人に見捨てられる。長く、うんざりする四日熱が長引き、癇癪、極度の咳、多量の唾液と粘液、目が非常に悪くなったり、弱くなる。カタルや、罠で目を傷つける。

月が土星のセクスタイルやトラインへディレクション

幸運にも喜ばしい推薦があり、出生図の持ち主は偉大な名士と知り合うようになる。出生図の持ち主は尊敬されるような行動をし、老婦人から多くの大きな贈り物と褒美を貰う。そして、一般人や身分の低い人々から非常に尊敬され、彼らはある種従順になり出生図の持ち主を非常に愛し、尊敬する。

出生図の持ち主は建築したり、建物を壊し建造する傾向があるだろう。そして、耕作と土地に肥料を施すのに便利なものを準備し、池を造り、果樹園と庭園に水を引く。出生図の持ち主は農夫と付き合い、取引することで非常に成功し、多くの家畜を飼うだろう。このようなディレクションが、商人においてなら、老齢の人物と取引し、鉛、羊毛などのような土星的な性質を持つ商品を扱うことによって最も成功するだろう。

月が土星のスクエアやオポジションへディレクション

このディレクションでは、身体に悪い体液が多量に生じ、出生図の持ち主は粘液や湿の体液が原因で発熱したり、あるいは、動きが鈍く重く、のろくなり、悲しみ、憂鬱になりやすい。田舎の無骨者と悪い住人が盗みを働き、出生図の持ち主は多くの損害を受ける。強奪や、油断したことから出生図の持ち主の家財は台なしになる。母から授けられた財産を浪費する。妻にいつも不満がある。妻は常に出生図の持ち主と喧嘩し、争い、いらいらさせる。恐らく、その年出生図の持ち主自身か母が死ぬだろう。もし出生図の持ち主が生まれたのち、遺産を所有したなら、住居人は裏切り、出生図の持ち主は土地からの利益はなくなってしまうだろう。もし出生図の持ち主が海の近くにいるなら、堤防が壊れたり、海辺での被害がある危険がある。

もし出生図の持ち主が君主なら、民衆は誰も出生図の持ち主の振る舞いを好まない。もし出生図の持ち主が商人なら、海に関する取引と委託を控えるのが最も良い。

月が土星のタームへディレクション

このディレクションでは、出生図の持ち主の空想は恐れ、恐怖、不安、悲しい考えでいっぱいになり、このタームがあるサインの性質に従って、ひどい憂鬱質の病気などで身体は苦しめられる。気質はこれまでの状態から変わり、身体はより乾になり、出生図の持ち主はより注意深くなり憂いに沈む。

月が木星自体へディレクション

このディレクションでは、出生図の持ち主は身体が健康であるだけではなく、（非常に大きな）名誉を得る。それは非常に多くの富をもたらすだろう。

このディレクションでは、出生図の持ち主の敵に損失と損害が出ることを意味する。出生図の持ち主は繁栄を極め、旅行に行けば実りが多い。大きな喜びがあり穏やかな精神で暮らすだろう。明るい心と健全な身体、支配権や公職、人々への指揮権を意味する。大学での昇進、法学院での昇進、すなわち、そこでの学位を取得する。君主なら、国民の間での強い結束を意味し、様々な大使を海外に送り出し、良い結果を得る。

月が木星のセクスタイルやトラインへディレクション

このディレクションでは、出生図の持ち主は昇進し、名声が上がり、非常に低い地位であっても昇進する。そして、このディレクションが有効的に働く時、出生図の持ち主が暮らす場所で、最も身分の高い人物と数多く交際し、友人になる。このことは教会に関することや、法律関係に最も影響を与える。そして、実際、このディレクションでは、出生図の持ち主に大臣、文官、弁護士、紳士と貴族階級などとの多くの友情と利益が約束される。

月が木星のスクエアやオポジションへディレクション

このディレクションでは、出生図の持ち主の地位、公職や昇進に、多くの困難が起こり、非常に複雑な出来事に出生図の持ち主の心が悩まされることを意味する。弁護士と宗教に関する人々が出生図の持ち主に口うるさく、出生図の持ち主の信用と財産に疑いを掛けていることが分かるだろう。

しかし、出生図の持ち主は、自身の善行と貞節さによって、多くの困難を伴うが、教会や世俗で昇進するだろう。そして、最後には、出生図の持ち主の敵であった人物は親しくなろうとし、敵は友人になる。このディレクションでは、多くの場合、出生図の持ち主は異教徒、分派を疑われたり、教会に関することで妨害がある。うるさい弁護士が出生図の持ち主を侮辱する。あるいは、取るに足らない田舎の治安判事、あるいは地主などが出生図の持ち主に悪意を持って行動する。*これは可能性のある範囲においてである。*

月が木星のタームへディレクション

このディレクションでは、敏活な精神と、身体の健康を意味し、出生図の持ち主の顔の色艶は良い。そして、ほとんど苦労せずに財産が入ることを意味する。身分の高い婦人のすべての命令に喜んで仕える。

月が火星自体へディレクション

月が火星自体へディレクションの時、出生図の持ち主は投獄されたり、世間での多くの不運に遭ったり、奇妙な不安に襲われたり、悲しみが多く、財産の一部が損失する恐れがある。出生図の持ち主の敵は、出生図の持ち主に対して立ち上がるだろう。出生図の持ち主は急激でひどい発熱や、病気に苦しみ、身体が衰弱し、生命の危険が伴うだろう。出生図の持ち主の視力は非常に悪くなり、陰部の病気になりやすい。出生図の持ち主はおできや腫瘍、かさぶたが体中にできたり、鉄、銃やそのような物によって傷を負うだろう。そして、出生図の持ち主の身体は火による危険や、あるいは、凶暴であったり獰猛な四つ足の獣による危険や、犬に噛まれる危険にさらされる。出生図の持ち主は胆汁が非常に支配的であると分かり、自分自身が口論したり、戦ったり、武器を持つ傾向にあることが分かるだろう。少なくとも出生図の持ち主に予測されることは、激しい燃えるような高熱にかかることで、もしこのディレクションが獅子座で出会うか、おうし座の目（アルデバラン）の近くか、さそり座の心臓（アンタレス）の近くなら、伝染病である。もし火星がアナレタなら、このディレクションで出生図の持ち主の人生が終わることはありえるだろう。その病気については、サインから分かるだろう。

月が火星のセクスタイルやトラインへディレクション

このディレクションでは、出生図の持ち主は人を憎んだり、大胆になる傾向がある。威厳があり、傲慢で、軍事問題には慎重で、勤勉で、用心深くなる。乗馬したり、軍事的な事柄、狩猟などという男性的な運動を行う。

出生図の持ち主は行動することで利益を得て、尊敬され、財産が増えるだろう。しかしそうであっても、もし火星がラディックスで強くなければ、女性が原因で、出生図の持ち主は財産を使い尽くし、売買契約と取引と馬に関することで損失するだろう。火星が強くなければ、通常、出生図の持ち主はカードやサイコロなどで遊ぶことが多く、そして、しばしば酒場や居酒屋などに通う。このことは出生図で示されているなら、このような乱れた状態が根本的に予測される。

王なら、新しい統監の選任、人や兵士を召集し、平時であっても武器を準備することを意味する。商人なら、海での多くの取引と、かなりの収益を意味する。一般人なら、忙しい時で、多くの取引を意味する。農民なら、大きい家畜と小さな家畜の両方の数を増やし、その年、治安官になるだろう。

月が火星のスクエアやオポジションへディレクション

このディレクションでは、感覚が失われ、精神異常、狂乱、身体と精神が苦しめられることを意味する。多くの窃盗や、悪妻を意味し、妻は出生図の持ち主を軽蔑して怒らせるだけでなく、財産を浪費し、失わせるだろう。これは身体の悪い状態を意味し、出生図の持ち主は熱っぽく、疱瘡、淋病や、腎臓と膀胱の中に石と尿砂ができやすい。女性が出生図の持ち主を軽蔑することを意味し、出生図の持ち主は彼女たちから口汚い言葉を吐かれること以外予想できないだろう。出生図の持ち主には彼女たちによって多くの不祥事と不名誉なことなどが起こるだろう。もし出生図の持ち主が良妻を持つなら、妻の死を意味する。また、馬や大きな家畜から傷を負ったり、怪我をしたりする。盲目になったり、目に障害をもったりする。出生図の持ち主が病気にならないことはまれなことで、もしその年伝染病があるなら、ペストを意味する。また、顔などに怪我や傷を負うことを出生図の持ち主に注意させること。君主なら、国民は出生図の持ち主の自惚れを嫌い、使節団は無駄で無益で財産を浪費し、酒色に溺れて出生図の持ち主の生命を危険にさらすことを意味する。暴動を意味し、そして、不正行為のために、多くの役人を解任することを意味する。農夫なら、出生図の持ち主の羊は肝臓病にかかり、大きな家畜は伝染病によって死ぬことを示している。商人なら、商品を船で送らないよう忠告し、海賊と難破によって出生図の持ち主は落ちぶれるだろう。大臣なら、これは国民とともに十分の一税の法律などを定めることを示す。

月が火星のタームへディレクション

このディレクションでは、高熱、多量の胆汁、争いと訴訟の時期、口論などを意味する。実際、全体的に身体の組織が胆汁の傾向となり、その体液で身体がいっぱいになり病気になる傾向がある。出生図の持ち主は内科医にこれを改善する助言を求めることで身体を回復できるだろう。

月が太陽自体へディレクション

このディレクションでは、熱く燃えるような高熱が生じ、長い間隠されていた出生図の持ち主のこれまでの秘密がすべて暴かれる。出生図の持ち主の状態は非常に変わりやすい。時々頂点を極めたり、大きく期待をされる。そして突然出生図の持ち主が努力していることすべてが抑圧され、様々な恐れと問題から精神は混乱し、目が悪くなったり（炎症などで）涙目になる。これが、王の息子や君主についてなら、出生図の持ち主の状態は非常に考慮されるべきである。月が太陽自体へディレクションの時、王領が拡大することを意味する。あるいは、もし生きているなら、父である王によって名誉が与えられる。普通の人の出生図で、能力があれば結婚を意味する。商人なら、出生図の持ち主の信用は疑われるが、それでも取引は良好で素晴らしく、破産の心配はない。農民や農夫なら、妻を娶ることと、人生の流れが変わることを意味する。

月が太陽のセクスタイルやトラインへディレクション

このディレクションでは、出生図の持ち主は高い地位や身分の高い女性との有益で名誉ある出会いがあり、親しくなる。この友情は有利に使うことができるだろう。これまで以上に人々から尊敬され、愛されるだろう。それによって、出生図の持ち主は共和国での責任ある公職を名利共に楽しむ。これらすべては出生図の持ち主の慎重さと気立ての良さからである。このディレクションが適切な年にあるなら、結婚や、結婚への強い気持ちがある前兆である。多くの場合、旅行や海外への長旅を意味し、それによって、名誉や昇進が出生図の持ち主に根本的に約束される。このディレクションでは、これらを獲得するために出生図の持ち主を勤勉にさせること。王なら、同盟を一新することを意味する。商人なら、栄光、評判、自由な取引と貿易を意味する。貧しい農民なら、出生図の持ち主の商品が良く売れ、出生図の持ち主は隣人同士の意見の争いを調停する傾向がある。

月が太陽のスクエアやオポジションへディレクション

　このディレクションでは、身体と精神の両方に極度な危険と苦労がもたらされ、しばしば怒りが引き起こされる。身分の高い女性の愛情が憎悪と嫌悪に変わる。出生図の持ち主に民衆の暴動と扇動に注意させること。貴族が友情を偽ることがあり、それによって、出生図の持ち主に自分の財産の多くを分け与えなければならないことが起こるだろう。

　もしこの月が太陽のオポジションに出会ったのが（私はほとんどスクエアを重んじない）視力の悪さや視力障害の恐れがある黄道の位置にあるなら、疑いなく、出生図の持ち主は目の病気で非常に苦しむ。困難な争いの年を意味し、出生図の持ち主は自分より地位の上の人物や、身分の高い人と最も対立していることが分かる。シグニフィケーターとプロミッターのあるサインとハウスの性質に従って、激しい極度の発熱、咳、疝痛、腹部の苦痛、下痢などを生じる。王なら、自分自身の無礼な行ないなどから同盟国の間で名誉を失うことを意味する。ラディックスにおいて廃位の危険があるなら、このディレクションではそれが実行される。貴族なら、人々は出生図の持ち主を嫌い、密告し、疑いをかけることを意味する。ここでは非業の死が意味され、ここで一巻の終わりとなる。農夫なら、軽蔑に満ちた地主が出生図の持ち主を追いやり、虐待することを意味する。物乞いなら、鞭打ちや、さらし台の刑に処されることなどを意味する。

月が金星とのコンジャンクションへディレクション

　これは喜びと楽しい時期の前兆である。なぜならば、出生図の持ち主は楽しげで（月と金星の両方が湿のサインにあるなら、酒を飲んで酔っ払う）、陽気になり、愛らしくなる傾向がある。幕間劇、演劇、踊り、娯楽を楽しみ、全体的に快楽に溺れる。これらの楽しみは出生図の持ち主の気持ちが最も向くものである。身体の体質は健康的で、正常な気質である。出生図の持ち主は求愛したり、美しい娘の気を引こうとする。出生図の持ち主は女性や、彼女たちの推薦によって、贈り物と有益な物品を得るだろう。そして、出生図の持ち主自身彼女たちから非常に好意を持たれているのが分かり、彼女たちに尽くす傾向となり、多くの場合、結婚するだろう。しかしながら、心置きなく、出生図の持ち主の出生の性質に従って、幾人かの女性と熱愛する。王なら、民衆と同盟国との平和な状態、子供への大きな希望と、穏やかな時期を意味する。商人なら、自由な取引が望める。

農民なら、家禽と小さな家畜などの数がとても増えることが期待できるだろう。

月が金星のセクスタイルやトラインへディレクション

出生図の持ち主はこれ以上楽しく生きることは決して期待できないだろう。出生図の持ち主はあらゆる物事において成功し、あらゆる物事が相次いで起こる。出生図の持ち主は幸せな結婚をし、そして結婚相手を非常に愛する。出生図の持ち主の子供たちは素直で、よくしてくれる。出生図の持ち主の兄弟姉妹と親戚は、全員出生図の持ち主を愛するだろう。身体の体質は健全で、気質は健康的な状態にあり、均衡がとれていないことは何もない。もし出生図の持ち主が結婚していて、徳が高いなら、出生図の持ち主は善良な女性との友情を得て、彼女たちによって出生図の持ち主の状況は良くなる。貿易商人や小売商人なら、大きな利益を望んで心置きなく商売に乗り出すだろう。

月が金星のスクエアやオポジションへディレクション

このディレクションでは、出生図の持ち主に不道徳な性交へのうずうずするような欲求が生じる。これによって一風変わった女性をふらふらと愛することが起こり、財産の多くを無駄にする。密通と不倫が原因で、多くの不祥事と汚名がもたらされる。多くの受難と女性との多くの論争がある。これらのディレクションのいずれかにおいて、もし出生図の持ち主が結婚するなら、最も不幸な結婚である。結婚相手は出生図の持ち主が愛していない女性や、出生図の持ち主に従わない女性である。ここでは淫らな気持ちが支配的になり、身を任せてしまう年である。金星的な病気、淋病、腫瘍、梅毒などに苦しむ。子供において、もし金星が水象サインにあるなら、麻疹と天然痘などを意味する。女性なら、生理が多いことなどを意味する。

月が金星のタームへディレクション

出生図の持ち主の性質は全体的に陽気になったり、喜んだりする傾向がある。そして、女性との交流が頻繁になり、出生図の持ち主の身なりはきちんとして立派になり、敏活な知性で仕事に従事する。

月が水星自体へディレクション

このディレクションでは、出生図の持ち主は多くの様々な訴訟と論争が約束される。嘘をついたり、偽ったり、あらゆる種類の詐欺を働く。

話術にたけ、陰険で、盗んだり、不正行為をしたり、全体的に淫らなことに溺れ流され、忙しく、何事にもでしゃばる傾向にある。文章、権利証書、借用証書、証拠の偽造を意味する。もし出生図の持ち主が研究者なら、一生懸命に勉強し、習熟するのが早い。もし王なら、多くの書状とたくさんの海外の知らせを意味し、出生図の持ち主は同盟国を数多く動揺させることを意味する。商人なら、多くの行動と多くの旅行を意味する。もし出生図の持ち主が仲買人なら、多くの取引などを意味する。

月が水星のセクスタイルやトラインへディレクション

このディレクションでは、出生図の持ち主の仕事は幸運と成功に恵まれる。執筆が上手になったり、読んだり、書いたり、取引を管理する傾向がある。音楽を楽しみ、そして旅行をする傾向があり、出生図の持ち主は多くの友情を与えられ、身分の高い女性から財産と幸運を与えられる。宮廷人で、能力があるなら、仲介者や大使、あるいは、外国の財産を意味する。または、出生図の持ち主は財産関係の秘書になることを意味する。これは世間での多くの行動と取引や、人生に非常に多くの商取引があることの前兆である。

月が水星のスクエアやオポジションへディレクション

このディレクションでは、研究と学習を嫌うようになり、友人でさえ出生図の持ち主を拒否し、身分の低い人々は怒り、不快感を表す。出生図の持ち主に民衆は騒ぎ、動揺する。契約書や文章の偽造、あるいは、金銭の詐欺を疑われる危険がある。それゆえ、投獄され、死の宣告を受けたり、追放される。このディレクションでは、時々狂気が続いたり精神錯乱が起こり、証書と請求書などでの不当な不祥事に苦しみ、ずるがしこい法廷代理人や公使に虐げられる。

月が水星のタームへディレクション

精神的に学習することに没頭し、巧妙さと水星的な策略に満ち、移り気で、揺らぎやすい。

月がドラゴンヘッドへディレクション

これは繁栄する年の前兆で、出生図の持ち主の財産が増え、いくつかの名誉ある勲章を与えられ、心は穏やかで、身体は健康であることを意味する。

月がドラゴンテイルへディレクション

　ここにおいて、出生図の持ち主は奇妙で病的な空想をし、土星的で火星的な人物の妬みによって悩まされる。出生図の持ち主は彼らと意見の相違があり、通常、憂鬱（黒胆汁）の病や、それに伴って粘液が生じる。また、目の片方に障りがあることを意味し、ほとんどの場合、左目である。多くの場合、出生図の持ち主の生命は毒や、突然の転落によって危険にさらされる。

月がパート・オブ・フォーチュンへディレクション

　家具が増えたり、家具を購入したりする。世間での評価が上がり、出生図の持ち主の天職で家財が増えることを意味する。その大きさはプロミッターとシグニフィケーターのフォーティチュードから期待される。

月が１２のハウスへディレクション

月が１ハウスへディレクション
　病気がちな時期を意味し、特にもし悪い影響を持つ恒星がアセンダントの度数にあるか、それに近い位置にあるなら、より顕著である。

月が２ハウスへディレクション
　もし木星か金星が２ハウスのカスプをアスペクトするなら、出生図の持ち主は苦労なく、もしくはほとんどなく多くの富を望めるだろう。もしカスプが悪く影響されるなら、その反対を意味する。

月が３ハウスへディレクション
　親戚、兄弟、姉妹を訪れるための小旅行を意味する。

月が４ハウスへディレクション
　農業とあらゆる種類の田舎仕事に熱心になる。しかし、もし月がアフェータで、凶星の凶作用のスクエアかオポジションが４ハウスにあるなら、悪質な病気や、出生図の持ち主の死を意味する。そして、これは母や妻に対しても同様の意味を持つ。

月が５ハウスへディレクション
　出生図の持ち主は子供のことで喜び、非凡な才能を欲しいままにし、陽気である。

月が６ハウスへディレクション
　悪い使用人に物を盗まれ、小さな動物を失い、身体の悪い習慣、下痢や腹痛に苦しむ。

月が７ハウスへディレクション
　多くの敵や、妻や妾との口論を引き起こす。もし土星か火星のいずれかがこの

ディレクションの時に７ハウスのカスプをアフリクトするなら、出生図の持ち主が死を避けるのは難しい。

月が８ハウスへディレクション
故人の遺品と、妻の相続分について悩む。

月が９ハウスへディレクション
これは長旅を意味する。もし水象サインにあるなら、水路による旅行を意味する。もし地象サインにあるなら、陸路による旅行を意味する。旅の成功はカスプが吉星か凶星にアスペクトされているかによる。

月が１０ハウスへディレクション
特権階級の男性か女性から、出生図の持ち主は名誉を受け、そして、取引や仕事で十分成功する。

月が１１ハウスへディレクション
誠実な友人が現れ、彼らから、そして、彼らを通して利益を得る。

月が１２ハウスへディレクション
敵からの中傷、大きな家畜の損失、逮捕の危険などを意味する。もし吉星が１２ハウスにあるなら、幸運が予測される。

月が恒星へディレクション

月が双子座１１．００の（オリオン座の）リゲルへディレクション
異国において、出生図の持ち主の生命と財産に様々な損害の危険が差し迫る。出生図の持ち主に反対する土星的な老人が現れる。（もし生きていれば）出生図の持ち主の母と妻に死の危険があることを意味する。

月が天秤座１８．００のおとめ座の麦の穂（スピカ）ヘディレクション
出生図の持ち主の素晴らしい資質と精神的な特質から、出生図の持ち主にたくさんの富と多くの名誉が与えられる。そして、これらを水星的、金星的、木星的な人物から受け取る。

月が獅子座２２．００のうみへび座の輝く星（アルファード）ヘディレクション
このディレクションで、出生図の持ち主は性欲が高まり、馬鹿げたほど貞節さがなくなり、売春婦や淫らな女性と付き合う傾向がある。出生図の持ち主は遺産を得るためや、求めるため、もしくは、公職に就くために忙しいが無駄に終る。もし生きているなら出生図の持ち主の母と、もしいれば出生図の持ち主の妻はどちらも、同じ苦い運命を味わう。

月が魚座０．１０のはくちょう座の尾（デネブ・アディゲ）ヘディレクション

このディレクションでは、全体的に前述の判断の性質があるが、出生図の持ち主はより怒りっぽく、悪態をつき、下品な話し方になる。そして、ひどく厚かましく機会を得ようとする。しかし、女性に関して非常に言いなりになることを意味する。

月が双子座１５．００のオリオン座の左肩（ベラトリックス）ヘディレクション

このディレクションでは、淫乱な行為と贅沢を引き起こし、昇進することを羨望するようになる。資産と財産を無駄にすることを意味する。

月が蠍座１４．３８のへび座の首（ウヌクアルハイ）＊ヘディレクション

このディレクションで、出生図の持ち主は毒と魔術を使う。そして、出生図の持ち主は毒薬を飲んだり、毒蛇や蛇などに噛まれることを意味する。胆汁質の病気からは逃れられないだろう。そして、出生図の持ち主の恋人の誰かが死ぬだろう。

＊へび座の首（ウヌクアルハイ）：２０１５年において蠍座２２．１７。

月が蠍座２７．００のへびつかい座の左手の最も先にある星（イエド・プリオル）＊ヘディレクション

このディレクションでは、出生図の持ち主は魔法、魔力などに傾倒し、毒の被害を受けることを意味する。そして、売春婦などと一緒に犯した罪のために行政長官の手で裁きを受ける。出生図の持ち主は悪名高く、ひどい不祥事などを意味する。

＊へびつかい座の左手（イエド・プリオル）：２０１５年において射手座２．３０。

月が天秤座１３．００のうしかい座の左肩（セギヌス）＊ヘディレクション

このディレクションでは、出生図の持ち主が昇進を手にすることを意味するが、それはずるがしこい手段によるもので、出生図の持ち主にとって非常に不名誉なこととなるだろう。出生図の持ち主は不正な行為を疑われ、それゆえ、刑務所に入れられる。しかし、遺産の一部を出生図の持ち主は手に入れるだろう。しかし、出生図の持ち主に関係する若い女性の誰かが死にそうな苦しみを経験するか、死ぬだろう。

＊うしかい座の左肩（セギヌス）：２０１５年において天秤座１７．５２。

月が山羊座２６．２６の飛翔するわし座（アルタイル）ヘディレクション

このディレクションでは、かなりの財産と、言いようもないほどの昇進を得る。そうでなければ、身分の高い人物のお陰で非常に有益な公職に就く。そして、それは素晴らしい幸福を伴う。また、これは結婚や、息子や子供などを意味する。

月が射手座６．３６のりゅう座の目にある曇っている星（ラスタバン）＊ヘディレクション

このディレクションでは、出生図の持ち主の目が損傷したり、傷付き、あるいは、争いや、頭部を挫傷することを意味する。出生図の持ち主は銃、槍、投石器、雄

牛や馬から蹴られたり、敵の策略に注意しなければならない。

＊りゅう座の目の曇っている星（ラスタバン）：２０１５年において射手座１２．０９。

月が蠍座６．００のへび座近くのかんむり座の輝く星（アルフェッカ）＊へディレクション

このディレクションでは、出生図の持ち主は公的な名誉や地位が与えられ、出生図の持ち主の名は王国の貴族と紳士階級や、民衆の間で褒め称えられる。出生図の持ち主は金星的で水星的な人物によっていつも以上に重んじられるだろう。

＊かんむり座の輝く星（アルフェッカ）：２０１５年において蠍座１２．３０。

月が射手座４．００のさそり座の心臓（アンタレス）へディレクション

このディレクションでは、出生図の持ち主にある種の地位が与えられ、それはある種の恐れと敵意をもたらす。敵の策略や、馬などからの転落によって出生図の持ち主の生命は危険にさらされる。出生図の持ち主の母か妻の死や、とても大きな病気を意味する。

月が蟹座１１．００の（ふたご座の）ヘラクレス（ポルックス）へディレクション

このディレクションでは、出生図の持ち主は高慢で、厚かましく、傲慢で、力強くなることなどを意味する。不健康な時期で、もしいるなら、恋人、妻や母にとって、破滅的で致命的な時期である。

165章　パート・オブ・フォーチュンのディレクションについて。パート・オブ・フォーチュンがディレクションされることで特に明らかとなる富と動産の状態や、その増加や減少などの時期

パート・オブ・フォーチュンが土星のコンジャンクション、スクエア、オポジションへディレクション

このディレクションでは、出生図の持ち主の動産と不動産の両方を消費することを意味したり、出生図の持ち主の個人財産や世襲財産が、強奪や泥棒や土星的な人物の失敗によって、あるいは、そのような人々とのカード遊びやサイコロ遊びによって、無駄になることを意味する。財産を維持できなく、出生図の持ち主はどのようにすれば良いのか分からない。

パート・オブ・フォーチュンが土星のセクスタイルやトラインへディレクション

このディレクションでは、出生図の持ち主の財産が、老人の死、鉱山、農業、建物、

家、海に関することによって増加する機会を与えられる。これらのディレクションで、出生図の持ち主は老人から助けてもらい、後押ししてもらうこと。そして、雄牛や馬を扱ったり、家畜に草を食べさせ、放牧させること。

パート・オブ・フォーチュンが木星のコンジャンクション、セクスタイル、トラインへディレクション

このディレクションでは、贈り物、報酬、利益を受けとることを意味する。また、木星的な身分の高い人物の援助と後援によって十分財産が増えたり、そうでなければ、有益な公職によって収入が増す。資産に関して出生図の持ち主は非常に成功することを意味し、このディレクションでは、すべての出生図の持ち主は真面目に天職に従事し、かなりの利益などが見込まれることを意味する。

パート・オブ・フォーチュンが木星のスクエアやオポジションへディレクション

紳士や宗教関係の人物を通じて富を損失したり、そのような人物との訴訟とそのような人物へのいらだちがある。出生図の持ち主の財産を維持するために多くの苦労と困難があったり、公職を失ったり、これまでよりも財産の増加が少ない。

パート・オブ・フォーチュンが火星のセクスタイルやトラインへディレクション

このディレクションでは、火星的な人物との親交によって、もしくは、武器、馬、軍事に関わるような物品の売買によって、富が増えることを意味する。ウサギ、豚、山羊などの小さな家畜の取引や、海へ乗り出すことを勧める。

パート・オブ・フォーチュンが火星のスクエアやオポジションへディレクション

盗癖のある使用人や、泥棒や軍人による盗み、あるいは、家の火事や倒壊、カード遊びやサイコロ遊び、無駄で怠けた生き方、訴訟、口論、悪い言葉などによって、財産を浪費し、損失する。

パート・オブ・フォーチュンが太陽とのコンジャンクションへディレクション

このディレクションでは、名誉ある支出や、利益ある開拓のため、そして勇敢な君主のために費やされるお金を意味する。あるいは、出生図の持ち主はこれまでよりも自由な考えになり、出生図の持ち主のお金を自由に分け与える。私がしばしば見かけるのは、パート・オブ・フォーチュンから太陽自体へのディレクションでは、心が自由になり、大まかになることで財産を浪費することを意味する。私は太陽が何かしら財産を意味しているのを見たことはなく、通常、消費を意味する。

パート・オブ・フォーチュンが太陽のセクスタイルやトラインへディレクション

このディレクションは、出生図の持ち主が名誉や利益を得るために努力するのに適した時期であることを意味する。そして、出生図の持ち主は多くの人々と自分よりも地位や身分が上の人々から仕事や財産において、多くの利益が約束される。このディレクションでは、あらゆる人々が出生図の持ち主に好意的で、仕事に利益が生じることが分かるが、出生図の持ち主はほとんどその利益を蓄えられないだろう。

パート・オブ・フォーチュンが太陽のスクエアやオポジションへディレクション

このディレクションは、法的な訴訟によって損害を受けたり、身分の高い人物に妬まれることで出生図の持ち主の財産が消費されたり、でたらめで、評判を落とすような告訴をされる前兆である。出生図の持ち主が公職を失ったり、多くの賄賂を失い、身動きがとれなくなるというはっきりとした前兆である。

パート・オブ・フォーチュンが金星のコンジャンクション、セクスタイル、トラインへディレクション

これらのディレクションのいずれにおいても、貴婦人や身分の高い淑女から非常に多くの贅沢な贈り物が送られてくる。そして、このディレクションは、出生図の持ち主が手に入れた物を喜んで自由に贅沢に浪費することのはっきりした根拠となる。通常、可能なら出生図の持ち主は多くの新しい服を買ったり、誰かに新しい衣服をもらい、お洒落を楽しむ。商人なら、自由に投機することを勧める。

パート・オブ・フォーチュンが金星のスクエアやオポジションへディレクション

女性、争い、憎悪、女性との論争、そして女性の世話をすることで財産を無駄に出費することが生じる。出生図の持ち主は新しい恋愛をしたり、女性について新たに軽率な行動をとる傾向になる。売春婦と付き合い、世襲財産を使いきり、破産したり、よく考えないで行動し、評判を落とすような愚かな状態に陥る。そして、すべては女性の意地の悪さによって起こり、そのような女性を盲目的に愛する。もしくは、出生図の持ち主はちっぽけな目的のために彼女たちに多くの贈り物を送り、酒色に溺れ、それによって、財産を使い果たす。

パート・オブ・フォーチュンが水星のコンジャンクション、セクスタイル、トラインへディレクション

売買契約、請負、取引、学習、法律、大学での学位、あらゆる種類の知的な考え、出生図の持ち主に適した事業、思いがけないような遺産によって財産が増加する。

出生図の持ち主は航海そのものや、航海や長旅から生じる商売によって財産を非常に増やすだろう。貿易商人、小売商人、そして、田舎の無骨者も、目的のためにやらなければならないことをするようになる。なぜならば、彼らが十分成功することは明らかだからである。

パート・オブ・フォーチュンが水星のスクエアやオポジションへディレクション

法廷代理人や知的で教養のある人との多くの争い、そして、ごまかしがあり、取引での不正がある。独創的な考えや、文書の偽造や、目撃者の誤認からの損失があったり、不当な取引がある。出生図の持ち主は不正で問題のある振る舞いをしやすくなる。また出生図の持ち主の信用は少し疑われ、法的に訴えられたり、法廷代理人に騙されたり、子供に関することで成功しない。

パート・オブ・フォーチュンが月のコンジャンクション、セクスタイル、トラインへディレクション

このディレクションでは、女性の助けによって交友関係が広がり、彼女たちの財力によって出生図の持ち主の個人財産が増加することを意味する。一般の庶民のために数多く行動し、彼らが財源となって出生図の持ち主は利益を得るだろう。時々、このディレクションでは、出生図の持ち主は海に出たり、陸路での長旅を請け負う。出生図の持ち主は忙しく働き、安定した仕事を続けられる。出生図の持ち主の生活の状態はこのディレクションが意図している状態である。

パート・オブ・フォーチュンが月のスクエアやオポジションへディレクション

売買契約、請負、商売や取引での俗悪な方法によって、出生図の持ち主は海であったり、水夫から多くの損害を受け、最も重要な女性に憎まれたり、大きな損害にあったり、多くの人々の借金を背負う。世間一般の普通の人々はひどくうんざりし、世間での信用と評価を失い、多くの訴訟がある。

パート・オブ・フォーチュンがドラゴンヘッドへディレクション

木星的で金星的な友人によって、出生図の持ち主の財産は非常に増える。

パート・オブ・フォーチュンがドラゴンテイルへディレクション

田舎の無骨者、軍人、火事や戦争の激しさによって、財産を維持することができない。

パート・オブ・フォーチュンがおとめ座のスピカへディレクション

　出生図の持ち主は自分の子孫が誰も及ばないほどの多くの富を得たり、著しく昇進したり、権限を得る。しかし、出生図の持ち主は快楽に走る傾向となる。

パート・オブ・フォーチュンからしし座の心臓（レグルス）へのディレクション

　身分の高い人物の助けによって、多くの富がもたらされる。出生図の持ち主に名誉と財産の両方が与えられる。しかし、多くの場合、これらは続かず、助けてくれた同じ人物によって、出生図の持ち主はもう一度落ちぶれる。

パート・オブ・フォーチュンから（てんびん座の）南の秤にある最も輝く星（ズベン・エル・ゲヌビ）へのディレクション

　このディレクションは、火事、使用人の盗み、兵士の強奪、出生図の持ち主のあらゆる振る舞いや行為によって破産することを意味する。

パート・オブ・フォーチュンが１２のハウスへディレクション

　パート・オブ・フォーチュンから、
　１ハウスへのディレクションでは、多くの富を意味する。
　２ハウスへのディレクションでは、動産と、珍しい家財が増えることを意味する。
　３ハウスへのディレクションでは、小旅行での成功と、親戚が繁栄することを意味する。
　４ハウスへのディレクションでは、土地を扱うことで利益を得て、財産が増えることを意味する。
　５ハウスへのディレクションでは、報酬と、多くの尊敬が込められた伝言と、子供での喜び事を意味する。
　６ハウスへのディレクションでは、望ましい使用人と、羊、豚、ウサギを扱うことで利益を得ることを意味する。
　７ハウスへのディレクションでは、訴訟による財産の損害と、女性問題を意味する。
　８ハウスへのディレクションでは、故人からの利益と、妻の相続分の回復を意味する。
　９ハウスへのディレクションでは、聖職者と親しくなり、そのことから利益を得たり、長旅によって利益を得ることを意味する。
　１０ハウスへのディレクションは、身分の高い人物が惜しみなく公職を与えてくれたり、支配権や権限を得ることを意味する。
　１１ハウスへのディレクションでは、真の友人を意味し、彼らによって出生図の持ち主は多くの優遇を受ける。

１２ハウスへのディレクションは、馬、雄牛、雌牛、競馬などといった動物の価格交渉や、動物を取り扱うことで財産を得ることを意味する。

166章　ディレクションでの時間の測定単位

　この事項を取り扱う前に、私は占星術の若い息子たちに以下の一般的な方法を教えなければらない。それはディレクションの影響を判断する時に、出生図の持ち主の年齢を慎重に考慮することである。なぜならば、出来事は時期の違いで調整されるからである。それゆえアセンダントやミッドヘブンから、金星や月のトライン、セクスタイル、コンジャンクションへの強いディレクションでは、出生図の持ち主の年齢がわずか３、４、５歳でも、結婚を予測するというひどい思い違いを人はしてしまう。まあ、どれほど占星術師は汚点となる間違いをしたであろうか。出生図の持ち主が幼児期にそのような行為を考えたとしても、その時期に出生図の持ち主は結婚することはできない。あるいは、老人が子供を産むことを予測すること自体が狂気である。それ自体理にはかなっているが、出生図の持ち主が年を取って極端に体力が衰えているので、このようなことは予想できない、あるいは予想されるべきではない。それゆえ、私たちは出生図の持ち主の年齢の違いなどに従って、可能性があって自然で、適切で誰もが賛同できる物事を予測しなければならない。また、私たちのすべての予測において、国や場所の共通した運命、あるいは一般的な運命は、個人的な運命よりもより効力があることを世間に理解させなければならない。もし私たちが出生図の持ち主の外形や姿、精神状態などを精密に判断したいなら、生まれた地域もまた考慮しなければならない。常に最も有力な原因を考慮する。

　では、私たちはディレクションでの時間の測定単位を扱うことにする。これについて、現在３つのそれぞれの見方があるが、内容に関して大きな違いがあるようなものはない。

　トレミーの判断が、否定されることもなく、トレミーの時代から昨今まで続いている。そして、それは以下の通りである。もしあなたが何かしらの出生図において、アセンダントをディレクションするなら、あなたは出生時の場所のオブリーク・アセンションによってディレクションを行わなければならない。トレミーの"Lib. 4. cap. ult."＊に以下のように述べられている。「*また、アセンダントから引き延ばされる（ディレクション）時は、経度の度数に年が与えられ、それぞれの地域における（緯度での）上昇に合わせる。*

　　＊ "Lib. 4. cap. ult." は『テトラビブロス第４書』の最終章（１０章）。

しかし、メディウム・コエリから引き延ばされる（ディレクション）場合に限り、メディウム・コエリの上昇に合わせ、年が与えられる。軸までの間は同様の尺度で年が与えられ、アセンダントやディセンダント、あるいはメディウム・コエリに渡って比べられた割合に合わせる。」そして、少し後に彼はこう述べている。「1度ずつに1年を与える。」彼はこれ以上のことは示していない。しかし、すべての出生図でのアセンダントは、地域（の緯度）でのオブリーク・アセンションによってディレクションがなされ、ミッドヘブンは赤経によってディレクションがなされる。この時間の測定単位は赤道の1度毎に1年をとり、1分毎に6日をとる。

本書の500ページにある私たちの出生図において、アセンダントは山羊座6.37である。これのオブリーク・アセンションは、出生時の場所の緯度53度において、312.10である。私はアセンダントが火星のタームに来て、その後に火星のオポジションに来るのがどの時期かが分かるだろう。

> 時間の測定単位についての最初の方法

山羊座20.00の火星のタームのオブリーク・アセンション	324.05
アセンダントのオブリーク・アセンション	312.10
その差	11.55

トレミーによる時間の測定単位に従って、11度を11年とし、55分を11ヶ月とする。なぜならば、5分毎に1ヶ月をとるからである。つまり、12年目の終わりに、この出生図の持ち主のアセンダントは火星のタームに来る。ディレクションの章を見ればそのことが何を意味しているのかということが分かり、アセンダントの火星のタームへのディレクションの意味することが分かるだろう。

火星のオポジションのオブリーク・アセンション	332.02
アセンダントのオブリーク・アセンション	312.10
その差	19.52

つまり、19年10ヶ月12日後に、アセンダントは火星のオポジションに来る。

2番目の時間の測定単位

まれに見る博識なイタリア人で、ヨーロッパで最も偉大な数学者のひとりである、アントニウス・マギヌスは、トレミーが後世に伝えたこの時間の測定単位に疑問を投げかけた最初の人である。1604年に出版された *Primum Mobile* の51ページにそのことは記載されており、それはロンドンのディー博士*の格言から（彼が言うには）導かれ、そして、他には有名なデンマーク人ティコ・ブラーエ*の著書と考えからまとめられている。彼は以下のように結論付けている。

*ディー博士：ジョン・ディー John Dee。1527～1608もしくは1609年。イギリスの数学者、天文学者、占星術師、神秘学者。エリザベス一世の助言者。
*ティコ・ブラーエ Tycho Brahe：1546～1601年。デンマークの天文学者、占星術師。膨大な天体記録を残した。ケプラーは彼の弟子であり共同研究者であり、ケプラーの法則を生む基礎を作った。

この時間の測定単位は太陽の単純な動きからとられたり、推論されるべきではなく、太陽の真の動きや視運動などからとられるべきであると。そして、彼の考えとして結論は、その場所のオブリーク・アセンションではなく、赤経に従って出生時の太陽の視運動に合った赤道の円弧を、私たちはシグニフィケーターそれぞれのディレクションにおける１年を表す共通した測定単位とみなすべきであるというものである。

演 習

正午であるかのように、出生時間での太陽の赤経をとる。さらに翌日の同じ時間の太陽の視運動を加え、太陽の赤経をとる。その時に大きい数値の赤経から小さい数値の赤経を引き算する。そして、残った数値は公転での（太陽の）もとの始まりと１日経って一巡りしてきた太陽との差で、その差は時間の１年を表す測定単位として適用されるだろう。

本書５００ページでの私たちの扱う出生図では、太陽の位置は天秤座６．３７で、太陽の赤経は１８６．４である。太陽の視運動を翌日の同じ時間に加えると、天秤座７．３６となる。赤経は１８６．５８で、後者から前者の赤経を引き算すると、その残りは以下のようになる。

```
１８６．５８
１８６．０４
０００．５４
```

すると、５４分だけが残る。この赤道での割合は、マギヌスに従った私たちの出生図のディレクションでの１年を表す測定単位となるだろう。私たちは１つの一般的な表を加える。これを使えば太陽の赤経をとることなしに、赤道での割合が分かるだろう。このことは１年を表す時間の測定単位のために、いかなる出生図にも行わなければならない。私はこの測定単位を積極的に導入している。なぜならば、英国国教会の前牧師であり、まれに見る占星術師であるウィリアム・ブレドンは、この方法を全体的に使用していたからである。以下に表がある。

	牡羊座		牡牛座		双子座		蟹　座		獅子座		乙女座		天秤座		蠍　座		射手座		山羊座		水瓶座		魚　座	
度	分	秒	分	秒	分	秒	分	秒	分	秒	分	秒	分	秒	分	秒	分	秒	分	秒	分	秒	分	秒
0	54	26	55	40	59	52	62	18	59	34	55	16	54	4	57	24	63	32	66	53	63	33	57	35
1	54	24	55	47	60	0	62	17	59	26	55	10	54	6	57	35	63	44	66	53	63	21	57	25
2	54	22	55	54	60	8	62	16	59	17	55	4	54	8	57	46	63	55	66	52	63	9	57	15
3	54	20	56	1	60	16	62	14	59	8	54	58	54	11	57	57	64	6	66	51	63	57	57	5
4	54	19	56	8	60	23	62	12	58	59	54	52	54	14	58	8	64	17	66	49	62	45	56	55
5	54	18	56	16	60	32	62	9	58	50	54	46	54	17	58	20	64	27	66	47	62	33	56	6
6	54	18	56	24	60	40	62	6	58	40	54	41	54	21	58	32	64	37	66	44	62	22	56	37
7	54	19	56	32	60	48	62	3	58	30	54	36	54	25	58	44	64	47	66	41	62	10	56	29
8	54	20	56	41	60	56	62	0	58	20	54	31	54	29	58	56	64	56	66	37	61	58	56	21
9	54	21	56	50	61	4	61	56	58	10	54	26	54	34	59	9	65	7	66	32	61	45	56	13
10	54	22	56	59	61	11	61	52	58	1	54	22	54	39	59	21	65	16	66	27	61	34	56	5
11	54	23	57	7	61	18	61	48	57	52	54	18	54	45	59	33	65	25	66	22	61	21	55	57
12	54	25	57	16	61	24	61	43	57	42	54	15	54	51	59	46	65	34	66	16	61	9	55	49
13	54	27	57	24	61	30	61	38	57	32	54	11	54	59	59	58	65	42	66	10	60	56	55	42
14	54	29	57	33	61	35	61	33	57	22	54	8	55	4	60	11	65	50	66	4	60	43	55	35
15	54	31	57	42	61	40	61	28	57	13	54	5	55	11	60	24	65	58	65	58	60	31	55	28
16	54	34	57	50	61	45	61	22	57	4	54	2	55	18	60	37	66	5	65	51	60	18	55	22
17	54	37	57	59	61	50	61	16	56	55	54	0	55	25	60	49	66	11	65	30	60	6	55	16
18	54	41	58	8	61	54	61	10	56	46	53	58	55	32	61	2	66	17	65	26	59	53	55	10
19	54	45	58	16	61	58	61	3	56	38	53	56	55	39	61	14	66	22	65	25	59	41	55	4
20	54	49	58	25	62	2	60	56	56	30	53	55	55	47	61	26	66	27	65	19	59	29	54	59
21	54	53	58	34	62	5	60	49	57	23	53	54	55	55	61	39	66	32	65	12	59	17	54	54
22	54	57	58	43	62	8	60	41	56	14	53	54	56	3	61	52	66	30	65		59	5	54	0
23	55	1	58	52	62	11	60	33	56	6	53	54	56	11	62	5	66	40	64	51	58	47	53	36
24	55	6	59	1	62	13	60	25	55	59	53	55	56	2	62	18	66	44	64	45	58	42	53	43
25	55	11	59	10	62	15	60	17	55	50	53	56	56	31	62	31	66	47	66	24	58	31	54	8
26	55	16	59	19	62	16	60	9	55	43	53	57	56	41	62	43	66	49	64	19	58	20	54	37
27	55	22	59	28	62	17	60	1	55	36	53	58	56	51	62	56	66	51	64	8	58	8	54	34
28	55	28	59	36	62	18	59	52	55	29	54	0	57	2	63	8	66	52	63	57	57	57	54	31
29	55	34	59	44	62	18	59	43	55	22	54	2	57	13	63	20	66	53	63	45	57	46	54	28
30	55	40	59	52	62	18	59	34	55	16	54	4	57	24	63	32	66	53	63	33	57	35	54	26

ディレクションでの1年を表す測定単位表

表の使用

あなたの出生図での太陽の度数を探しなさい。太陽があるサインの欄のその太陽の度数のところに数値があり、これを測定単位とする。太陽の度数で30分以上ある場合、1度繰り上げ、それを探す。私たちの出生図では、太陽は天秤座6.37で、私は天秤座の欄で7度を探す。7度に対して、54分25秒を見つける。そして、赤道でのその数値がこの出生図での1年の時間の測定単位になる。秒は省略しても良い。そして、この方法によって、分を続けて足していき、それを度に変換してこの出生図のための表を作る*。

  ＊712ページの表。

年	度	分
1	0	54
2	1	48
3	2	42
4	3	36
5	4	30
6	5	24
7	6	18
8	7	12
9	8	6
10	9	0
11	9	54
12	10	48
13	11	42
14	12	36
15	13	30
16	14	24
17	15	18
18	16	12
19	17	6
20	18	0
21	18	54
22	19	48
23	20	42
24	21	36

先程の例題であるアセンダントから火星のタームと火星のオポジションへのディレクションを使って、どのような違いがあるかを見せよう。あなたはオブリーク・アセンションで、火星のタームからアセンダントの距離が１１度５５分だと分かっている。

もしこの（左の）表の「度」の欄で探すなら、１１度を見つけ出し、その１１度の左側に１３年を見つけ出すだろう。一方で、１１度の右側に４２分が見つかる。５４分が１年を表す測定単位であるなら、１分は６日と１８時間を意味することを知っておかねばならない。この計算をすると４２分は２８４日を意味することが分かるだろう。この結果によると、出生図の持ち主がまる１３年と１４年目の４分の３か、その辺りを過ぎるまで、アセンダントは火星のタームには来ない。アセンダントから火星のオポジションまでの距離の度数は、前述のように１９度５２分である。

この表において、１９度は２２年を意味する。

そして、４８分は３２４日を意味する。つまり、この測定単位によると、この出生図の持ち主の年齢が２３歳になるまで、アセンダントは火星のオポジションには来ないのである。

私が今から扱おうとする３番目の最後の時間の測定単位は、ヴァレンティン・ナイボッドのトレミーの論評において、彼によって完成された。しかし、これはマギヌス自身によって推薦され、出版されたものである。より正確で明確な測定単位としては、マギヌスの著作である *De Diebus Criticis* と、１６１９年に出版された彼の新しい表の中にある。実践するのに十分な時間が与えられている出生図であれば私はナイボッドの方法を使用している。そうでなければ、私はトレミーの方法を使うが、それは何の問題も複雑さもなく実践される。私は博識なナイボッドの方法を汝に紹介するが、それは非常に有名で、例題によって明らかなように簡単だろう。そして、私自身の判断では、これまで発見されたものの中で最も正確な測定単位である。

ナイボッドの考えに従った
赤道の度数をディレクションの正確な時間の割合に変換するための最も正確な表

度数	年数	日数	時間	度数	年数	日数	時間	度数	年数	日数	時間
1	1	5	8	31	31	165	23	61	61	326	13
2	2	10	17	32	32	171	7	62	62	331	21
3	3	16	1	33	33	176	16	63	63	337	6
4	4	21	10	34	34	182	0	64	64	342	14
5	5	26	18	35	35	187	8	65	65	347	23
6	6	32	3	36	36	192	17	66	66	353	7
7	7	37	11	37	37	198	1	67	67	358	16
8	8	42	20	38	38	203	9	68	68	364	0
9	9	48	4	39	39	208	18	69	70	4	3
10	10	53	13	40	40	214	3	70	71	9	11
11	11	58	21	41	41	219	11	71	72	14	20
12	12	64	6	42	42	224	20	72	73	20	4
13	13	69	14	43	43	230	4	73	74	25	13
14	14	74	23	44	44	235	13	74	75	30	21
15	15	80	7	45	45	240	21	75	76	36	5
16	16	85	16	46	46	246	6	76	77	41	14
17	17	91	0	47	47	251	14	77	78	46	22
18	18	96	8	48	48	256	23	78	79	52	7
19	19	101	17	49	49	262	7	79	80	57	15
20	20	107	1	50	50	267	16	80	81	62	24
21	21	112	10	51	51	273	0	81	82	68	8
22	22	117	18	52	52	278	8	82	83	73	17
23	23	123	3	53	53	283	17	83	84	79	1
24	24	128	11	54	54	289	1	84	85	84	10
25	25	133	20	55	55	294	10	85	86	89	19
26	26	139	4	56	56	299	18	86	87	95	3
27	27	144	13	57	57	305	3	87	88	100	11
28	28	149	21	58	58	310	11	88	89	105	20
29	29	155	6	59	59	315	20	89	90	111	4
30	30	160	14	60	60	321	4	90	91	116	13

分を日と時間に変換する表					
分	日	時間	分	日	時間
1	6	4	31	191	11
2	12	8	32	197	16
3	18	13	33	203	20
4	24	17	34	210	0
5	30	21	35	216	4
6	37	1	36	222	9
7	43	6	37	228	13
8	44	10	38	234	17
9	55	14	39	240	21
10	61	18	40	247	2
11	67	23	41	253	6
12	74	3	42	259	10
13	80	7	43	265	14
14	86	11	44	271	18
15	92	16	45	277	23
16	98	20	46	284	3
17	105	0	47	290	7
18	111	4	48	296	11
19	117	9	49	302	16
20	123	13	50	308	20
21	129	17	51	315	0
22	135	21	52	321	4
23	142	1	53	327	9
24	148	6	54	333	13
25	154	10	55	339	17
26	160	14	56	345	21
28	166	18	57	352	2
29	172	23	58	358	6
30	179	3	59	364	10
			60	374	14

ここに２つの表があるのが分かるだろう。最初の表（前ページ）で、赤道の度数を年、日、時間に変換する。２番目の表で、分、すなわち、赤道の分を日と時間に変換する。例えば、この法則に従って、２つの前述のディレクション、すなわち、アセンダントから火星のタームと火星のオポジションへのディレクションの時間の長さを知ることができるだろう。

覚えていると思うが、アセンダントとプロミッターである火星のタームの距離は、１１度５５分である。

ナイボッドの計算によって、私は１１度５５分に対する時間の長さを知ることができる。

これらの表の最初の表で１１度を探すと、それに対して、１１　５８　２１　すなわち、１１年５８日２１時間ということが分かる。

次に、２番目の表で赤道の分を時間に変換する。（左から）３番目の欄の、５５分に対し、３３９日１７時間を見つける。その両方を足し算すると

　　１１度　　１１　　５８　２１
　　５５分　　００　　３９９　１７
　　合計　　　１１　　３９７　３８

１１年３９７日３８時間となる。

時間を日に変換し、足し算し、まる１年、すなわち、その合計から３６５日をとる。

つまり、あなたは以下のようになるのが分かるだろう。

１１年、３９７日、３８時間
　　　　　　　　　　２４時間

従って、３９７に１日を足すことになる。

そして、１１年３９８日１４時間となる。

３９８日から３６５日、すなわち、まる１年を引き算する。そして、１１年に１年を足し算する。すると、アセンダントが火星のタームに来るのは、出生図の持ち主が１２歳３３日１４時間である。

アセンダントが火星のオポジションに来るのは、１９度５２分の後である。最初の表で１９度とは、１９年１０１日１７時間を意味する。２番目の表で５２分とは、３２１日４時間となる。これらを足し算すると、１９年４２２日２１時間となる。

４２２日から３６５日、つまり、まる１年をとると、５７日２１時間となる。

つまり、出生図の持ち主のアセンダントが火星のオポジションに来るのは、２０年５７日２１時間、歳を取った時となる。

１６６章* 　年間プロフェクションと、どのような方法で年毎の
　　　　　　プロフェクションのサインを見つけるか

プロフェクションとプログレッションは同じもので、サインの順番に従ったシグニフィケーターの一定した規則正しい変化でしかない。

*原書で１６６章は２つ存在する。

年間プログレッション

プロフェクションには３つの要素がある。１つは年間で、私たちは１太陽年を３０度、あるいはまるまる１サインとする。もしある出生図で、双子座６.００がアセンダントなら、双子座６.００から蟹座６.００までが、最初の年のプロフェクションのサインだろう。

２年目は、プロフェクションでのアセンダントのサインは蟹座６.００から獅子座６.００だろう。３年目は、獅子座６.００から乙女座６.００が、プロフェクションでのアセンダントのサインだろう。そして、すべての１２のサインが終わるまでそうしていく。それから、また再び、１２年毎に年間のプロフェクションを同じように始めなければならない。注意すべきことは、ラディックスの太陽の度数と分に太陽が戻って来る時に、その年のプロフェクションを始めなければならないということである。このために、これは太陽年と呼ばれている。また、それぞれの始まりのハウスのカスプは、ラディックスと同じ度数と分をとる。サインだけが変化するのである。

月間プロフェクション

　月間のプロフェクションでは、私たちは１月毎を１サインとし、年間プロフェクションのサインは最初の月のプロフェクションのサインである。２つ目のサインは２番目の月となり、順番通りそうしていく。それゆえ、この方法では、私たちは１太陽年を等しく１３に分割し、それぞれをプロフェクションの月と呼ぶ。

日間プロフェクション

　日々のプロフェクションでは、１サインは２日と３時間５４分である。しかし、これは必要以上に細かい。

　私は年間プロフェクションのみ行っているが、これは「もし人がすべて詳細に先人たちが几帳面にしたようにするなら、出生図を半年も正確に判断することは不可能である。」という考えからである。

　一般的なプロフェクションの表を作る方法を教えている人もいるが、それはオリガヌスの７６６ページや、マギヌスの *Prim. Mob* の５２ページなどのようなもので、すべての出生図に役に立つだろう。私はいつもすべての出生図に特定の表を作ることが最も良いと考えており、それは簡単にでき、より役に立つだろう。次の表は５００ページの私たちの出生図についてのプロフェクションの表である。

プロフェクション表											
商人が生まれた １６１６年９月１９日木曜日						アセンダント 6.37	ミッド・ヘブン 14.39	太陽 6.37 金星 6.54 水星 3.34	月 1.44	パート・オブ・フォーチュン 1.44	土星 9.02	木星 21.55	火星 0.54
0 1616	12 1628	24 1640	36 1652	48 1664	60 1676	山羊座	蠍　座	天秤座	双子座	乙女座	牡牛座	射手座	獅子座
1 1617	13 1629	25 1641	37 1653	49 1665	61 1677	水瓶座	射手座	蠍　座	蟹　座	天秤座	双子座	山羊座	乙女座
2 1618	14 1630	26 1642	38 1654	50 1666	62 1678	魚　座	山羊座	射手座	獅子座	蠍　座	蟹　座	水瓶座	天秤座
3 1619	15 1631	27 1643	39 1655	51 1667	63 1679	牡羊座	水瓶座	山羊座	乙女座	射手座	獅子座	魚　座	蠍　座
4 1620	16 1632	28 1644	40 1656	52 1668	64 1680	牡牛座	魚　座	水瓶座	天秤座	山羊座	乙女座	牡牛座	射手座
5 1621	17 1633	29 1645	41 1657	53 1669	65 1681	双子座	牡羊座	魚　座	蠍　座	水瓶座	天秤座	牡牛座	山羊座
6 1622	18 1634	30 1646	42 1658	54 1670	66 1682	蟹　座	牡牛座	牡羊座	射手座	魚　座	蠍　座	双子座	水瓶座
7 1623	19 1635	31 1647	43 1659	55 1671	67 1683	獅子座	双子座	牡牛座	山羊座	牡羊座	射手座	蟹　座	魚　座
8 1624	20 1636	32 1648	44 1660	56 1672	68 1684	乙女座	蟹　座	双子座	水瓶座	牡牛座	山羊座	獅子座	牡羊座
9 1625	21 1637	33 1649	45 1661	57 1673	69 1685	天秤座	獅子座	蟹　座	魚　座	双子座	水瓶座	乙女座	牡牛座
10 1626	22 1638	34 1650	46 1662	58 1674	70 1686	蠍　座	乙女座	獅子座	牡羊座	蟹　座	魚　座	天秤座	双子座
11 1627	23 1639	35 1651	47 1663	59 1675	71 1687	射手座	天秤座	乙女座	牡牛座	獅子座	牡牛座	蠍　座	蟹　座

　この表を使えば、出生図の持ち主の年齢に関する毎年のプロフェクション図を作成できるだろう。

あなたは前述の表に出生図の持ち主の現在の年齢ではなく満年齢を探して、プロフェクション図を作成すべきである。

出生図の持ち主の２５歳の年のプロフェクション図を作成しようとするなら、満２４歳を探す。すると左から３列目、一番上の１６４０年がある欄に満２４歳を見つける。そして、私たちの出生図の持ち主の２５歳が始まるのは、１６４０年９月１９日で、２５歳は１６４１年９月１９日まで続く。１６４０に対して、左から７列目の欄に、山羊座が見つかり、そこにはアセンダント６．３７がある。これが意味するのは、出生図の持ち主の２５歳の年のプロフェクション図のアセンダントのサインは山羊座であるということである。山羊座の右側に、蠍座、天秤座、双子座と、その年の、惑星とハイレグの位置がある他のすべてのサインが分かる。

２６歳なら、アセンダントのカスプは水瓶座６．３７というのが分かるだろう。そして、ミッドヘブンのカスプは射手座１４．３９である。太陽、金星、水星は蠍座のサインへ移り、月は蟹座へ移り、パート・オブ・フォーチュンは天秤座へ移り、土星は双子座へ移り、木星は山羊座へ移り、火星は乙女座へと移る。こういったことから、出生図の持ち主の年齢を事前に表で探し、すべてのハウスと惑星のサインを調べればその年のプロフェクション図を簡単に作成できる。毎年、次のサインへと変わっていくがラディックスでの惑星の度数と分は同じである。

プロフェクション図を作成したなら、５つのハイレグの位置をディレクションしなければならない。それゆえ、最善の方法とは、一般的なスペキュラムを観察することである。それゆえ、出生時のラディックスで以前行ったように順番にディレクションを図にする。これはおいおいあなたに教えようと思う。ここで理解すべきことは、この判断方法では、１度はたったの１２日４時間１２分であるということである。これらを簡単に理解したいなら、表を作り、それを使うと良いだろう。

167章　プロフェクションの使用と、これらの影響

たちは特定の時期を見分け、知るために、年間のプロフェクションを利用する。特定の時期とは、すなわち、その年の月と日のことで、その時期に成功や、不運となるディレクションが起こる。

ディレクションの出来事が起こるのが、いつなのか、どの月なのか、どの日辺りなのかを求めようとするなら、私たちはプロフェクション図をたびたび使用する。そして、ディレクションのどのような状態が影響を及ぼしているのかを考慮し、それが吉なのか、凶なのかを考える。どれがシグニフィケーターで、どれがプロミッターなのかも考慮する。なぜならば、ディレクションに関係していないプロフェクションそれ自体は、それほど確実性がなかったり、ほとんど影響力がないからである。また、正反対の影響をもつプロフェクションとトランジットによってディレクションが否定されるなら、ディレクションには力がなく、確実ではない。

　シグニフィケーターとプロミッターのプロフェクションを考慮すること。特に、同じ年に吉星や凶星の惑星自体やアスペクトに接近する惑星とそのディレクションを考慮する。そして、その年のプログレッションがどのような状態か、プログレッションとディレクションがどのように一致しているのか、アスペクトはどのような状態か、接近する惑星の性質が何かについて慎重に観察する。 *ディレクションが最も力強く働く時*

　ディレクションが吉兆で、幸運な状態か、そしてシグニフィケーターとプロミッターの両方のプロフェクションが幸運な状態かどうかを観察する。主にディレクションされるシグニフィケーターが、吉星自体や、吉星のトラインやセクスタイルのアスペクト、もしくは、ラディックスで吉作用の光線が照射しているハウスやサインに接したり、接近するなら、その良いディレクションの影響は、特にその年明らかになるだろう。

　同様に、もし根本的に凶のディレクションで、シグニフィケーターとプロミッターの両方が年間のプロフェクションでも同時に凶なら、特にディレクションされたシグニフィケーターが出生図で有害な位置に来たり、凶星があるサインに来たり、6、8、12や4ハウスのサインに来るなら、その意味は強くなり、ディレクションが意味する悪い不運な出来事はその年に作用し、引き起こされる。

　年間のプロフェクションがその年のディレクションと一致しない時、そのディレクションの影響は、より力がなく、はっきりしなかったり、次の年まで延期されたりするだろう。シグニフィケーターとプロミッター両方の年間のプロフェクションが、特にシグニフィケーターが意味する質と性質において一致するなら、私は以前にも述べているが、シグニフィケーターが他のプロミッターに効果を減じられるまで、ディレクションの強さは数年続く。 *ディレクションがゆっくりと働く時*

ディレクションが最も強い時

しかし、ディレクションの強さは、その始まりが最も強く、その後少しずつ減少するだろう。

しかし、出来事が起こる時期に近づけば、プロフェクションはその年幸福なのか、不幸なのかを、ハウスの主要なカスプのプロフェクション、すなわち、１ハウスと１０ハウスによって明らかにする。一般的に観察されることは、アセンダントかミッドヘブンにセクスタイルかトラインがある年、特にこれらのハウスやサインが出生図において十分強く、吉の状態なら、繁栄の年である。これらのハウスとスクエアかオポジションにある年は、凶である。

その年のロードはどの惑星か？

また、プロフェクションにおいて、その年のロードや支配星がどの惑星なのかが示される。そして、その惑星はアセンダントのサインのロードに他ならない。サインの始まりにアセンダントがあるなら、１つの惑星が年の支配者、つまり、その年のロードである。しかし、もしサインの真ん中にアセンダントがあるなら、２つのロードがあることとなる。すなわち、アセンダントから最初の１５度を支配する惑星、そして、続く次の１５度を支配する惑星である。ここで注意することは、プロフェクション図において、シグニフィケーターを３０度以上進行させて予測することはできないということである。

あなたはプロフェクションの影響力と強さを判断しなければならない。前述のディレクションで行ったように、シグニフィケーター自身が意味していることは何か、偶然に起こる出来事は何かを考える。そして、プロミッターは吉や凶となる原因を意味する。また、アセンダントのプロフェクションは、生命、健康、精神と身体の病気、そして、旅行について知るために考慮される。ミッドヘブンは、名誉や公職などについて知るために考慮される。他のハイレグの位置については、以前述べたようなことを知るためである。

出来事が起こる月と日をどうやって判断するか。

それぞれのシグニフィケーターがプロミッターの惑星自体やアスペクトに来る月と日は、以下のように判断する。プロミッターの位置から、プロフェクションで必要とされるシグニフィケーターの位置を引き算する。それができないなら、３０度を加える。その残りが、シグニフィケーターとプロミッターの距離であるだろう。この距離の度数をまず次の表で探してみると、その度数に対する日数が分かる。

何分かあるなら、2番目の表でその分を探す。そうすれば、その分の数値に対して、日数を見つけることができるだろう。両方の数値を足し算し、年の日数表で、その数値を探してみる。そうすれば、プロフェクションのシグニフィケーターがプロミッターの惑星自体や獣帯の部分に来る時の求めたい月と日が分かる。以下に表がある。

度を日、時、分に変換する表			
度	日	時	分
1	12	4	12
2	24	8	23
3	36	12	35
4	48	16	46
5	60	20	58
6	73	1	10
7	85	5	21
8	97	9	33
9	109	13	45
10	121	17	56
11	133	22	8
12	146	2	19
13	158	6	31
14	170	10	42
15	182	14	54
16	194	19	6
17	206	23	17
18	219	3	29
19	231	7	40
20	243	11	52
21	255	16	4
22	267	20	15
23	280	0	27
24	292	4	38
25	304	8	50
26	316	13	2
27	328	17	13
28	340	21	25
29	353	1	37
30	365	5	49

分を日、時、分に変換する表							
分	日	時	分	分	日	時	分
1	0	4	52	31	6	6	58
2	0	9	44	32	6	11	50
3	0	14	37	33	6	16	43
4	0	19	29	34	6	21	35
5	1	0	21	35	7	2	7
6	1	5	13	36	7	7	19
7	1	10	5	37	7	12	11
8	1	14	58	38	7	17	4
9	1	19	50	39	7	21	56
10	2	0	42	40	8	2	48
11	2	5	34	41	8	7	46
12	2	10	27	42	8	12	33
13	2	15	19	43	8	17	25
14	2	20	11	44	8	22	17
15	3	1	3	45	9	3	9
16	3	5	55	46	9	8	1
17	3	10	48	47	9	12	53
18	3	15	40	48	9	17	46
19	3	20	32	49	9	22	38
20	4	1	24	50	10	3	3
21	4	6	16	51	10	8	22
22	4	11	9	52	10	13	14
23	4	16	1	53	10	18	7
24	4	20	53	54	10	22	59
25	5	1	45	55	11	3	51
26	5	6	37	56	11	8	3
27	5	11	30	57	11	13	35
28	5	16	22	58	11	18	28
29	5	21	14	59	11	23	20
30	6	2	6	60	12	4	12

年の日数をまとめた表。これを使うことでシグニフィケーターとプロミッターが出会う正確な月、日が簡単に分かる。500ページの出生図に合わせてある。

閏年	9月	10月	11月	12月	1月	2月	3月	4月	5月	6月	7月	8月
1	348	13	44	74	105	136	164	195	225	256	286	317
2	349	14	45	75	106	137	165	196	226	257	287	318
3	350	15	46	76	107	138	166	197	227	258	288	319
4	351	16	47	77	108	139	167	198	228	259	289	320
5	352	17	48	78	109	140	168	199	229	260	290	321
6	353	18	49	79	110	141	169	200	230	261	291	322
7	354	19	50	80	111	142	170	201	231	262	292	323
8	355	20	51	81	112	143	171	202	232	263	293	324
9	356	21	52	82	113	144	172	203	233	264	294	325
10	357	22	53	83	114	145	173	204	234	265	295	326
11	358	23	54	84	115	146	174	205	235	266	296	327
12	359	24	55	85	116	147	175	206	236	267	297	328
13	360	25	56	86	117	148	176	207	237	268	298	329
14	361	26	57	87	118	149	177	208	238	269	299	330
15	362	27	58	88	119	150	178	209	239	270	300	331
16	363	28	59	89	120	151	179	210	240	271	301	332
17	364	29	60	90	121	152	180	211	241	272	302	333
18	365	30	61	91	122	153	181	212	242	273	303	334
19	1	31	62	92	123	154	182	213	243	274	304	335
20	2	32	63	93	124	155	183	214	244	275	305	336
21	3	33	64	94	125	156	184	215	245	276	306	337
22	4	34	65	95	126	157	185	216	246	277	307	338
23	5	35	66	96	127	158	186	217	247	278	308	339
24	6	36	67	97	128	159	187	218	248	279	309	340
25	7	37	68	98	129	160	188	219	249	280	310	341
26	8	38	69	99	130	161	189	220	250	281	311	342
27	9	39	70	100	131	162	190	221	251	282	312	343
28	10	40	71	101	132	163	191	222	252	283	313	344
29	11	41	72	102	133	164	192	223	253	284	314	345
30	12	42	73	103	134		193	224	254	285	315	346
31		43		104	135		194		255		316	347

　出生図に対して、このような表を作成するために、出まれ年が平年なのか閏年なのかのみ考慮する必要がある。

Christian Astrology *Book3*   723

次に、生まれた月、日を考慮し、生まれ日をその年の1日目とし、その翌日を2日目とする。そして、月ごとに、一般的な日数を書き込み、順番に12ヶ月すべてやり終える。閏年では、2月は29日であることを注意し、細心の注意を払うこと。

出生図の持ち主の25歳の年における、プロフェクション図でのアセンダント、ミッドヘブン、太陽、月が、前述の方法に従って進められると、1640年9月19日から始まる。ラディックスと同じであるので図は省略する。

その年のアセンダントはラディックスと同じで、つまり山羊座6.37である。

		ディレクションの円弧の長さ*	月	日
木星のアンティション	8. 5	018.0	10	6
土星のデクスターのトライン	9. 2	029.0	10	17
木星のターム	13. 0	080.0	12	7
火星のターム	20. 0	151.0	2	16
土星のターム	26. 0	224.0	4	30
月のコントラアンティション	28. 16	264.0	6	9
水瓶座				
土星のターム	0. 0	284.0	6	29
火星のオポジション	0. 54	295.0	7	10
月のデクスターのトライン	1. 44	306.0	7	21
水星のシニスターのトライン	3. 34	328.0	8	12

＊722ページの表の日数。

プロミッターである木星のアンティションから		8. 5	山羊座
アセンダントを引き算する		6. 37	
その差		1. 28	

私は1番目の表*で1度を探す	12日	4時	12分
次に、私は2番目の分の表*で28を探すと、28に対して	5日	16時	22分
これらを足し算する	17	20	34

＊721ページの表。

17日20時34分となり、分を切り捨てる。そして、20時はまる1日に近いので、これを1日と見なし、17に1を足す。すると、日数は18となり、18を年の表で探してみる。すると10月の欄に18を見つけ、これの左側の最初の欄に6がある。

つまり、結論としては、アセンダントは１０月６日に木星のアンティションに来る。そして、これは出生図の持ち主にとって、仕事をするにも適した日であった。

```
次のプロミッターは土星のデクスターのトライン     ９．０２   山羊座
シグニフィケーターであるアセンダント              ６．３７
その差                                            ２．２５

私は１番目の表で２度を探すと、２に対して          ２４日  ８時２３分
次に、私は２番目の表で２５分を探すと、２５に対して  ５日  １時４５分
                                              合計２９    １０  ０８
```

両方を足し算すると、これらは２９日１０時８分となる。

私は年の日数表でそれを探し、１０月の欄に２９を見つけ、その左側に１７を見つける。結論としては、アセンダントは１０月１７日に土星のデクスターのトラインに来るので、老人を訪ねたり、お金の請求をしたりするには適した日である。なぜならば、土星は２ハウスのロードだからである。

```
木星のターム    １３．００   山羊座
アセンダント     ６．３７
                 ６．２３

                 日    時    分
６度は          ７３    １   １０
３７分は        ０７   １２   １１
                ８０   １３   ２１
```

私は１２月の欄の下に８０を見つけ、８０の左側の最初の欄に７を見つける。つまり、アセンダントは１２月７日に木星のタームに来る。他の３つのハイレグの位置を同じ方法で行うことができるだろう。以下の通りになる。

1640～1641年

蠍座14.39のミッドヘブンがプロミッターへ	ディレクションの円弧の長さ	月	日	天秤座6.37の太陽がプロミッターへ	ディレクションの円弧の長さ	月	日	双子座1.44の月がプロミッターへ	ディレクションの円弧の長さ	月	日
金星のタームへ	77	12月	4	金星のコンジャンクションへ	3	9月	21	水星のデクスターのトラインへ	22	10月	10
土星のタームへ	150	2月	15	木星のタームへ	50	11月	7	おうし座の目（アルデバラン）へ	33	10月	21
火星のコントラアンティションへ	176	3月	13	9ハウスへ	141	2月	6	太陽のデクスターのトラインへ	59	11月	16
11ハウスへ	186	3月	23	おとめ座のスピカへ	141	2月	6	金星のデクスターのトラインへ	63	11月	20
射手座				水星のタームへ	147	2月	12	木星のタームへ	64	11月	21
木星のタームへ	186	3月	23	木星のデクスターのセクスタイルへ	182	3月	19	金星のタームへ	149	2月	14
火星のシニスターのトラインへ	198	4月	4	火星のタームへ	208	4月	14	6ハウスへ	158	2月	23
月のオポジションへ	208	4月	14	蠍座				土星のタームへ	234	5月	10
水星のシニスターのセクスタイルへ	230	5月	6	火星のタームへ	281	6月	26	木星のオポジションへ	246	5月	22
さそり座の心臓（アンタレス）へ	241	5月	17	火星のスクエアへ	292	7月	7	火星のタームへ	283	6月	28
太陽のシニスターのセクスタイルへ	267	6月	12	木星のタームへ	354	9月	7	蟹座			
金星のシニスターのセクスタイルへ	271	6月	16					火星のタームへ	344	8月	28
金星のタームへ	284	6月	29								
水星のタームへ	357	9月	10								

168章　プロフェクション図における判断方法

　第一に、プロフェクションでのアセンダントのサインを考慮すること。アセンダントのサインがあるのはラディックスのどの場所か、それが4つのアングルの1つか、サクシーデントか、ケーデントか、それはどの惑星のハウスか、そこでどの惑星がエグザルテーションとなるか、どのトリプリシティか、ラディックスのそこには吉星、あるいは、凶星のどちらがあるか、パート・オブ・フォーチュンや惑星のアンティションがそこにあるか、あるいは、吉星、または、凶星のどちらがそのサインにビホールドし、どのようなアスペクトか、その惑星のアスペクトがコマンディング・サインからか、オベイング・サインからか、性質的には一致か不一致かを考慮する。そして、そこはロング・アセンションのサインか、ショート・アセンションのサインのどちらか、または、ハウスのカスプがちょうどある部分に、高貴な恒星のいずれかがあるか、または、アセンダントの度数が我々の言うところのライト（明るい）、ディープ（深み）、ピット（窪み）、ダーク（闇）、クラウディ（曇）＊やアジメーン、幸運を増やしたり、減らしたりする度数＊にあるかどうかを考慮する。

＊第1書116～118ページ参照。本書巻末856ページに収録。
＊クラウディ（曇）Cloudy：おそらくスモーキー（煙）のこと。

　もしプロフェクションのサインが、出生図はもちろんのこと、進行したレボリューションにおいても、凶星と関わらず、そして、そのサインのロードが両方の図において順行で、（昼生まれか夜生まれかのどちらであっても）ロード自身の性質のサインにある場合。つまり、ラディックスはもちろん、ラディックスの太陽に対する太陽の年間レボリューション図においても、そのロードが自身のエッセンシャル・ディグニティにあって強く、天上の良いハウスにある場合、その時、出生図の持ち主はその年のロードが出生図で意味するようなことを十分達成し、出生図の持ち主が満足することをはっきりと意味する。そして、さらに、身体の強い状態や、精神の安定を意味し、一般的に、その年は成功の1年であることを約束する。あなたはできれば、この判断と共に、身体の健康について、これら5つの項目を毎年考慮してほしい。この5つの項目は、私が経験によって間違いないと思うものである。

1. プロフェクションのサイン
2. アセンダントが来るターム
3. その時にアフェータがあるターム
4. 月の位置
5. 太陽の年間のレボリューション図のアセンダント

これらを考慮することで、状況、身体の状態、気質が正確に分かり、それがどのように変化したり、どの体液が過剰で最も多いかについても分かるだろう。

次の手順として、その年のロード（年間のロード）を考慮しなければならない。その年のロードは、常にプロフェクションでアセンダントのあるサインを支配する惑星である。そして、普通に起こることだが、もし2つの惑星がその年のロードであるということが起こるなら、あなたはそのロードの時間をそれぞれ限定しなければならない。私たちの出生図についてのプロフェクション図で、アセンダントが魚座6.37の時、私はそのサインのロードである木星がその年のうち何日間を支配するか分かることができる。私は30から6.37を引き算する。つまり、

```
 30.00
  6.37
 23.23
```

あなたは木星がその年にどれぐらい支配するか分かるだろう。それは23度23分が意味する。

	日	時	分
1番目の表に23度を探すと	280	00	27
次に23分を探すと	004	16	1
	284	16	28

私は年の日数表で284を探すと、私は6月の欄に284を見つけ、それに対して、左側の最初の欄に29を見つける。つまり、その年の6月29日まで木星が支配するということが言える。次は、魚座に続いて牡羊座で、火星は牡羊座のロードである。誕生日である9月19日まで、火星はその残りを支配する。その年の2つのロードが分かったので、両方の惑星、すなわち、木星と火星を考慮しなければならない。木星が支配する間は木星を、その後のその年の残りの間は、火星を考慮する。そして、これらのフォーティチュード、アスペクト、デビリティなどに従って、その影響を判断する。

年間のロード

もしその年のロードがラディックスでは強いが、めぐって来たプロフェクションで弱いなら、その年、出生図の持ち主の努力は単に弱いことを意味する。そして出生図の持ち主の行動はこの時点で経験する不幸の大きさに従う。しかし、もしその年のロードがラディックスで凶の状態で、凶アスペクトで妨げられているが、めぐって来たプロフェクションで、良くディスポーズされ、強いなら、あなたが扱うプロフェクションは出生図の持ち主にとって穏やかな幸運を意味し、出生図の持ち主は悪いことを恐れることは何もないだろう。

プロフェクションの判断

なぜならば、その年のロードの強さと力は、その年間の出来事において、非常に力強いからである。しかし、もしその年のロードがプロフェクション、ラディックス、太陽の年間レボリューションにおいて、凶アスペクトで妨げられているなら、これらにふさわしい意味に従って出生図の持ち主は損害を受けることを意味する。これと同時に、その年のロードがラディックスはもちろん、レボリューション図において、どのハウスや位置にあるのか、その年のロードが強いのか、凶アスペクトで妨げられているかどうかを考慮する。もしその年のロードが２つの図で強いなら、良い状態を意味し、出生図の持ち主は利益を得て、良い評価をされて生活するだろう。もしその年のロードが２つの図で良くディスポーズされているが、吉星とのコンフィギュレーションがなければ、出生図の持ち主は何らかの利益を得るが、予想したものよりも少なく、継続しないだろう。もし両方の図で、その年のロードが凶の状態で、ケーデントにあるが、吉星からのアスペクトがあるなら、財産がほんの少し増えることを意味する。確かにいくらかの作用があるだろう。

もしその年のロードが両方の図で凶星から凶アスペクトで妨げられ、またラディックスにおいても凶星とスクエアかオポジションにあるなら、その年、災難や、危険や、多くの非道な行ないを意味する。もし凶作用の惑星の動きが速くコンバストや逆行になるなら、これらの惑星の性質から生じた不合理で不可避なことによって、出生図の持ち主は苦しむことを意味する。そして、もしこれらがアンギュラーなら、出生図の持ち主の不幸はより大きくなるだろう。もしこれら両方の図において、その年のロードがアングルにはないが、悪いディグニティで、それにもかかわらず、アセンダントをビホールドするなら、前述の不幸はそれほど公的なものではないが、出生図の持ち主の友人にだけ注意が必要だろう。しかし、もしその惑星が２、６、８や１２ハウスにあるなら、この不運はもみ消され、秘密にされる。その結果、誰もそのことについて知らないだろう。それでも、もしこれらの惑星がアセンダントから離れ＊、アングルにある惑星がこれらをアスペクトするなら、今は秘密の状態であるが、しばらくして明らかにされるだろう。これは身分の高い人物たちの出生図から経験によって私が発見し、検証したものであるが、私は後世の人々の利益のために、惜しげなく公表しよう。アセンダントについて述べられていることは、あなたが法則を適宜に応用することで、あらゆる他のハウスにも等しく当てはまるだろう。

＊アセンダントから離れ：アセンダントとはアスペクトにならない状態。

169章 アセンダントと月のプロフェクション、そして、それぞれのハウスでこれらが何を意味するか

アセンダント、もしくは月が進み1ハウスに来る時、通常、出生図の持ち主は元気が良く、衣服や食べ物などの身体に必要な物を手に入れるには適した年であることを意味する。

2ハウスに来る時、商品を売り買いするのに良く、財産を増やすのに適した時期であることを意味する。

3ハウスに来る時、出生図の持ち主は旅行で成功し、親戚と宗教的な人物と付き合う傾向がある。

4ハウスに来る時、出生図の持ち主は遺産、新しい家や、両親からの恩恵を期待できるだろう。出生図の持ち主は地中からの富を探したり、鉱山などの取引をする。出生図の持ち主は建物を建てたり、改築するだろう。しかし、出生図の持ち主は悲しんだり、恐れることが多く、水による危険がある。そして、長旅などに行くのは良くない。

5ハウスに来る時、出生図の持ち主は楽しく過ごすだろう。出生図の持ち主の年齢に従い、それは学校での同級生とだったり、可能であれば女性とだったりする。つまり、これが起こる時の出生図の持ち主の年齢に従う。契約を交わしたり、文書を送ったり、取引を遂行したり、新しい洋服を着るのには良いだろう。

6ハウスに来る時、出生図の持ち主は病気の恐れがあり、多くの身分の低い人々から憎まれ、それは長い間続くだろう。悪い使用人に注意し、旅行はしないこと。商売、契約、取引などには悪い時期である。

7ハウスに来る時、出生図の持ち主は反抗的になり、気が短くなる。簡単に女性に気が向かい、多情になる。出生図の持ち主に対して多くの明らかな敵が現れる。結婚には良いが、他のシグニフィケーターと一致する場合である。争いに苦しみ、訴訟や口論にいらいらする。もし出生図の持ち主がラディックスで軍の兵士への傾向があるなら、出生図の持ち主は推薦される。そして口論する傾向がある。

8ハウスに来る時、出生図の持ち主は身体や家財のいずれかに被害を被り、嘘、中傷で罵られ、裏切りに遭う。

もしハイレグが死を免れないディレクションに来るなら、往々にして死ぬことがある。新規に契約するには良くない、もしくは取引などをするにはあまりにも危険である。

　９ハウスに来る時、長旅に出るに適した時期であることを意味する。勉強するにも、教えを請うにも良く、教会の人物と親しくなったり、錬金術を研究する。なぜならば、精神と空想力が珍しい物などに向かうことを意味するからである。

　１０ハウスに来る時、出生図の持ち主は野心的だったり、昇進するために努力したり、身分の高い人物、行政長官、貴族などと親しくなる傾向がある。そして、（もし可能な場合）出生図の持ち主は昇進したり、共和国での公的な仕事に就く。商売人なら、事業での仕事をするには適した時期であることを意味する。なぜならば、利益が多く増えることが約束されるからである。出生図の持ち主は十分安全に陸路での長旅や海路での航海をして、評判が上がり、非常に尊敬されるだろう。

　１１ハウスに来る時、明るい気持ちと人柄を意味し、出生図の持ち主の友人が増えることを意味する。その年、世間的な事柄すべてにおいて、非常に繁栄することを意味する。そして、出生図の持ち主は活発に動き、時間を上手く使い、それによって、出生図の持ち主は個人財産などを多く増やすだろう。

　１２ハウスに来る時、出生図の持ち主は病気がちになるが、その原因を見つけたり、発見することは難しい。また、悪意ある隣人といつも対立し、誰もその理由が何なのかを知らない。ラディックスで１２ハウスが吉の状態でない限り、出生図の持ち主は投獄されたり、追放されたりする危険があり、人目を避けるだろう。大きな家畜を扱うには凶年であることを意味し、出生図の持ち主に馬術、競馬などに注意することを忠告する。

　ここでは、先人たちはうんざりするような、非常に多くの法則を残しているが、占星術を理解していないような人の手によるアラビア語の悪い翻訳が原因で、矛盾することがたくさんある。それゆえ、私はアセンダントにおける彼らのさらに多くの判断を省略し、１つだけ結論付けて、これをひとまず終わらせる。すなわち、アセンダントが凶星自体に来る時、つまり凶星があるサインに来る時、レボリューションでその凶星がどのハウスにあるのかを考慮する。なぜならば、悪い意味はそのハウスの性質を帯びるなどするからである。先人たちはその年のロードから、そして、それぞれのハウスのロードから多くの判断をしている。どのようにするかは、次の出生図に関する私の判断から分かるだろう。

170章　ミッドヘブンと太陽のプロフェクション、そして、これらの意味

ラディックスでカルミネートするサインか、太陽があるサインが、めぐって来たプロフェクションのアセンダントに来るなら、出生図の持ち主は公的な仕事によって、もしくは、職業や取引によって、または、身分の高い人物のための公職や奉仕によって、幸運が約束される。しかしながら、もし出生図の持ち主が下級の治安官なら、支配権や統治権を意味する。

２ハウスに来る時、出生図の持ち主は前年までの仕事で利益を得て、そして、以前に出生図の持ち主に約束された報酬を手にするだろう。

３ハウスに来る時、出生図の持ち主は生活の状態に無関心になることが予想されるだろう。なぜならば、３ハウスは１０ハウスから見て６番目のハウスだからで、吉より凶を意味するからである。すなわち、親戚を失ったり、悪意ある隣人から憎まれたり、旅行中強盗に会うことを意味する。

４ハウスに来る時、出生図の持ち主の名声と評価は疑われたり、出生図の持ち主と両親の仲は悪くなり、出生図の持ち主よりも権力を持った隣人が傲慢になる。

５ハウスに来る時、出生図の持ち主に子供がいるなら、子供との関係で多くの喜び事があるだろう。出生図の持ち主に子供がいないなら、結婚したり、陽気で、多情になったり、喜びを得るために収入以上に浪費する傾向がある。

６ハウスに来る時、出生図の持ち主の家族と農業に関する一定の事柄について議論するに適した時期や期間である。しかし、名誉ある状態や物事を扱うことについては成功することはなく、このことについて、その年成功するようなことはまったくない。

７ハウスに来る時、もし出生図の持ち主に能力があるなら、出生図の持ち主は世間での評価と評判が上がることが期待されるだろう。出生図の持ち主は大きな取引で女性からの支持があるだろう。しかし、血族の誰かを埋葬するような危険があるだろう。

８ハウスに来る時、不祥事と中傷が生じ、出生図の持ち主の名声が疑問視されたり、憂鬱で、絶えず不幸を恐れる傾向にある。なぜならば、出生図の持ち主は敵の悪意と悪い意志の対象になるからである。

９ハウスに来る時、長旅を意味し、喜びだけでなく、名誉と名声を得る。もしくは、貴族を訪ねたり、仲間に会いに行ったりする。出生図の持ち主は外国人、他国の人や、出生図の持ち主の住まいから非常に離れた場所に暮らしている人と非常に親しくなるだろう。

１０ハウスに来る時、非常に成功し、有名になる年であることが約束され、出生図の持ち主の信用に大きく貢献する。

１１ハウスに来る時、出生図の持ち主は友人に親切にしたいと強く思い、そして、親切にする。出生図の持ち主と友人はお互い尊敬し、それゆえ、友人の数は増え、非常に癒され、楽しく生活する。

１２ハウスに来る時、出生図の持ち主はただ妬まれ、悪意のある中傷を陰で囁かれ、評判、名誉、名声を損なったり、貴族や行政長官とのこれまでの友情を失ったりする。そして出生図の持ち主は親戚の誰かを失うだろう。

171章　プロフェクションでのパート・オブ・フォーチュンのサインと２ハウスのサインの意味

パート・オブ・フォーチュンのサインと２ハウスのサインのいずれかが年間のプロフェクションにおいて、アセンダント、つまり、１ハウスのサインに来る時、出生図の持ち主に予想外の富がめぐって来て、その富を得るのに適した時期を意味する。出生図の持ち主が起業すれば、非常に成功するだろう。富に関して言えば、出生図の持ち主はアセンダントのあるサインが意味するような人物と仕事をする。

２ハウスに来る時、ずっと前に期待された家財がこの時出生図の持ち主にもたらされる。出生図の持ち主は売り買いし、この年世襲財産を増やすだろう。

３ハウスに来る時、親戚は何かしら良いことを出生図の持ち主に与え、出生図の持ち主の状態は非常に良くなるだろう。

４ハウスに来る時、出生図の持ち主は両親の利益を期待でき、家、遺産、建物などによって財産は増えるだろう。

5ハウスに来る時、良い友人、交渉、文章、伝言、推薦、また、快楽的な物事、あるいは、そのような傾向にある物事、恐らく、カード遊びとサイコロ遊びによる幸運が予想される。

6ハウスに来る時、出生図の持ち主は使用人の労働と努力や、小さな家畜、豚、羊、ウサギ、蜂などによって成功する。

7ハウスに来る時、利益が約束されるのは、出生図の持ち主の妻や妻を通して、もしくは高齢の女性から、法廷での訴訟から、争いと口論などから、敵、あるいは出生図の持ち主に公的に反対するような者からである。

8ハウスに来る時、出生図の持ち主は故人や女性の意志と遺言によって富を得る。または、妻、妻の友人の助けによって、財産分与が増える。お金を貸すのには悪い年である。

9ハウスに来る時、長旅に出ることから利益があり、そして、宗教に関する人物に追従し、また彼らに推薦されることで、出生図の持ち主は財産を非常に増やすだろう。

10ハウスに来る時、出生図の持ち主は資格や能力に応じた昇進を望み、利点や資格がある公職と地位が与えられる。

11ハウスに来る時、友人が出生図の持ち主を勇敢に奮い立たせ、彼らと取引をしたり、お金を貸すことで利益を得る。出生図の持ち主に財産は存分に入って来る。借金を返してもらったり、目上の人から何かしら利益を求めるのに優れた時期である。

12ハウスに来る時、出生図の持ち主は裏切ったり、卑劣な行為を犯す危険性や、大きな家畜などを飼育することや取引することで財産を失う危険があるだろう。

プロフェクションについての更なる判断を求めるなら、ヨハネス・シェーナー、ユンクティヌス、ランゾヴィウス*、ヘルメスの De Revolutuonibus、オリガヌスなどを読むと良い。年間のロードとクロノクレーター*、もしくは、クロノグレーターは全く同じものであると考えるべきである。

* ランゾヴィウス：ヘンリクス・ランゾヴィウス Henricus Ranzovius、Heinrich Rantzau とも。１５２６〜１５９９年。ドイツの古典文学研究家、政治家、占星術師。
* クロノクレーター Chronocrator：ギリシャ語で時間の支配者の意。タイムロード。

7年間のロードは、俗にアルフリンダリ*のロードと呼ばれ、以下の通りである。もし出生図の持ち主が昼生まれなら、太陽が出生後の最初の7年間を支配し、金星が次の7年間を支配し、水星が次の7年間を支配し、そして、順番*に続いていく。もし出生図の持ち主が夜生まれなら、月がアルフリンダリのレディで、出

* アルフリンダリ Alfrindary：フィルダリア Firdaria。Firdar、Alfridaria、Alfridaries とも言う。リリーのものはアブー・マーシャルのものと異なる。
* 順番：カルディアン・オーダーのことで、土星、木星、火星、太陽、金星、水星、月の順となる。これにドラゴンヘッド、ドラゴンテイルが加わる場合があるが、リリーはそれについて述べてはおらず、実際加えていたかは不明である。

生の後の最初の７年間を支配し、土星が次の７年間を支配し、木星が次の７年間を支配する。そして、アルフリンダリのロードは、その年の間支配する。

172章　レボリューション

先人たちは、正確な時期が分かるように多くの様々な方法を考え出した。物事の状態の始まりである出生図での、太陽の定まった地点、つまり太陽の獣帯での度と分への正確なレボリューション、ソーラーリターンである。よって、レボリューション、つまり、１年毎に変わっていくことは、出生時や物事のラディックスにおいて太陽があった、まさにその地点に太陽が戻ってくること以外の何ものでもない。ここで、私たちは出生時のラディックスに注意し、出生時間に対して正確に太陽の動きを計算しなければならない。なぜならば、太陽の動きにおける１分の間違いは、時間では２４分の間違いを生じるからである。

レボリューションを設定する

実践するために、あなたは以下のようにしなければならない。あなたが設定するレボリューションのその年の天文暦を調べ、ラディックスの太陽の位置に対して、最も近くてそれよりも小さい度数の太陽の位置を探す。そして、ラディックスの太陽の位置から、レボリューションの日の太陽の位置を引き算する。そうすると、レボリューションの日の太陽をラディックスの太陽の位置に等しくするには何分足りないかが分かるだろう。次に、太陽の日周運動をとる。レボリューションの日の正午の太陽の位置で、足りない分を秒に変換する。そして、２４時間を分に変換し、それに先程変換した足りない秒を掛け算する。そして、太陽の日周運動を秒に変換したもので、その数値を割り算する。すると、あなたはレボリューションでの太陽がラディックスの正確な位置に来る時の時間と分が分かるだろう。マギヌスは彼の「天文暦」の２５１ページに、はるかに簡単な方法を教えている。そして、アルゴリの「天文暦」のイントロダクションの４２４ページにも述べられている。

ラディックスの太陽の正確な位置への太陽レボリューション図をマギヌスの方法によって作るが、これは私たちの出生図の持ち主の現在３１歳におけるレボリューション図である。*

　＊このレボリューション図は７３６ページに掲載。

出生時のラディックスはオリガヌスに従っているが、オリガヌスの天文暦では、１６４６年９月１９日の正午の太陽は天秤座６.１２と分かり、出生図での太陽の位置から引き算する。

出生図での太陽の位置　　　　　　　　　　６　３７　　天秤座
レボリューションの日の太陽の位置　　　　６　１２
その差　　　　　　　　　　　　　　　　　０　２５
太陽の日周運動は、５９分１０秒である。

マギヌスの２５９ページのレボリューション表を調べ、最も近い数値である５９分８秒を見つける。２０分をまず調べると、それは８時７分２秒である。さらに、５分を調べると、５９分８秒の下に、５に対して、２時１分４５秒を見つけ、両方を足し算し、以下のようになる。

	時	分	秒
２０分が意味する	８	７	２
５分が意味する	２	１	４５
	１０	８	４７

これによって明らかなのは、１６４６年９月１９日午後１０時８分フランクフルトにおいて、太陽はラディックスの太陽の正確な位置にやって来る。しかし、私たちはより西の方に住んでいるので、私たちのいる場所の子午線に太陽を合わせなければならない。以下のように先程の時間から１時７分を引き算する。

$$\begin{array}{rr} 10 & 8 \\ 1 & 7 \\ \hline 9 & 1 \end{array}$$

ここで私たちが出した正確な時間で天象図を作るが、その時間は１６４６年９月１０日土曜日９：０１ＰＭであり、その時間に「緯度５３度のハウス表」の太陽が天秤座６.００にある正午からの時間を足さなければならない。
それは１２　２６で、以下のように先程の時間を足し算する。

	１２	２６
	９	０１
均時差、すなわち、１６分		１６
合計	２１	４３

「ハウス表」＊で、２１時４３分を探すと、２１.４１に対して、１０ハウスのカスプが水瓶座２３.００ということが分かる。そして、他のハウスも順に分かり、アセンダントは蟹座０.３２である。このようにすれば、ハウスが分かるだろう。そして、先程の時間に従って、惑星の位置を調整し、天象図にこれらを配置しなければならない。

＊「ハウス表」は第１書 xlvi。

さて、レボリューションにおけるパート・オブ・フォーチュンについては以下のようにしなければならない。ラディックスの月の位置からラディックスの太陽の位置を引き算し、残りにレボリューションでのアセンダントを足し算する。図*は、出生図の持ち主の現在３１歳のものである。

レボリューションをどのように判断するかという正確な方法を細々と述べる必要はないであろう。ここでは、使いやすく、学習者に有益なもので、それによって、判断が上達するようなことを以下に述べる。

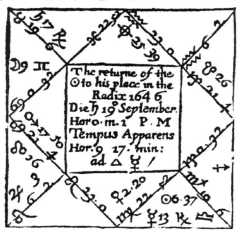

＊８３６ページのレボリューション図を参照。

レボリューションの判断

出生時の図とレボリューション図を比較し、ハウスのカスプ、ハウスのロードがどうなっていて、主要なシグニフィケーターがどのように一致しているか、どのようにディスポーズされているかを観察する。これらを正しく理解することで、レボリューションでの強さを判断する。

レボリューションのアセンダントとラディックスのアセンダントが一致し、同じなら、これは良い状態、すなわち、良い健康状態を意味する。さらにアセンダントのロードに十分ディグニティがあるなら、出生図の持ち主の行動が成功し、繁栄し、同時に、出生図の持ち主の財産が増えることを意味する。もしアセンダントのロードがコンバストなら、その年のロードの惑星の性質に従って、出生図の持ち主は多くの被害を被る恐れがある。また、太陽と、太陽があるハウスと、太陽がロードとなるハウスも考慮する。もし月が強く、つまり月自身のハウスにあったり、月のエッセンシャル・ディグニティのいずれかにあるなら、特に夜生まれの人は、悪さは減少する。しかし、もし月が弱くて凶の状態なら、非常に悩まされる。

もしレボリューションでのアセンダントが、ラディックスでのアセンダントに

対してスクエアかオポジションにあるか、悪いハウスのサイン、つまりラディックスで凶を意味するところに来るなら、出生図の持ち主は、レボリューションのアセンダントが来たハウスがラディックスで意味する性質に従って、その年損失したり、損害を受けるだろう。それゆえ、もしラディックスの6、12や7ハウスのサインが、レボリューションでのアセンダントのサインなら、特にラディックスでこれらのハウスが凶の状態なら、その年出生図の持ち主は病気の恐れや、身体が衰弱したり、他の非常に多くの災難がある。

　ラディックスの7ハウスのサインが、レボリューションでのアセンダントなら、その年多くの争いがあったり、口論することを意味する。そして、出生図の持ち主は結婚を望むか、もしくはその年結婚するだろう。ラディックスのシグニフィケーターは1年1年、毎年、レボリューションの時にシグニフィケーターのあるハウスが意味することを引き起こすのだから、このことに続いて、2ハウスのロード、パート・オブ・フォーチュンや木星がレボリューションのどのハウスにあるのかを見る。出生図の持ち主はそのハウスが意味することによって、世襲財産が増えたり地位が上がるだろう。残りも同じように観察する。

　レボリューションでのアセンダントが凶星の敵対的な光線や、凶星がある天上の位置に来るなら、ラディックスやレボリューションどちらであっても本質的に凶星と敵対するので、出生図の持ち主はその年大きな危険が予想されるだろう。そして、その年のロードが不運を意味する凶星自体に来る時に、その大きな危険が生じるだろう。

　すべてのレボリューションにおいて、惑星がある位置がラディックスの出生図と反対に位置するなら、たとえこれらが良い配置であっても、凶を意味する。例えばラディックスにおいて、すべての惑星が地平線の下にあり、レボリューションではすべての惑星が地平線の上にあるなら、あるいは、ラディックスのすべての惑星が自身のハウスから見てケーデントの位置にあり、レボリューションではすべての惑星が本来の自身のハウスにあったとしても凶を意味する。

173章 惑星のラディックスにおける惑星自身の位置と他の惑星の位置への回帰

土　星

- もしレボリューションにおいて、土星がラディックスの土星の位置に回帰する時、良い影響にあるなら、土星は出生図の持ち主に地位を与えることを意味する。
- もし土星がミッドヘブンにあるなら、より大きなものを意味するだろう。出生図の持ち主は多くの財産を得たり、幸運にも遺産を手に入れるだろう。
- 土星がラディックスの木星の位置に来る時、土星は出生図の持ち主に身体と家財の両方において幸運を与える。
- 土星がラディックスの火星の位置に来る時、出生図の持ち主は旅行するが、騙される。出生図の持ち主の兄弟姉妹にとっての不運を意味する。
- 土星がラディックスの太陽の位置に来る時、身分の高い人物と争ったり、家を損失したり、視力が弱くなったり、脾臓が悪くなる。
- 土星がラディックスの金星の位置に来る時、浮気心がほとんどなく、あまり精力もないが、売春宿に通う。
- 土星がラディックスの水星の位置に来る時、愚かな考え方をしたり、空想に悩まされたり、文書と執筆によっていらいらしたり、子供によって悩まされる。
- 土星がラディックスの月の位置に来る時、死の危険にさらされたり、悪い体液が満ちて、憂鬱で、咳に悩み、悪い妻から悩まされる。

木　星

- 木星がラディックスの木星自身の位置に回帰する時、子供を持ったり、多くの富や、健康、財産を得ることが約束される。
- 木星がラディックスの土星の位置に来る時、もしラディックスにおいて土星が幸運を約束するなら、よりよい状態になる。もし土星が凶運を意味するなら、幸運の意味は少なくなる。
- 木星がラディックスの火星の位置に来る時、旅行、商売、軍人、そして親戚から利益を得る。
- 木星がラディックスの太陽の位置に来る時、発熱の恐れがあるが、名誉と名声が高まることが約束される。
- 木星がラディックスの金星の位置に来る時、真面目になり、女性によって評判が上がり、財産が増えることを意味する。
- 木星がラディックスの水星の位置に来る時、研究したり、信心深くなったり、謙虚になったり、善人と付き合う。

- 木星がラディックスの月の位置に来る場合、身体は健康で、世襲財産が増えたり、もし結婚しているなら、子供が生まれる。女性のおかげで何かしら良いことがあったり、一般大衆の間で評価されたり、親戚、そして、旅行によって良いことがある。

火　星

- 火星がラディックスの土星の位置に来る時、小旅行を意味し、仕事で怠慢になったり、口論したり、顔が傷ついたり、父の死や病気を意味する。
- 火星がラディックスの木星の位置に来る時、親戚と聖職者からの利益と、大きな家畜から利益を得る。
- 火星がラディックスの火星の位置に戻って来る時、火の危険にさらされたり、軍人から利益があったり、多くの愛情と友情を手に入れる。
- 火星がラディックスの太陽の位置に来る時、監禁されたり、あるいは、身分の高い人物から怒りを買ったり、胆汁が多くなり、火星的な人物によって、悩まされる恐れがある。
- 火星がラディックスの金星の位置に来る時、非常に淫らになったり、悪名高くなったり、暴飲暴食しやすくなり、扁桃腺炎や金星的な病気になったり、不倫をする傾向がある。
- 火星がラディックスの水星の位置に来る時、嘘や、人に悪口を言う傾向があり、文書が原因で危険にさらされるだろう。
- 火星がラディックスの月の位置に来る時、酒を飲みすぎたり、数多く旅行したり、一般女性から中傷される。

金　星

- レボリューションにおいて、金星がラディックスの土星の位置に来る時、出生図の持ち主は非常に性欲が強くなるが、男性器や女性器は弱い。もし金星が同時にコンバストされないなら、出生図の持ち主は性欲を丁寧に処理する。もし金星が凶の状態なら、性欲に溺れる。
- 金星がラディックスの木星の位置に来る時、木星的な人物と親しくなったり、故人から遺品を獲得したり、親戚と友人を訪れる。
- 金星がラディックスの火星の位置に来る時、結婚を意味し、あるいは、結婚の傾向がある。売春したり、サイコロ遊びをし、娯楽を楽しむ傾向がある。
- 金星がラディックスの太陽の位置に来る時、自分の妻や愛人への多くの世話や嫉妬に苦しめられる。しかし、太陽がディグニティにあるなら、出生図の持ち主は出世したり、名声が高まる。
- 金星がラディックスの金星の位置に戻って来る時、あらゆることは十分成功し、音楽に没頭したり、健康に恵まれる。

- 金星がラディックスの水星の位置に来る時、金星が良い影響にあるなら、出生図の持ち主の研究に名誉が与えられたり、博識な人物との付き合いを楽しんだり、出生図の持ち主はこれらによって利益を受ける。
- 金星がラディックスの月の位置に来る時、出生図の持ち主の状況は良くなり、新しく知り合った多くの人に好意を持たれ、支持されることを意味する。

水　星

- 水星がラディックスの土星の位置に来る時、農業からの利益と、老人から富がもたらされる。
- 水星がラディックスの木星の位置に来る時、出生図の持ち主は公職を獲得したり、取引によって利益を得たり、有利な条件で雇用される。
- 水星がラディックスの火星の位置に来る時、出生図の持ち主は物を盗んだり、口論し、軍人と争い、胆汁質である。
- 水星がラディックスの太陽の位置に来る時、論議に忙しかったり、事務職によって名誉がある。
- 水星がラディックスの金星の位置に来る時、詩、娯楽、楽しみ、付き合いに夢中になったり、身なりが立派になり、きちんとしたり、女性を口説く。
- 水星がラディックスの水星の位置に戻って来る時、出生図の持ち主は自身の事業や、他人からの推薦などによって昇進する。
- 水星がラディックスの月の位置に来る時、出生図の持ち主の友人のお陰で雇用され、それによって多くの利益がある。

月

- 月がラディックスの土星の位置に来る時、老婦人と付き合ったり、故人の財産について争ったり、一般的に女性に関する悪い知らせがある。
- 月がラディックスの木星の位置に来る時、陸路や海路によって多く旅行し、それによって利益を得る。結婚しているなら、子供ができたり、出産することを意味する。
- 月がラディックスの火星の位置に来る時、病気や突然の発熱の危険にさらされたり、胆汁の傾向があったり、旅行で危険があったり、女性と親戚と多くの争いがある。
- 月がラディックスの太陽の位置に来る時、多くの障害と危険があったり、あちこちと飛び回ることを強いられたり、目の痛みがある。
- 月がラディックスの金星の位置に来る時、あらゆる種類の喜び事や、健康と満足感が与えられる。
- 月がラディックスの水星の位置に来る時、度々あちらこちらと飛び回ったり、移動したりするが、商品、商売、取引によって利益が約束される。

- 月がラディックスの月の位置に戻って来る時、月がラディックスで吉の状態なら、月は幸運を約束する。しかし、出生時で月が弱いなら、その時の月に適した意味に従って、月は多くの不吉なことを意味する。

174章　惑星のトランジット

　惑星のトランジットは天文暦から調べるのが最も良い。毎月、どの日に、どの惑星自体が出生図のハウスのカスプ、もしくは、出生時の７つの惑星、ドラゴンヘッドやドラゴンテイル、パート・オブ・フォーチュンがある位置の度数を通過するのかを観察すること。また、惑星がいつカスプや惑星がある位置の度数を、デクスターかシニスターのセクスタイル、トライン、スクエアやオポジションなどのいずれかでビホールドするかを観察しなければならない。ラディックスのアセンダントの度数を木星か金星がトランジットする場合、良くディスポーズされていれば、出生図の持ち主はその時期健康で、明るく、仕事が非常に成功することなどを意味する。なぜならば、アセンダントは身体の行動などを意味するからである。もし木星か金星が２ハウスのカスプをトランジットするなら、その時期お金を手に入れたり、商品などを買うには適した時期であることを意味する。もし木星と金星か、これらのいずれかが３ハウスのカスプをトランジットするか、良いアスペクトでビホールドするなら、その時期親戚や良い隣人から幸福をもらうことが約束されたり、旅行するには適した時期であることを意味する。そして、残りのハウスもすべて同じようになる。

　もし火星がアセンダントの度数をトランジットするなら、火星によって、出生図の持ち主は胆汁が生じたり、２、３日間の発熱が生じる。もしくは、それによって、出生図の持ち主は怒りなどを引き起こされる。

　もし土星がアセンダントの度数をトランジットするなら、土星によって、出生図の持ち主は真面目さ、冷静さ、憂鬱さなどを引き起こされる。一般的に、年のうち幸運と見なされる時期は、木星や金星、あるいは、太陽や月のいずれかがラディックスにおけるアセンダントやカルミネートの度数、もしくは自身の位置にセクスタイルかトラインにある時である。そして、成功しないと言える時期とは、土星か火星のいずれかが、アセンダントやカルミネートの度数、あるいは、木星、金星、太陽や月、もしくはドラゴンテイルの位置をトランジットする時、あるいは、これらにスクエアかオポジションでビホールドする時である。１６４７年８月１４日土曜日７：２５ＰＭ金星時間がそうである。

175章　イングランドの商人の出生図で占星術を実践する

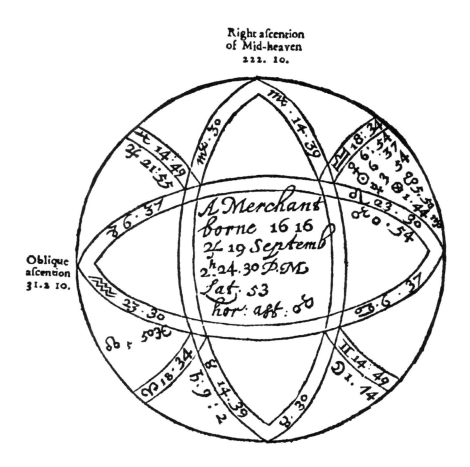

＊現代の一般的な円形の作図による出生図は８３３ページ参照。

惑星の黄緯

土　星 ▷ 2.58　南　　金　星 ▷ 1.00　南
木　星 ▷ 0.36　南　　水　星 ▷ 0.32　南
火　星 ▷ 0.21　北　　月　　▷ 1.00　北

惑星のアンティションとコントラアンティション

	アンティション	コントラアンティション
土　星	獅子座２０．５８	水瓶座２０．５８
木　星	山羊座　８．　５	蟹　座　８．　５
火　星	牡牛座２９．　６	蠍　座２９．　６
太　陽	魚　座２３．２３	乙女座２３．２３
金　星	魚　座２３．　６	乙女座２３．　６
水　星	魚　座２６．　６	乙女座２６．　６
月	蟹　座２８．１６	山羊座２８．１６

根拠を集めネイタルの気質を判断するための表

	熱	湿	冷	乾
アセンダントの山羊座			冷	乾
アセンダントのロードである土星			冷	乾
牡牛座の土星がアセンダントへトライン			冷	乾
太陽がアセンダントへパーティルのスクエア			冷	乾
金星がアセンダントへスクエア	熱	湿		
水星がアセンダントへスクエア	熱	湿		
双子座の月				
火星が月とセクスタイル	熱			乾
太陽が月とトライン			冷	乾
金星が月とトライン	熱	湿		
水星が月とトライン	熱	湿		
年の四季分			冷	乾
出生図のレディである金星	熱	湿		
月の位置のロードである水星	熱	湿		
	7	6	6	7

　ここでは気質において、多血質、胆汁質についての根拠が、他の残りに勝っている。しかし、実際、ここでは他の２つの体液、すなわち、冷と湿が完全に混ざり合っているようである。その結果、どの体液が過剰なのかと断言するのは難しい。出生図の持ち主のことを、私はよく知っているが、実のところ、４つの体液のどれが非常に多いのか分からない。

出生図の持ち主に認められるものは、多血質、憂鬱質である。多血質である理由は、太陽、金星、水星、そして、月が風象サインにあるからである。

憂鬱質の理由は、アセンダントのロードが土星であるから自然とそうなり、そして、土星の本来の資質と一致するサインにあるからである。

先程の出生図における惑星のエッセンシャル・ディグニティ、アクシデンタル・ディグニティ、そして、デビリティに関する表

フォーティチュード		デビリティ	
牡牛座9.02の土星の逆行			
3ハウス	1	ペレグリン	5
コンバストなし	5	逆行	5
オリエンタル	2	遅い動き	2
	8		12
射手座21.55の木星			
木星本来のハウス	5	12ハウス	5
順行	4	オクシデンタル	2
速い動き	2		7
コンバストなし	5		
	16		
獅子座0.54の火星			
7ハウス	4	ペレグリン	5
順行	4		5
オリエンタル	2		
速い動き	2		
コンバストなし	5		
	17		
天秤座6.37の太陽			
金星とのコンジャンクション	5	フォール	4
速い動き	2	ペレグリン	5
	7	8ハウス	4
			13
天秤座6.54の金星			
金星自身のハウス	5	8ハウス	4
金星のターム	2		4
順行	4		
オクシデンタル	2		
速い動き	2		
カジミ	5		
	20		

	フォーティチュード		デビリティ	
	天秤座3.34の水星			
順行		4	8ハウス	4
速い動き		2	コンバスト	5
		6		9
	双子座1.44の月			
5ハウス		3	ペレグリン	5
速い動き		2	光が減少していく	2
コンバストなし		5		7
		10		
	乙女座1.44のパート・オブ・フォーチュン			
乙女座		2	ドラゴンテイルとのコンジャンクション	3
コンバストなし		5	8ハウス	4
		7		7

＊点数の詳細は第1書の115ページ参照。本書の巻末855ページに収録。

- 4点の（デビリティの）根拠から土星が弱いことが分かる。
- 木星は9点のフォーティチュードの根拠がある。
- 火星は12点のフォーティチュードの根拠がある。
- 太陽は6点のデビリティの根拠がある。
- 金星は強く、16点のフォーティチュードの根拠があり、抜きん出ている。
- 水星は3点のデビリティの根拠がある。
- 月は3点の根拠から強い。
- パート・オブ・フォーチュンは、デビリティとフォーティチュードが等しい。

▶ 1ハウスの判断

176章　出生図の持ち主の行動様式

アセンダントに惑星自体が存在しないので、私たちは水星、太陽、金星、月、そして土星から行動様式の意味を導き出さなければならない。これらの惑星の中で、土星の性質の行動様式は出生図の持ち主の人生に最も永久的に存在し、他の4つの惑星から推論される行動様式はさほど固定的ではない。私は実践でずっと見てきたことだが、アセンダントのサイン、アセンダントのサインのロード、そして、そのロードへの惑星のアスペクトから、ほとんど認められない、出生図の持ち主にまったく相反するような状態、性質、行動様式が解読されることがある。惑星がアセンダントのロードの関係する位置にディレクションで一致すれば、他の惑星より多かれ少なかれある時期においてその惑星の行動様式が優勢になるのは確かである。

私たちの出生図の持ち主は、完全に（*それ自体で*）憂鬱な人物で、真面目で、厳格で、決意が堅く、孤独で、勤勉で、無口で、おしゃべりでない。火星から土星へのスクエアによって、出生図の持ち主は頑固で、少しわがままで、少々恨みを引きずる。なぜならば、凶星が両方共に不動サインにあるからである。こういったことはこのように位置し、アスペクトされている土星本来の性質である。さらに、女性的な弱さが本質的に出生図の持ち主に入り込んでいる。それは金星のハウスである牡牛座に土星があるからで、出生図の持ち主の感覚を悪くする。金星と土星の間にリセプションがあるが、アスペクトはない。そして、火星から土星への凶作用のスクエアは、女性や愛情などの性質を持つハウスである7ハウスからある。そして、明らかに、これらの悪い行動様式がより力があり、極めて優勢で、出生図の持ち主がひどく損害を受けているに等しい。もし水星と月が風象サインと人象サインになく、トラインのアスペクトにないなら、出生図の持ち主は都会的なことと教育から新しいことを率直に発見しようとしなかったり、生まれつき神秘的な土星的な状況を役立てようとしない。そして、出生図の持ち主の青年期においては、土星が初めて回帰してくるのを終えるまで、出生図の持ち主はより従順で、自分の楽しみに耽り、身なりをきちんと清潔にし、自分自身を整え着飾ったり、相当な財産をただ大事にし、優雅で、美しく、振る舞いに威厳があるだろう。これらの後半部に述べた性質は、金星の性質で、金星は出生図のレディである。

　水星と月のトラインによって、出生図の持ち主は勉強したり、学習したり、旅行し、多くの国を訪れるようになる。結論としては、多くの事は天上の配置から由来し、出生図の持ち主の行動様式は厳格で、真面目な振る舞いを経て全体的に十分賞賛に値する。時には、陽気と憂鬱の間にあり、時には、全体的に悲しみにさいなまれ、そして、再び偶然に、短い間だが、心地よい楽しい時期がある。月が土星のアスペクトや土星のタームへディレクションする時、出生図の持ち主は多かれ少なかれ強欲で、孤独で、頑固になる傾向があり、イングランドで俗に言う不退転の人である。しかし、月がディレクションで金星自体や金星のアスペクトか、金星のタームに来る時、あるいは、金星のハウスのいずれかが年間プロフェクションかレボリューションでのアセンダントに来る時、出生図の持ち主は浮わついた気持ちになる傾向があり、非凡な才能を欲しいままにし、自分の楽しみと娯楽により親しむようになる。

知力と理解力

　本質的に、知力と理解力は、水星、水星があるサイン、水星の月とのアスペクト、そして月があるサインから求められる。水星や月が地位を表す恒星の近くにあるか、他の惑星からのアスペクトが吉なのか凶なのかを考慮する。

　天秤座、双子座、水瓶座は、良い理解力を生じるということは全く否定されず、格言として常に考えられて来た。私たちの出生図には、天秤座にある水星と双子座にある月のトラインがある。この質問は簡単に解決される、つまり、私たちの出生図の持ち主は、利口で、十分に鋭い理解力があり、仕事において有能で、特に理解力がきちんと役に立つようなことや、科学に喜びを感じるだろう。この出生図の持ち主の理解力についてふと現れる欠点は、活動サインにある水星のコンバストによって意味される。それは自信のなさや、自分自身の満足感を疑うことを意味する。その結果、自分自身の考えから行動を起こす時に、臆病で、決断力が強くないことが生じる。そして、このことは、水星のコンバストがアセンダントに対してスクエアにあることと、アセンダントのロードである土星にアスペクトがないことによって意味されていると考えるのは適切である。

体型と身長

　基本的に、アセンダントのサイン、すなわち山羊座と、山羊座のサインのロードである土星から形作られ、そこにアセンダントかアセンダントのロードのいずれかにパーティルのビホールドをする惑星の照射が混ざる。そのサインと他のシグニフィケーターは、身体がいくらかの乾で、痩せていて、直立していて、真っ直ぐであることを意味する。土星がオリエンタルであることで、少しも肥満の傾向がないとしても、顔は卵型に近く、顔色はどこか茶色か浅黒い。なぜならば、土星が地平線の下にあるからである。本質的に、色艶がよく、美しい。なぜならば、太陽と金星が顔と頭部を本質的に意味するハウスに、特にビホールドするからである。髪の毛は黒でも茶色でもない。土星は黒を生じるが、太陽と金星の明るい惑星は地平線の上にあるので、髪の毛を明るくする。土星と金星の間にきちんとしたリセプションがあり、それによって、金星は行動様式において、具体化することの支配権をほとんど唯一持ち、乾や熱が単独で支配することを許さなく、金星の湿が入り込む。

出生図の持ち主には欠点がある。すなわち、国王病(リンパ節結核)である。しかし、それはある程度家族からの遺伝である。

金星はそのうえ行動様式において、土星的な性質を少なくする。金星は体型において身体の部位をよりきちんと引き締める。金星はカジミにあるので、親切で、活動的で、機敏になる。しかしこのことはアセンダントのロードである土星が喉や、喉の中を損傷する不十分な度数である牡牛座の９度になければである。(これについて、私は何も見つけられない)。

出生図の持ち主は両親から多くのものを受け継ぐということは認めるし、むしろそうである。なぜなら金星は父である４ハウスのロードであるからである。図において母よりも父がより優勢である。

一般的な出生図の持ち主の幸運や不運

諸惑星のエッセンシャル・ディグニティは、惑星の配置に従って、幸福が継続し、永久であることを意味する。私たちの出生図では、エッセンシャル・ディグニティでは２つの吉星が強く、火星はアクシデンタル・ディグニティで強く、月もそうである。私たちの出生図の持ち主は幸せが継続すると判断するが、人に広く知られる方法ではなく、君主の宮廷においてでもない。なぜならば、木星と金星が人目につかないハウスにあり、アセンダントのロードである土星が１０ハウスのオポジションにあるからである。さらに、太陽はペレグリンで、フォールにある。それゆえ、シグニフィケーターから木星か金星のプロミッターへのディレクションでは、これらが支配するハウスを考慮すると、出生図の持ち主は行動において大きな利益を期待できる。ここで明らかなのは、出生図の持ち主は一生の間、幸せな状態であり、財産は十分ある。なぜならば、２つの吉星は非常に優勢だからである。それでも、これは偶然に起こる妨害や暗雲を意味する。なぜならば、時間におけるライトである太陽はペレグリンで、位置的には８ハウスにあり、非常に弱いからである。それでも、結果的に、財産は永久的に続き、出生図の持ち主に程よい幸福を約束し、世間で自分の血族よりも大きな評価を得る。

土星はディグニティが欠けているとはいえ、不動サインにあり、金星とリセプションにある。また、アセンダントのカスプに、ライラ、つまりこと座(ベガ)と呼ばれる地位を表す恒星があり、出生図の持ち主に素晴らしい名声と、幸運が続いていくことを約束する。月はこの時、時間におけるライツではなく、私たちは月がおうし座の目(アルデバラン)と共にあることをあまり誇らしげに言うことはできないけれども、月がこの位置にある時、月は昇進や良い評価を上げることを私は観察している。

また、太陽が金星とコンジャンクションにあることも無視できないだろう。すべて考慮すると、出生図の持ち主に対して意味されることは、一般的に出生図の持ち主の財産は良い状態で、苦しみの時期や苦しみに耐えることは長くなくうんざりすることはないということである。

▶2ハウスの判断

177章　裕福さ

財産のシグニフィケーター

- 水瓶座23.30
- 牡牛座の土星
- 2ハウスのドラゴンヘッド
- インターセプトの魚座
- 12ハウスの強い木星
- 乙女座でドラゴンテイルを伴うパート・オブ・フォーチュン
- 天秤座にある水星のコンバスト

　2ハウスのサインは不動サインで、木星からシニスターのセクスタイルで照射されている。そして、1ハウスと2ハウスを支配する土星が4ハウスのサインにあり、不動サインである。また、木星は2ハウスのインターセプトの魚座を支配し、そのサインとハウスにドラゴンヘッドがある。こういったことから木星は本質的に財産の一般的なシグニフィケーターで、ドラゴンヘッドのディスポジターである。

　パート・オブ・フォーチュンは乙女座にあり、水星によってディスポーズされ、水星はコンバストである。それでも、パート・オブ・フォーチュンは2ハウスのロードである土星によってシニスターのトラインでアスペクトされる。そして、これは良いことである。

　出生図の持ち主は資産において幸運と十分な財産に恵まれる。それは永久的に続き、確固としたもので、ほとんどの物を手に入れるだろう。すべて手に入れることができなくても、適切な労力や、旅行と事業によって手に入れるだろう。なぜならば、土星は1ハウスと2ハウスのロードだからである。木星の位置はオリエンタルのクオーターである。また、金星は図においてアルムーティンであり、パート・オブ・フォーチュンと水星はオクシデンタルのクオーターにある。しかし、ミッドヘブンからそれほど距離が離れていないので、青年期、すなわち、人生の半分を過ぎる前、もしくは中年期である35歳頃に、出生図の持ち主はより多くの財産を得る。出生時の地位と、人生の状態と行動は考慮される。その年齢以降、もし良いディレクションが関わって来なければ、数年間は静かで穏やかな時期が認められるだろう。

その後、老年期を意味する天上のクオーターに、土星とドラゴンヘッドが位置している。そして数年間、動産と不動産の両方において、間違いなく、より十分で多くの財産が約束される。なぜならば、土星は当然のことながら、土地、家、借家などを意味するからである。そして、地象サインである牡牛座に土星があるので、土星の意味が二重になる。このことは、出生図の持ち主が牧草、耕作、鉱山、鉱物や鉱石、石炭粉、あるいは地中の奥深くから掘り出された他の大地の資源によって、富を蓄えることを意味するだろう。木星は木星的な人物によって、つまり善性を具体化したような、面長な木星的な人物、血色が良く、浅黒く、陽気な顔だちで、人間味があり、愛想良く話す人などと取引をすることで、財産が増えることを意味する。これらの性質についてはイントロダクションの６１ページを参照すること。

ドラゴンヘッドは部分的に木星と金星の性質を持つので、先程の判断に、以下のことをさらに加える。

金星は４ハウスと９ハウスのレディで、エッセンシャル・ディグニティにおいて図では最も強い惑星である。出生図の持ち主は女性や妻たちなどのおかげで、もしくは長旅によって成功するだろう。もし出生図の持ち主が金星が意味するような商品を扱ったり、金星が表す人物と取引したり、金星に属する物事や物質、つまり宝石、亜麻布や、あらゆる楽しい事を扱うなら、成功するだろう。そして、土星と金星がリセプションで、金星が単独で４ハウスを支配するので、父が出生図の持ち主の財産を幾分か増やすことを意味する。なぜならば、パート・オブ・フォーチュンは水星によって、ディスポーズされるからである。そして、水星は父の財産、つまり５ハウスのロードである。ドラゴンテイルはパート・オブ・フォーチュンと月のスクエアに近接しており、水星はコンバストである。これが意味するのは父が出生図の持ち主に残すであろうものや、残すかもしれないものをほとんど手に入れられない、もしくは、出生図の持ち主は得られるものがほとんどないということである。そして姉妹によって財産が減るだろう。なぜならば、月は３ハウスを支配するからである。そして、もし兄弟がいないなら、親戚によって財産が減るだろう。なぜならば、火星は兄弟のロードで、土星は出生図の持ち主の財産のロードで、不動サインにあり、プラティックのスクエアにあるからである。

すべてのことを考慮すると、両親や親戚から起こるであろうことは、親戚によって利益が減らされたり、文書が偽造されたり、出生図の持ち主を邪魔しようとする意志や形跡があったり、訴訟を引き起こされたりすることである。なぜならば、月は７ハウスのレディであり、パート・オブ・フォーチュンに対してスクエアだからである。

出生図の持ち主がこのようなことに左右されるのは良くない。明らかに、こと座の輝く星（ベガ）がアセンダントにあり、土星はアセンダントにトラインで、てんびん座の輝く星（ズベン・エル・ゲヌビ）はカルミネートし、金星と木星の両方はエッセンシャル・ディグニティにおいて強く、ドラゴンヘッドは２ハウス

にある。これらすべてが一致して出生図の持ち主は事業によって非常に大きな財産を手に入れることを約束する。それゆえ出生図の持ち主は財産を維持したり、保つ方法よりも、財産を獲得し、手に入れる方法のほうを知ったほうが良いだろう。土星の逆行と、木星がケーデントにあることが、それを明らかにしている。出生図の持ち主には少しも不運がないが、パート・オブ・フォーチュンがドラゴンテイルと共にあることは、遺産や故人の遺言に関する訴訟で、出生図の持ち主の世襲財産の一部を浪費するという確実な根拠となる。そして、故人から幸運にも出生図の持ち主に譲られた物が悪用されたり、騙し取られたりするという確実な根拠となる。

▶3ハウスの判断

178章　兄弟姉妹

私たちがトレミーに非常に固執するなら、当然、多くの兄弟姉妹がいないことになる。なぜならば、3ハウスのサインと、3ハウスのロードと、そのロードがあるサインは、すべて不妊サインだからである。しかし、木星が3ハウスのカスプに照射し、火星は、多産のサイン、すなわち、天秤座にある3つの惑星とシニスターのセクスタイルにあるので、この出生図の持ち主には7人の兄弟がいる。なぜなら木星が3ハウスのカスプへセクスタイルなので2人を意味し、獅子座にある火星は1人を意味し、水星、金星、太陽はその残りの人数を意味するからである。月は一般的に姉妹を意味し、月には多くの惑星とのアスペクトがあるが、それにもかかわらず、出生図の持ち主には1人の姉妹しかいない。その結果、年長の兄弟の出生図などから、兄弟と姉妹の数を判断するのは非常に困難なことである。もし私たちが出生図の持ち主の兄弟の財産と状態を判断したり、彼らが長生きするかしないかを判断するなら、ここでは、私たちは火星の力を特に考慮しなければならない。そして、私たちは火星がアクシデンタル・ディグニティにおいて強いと分かる。火星は土星とのスクエアのオーブ内にあるが、パーティルに圧迫されておらず、太陽、金星、水星のセクスタイルにある。その結果、ここから推論されることは、出生図の持ち主の兄弟には成年に達する前に亡くなる者もいれば、世間で暮らし、良い地位や身分になる者もいるだろう。

月はおうし座の目（アルデバラン）の近くにあり、火星とシニスターのセクスタイルである。ほとんどのアスペクトはスクエアなので、月は双子座にいることをまったく喜ばない。

このことは、出生図の持ち主の姉妹は病気がちで虚弱、そして出生図の持ち主の兄弟と同じくらい長生きしないことを意味する。

仲の良さ

アセンダントのロードである土星と火星がスクエアであることは、兄弟の間に大きな愛情があることを意味せず、やがて大きな敵意と不和が生じる。兄弟のシグニフィケーターである火星は、7ハウスにあり、アセンダントに対してオポジションにあるからである。そして、もし私たちが不和の原因を知ろうとするなら、火星があるハウスが意味する、女性、兄弟との商売、契約、売買契約である。そして、太陽は火星をディスポーズし、太陽は8ハウスのロードなので、遺産、土地、故人の遺品が原因となるだろう。そして、火星が7ハウスにあり、6ハウスにとって2ハウスにあたり、6ハウスはおじや父方の親戚を意味するので、出生図の持ち主と兄弟の誰かとの間に争いが起こる、あるいは、おじの財産に関することなどで争いが起こる恐れがある。

▶4ハウスの判断

179章　両親

緯 度４０の高度、すなわち、太陽の極軸の高度で作られた図は、父を判断する時、またこの出生図においては母を判断する時に考慮される。なぜならば、太陽と金星の両方のサークル・オブ・ポジションはほとんど一致するからである。

太陽が凶作用のアスペクトによってアフリクトされず、反対に、金星にレシーブされ、金星とコンジャンクションにあるので、父は人間味があり、合理的で、陽気な空想をし、品のある人で、背が高いことが推測されるだろう。父の財産は獅子座にある火星によって意味され、非常に多いというのはありえなく、友人の振りをする人や軍人によって、父の財産は非常に減らされるだろう。

出生図の持ち主と妻との相性は非常に良い。なぜならば、金星は太陽のカジミにあるからである。金星は太陽より強いという理由から、恐らく、母は長生きするだろう。そして、金星が出生図の持ち主のシグニフィケーターである土星をレシーブし、土星は金星をレシーブするので、私たちの出生図の持ち主への母の愛情は非常に深く、その愛情はむしろ父以上であろうと私は考える。

トレミーは以下の方法で、最初に生まれた子供から父と母の出生図を導き出すよう指示を与えている。

出生図が昼なら、あなたは父を意味する太陽とその位置を考慮する。太陽のその高度での位置円をとり、まるで父がそこで生まれたかのように、あなたは天象図を作る。もし緯度に対するハウス表があるなら、その表は役立つだろう。もし表がないなら、その太陽のオブリーク・アセンションに３０度を加えれば、２ハウスを区分する黄道の度数が何度か分かる。レギオモンタヌスが教えたようにこの極軸の高度は２ハウスと他のハウスにも適用される。私たちの出生図では、天秤座６．３７が父にとってのアセンダントであり、極軸の高度は４０度である。

もし出生図が夜なら、父を土星として同じようにする。母については昼なら金星をとり、夜なら月をとる。

▶６ハウスの判断

180章　病気、使用人

木星のオポジションを除けば、６ハウスのカスプはアフリクトされておらず、ほとんど傷ついていない。しかし、月がおうし座の目（アルデバラン）と共にあり、火星にセクスタイル、そして、６ハウスのロードである水星がコンバストし、アセンダントのロードである土星が逆行し、不動サインにある。このため、最も頻繁に出生図の持ち主を悩ます病気は、血液が壊れることから生じ、それにより高熱を生じるだろう。そして、他の病気は、特に水星によって意味されるもので、２４７ページ*を参照のこと。もしあなたが悩まされる身体の部位を知りたいなら、６ハウスのサインを考慮し、６ハウスのサインのロードがどこにあるかを見て、その後判断すること。１１９ページ*を参照のこと。アセンダントは金星によってアフリクトされているのと同じように、太陽のスクエアによってアフリクトされているのだが、アセンダントのサインは活動サインで、６ハウスのサインは柔軟サインなので、出生図の持ち主が患う病気は、何度も変化する。すなわち、出生図の持ち主はある病気から別の病気を患うだろう。しかし、もし、土星がアセンダントのロードでなければ、出生図の持ち主は四日熱に頻繁に煩わされ、扁桃腺炎や喉の痛みなどがあるだろう。しかし、月が太陽、金星、そして水星とトラインにあるので、水星の意味する病気は、出生図の持ち主をそれほど妨げず、簡単に避けられたり、治るだろう。発熱と、火星が本来意味するようなこと、もしくは、女性によって引き起こされることは危険を意味する。

　＊第２書。
　＊第１書。

なぜならば、火星は不動サインにあるからである。この出生図の持ち主の人生の大半は健康であるが、凶運のディレクションでは慎重に注意したり、薬などで予防すること。

使用人は特に水星によって意味される。これについては二重に意味される。なぜなら水星は一般的なシグニフィケーターであり、6ハウスのロードであるからである。水星には土星へのアスペクトがないが、同じトリプリシティなので、これらによって、幸運の可能性があるように思えるが、結局、出生図の持ち主が水星的な人物を信用することはまれなことだろう。中でも火星によって意味される赤毛の使用人は避けること。

▶7ハウスに関する判断

181章　結婚

占　星術師は通常まず最初に、「出生図の持ち主はどういう人と結婚するのか」について明らかにしようとする。7ハウスのディセンダントのサインが蟹座であるから、私たちは多産であると定義付ける。そして、月が5ハウス、すなわち、喜びを意味するハウスにあり、5ハウスの月は7ハウスの火星とシニスターのセクスタイルにあり、これは本来、結婚を意味する。性質に敵対する土星はアセンダントのロードで、吉や凶のアスペクトのいずれによっても、月や金星をアフリクトしていない。そして、水星、太陽、そして金星は凶のハウスにあるけれども、月がそれらとのシニスターのトラインに接近している。これらの惑星、すなわち、太陽と金星は、7ハウスのカスプにパーティルのスクエアを投げかけ、ロング・アセンションのサインにあり、赤道においてはトラインに等しい。これらの理由から、出生図の持ち主は結婚するだろうと私は考える。付け加えるなら、金星が出生図のアルムーティンで、金星自身のハウスに位置し優勢であるからである。

出生図の持ち主が妻を得る時、結婚生活で努力しようとする時、妨げられたり、多くの苦労があったり、多くの困難があるだろうという判断をする理由は見つからない。なぜならば、シグニフィケーターは友好的なアスペクトにあり、そういったことの反対を意味するからである。ここで私が意図するのは、女性の愛情を手に入れることであって、彼女の友人の好意を得ることではない。なぜならば、本質的に、出生図の持ち主は妻の父や、妻の友人からの小さな妨害があるからである。

なぜならば、火星が１０ハウスのロード、すなわち、７ハウスから見て４ハウスにあるからである。恐らく、聖職者や義理の兄弟から何らかの妨害があるだろう。なぜならば、火星は３ハウスのロード、すなわち、７ハウスから見て９ハウスにあるからである。あるいは、妻の姉妹の夫であろう。

年を取ってからか、青年期か

月は図において太陽のオクシデンタルである。金星が最も高いアングルから下降し、８ハウスにある。このことから疑いなく、出生図の持ち主が青年期に結婚することはできず、土星が回帰し完全に過ぎるまで、結婚はない。結婚は出生図の持ち主の２９歳以降になる。出生図の持ち主は中年期に結婚するが、年を特定することはディレクションによってのみ分かる。

結婚の回数

月が双子座にあり、火星が獅子座にあり、水星がコンバストなので、たった１度だけの結婚が約束される。しかし、金星の位置が天秤座で、カジミにあり、月が火星とパーティルのセクスタイルにある。そして、月は水星に向かい、次に、金星に向かう。太陽はここでは意味を持たないので、実際、出生図の持ち主に告げることは、出生図の持ち主は２回だけ結婚し、また、人生において妻に加え２人の恋人を持つだろう。

妻の体型と背丈

月が７ハウスの火星とのセクスタイルのアスペクトに非常に近いことから、恐らく、最初の妻のタイプを描き出すことができるだろう。最初の妻は獅子座のサインを基にした人物で、状態としては、火星、そして月、水星、太陽、金星、土星の影響がある。

シグニフィケーターはサインの始まりにあるので、これが意味することは、身長は適度に高く、背が高いというよりもむしろ引き締まっていて、痩せて、まっすぐな姿勢で、均整が取れ、骨は大きく、関節は強く、普通のふくよかな肩で、顔色は美しく、髪の毛は明るい亜麻色であったり、そのような傾向があるということである。顔は面長だが卵型と丸型の中間で、もし顔にあばたの跡などがないなら、傷や傷跡がある。妻の状態は、部分的に暴力的で、激しく怒り、元気で、命令好きで、ケチである。それでも、妻の意味を生み出す火星はアセンダントで高揚し、アセンダントのロードである土星が上位の惑星で、結婚を約束するアスペクト自体が吉作用なので、多少の口論などはあるだろうが、不和が長く続く恐れはない。

金星によって意味される2番目の妻

そして、彼女は珍しい顔をした美人で、身長は中ぐらいから高い傾向があり、引き締まっているのに近い痩せた身体である。顔は丸く、血色が良く、美しく、黒く愛らしい目で、上品に立ち振る舞い、控えめで、信心深く、家での自由な時間を愛するが、良い主婦で、良い家柄の出で、左目の近くの額に小さな黒子があり、恐らく、彼女は少し前に紳士と結婚の約束をしていただろう。この女性の長所は多くあり、彼女の性質は素晴らしいようである。

妻の富

しし座の心臓（レグルス）が8ハウスのカスプとパーティルのコンジャンクションで、不動サインにあるので、妻の1人は不動産を持っていたり、多くの財産が妻に残されたり、遺言で譲られることを意味する。しかし、8ハウスのロードである太陽がペレグリンで、ドラゴンテイルが8ハウスにあるので、出生図の持ち主は妻のお金を借りたり、妻たちの財産や所有物を取得したり、財産を保とうと努力するだろう。そうでなければ、それまで財産を預けられていたとしても、貧しくなったり、不正を行うだろう。これらによって、出生図の持ち主は財産を手に入れる前に、悩んだり、いらいらするだろう。結論としては、金星が4ハウスのレディであり、4ハウスはつまりすべての物事の終わりであり、そして、太陽は水星とコンジャンクションで、パート・オブ・フォーチュンのロードである水星は太陽に接近し、次に、金星に接近するので、ほぼ3ヶ月後か、恐らく、3つのターム後に、友人によって、財産は出生図の持ち主に移行される。

すべてのシグニフィケーターに関することは8ハウスにあるという点から、妻の資産、寡婦資産や寡婦産、妻に残された財産について出生図の持ち主は、苦しみを数多く経験するという判断が理にかない適している。短く結論付けると、妻や妻たちは非常に多くの財産を持っていたり、持ち込んだりするが、財産の一部に関しては多くの悩みがあるだろう。

妻はどの方角で暮らしているか、あるいは、同国の人か、否か

これは細かい質問ではあるが、火星によって意味される最初の妻は、出生図の持ち主の出生地から東の方角で、幾分か南寄りのところに暮らしている。そして、出生図の持ち主の州ではない。

金星によって意味される2番目の妻は、出生図の持ち主の出生地からはるか西に暮らしているがイングランド人である。なぜならば、金星は天秤座にあり、エッセンシャル・ディグニティにおいて強いからである。

▶5ハウスの判断

182章　子供

　これについては、牡牛座は判断から完全に除外される。月は場所として5ハウスのカスプの2度以内にあり、位置する。そして、水星のハウスである双子座は不妊のサインで、下降している。

　水星はコンバストなので、子種がないことを意味する。そうでなければ、私生児である。

　双子座は不妊のサインなので、それ自体で、不妊の根拠になる。

　射手座は11ハウスで上昇し、木星が射手座のサインにあるが、12ハウスに位置するので、助けが曖昧であったり、助けが妨げられる。

　月は火星に対して吉作用のセクスタイルのアスペクトで、そして、水星、太陽、金星に対して吉作用のアスペクトである所に位置する。さらに、上に挙げた諸惑星が5ハウスのカスプに友好的に照射し、前述の障害に打ち勝つようである。その結果、疑いなく、出生図の持ち主に子供が授かることは予測されるだろう。そして、出生図の持ち主には子種があるだろう。子供の数は月がある5ハウスのサインから、そして月に友好的なアスペクトをする多くの惑星から導き出される。

　バイコーポリアルサインは、2人を与え、
　月は1人加えざるをえない、
　4つの惑星のアスペクトがあるので4人。4人の可能性。

　しかし、私は水星のコンバストは1人減らすと考え、月から火星へのセクスタイルは、もう1人減らすと考える。性別や性質を求めようとするなら、以下のように推測する。火星が男性サインにあり、1人の男の子を意味する。太陽が男性サインにあり、1人の男の子を意味する。月が双子座にあり、火星のセクスタイルに非常に近いので、1人の男の子を意味する。水星の力は太陽へ与えられているので、1人の男の子を意味する。唯一金星と月のトラインだけは、どちらも女の子を意味する。そして、出生図のアルムーティンである金星は、2人の女の子を意味する。もし女の子が3人でなければ、その女の子たちは生きていくだろう。子供すべてが男の子ということはない。

　子供たちのお互いの仲の良さは、アスペクトの性質によって意味される。それが良い性質なら、彼らの間に調和があることを意味する。恐らく、金星は大きな昇進を生じるだろう。

▶9ハウスの判断

183章　旅行

最初に調べることは、「この出生図の持ち主は本質的に旅行することが意味されているか、いないか？」である。このような疑問は、普通、動きが速いという点から旅行を意味する水星と月から、そして出生時における水星と月のお互いのアスペクトから、水星と月があるサインから、そしてアスペクトが来る天上の位置から解決される。もし水星と月が9ハウスか3ハウスからトラインやセクスタイルによってお互いをアスペクトし、そのサインが活動サインなら、出生図の持ち主は決して家で休むことはなく、常に外国を放浪するだろう。注意することは、3ハウスは家から近い場所への旅行を意味し、9ハウスは家から遠い場所への旅行を意味する。

私たちの天象図には、水星と月のトラインがあり、さらにリセプションで、たとえそれは小さくても、出生図の持ち主は旅行をするであろうと結論付けるのに十分な根拠となる。シグニフィケーターが活動サインに関係し、柔軟サインに関係する。ここでは、旅行と旅行の間に間隔、つまり期間が空くようである。

<small>出生図の持ち主はかつて3度海を渡っており、アフリカ北部へは2度、オランダへ1度渡っている。</small>

世界の地域

ここで私たちは、まず旅行を意味する惑星を考慮する。私たちの天象図においては、3ハウスのロードである火星と、9ハウスのレディである金星と、月と水星である。牡羊座、天秤座、双子座のサインにはシグニフィケーターがある。シグニフィケーターがある天上のクオーターについて、火星は西のアングルにあり、月は西のクオーターにあって北の方向に傾く。金星は南西のクオーターにあり、太陽と水星も同じ位置にある。

火星と月は本来西を意味し、金星は南を意味する。

水星はペレグリンで、水星の強さを太陽に与えている*。そして、太陽は弱く、水星と太陽の両方は金星によってディスポーズされ、金星は出生図でのアルムーティンである。つまり、すべて西に近い南を示す。

<small>＊強さを与える Give One's Virtue to：コンジャンクションやアスペクトによって、ある惑星の強さを別の惑星に与えること。ただし、エッセンシャル・ディグニティをリリーは考慮していない。著述家や古典によってその定義が違う。</small>

一般的に、シグニフィケーターが天上の位置で示していることは、生まれた場所から南で、西の近く、あるいは、西よりも南である。なぜならば、金星だからであり、それはまた最も強いからである。

南東への旅行を出生図の持ち主は否定しない。

なぜならば、火星が獅子座に入っていて、アセンダントのロードである土星が牡牛座にあり、南東のサインだからである。土星が強く、東を意味するサインにあるが、私はこの方角をさほど奨励できない。

旅行に行く理由

これは旅行のシグニフィケーターと、シグニフィケーターがあるハウスから推測される。しかし、私の判断では、シグニフィケーターがロードとなるハウスから推測することが適切である。

私たちの天象図では、金星、水星、太陽は、主要なシグニフィケーターで、8ハウスにある。金星は4ハウスのレディで、水星は月のディスポーザーであり、パート・オブ・フォーチュンのロードである。月は7ハウスのレディで、火星は7ハウスにあり、太陽によってディスポーズされる。このことから生じる判断とは、月と水星がトラインで、水星はパート・オブ・フォーチュンをディスポーズするので、出生図の持ち主は財産を増やしたり、富を手に入れたいと望み、その欲求が、出生図の持ち主が旅行をする動機や理由となるということである。それに加えて、本質的に外国を訪れたいという欲求やその傾向がある。なぜならば、金星は水星と太陽の両方にディスポーズで、金星が自身のハウスで9ハウスのサインにあるからである。このことはまた、出生図の持ち主はこのような旅行などを楽しむことも意味する。火星はまた10ハウスのロードであり、10ハウスはすなわち、出生図の持ち主の仕事の熟達や職業を意味し、月と金星のセクスタイルにある。これらのことから、出生図の持ち主は火星的な人物や、重要人物からの任務や権限によって、初めて旅行することになるだろう。

旅行での成功

（一般的に妨げるものがないので）出生図の持ち主は成功しないのではと恐れる大きな理由はない。おとめ座のスピカが9ハウスのカスプにある。そして、長旅のレディである金星を観察すると、金星はエッセンシャル・ディグニティにおいて強く、9ハウスに土星や火星の敵対的なアスペクトは完全にないので、出生図の持ち主は旅行で非常に成功する、すなわち、富と名声を手に入れるだろうと私は予測する。けれども、月は火星とセクスタイルで、火星は金星とセクスタイルで、ロング・アセンションのサインにあるので、アセンダントが火星に凶作用のディレクションをするなら、もしくは月が火星の悪いアスペクトへディレクションするなら、突然の火事や、難破する危険の恐れがあると言える。しかし、月がおうし座の目（アルデバラン）と共に人象サインにあるので、強盗、泥棒と水夫からの略奪も意味するだろう。それゆえ、アセンダントが火星へ凶作用のディレクションをする時、前述のように、もし出生図の持ち主により強い吉作用のディレクションがあって火星の凶作用のディレクションを否定するということがなければ、出生図の持ち主は注意したり、静かに休んでおくのが良い。

出生図の持ち主が旅行するのに最も良い王国と国、そして天上のクオーター

　山羊座に属する国、王国、都市は、出生図の持ち主に健康と安全な人物を約束する。なぜならば、山羊座のサインは惑星が位置したり悪いアスペクトによって損なわれていないからである。

<small>山羊座、天秤座、魚座に属するのはどのような国や都市かについては第１書の94、95、96ページを参照のこと。</small>

　魚座に属する国、都市、地域では、出生図の持ち主は成功し、財産が非常に増えることが確実に期待できるだろう。なぜならば、位置的には、魚座にドラゴンヘッドがあり、そして、魚座のサインのロード、すなわち、木星が射手座にあってエッセンシャル・ディグニティにおいて強いということが分かるからである。

　また、天秤座が支配する国や都市に旅行をしたり、出かけたり、商売をすることによって、出生図の持ち主は財産を増やしたり、評判を上げるだろう。なぜならば、金星は安全な収益を意味し、太陽は名誉、名声、評価を与えるからである。射手座が支配する王国では、出生図の持ち主は少し注意すれば、人材や蓄えを安全に投資できるだろう。私は以下の一般的な注意を促すことは単に良いことだと思う。つまり、もし出生図の持ち主が山羊座の属する国に旅行するなら、出生図の持ち主は少し西に近い南の方角へ住む努力をすること。

　もし魚座に属する国に、出生図の持ち主が旅行したり、財産を投機するなら、出生図の持ち主にこれらの王国の北の都市を注目させること。

　もし天秤座に属する自治領に、出生図の持ち主が一時的に滞在するなら、少し南に近い西側に、出生図の持ち主は住んだり、取引すべきである。

　もし射手座に属する場所に出生図の持ち主が取引で投資するなら、出生図の持ち主にその場所の東と北東の方角で取引したり、住んだり、商売をすることを遵守させること。夢と宗教については、私は出生図の持ち主自身の判断に任せる。それでも、金星が私たちに保証することだが、出生図の持ち主は学んだ宗教に信心深いだろう。

▶１０ハウスの判断

184章　名誉、昇進、仕事の熟達と、どのような評判が伴うか

　通常、占星術師は火星、金星、水星を考慮し、これらがエッセンシャル・ディグニティにおいて強かったり、１０ハウスのロードだったり、本来商業のハウスである７ハウスにあったり、月とパーティルのアスペクトがあると、多くの場合、職業などを意味する。

この出生図の持ち主にとっては火星が意味する。ここで注意することは、出生図の持ち主の地位を常に考慮することである。なぜならば、王と貴族階級は職業を持たないからで、それゆえ、彼らに取引などについて話すことは不合理である。しかし、恐らく、彼らは仕事の熟達のシグニフィケーターによって意味されるような人物や物事へ心が向かうだろう。

私たちの天象図では、火星は１０ハウスのロードで、月、金星、太陽、水星とセクスタイルなので、火星は絶対的に出生図の持ち主にとって職業であることを表しており、私たちはどのような職種か分かることができるだろう。すべてのシグニフィケーターは混ざり合ったり、多くのアスペクトによって、出生図の持ち主の職業は１つではなかったり、常に同じではなく、時期やハイレグのディレクションに従って多様になることを意味する。金星は強く、太陽とコンジャンクションで、火星が７ハウスにあり、シグニフィケーターはお互いのアスペクトに近接している。言わば、出生図の持ち主は人の役に立ったり、それがなければ十分暮らしていけないような物を取引したり、扱ったりするだろう。これは私の判断だが、金星、太陽、水星、月が人象サインにあるからである。火星が太陽のハウスである獅子座にあるので、火星的で太陽的な状態の金属や鉱物を意味するだろう。金星は、宝石、腕輪、女性の装飾品を意味する。水星は、取引、商売を意味し、水星と太陽とのコンジャンクションは、太陽的な仕事を意味する。出生図の持ち主に太陽、金星や火星によって意味されること、そしてそれらに関する商売や人物に注意すれば、出生図の持ち主は世間で昇進したり、名誉を得たり、評価を手に入れるだろう。それはてんびん座の輝く星（ズベン・エル・ゲヌビ）がカルミネートする度数近くにあり、こと座の輝く星（ベガ）がアセンダントにあるからである。木星がエッセンシャル・ディグニティにおいて強く、１１ハウスのロードで、金星が太陽と共にあってカジミにあるので、非常に素晴らしく、出生図の持ち主の出生時の地位や就いた仕事に従った、財産と名声を意味する。こういったことから、思うに、出生図の持ち主は天職を持ち、その天職のおかげで裕福に暮らしたり、出生図の持ち主が住むあらゆる場所で良い評価を受けるだろう。高貴な人々の間から生じるものは厳密に言うと名誉であり、出生図の持ち主に予定された人生における名声であり、評価であり、裕福な暮らしをすることであろう。そして、これは太陽が金星と共にあることによって、明らかに示されている。ルミナリーがお互いトラインで、月がおうし座の目（アルデバラン）に近接する。

通常、この星は、国家、王や君主からの突然の予期せぬ昇進を与え、金星的な生物から取れた油のようなものを意味する。これは私が思うのだが、金星は太陽と共にあり、月は火星の性質であるおうし座の目（アルデバラン）と共にあり、火星は１０ハウスのロードだからである。木星が射手座にあることを軽んじてはいけなく、木星は１１ハウスのロードなので、やがては世間で信用のある共和国の公職を意味するだろう。

　それから、出生図の持ち主が扱う職業や物質の性質について調べる。そして、出生図の持ち主に期待できる昇進や、利益の増加を考慮する。一般的に一生役に立つであろう以下のことを出生図の持ち主に注意させる。つまり、メディウム・コエリや太陽の吉作用のプロミッターへの良いディレクションに従って、出生図の持ち主はより勇敢で、活動的になる。これに反して私の真意は、メディウム・コエリや太陽が吉アスペクトに来る年において、出生図の持ち主は金銭的にも事業でも努力しなければならず、世間での評価と信用の両方を上げるため、また、財産を増やすために、これらの適切なディレクションをうまく利用しなければならないということにある。

▶１１ハウスの判断

185章*　友人

　*原書は１８３章となっており誤り。

　こでは、バイコーポリアルサイン、すなわち射手座で１１ハウスのカスプが上昇する。月が１１ハウスのカスプにオポジションのアスペクトを投げかける。まるで水夫のような柄の悪い連中を、出生図の持ち主の友人として受け入れるには適しない。また、月は７ハウスのレディでもある。この出生図の持ち主のパートナーは本質的に出生図の持ち主の利益にはならず、出生図の持ち主は損害を受けるだろう。月から意味されるこれらすべての人々を友人として認めてはいけない。彼らがどのような人物であるかについては８１ページ*を参照のこと。そのサイン自体と、そのサインにある木星は、木星的な体型と状態の人物を意味し、出生図の持ち主にとって友情の点において親しくするのに適した人物である。また、金星的な人物も適しているが、水星的な人物は適していない。なぜならば、水星はペレグリンで、コンバストされているからである。火星は１１ハウスのカスプをトラインでビホールドする。

　*第１書。

火星は、軍隊の指揮官、町民、知事、主要な行政長官を意味し、友情の点において出生図の持ち主を助けてくれる。彼らは獅子座にある火星的な人物として描かれ、どういったものかというのはそのサインの状態とそこにある火星で表される。外科医、また、内科医、薬剤師、薬屋、貨幣の鋳造職人、鉄の器具の使用に関した専門職など。

▶１２ハウスの判断

186章*　投獄

＊原書は１８４章となっており誤り。

　し私たちがこれまでの先例や、信頼のおける著者の判断を信じるなら、１２ハウスにある木星の存在は、すべての隠れた敵に勝利したり、自由を制限されることや投獄されることから身体を守る。なぜならば、ルミナリーに敵対的なアスペクトがない、つまり、どちらのルミナリーもアングルから土星か火星によってアフリクトされていないからである。その結果、６４３ページで述べられた格言が、私たちの天象図で生じておらず、影響はないようである。それゆえ、私たちの出生図の持ち主は住む場所での一般的な災難を避けるので、投獄を恐れる必要はないだろう。

▶８ハウスの判断

187章*　死の性質

＊原書は１８５章となっており誤り。

　たちには非業の死の根拠が１つだけある。すなわち、おうし座の目（アルデバラン）と共にある月である。しかし、月がアンギュラーになく、凶星か８ハウスのロードのいずれかの凶作用のアスペクトによって妨げられておらず、８ハウスにある惑星からのアスペクトがないので、その恐れは完全に取り除かれる。というより、むしろ、金星と木星の両方がエッセンシャル・ディグニティにおいて強く、出生図のロードであるので、その結果、出生図の持ち主個人が発生したのと同じように、出生図の持ち主には自然死が意味される。

このことは真実そのものによって確認されるだろう。（だが、出生図の持ち主は国家の災難に用心深く注意しなければならない。なぜならば、個人的な運命は公的な運命には抵抗できないからである。）

8ハウスのカスプは太陽によって支配されている。トレミーと博識な人々によって、太陽は常にアナレタから除外されている。8ハウスに金星と水星がある。しかし、水星はインターセプトのサインである乙女座のロードであり、また6ハウスのロードである。水星は死に関する支配権を持つことから除外されることができない。そして、水星はまた、私たちの天象図では、破壊者やアナレタと呼ばれるのが適切だろう。しかし、そのサインでの水星の無力さと弱さに関して、金星は水星の悪さを制御するようである。今回、水星は本質的に肺病や、体力の衰え、脾臓、唾液、憂鬱などを意味する。そして、天秤座では土星がエグザルテーションとなるが、そこに水星がある。何かしらの流行病や長引く病気に苦しむことなく、たぶん、空咳や、そのような病気が原因となり、または、心臓を強くする根本的な湿が十分でなくなることから単にかなり体力を失い出生図の持ち主が老年期に亡くなるだろうと判断する。なぜならば、水星が天秤座にあると心臓を意味し、水星が太陽の近くにあることによって、本質的に太陽は水星をより乾燥させるからである。それゆえ、出生図の持ち主の死の状態や性質は、疑いなく、占星術によって前述したように、すなわち、かすれた空咳や、心臓の本質的な強さの衰弱によるものである。

5つのハイレグの位置のディレクション
1. アセンダント

アセンダントが プロミッターへディレクション 緯度５３度の位置 アセンダント山羊座６．３７ オブリーク・アセンション３１２．１０	プロミッター の黄経		オブリーク・ アセンション		ディレクション の円弧の長さ					
	度	分	度	分	度	分	年	日	時間	
アセンダント　山羊座	6	37	312	10						
金星のシニスターのスクエアへ	6	54	312	24	0	14	0	86	11	
木星のアンティションへ	8	5	313	34	1	24	1	153	14	1617.2.18
土星のデクスターのスクエア	9	2	314	29	2	19	2	128	2	1618.1.24
木星の黄緯ありのアンティション			314	49	2	39	2	251	14	1619.5.27
こと座の南の輝く星（ベガ）	10	0	315	24	3	14	3	102	12	1619.12.29
火星のタームへ	13	0	318	16	6	00	6	000	9	
月のデクスターのセスクイクオドレート １３５度のアスペクトへ	16	44	321	24	9	14	9	134	15	
火星のタームへ	20	0	324	05	11	55	12	32	17	
土星のデクスターのトレデサイル／ セスクイクィンタイル１０８度のアスペクトへ	21	2	324	54	12	44	12	336	00	
水星のシニスターのトレデサイル／ セスクイクィンタイル１０８度のアスペクトへ	21	34	325	18	13	8	13	114	00	
木星のシニスターのセミセクスタイル ３０度のアスペクトへ	21	55	325	34	13	24	13	207	20	
太陽のシニスターのトレデサイル／ セスクイクィンタイル１０８度のアスペクトへ	24	37	327	36	15	26	15	240	21	
金星のシニスターのトレデサイル／ セスクイクィンタイル１０８度のアスペクトへ	24	54	327	49	15	39	15	321	4	
土星のタームへ	26	00	328	38	16	28	16	257	23	
木星のシニスターのデサイル／ セミクィンタイル３６度のアスペクトへ	27	55	329	59	17	49	18	28	16	
月のコントラアンティションへ	28	16	330	14	18	4	18	121	1	
水瓶座										
土星のタームへ	00	00	331	26	19	16	19	200	13	
火星のオポジションへ	00	54	332	02	19	20	20	57	21	
月のデクスターのトラインへ	01	44	332	34	20	24	20	255	7	
火星の黄緯ありのオポジション			332	56	20	46	21	26	4	
水星のシニスターのトラインへ	3	34	333	46	21	36	21	334	19	

もしもあなたがシグニフィケーターとプロミッターが出会う時の正確な月日を入手しているなら、簡単に以下のことを行えることが分かるだろう。
出生図の持ち主は１年１５３日と１１時間の時に、アセンダントが木星のアンティションに来るので、出生時の年に１年を加える、すなわち、１６１６である。
そして、７２２ページの日数表で１５３を探す。２月の欄に１５３を見つける。
１５３に対し、１列目に１８を見つける。
つまり、１６１７年２月１８日に、アセンダントは木星のアンティションに来る。
残りも同じようにすること。

アセンダントがプロミッターへディレクション	プロミッターの黄経		オブリーク・アセンション		ディレクションの円弧の長さ		年	日	時間
水瓶座	度	分	度	分	度	分			
太陽のシニスターのトラインへ	6	37	335	39	23	29	23	302	6
金星のシニスターのトラインへ	6	54	335	49	23	39	23	364	0
木星のシニスターのセミスクエア／セミクオドレート４５度のアスペクトへ	6	55	335	50	23	40	24	5	5
水星のタームへ	7	0	335	53	23	43	24	17	0
土星のデクスターのスクエアへ	9	2	337	5	24	55	25	103	4
土星の黄緯ありのコントラアンティションへ			338	19	26	9	26	194	18
金星のタームへ	13	0	339	20	27	10	27	205	7
月のデクスターのトレデサイル／セスクイクィンタイル１０８度のアスペクトへ	13	44	339	44	27	34	27	354	13
月の黄緯ありのコントラアンティションへ			340	41	28	31	28	341	8
水星のシニスターのセスクイクオドレート１３５度のアスペクトへ	18	34	342	18	30	8	30	205	0
土星のコントラアンティションへ	20	58	343	29	31	19	31	283	8
木星のタームへ	21	0	343	31	31	21	31	295	16
太陽のシニスターのセスクイクオドレート１３５度のアスペクトへ	21	37	343	49	31	39	32	41	19
金星のシニスターのセスクイクオドレート１３５度のアスペクトへ	21	54	343	58	31	48	32	97	10
木星のシニスターのセクスタイルのアスペクトへ	21	55	343	59	31	49	32	103	15
２ハウスのカスプへ	23	30	344	45	32	35	33	22	11
火星のタームへ	26	0	345	56	33	46	34	95	19
土星のデクスターのクィンタイル７２度のアスペクトへ	27	2	346	25	34	15	34	274	16
水星のシニスターのバイクィンタイル１４４度のアスペクトへ	27	34	346	40	34	30	35	2	7
魚座									
金星のタームへ	0	0	347	46	35	36	36	44	17
太陽のシニスターのバイクィンタイル１４４度のアスペクトへ	0	37	348	2	35	52	36	143	12
金星のシニスターのバイクィンタイル１４４度のアスペクトへ	0	54	348	10	36	0	36	192	17
火星のデクスターのインコンジャンクト／クィンカンクス１５０度のアスペクトへ	0	54	348	10	36	0	36	192	17
月のデクスターのスクエアへ	1	44	348	33	36	23	36	334	18
水星のシニスターのインコンジャンクト／クィンカンクス１５０度のアスペクトへ	3	34	349	20	37	16	37	359	19
木星のシニスターのクィンタイル７２度のアスペクト	3	55	349	30	37	20	37	321	14
ドラゴンヘッドへ	5	50	350	2	37	52	38	154	5
太陽のシニスターのインコンジャンクト／クィンカンクス１５０度のアスペクトへ	6	37	350	40	38	30	39	23	16
金星のシニスターのインコンジャンクト／クィンカンクス１５０度のアスペクトへ	6	54	350	47	38	37	39	66	22
火星のデクスターのバイクィンタイル１４４度のアスペクトへ	6	54	350	47	38	37	39	66	22

アセンダントがプロミッターへディレクション	プロミッターの黄経		オブリーク・アセンション		ディレクションの円弧の長さ		年	日	時間
魚座	度	分	度	分	度	分			
木星のタームへ	9	0	351	40	39	30	40	28	22
土星のデクスターのセクスタイルへ	9	2	351	41	39	31	40	35	5
水星のタームへ	15	0	354	7	41	57	42	206	13
火星のシニスターのセスクイオドレート１３５度のアスペクトへ	15	54	354	29	42	19	42	342	5
月のデクスターのクィンタイル７２度のアスペクトへ	18	44	355	36	43	26	44	25	18
金星の黄緯ありのアンティションへ			355	42	43	32	44	62	20
火星のタームへ	21	0	356	30	44	20	44	359	2
木星のシニスターのスクエアへ	21	55	356	52	44	42	45	129	23
金星のアンティションへ	23	6	357	19	45	9	45	296	11
太陽のアンティションへ	23	23	357	26	45	16	45	339	17
土星のデクスターのセミスクエア／セミクオドレート４５度のアスペクトへ	24	2	357	42	45	32	46	73	13
水星のアンティションへ	26	26	358	38	46	28	47	54	5
土星のタームへ	27	0	358	51	46	41	47	134	12
牡羊座									
木星のタームへ	0	0	360	0	47	50	48	195	10
火星のデクスターのトラインへ	0	54	360	20	48	10	48	318	17
金星の黄緯ありのオポジションへ			360	37	48	27	49	58	17
月のデクスターのセクスタイルへ	1	44	360	40	48	30	49	77	6
水星の黄緯ありのアンティションへ			361	5	48	55	49	231	16
土星のデクスターのデサイル／セミクィンタイル３６度のアスペクトへ	3	2	361	10	49	0	49	262	7
水星のオポジションへ	3	34	361	22	49	12	49	331	2
太陽のオポジションへ	6	37	362	34	50	24	51	50	22
金星のオポジションへ	6	54	362	40	50	30	51	87	23
金星のタームへ	7	0	362	43	50	33	51	106	12
土星のデクスターのセミセクスタイル３０度のアスペクトへ	9	2	363	31	51	21	52	37	17
木星のシニスターのトレデサイル／セスクイクィンタイル１０８度のアスペクトへ	9	55	363	52	51	42	52	167	10
金星の黄緯ありのオポジションへ			364	17	52	7	52	321	19

ここでは、あなたはプロミッターのオブリーク・アセンションに３６０を加えると、引き算できるだろう。

アセンダントがプロミッターへディレクション	プロミッターの黄経		オブリーク・アセンション		ディレクションの円弧の長さ		年	日	時間
	度	分	度	分	度	分			
牡羊座									
火星のデクスターのトレデサイル／セスクイクィンタイル１０８度のアスペクトへ	12	54	365	2	52	52	53	234	4
水星のタームへ	15	00	365	53	53	43	54	184	7
月のデクスターのセミスクエア／セミクオドレート４５度のアスペクトへ	16	44	366	35	54	25	55	78	11
３ハウスのカスプへ	18	34	367	19	55	9	55	350	0
木星のシニスターのトラインへ	21	55	368	43	56	33	57	138	14
火星のタームへ	22	00	368	45	56	35	57	149	0
月のデクスターのデサイル／セミクィンタイル３６度のアスペクトへ	25	44	370	21	58	11	59	13	10
土星のタームへ	27	00	370	45	58	35	59	161	15
牡牛座									
金星のタームへ	00	00	372	14	60	4	60	345	21
火星のデクスターのスクエアへ	00	54	372	38	60	28	61	128	3
月のデクスターのセミセクスタイル３０度のアスペクトへ	1	44	373	1	60	51	61	271	5
水星のデクスターのインコンジャンクト／クィンカンクス１５０度のアスペクトへ	3	34	373	56	61	46	62	245	16
太陽のデクスターのインコンジャンクト／クィンカンクス１５０度のアスペクトへ	6	37	375	19	63	9	64	27	20
金星のデクスターのインコンジャンクト／クィンカンクス１５０度のアスペクトへ	6	54	375	27	63	17	64	77	6
木星のシニスターのセスクイクオドレート１３５度のアスペクトへ	6	55	375	28	63	18	64	83	10
水星のタームへ	9	00	376	29	64	19	65	95	0
土星自体へ	9	2	376	30	64	20	65	101	3
水星のデクスターのバイクィンタイル１４４度のアスペクトへ	9	34	376	46	64	36	65	199	23
太陽のデクスターのバイクィンタイル１４４度のアスペクトへ	12	37	378	19	66	9	67	43	21
金星のデクスターのバイクィンタイル１４４度のアスペクトへ	12	54	378	48	66	18	67	99	11
４ハウスのカスプへ	14	39	379	23	67	13	68	73	23
木星のシニスターのバイクィンタイル１４４度のアスペクトへ	15	55	380	3	67	53	68	326	1
木星のタームへ	16	00	380	74	67	57	68	345	18
水星のデクスターのセスクイクオドレート１３５度のアスペクトへ	18	34	381	32	69	22	70	140	0
黄緯ありの土星自体へ			381	40	69	30	70	189	10
火星のデクスターのインコンジャンクト／クィンカンクス１５０度のアスペクトへ	18	54	381	44	69	34	70	214	3
太陽のデクスターのセスクイクオドレート１３５度のアスペクトへ	21	37	383	17	71	7	72	22	17

2. ミッド・ヘブン

ミッドヘブンがプロミッターへディレクション 赤経２２２　１０	プロミッター		プロミッター の赤経		ディレクション の円弧の長さ		年	日	時間
	度	分	度	分	度	分			
蠍座のＭＣ	14	39	222	10					
木星のデクスターのデサイル／ セミクィンタイル３６度のアスペクトへ	15	55	223	26	1	16	1	104	4
水星のシニスターのセミスクエア／ セミコオドレート４５度のアスペクトへ	18	34	226	5	3	55	3	355	18
火星のシニスターのトレデサイル／ セスクイクィンタイル１０８度のアスペクトへ	18	54	226	25	4	15	4	114	2
水星のタームへ	21	0	228	33	6	23	6	174	4
太陽のシニスターのセミスクエア／ セミコオドレート４５度のアスペクトへ	21	37	229	10	7	00	7	37	11
金星のシニスターのセミスクエア／ セミコオドレート４５度のアスペクトへ	21	54	229	27	7	17	7	142	11
木星のデクスターの セミセクスタイル３０度のアスペクトへ	21	55	229	28	7	18	7	148	15
土星のタームへ	27	0	234	42	12	32	12	261	32
火星のコントラアンティションへ	29	6	236	53	14	43	14	340	13
火星の黄緯ありのコントラアンティションへ			237	0	14	50	15	18	19
１１ハウスのカスプへ	30	0	237	48	15	38	15	315	0
射手座									
木星のタームへ	0	0	237	48	15	38	15	315	0
月の黄緯ありのオポジションへ			238	30	16	20	16	209	5
火星のシニスターのトラインへ	0	54	238	45	16	35	16	301	20
月のオポジションへ	1	44	239	37	17	27	17	257	18
水星のセクスタイルへ	3	34	241	32	19	22	19	237	16
さそり座の心臓（アンタレス）へ	4	30	242	31	20	21	20	236	18
太陽のシニスターのセクスタイルへ	6	37	244	44	22	34	22	327	18
金星のシニスターのセクスタイルへ	6	54	245	3	23	53	23	60	3
金星のタームへ	8	0	246	13	24	3	24	147	0

ミッドヘブンがプロミッターへ	プロミッターの黄経		プロミッターの赤経		ディレクションの円弧の長さ		年	日	時間
	度	分	度	分	度	分			
射手座									
土星のデクスターのインコンジャンクト／クィンカンクス１５０度のアスペクトへ	9	2	247	19	25	9	25	189	10
水星のタームへ	14	0	252	38	30	28	30	333	13
１２ハウスのカスプへ	14	46	253	29	31	19	31	283	8
土星のデクスターのバイクィンタイル１４４度のアスペクトへ	15	2	253	45	31	25	32	17	3
水星のシニスターのクィンタイル７２度のアスペクトへ	15	34	254	19	32	9	32	226	21
火星のシニスターのセスクイクオドレート１３５度のアスペクトへ	15	54	254	41	32	31	32	362	18
太陽のシニスターのクィンタイル７２度のアスペクトへ	18	37	257	38	35	28	35	298	12
金星のシニスターのクィンタイル７２度のアスペクトへ	18	54	257	57	35	47	36	117	15
土星のタームへ	19	0	258	2	35	52	36	143	12
黄緯ありの土星自体へ			260	11	38	1	38	209	13
木星自体へ	21	55	261	13	39	3	39	227	7
土星のデクスターのセスクイクオドレート１３５度のアスペクトへ	24	2	263	29	41	19	41	336	20
火星のシニスターのバイクィンタイル１４４度のアスペクトへ	24	54	264	27	42	17	42	329	20
火星のタームへ	25	0	264	33	42	23	43	1	21
山羊座									
金星のタームへ	0	0	270	0	47	50	48	195	10
火星のシニスターのインコンジャンクト／クィンカンクス１５０度のアスペクトへ	0	54	271	0	48	50	49	200	19
月のデクスターのインコンジャンクト／クィンカンクス１５０度のアスペクトへ	1	44	271	55	49	45	50	175	6
水星のシニスターのスクエアへ	3	34	273	55	51	45	52	185	23
水星のタームへ	6	0	276	33	54	23	55	66	2
アセンダントへ	6	37	277	14	55	4	55	319	3
太陽のシニスターのスクエアへ	6	37	277	14	55	4	55	319	3
金星のシニスターのスクエアへ	6	54	277	33	55	23	56	66	11
月のデクスターのバイクィンタイル１４４度のアスペクトへ	7	44	278	28	56	18	57	45	22
木星のアンティションへ	8	5	278	48	56	38	57	124	17
木星の黄緯ありのアンティションへ			278	50	56	40	57	181	20
土星のデクスターのトラインへ	9	2	279	50	57	40	58	187	5

ミッドヘブンがプロミッターへ	プロミッターの黄経		プロミッターの赤経		ディレクションの円弧の長さ		年	日	時間
山羊座	度	分	度	分	度	分			
こと座の輝く星（ベガ）へ	10	0	280	58	58	43	59	211	0
木星のタームへ	12	0	283	3	60	53	61	283	13
月のデクスターの セスクイクオドレート１３５度のアスペクトへ	16	44	288	10	66	0	66	353	7
火星のタームへ	19	0	290	35	68	25	69	153	10
土星のデクスターのトレデサイル／ セスクイクィンタイル１０８度のアスペクトへ	21	2	292	45	70	35	71	225	15
水星のシニスターのトレデサイル／ セスクイクィンタイル１０８度のアスペクトへ	21	34	293	18	71	8	72	64	4
木星のシニスターの セミセクスタイル３０度のアスペクトへ	21	55	293	40	71	30	72	200	3
太陽のシニスターのトレデサイル／ セスクイクィンタイル１０８度のアスペクトへ	24	37	296	32	74	22	75	166	18

3．太陽

太陽がプロミッターへディレクション 黄経　天秤座６．３７ 地平線の上 南の赤緯２．３８ 赤経１８６．４ ミッドヘブンからの距離は３６．６ 位置円（サークル・オブ・ポジション）４０．０ オブリーク・ディセンション１８３．５１	プロミッターの黄経		オブリーク・ディセンション		ディレクションの円弧の長さ		年	日	時間
	度	分	度	分	度	分			
天秤座の太陽	6	37	183	51					
土星のシニスターのインコンジャンクト／ クィンカンクス１５０度のアスペクトへ	9	2	185	16	1	25	1	159	18
木星のデクスターのクィンタイル７２度のアスペクトへ	9	55	185	48	1	57	1	357	10
木星のタームへ	11	0	186	26	2	35	2	226	21
火星のシニスターのクィンタイル７２度のアスペクトへ	12	54	187	33	3	42	4	10	11
月のシニスターの セスクイクオドレート１３５度のアスペクトへ	16	44	189	50	5	59	6	66	3
おとめ座のスピカへ	18	33	190	56	7	5	7	68	8
９ハウスのカスプへ	18	34	190	57	7	6	7	74	12
金星のタームへ	19	0	191	12	7	21	7	167	4

太陽のディレクション	プロミッターの黄経		オブリーク・ディセンション		ディレクションの円弧の長さ		年	日	時間
天秤座の太陽	度	分	度	分	度	分			
木星のデクスターのセクスタイルへ	21	55	192	55	9	8	9	92	14
火星のタームへ	24	0	194	16	10	25	10	207	23
月のシニスターのバイクィンタイル１４４度のアスペクトへ	25	44	195	21	11	30	11	244	4
蠍座									
火星のタームへ	0	0	198	3	14	12	14	149	2
火星のシニスターのスクエアへ	0	54	198	38	14	47	15	000	5
月のシニスターのインコンジャンクト／クィンカンクス１５０度のアスペクトへ	1	44	199	10	15	19	15	197	16
土星の黄緯ありのオポジションへ			200	22	16	31	16	277	3
水星のシニスターのセミセクスタイル３０度のアスペクトへ	3	34	200	22	16	31	16	277	3
木星のタームへ	6	0	201	59	18	8	18	140	18
太陽のシニスターのセミセクスタイル３０度のアスペクトへ	6	37	202	24	18	33	18	300	4
金星のシニスターのセミセクスタイル３０度のアスペクトへ	6	54	202	36	18	45	19	9	7
木星のデクスターのセミスクエア／セミクオドレート４５度のアスペクトへ	6	55	202	37	18	46	19	15	11
土星のオポジションへ	9	2	204	3	20	12	20	181	4
水星のシニスターのデサイル／セミクィンタイル３６度のアスペクトへ	9	34	204	26	20	35	20	323	5
てんびん座の南の輝く星（ズベン・エル・ゲヌビ）へ	9	48	204	36	20	45	21	20	0
太陽のシニスターのデサイル／セミクィンタイル３６度のアスペクトへ	12	37	206	32	22	41	23	6	0
金星のシニスターのデサイル／セミクィンタイル３６度のアスペクトへ	12	54	206	44	22	53	23	80	0
金星のタームへ	14	0	207	30	23	39	23	264	0
ＭＣへ	14	39	207	59	24	8	24	172	21
木星のデクスターのデサイル／セミクィンタイル３６度のアスペクトへ	15	55	208	51	25	0	25	133	20
水星のシニスターのセミスクエア／セミクオドレート４５度のアスペクトへ	18	34	210	49	26	58	27	132	10
火星のシニスターのトレデサイル／セスキクィンタイル１０８度のアスペクトへ	18	54	211	4	27	13	27	224	20
水星のターム	20	0	212	39	28	48	29	81	0
太陽のシニスターのセミスクエア／セミクオドレート４５度のアスペクトへ	21	37	213	7	29	16	29	254	2
金星のシニスターのセミスクエア／セミクオドレート４５度のアスペクトへ	21	54	213	20	29	29	29	334	9
木星のデクスターのセミセクスタイル３０度のアスペクトへ	21	55	213	21	29	30	29	340	13

太陽のディレクション	プロミッターの黄経		オブリーク・ディセンション		ディレクションの円弧の長さ		年	日	時間
蠍座	度	分	度	分	度	分			
土星のタームへ	27	0	217	20	33	29	33	355	19
火星のコントラアンティションへ	29	6	219	2	35	11	35	355	7
火星の黄緯ありのコントラアンティションへ			219	38	35	47	36	122	15
１１ハウスのカスプへ	30	0	219	49	35	58	36	180	14
射手座									
木星のタームへ	0	0	219	49	35	58	36	180	14
火星のシニスターのトラインへ	0	54	220	32	36	41	37	180	23
月のオポジションへ	1	44	221	14	37	23	37	340	2
水星のシニスターのセクスタイルへ	3	34	222	47	38	56	39	184	6
さそり座の心臓（アンタレス）へ	4	30	223	36	39	45	40	121	17
太陽のシニスターのセクスタイルへ	6	37	225	26	41	35	42	70	15
金星のシニスターのセクスタイルへ	6	54	225	42	41	51	42	169	11
金星のタームへ	8	0	226	41	42	50	43	168	16
月の黄緯ありのオポジションへ			227	4	43	13	43	310	11
土星のデクスターのインコンジャンクト／クィンカンクス１５０度のアスペクトへ	9	2	227	37	43	46	44	149	7
水星のタームへ	14	0	232	14	48	23	49	34	0
１２ハウスのカスプへ	14	46	232	52	49	1	49	268	11
土星のデクスターのバイクインタイル１４４度のアスペクトへ	15	2	233	13	49	22	50	33	4
水星のシニスターのクィンタイル７２度のアスペクトへ	15	34	233	44	49	53	50	224	16
火星のシニスターのセミスクエア／セミコオドレート４５度のアスペクトへ	15	54	234	3	50	12	50	341	19
太陽のシニスターのクィンタイル７２度のアスペクトへ	18	37	236	42	52	51	53	228	8
金星のシニスターのクィンタイル７２度のアスペクトへ	18	54	236	59	53	8	53	328	3
土星のタームへ	19	0	237	5	53	14	54	5	4
木星自体へ	21	55	240	0	56	9	56	355	0
黄緯ありの木星自体			240	45	56	54	57	268	7
土星のデクスターのセミスクエア／セミコオドレート４５度のアスペクトへ	24	2	242	12	58	21	59	75	10
火星のシニスターのバイクィンタイル１４４度のアスペクトへ	24	54	243	7	59	16	60	49	16

太陽のディレクション	プロミッターの黄経		オブリーク・ディセンション		ディレクションの円弧の長さ		年	日	時間
射手座	度	分	度	分	度	分			
火星のタームへ	25	00	243	13	59	22	60	86	17
山羊座									
金星のタームへ	00	00	248	34	64	43	65	243	4
火星のシニスターのインコンジャンクト／クィンカンクス１５０度のアスペクトへ	00	54	249	34	65	43	66	248	13
月のデクスターのインコンジャンクト／クィンカンクス１５０度のアスペクトへ	1	44	250	27	66	36	67	210	16
水星のシニスターのスクエアへ	3	34	252	30	68	39	69	239	21
水星のタームへ	6	00	255	15	71	24	72	163	2
アセンダントへ	6	37	255	57	72	6	73	57	5
太陽のシニスターのスクエアへ	6	37	255	57	72	6	73	57	5
金星のシニスターのスクエアへ	6	54	256	16	72	25	73	174	14
月のデクスターのバイクィンタイル１４４度のアスペクトへ	7	44	257	13	73	22	74	161	10

4．月

月がプロミッターへディレクション 黄経は双子座１．４４ 北の黄緯５．０ 地平線の下 北の赤緯２５．２８ 赤経５８．３０ ４ハウスからの距離１６．２０ 位置円（サークル・オブ・ポジション）４０．０ オブリーク・ディセンションは７４．１６	プロミッターの黄経		オブリーク・ディセンション		ディレクションの円弧の長さ		年	日	時間
	度	分	度	分	度	分			
双子座の月	1	44	74	16					
水星のデクスターのトラインへ	3	34	80	15	5	59	6	26	4
おうし座の目（アルデバラン）へ	4	30	81	25	7	9	7	93	1
太陽のデクスターのトラインへ	6	37	84	3	9	47	9	338	11
金星のデクスターのトラインへ	6	54	84	24	10	8	10	97	23
木星のタームへ	7	00	84	31	10	15	10	146	5
土星のシニスターのセミセクスタイル３０度のアスペクトへ	9	2	87	00	12	44	12	336	0
金星のタームへ	14	00	93	3	18	47	19	21	15

月がプロミッターへディレクション	プロミッターの黄経		オブリーク・ディセンション		ディレクションの円弧の長さ		年	日	時間
双子座	度	分	度	分	度	分			
6ハウスのカスプへ	14	45	93	55	19	39	19	337	5
土星のシニスターのデサイル／セミクィンタイル３６度のアスペクトへ	15	2	94	17	20	1	20	113	5
水星のデクスターのトレデサイル／セスクイクィンタイル１０８度のアスペクトへ	15	34	94	56	20	40	20	354	3
火星のデクスターのセミスクエア／セミクオドレート４５度のアスペクトへ	15	54	95	20	21	4	21	137	3
太陽のデクスターのトレデサイル／セスクイクィンタイル１０８度のアスペクトへ	18	37	98	32	24	16	24	227	7
金星のデクスターのトレデサイル／セスクイクィンタイル１０８度のアスペクトへ	18	54	98	52	24	36	24	350	20
土星のタームへ	21	0	101	19	27	3	27	163	2
木星の黄緯ありのオポジションへ			101	43	27	27	27	311	7
木星のオポジションへ	21	55	102	22	28	6	28	186	22
土星のシニスターのセミスクエア／セミクオドレート４５度のアスペクトへ	24	2	104	47	30	31	30	352	1
火星のデクスターのデサイル／セミクィンタイル３６度のアスペクトへ	24	54	105	46	31	30	31	351	6
火星のタームへ	25	00	105	53	31	37	32	29	12
蟹座									
火星のタームへ	00	00	111	26	37	10	37	259	19
火星のデクスターのセミセクスタイル３０度のアスペクトへ	00	54	112	26	38	10	38	265	3
月のシニスターのセミセクスタイル３０度のアスペクトへ	1	44	113	19	39	3	39	227	7
水星のデクスターのスクエアへ	3	34	115	16	41	00	41	219	11
7ハウスのカスプへ	6	37	118	26	44	10	44	297	7
太陽のデクスターのスクエアへ	6	37	118	26	44	10	44	297	7
金星のデクスターのスクエアへ	6	54	118	46	44	30	45	55	20
金星のタームへ	7	00	118	52	44	36	45	92	22
木星の黄緯ありのコントラアンティションへ			119	15	44	59	45	236	17
月のシニスターのデサイル／セミクィンタイル３６度のアスペクトへ	7	44	119	37	45	21	46	5	14
木星のコントラアンティションへ	8	5	119	59	45	43	46	141	11
土星のシニスターのセクスタイルへ	9	2	120	57	46	11	46	314	5
水星のタームへ	13	00	124	53	50	37	51	131	5
月のシニスターのセミスクエア４５度のアスペクトへ	16	44	128	26	54	10	54	350	19
木星のタームへ	20	00	131	30	57	14	58	26	14

月のディレクション	プロミッターの黄経		オブリーク・ディセンション		ディレクションの円弧の長さ		年	日	時間
蟹座	度	分	度	分	度	分			
土星のシニスターのクィンタイル72度のアスペクトへ	21	2	132	27	58	11	59	13	10
月の黄緯ありのアンティション			132	55	58	39	59	86	8
水星のデクスターのクィンタイル72度のアスペクトへ	21	34	132	56	58	40	59	92	13
木星のデクスターのインコンジャンクト／クィンカンクス150度のアスペクトへ	21	55	133	15	58	59	59	309	21
太陽のデクスターのクィンタイル72度のアスペクトへ	24	37	135	38	60	22	61	92	1
金星のデクスターのクィンタイル72度のアスペクトへ	24	54	135	53	61	37	61	190	2
土星のタームへ	27	00	137	41	63	25	64	126	16
木星のデクスターのバイクィンタイル144度のアスペクトへ	27	55	138	28	64	12	65	51	17
月のアンティションへ	28	16	138	43	64	27	65	144	8
獅子座									
土星のタームへ	00	00	140	13	65	57	66	335	1
黄緯ありの火星自体			140	22	66	6	67	25	8
火星自体へ	0	54	140	58	66	42	67	247	17
月のシニスターのセクスタイルへ	1	44	141	39	67	23	68	135	17
かに座の胸（プレセペ星団）へ	2	3	141	54	67	38	68	228	9
水星のデクスターのセクスタイルへ	3	34	143	7	68	51	69	314	0
水星のタームへ	6	0	145	2	70	46	71	293	14
太陽のデクスターのセクスタイルへ	6	37	145	31	71	15	72	107	12
金星のデクスターのセクスタイルへ	6	54	145	44	71	28	72	187	10
木星のデクスターのセスクイオドレート135度のアスペクトへ	6	55	145	44	71	29	72	193	23
土星のシニスターのスクエアへ	9	2	147	22	73	6	74	62	14

5. パート・オブ・フォーチュン

パート・オブ・フォーチュンが プロミッターへディレクション パート・オブ・フォーチュンの黄経　乙女座０．３６ 地平線の上 北の赤緯１１．１９ 赤経１５２．４０ ミッド・ヘブンからの距離６９．３０ 位置円（サークル・オブ・ポジション）４８ オブリーク・ディセンション１６５．３０	プロミッター の黄経		オブリーク・ ディセンション		ディレクション の円弧の長さ		年	日	時間
乙女座のパート・オブ・フォーチュン	度	分	度	分	度	分			
	00	36	165	30					
太陽のデクスターのデサイル／ セミクィンタイル３６度のアスペクトへ	00	37	165	31	00	01	00	006	04
金星のデクスターのデサイル／ セミクィンタイル３６度のアスペクトへ	00	54	165	40	00	10	00	061	18
火星のシニスターの セミセクスタイル３０度のアスペクトへ	00	54	165	40	00	10	00	061	18
月のシニスターのスクエアへ	01	44	166	5	00	35	00	216	40
水星のデクスターの セミセクスタイル３０度のアスペクトへ	03	34	167	4	01	34	01	215	08
木星のデクスターのトレデサイル／ セスクイクィンタイル１０８度のアスペクトへ	03	55	167	15	01	45	01	283	07
ドラゴンテイルへ	05	50	168	15	02	45	02	288	16
太陽のデクスターの セミセクスタイル３０度のアスペクトへ	06	37	168	39	03	09	03	071	15
金星のデクスターの セミセクスタイル３０度のアスペクトへ	06	54	168	48	03	18	03	127	05
火星のシニスターのデサイル／ セミクィンタイル３６度のアスペクトへ	06	54	168	48	03	18	03	127	05
金星のタームへ	07	00	168	51	03	21	03	145	18
土星のシニスターのトラインへ	09	02	169	53	04	23	04	163	11
火星のシニスターのセミスクエア／ セミクオドレート４５度のアスペクトへ	15	54	173	16	07	46	07	320	22
土星のタームへ	18	00	173	19	07	49	07	340	03
月のシニスターのトレデサイル／ セスクイクィンタイル１０８度のアスペクトへ	19	44	175	07	09	37	09	276	17
木星のデクスターのスクエアへ	21	55	176	10	10	40	10	300	15
金星のコントラアンティションへ	23	06	176	44	11	14	11	145	08
太陽のコントラアンティションへ	23	23	176	52	11	22	11	194	18
火星のタームへ	24	00	177	10	11	40	11	305	23
土星のシニスターの セスクイクオドレート１３５度のアスペクトへ	24	02	177	11	11	41	11	312	03
水星の黄緯ありのコントラアンティションへ			177	40	12	10	12	126	00
金星の黄緯ありのコントラアンティションへ			178	08	12	38	12	298	23

パート・オブ・フォーチュンが プロミッターへディレクション	プロミッター の黄経		オブリーク・ ディセンション		ディレクション の円弧の長さ		年	日	時間
乙女座	度	分	度	分	度	分			
水星のコントラアンティションへ	26	26	178	19	12	49	13	001	22
天秤座									
土星のタームへ	00	00	180	00	13	30	13	254	21
火星のシニスターのセクスタイルへ	00	54	180	25	14	55	15	049	16
土星のシニスターの バイクィンタイル１４４度のアスペクトへ	03	02	181	26	15	56	16	061	04
水星自体へ	03	34	181	41	16	11	16	153	15
黄緯ありの金星自体へ			181	53	16	23	16	227	17
金星のタームへ	06	00	182	50	17	20	17	214	13
太陽自体へ	06	37	183	08	17	38	17	234	17
金星自体へ	06	54	183	16	17	46	18	010	03
黄緯ありの水星自体へ			183	51	18	21	18	226	01
土星のシニスターのインコンジャンクト／ クィンカンクス１５０度のアスペクトへ	09	02	184	17	18	47	19	021	15
木星のデクスターのクィンタイル７２度のアスペクトへ	09	55	184	43	19	13	19	182	00
木星のタームへ	11	00	185	14	19	44	20	008	11
火星のクィンタイル７２度のアスペクトへ	12	54	186	09	20	39	20	347	22
月のシニスターの セスクイクオドレート１３５度のアスペクトへ	16	44	188	01	22	31	22	309	09
おとめ座のスピカへ	18	33	188	54	23	24	23	271	09
９ハウスのカスプへ	18	34	188	56	23	26	23	283	17
水星のタームへ	19	00	189	08	23	38	23	357	20
木星のデクスターのセクスタイルへ	21	55	190	37	25	07	25	176	26
火星のタームへ	25	00	192	11	26	41	27	027	10
月のシニスターの バイクィンタイル１４４度のアスペクトへ	25	44	192	33	27	03	27	163	02
蠍座									
火星のタームへ	00	00	194	49	29	19	29	272	15
土星の黄緯ありのオポジション			195	17	29	47	30	081	13
火星のシニスターのスクエアへ	00	54	195	18	29	48	30	086	17
月のシニスターのインコンジャンクト／ クィンカンクス１５０度のアスペクトへ	01	44	195	45	30	15	30	253	06
水星のシニスターの セミセクスタイル３０度のアスペクトへ	03	34	196	45	31	15	31	258	15

パート・オブ・フォーチュンが プロミッターへディレクション	プロミッター の黄経		オブリーク・ ディセンション		ディレクション の円弧の長さ		年	日	時間
蠍座	度	分	度	分	度	分			
木星のタームへ	06	00	198	07	32	27	33	034	20
太陽のシニスターの セミセクスタイル30度のアスペクトへ	06	37	198	28	32	58	33	164	16
金星のシニスターの セミセクスタイル30度のアスペクトへ	06	54	198	38	33	08	33	220	23
木星のセミスクエア／ セミクオドレート45度のアスペクトへ	06	55	198	39	33	09	33	227	03
土星のオポジションへ	09	02	199	51	34	21	34	311	17
水星のシニスターのデサイル／ セミクィンタイル36度のアスペクトへ	09	34	200	09	34	39	35	057	21
てんびん座の輝く星（ズベン・エル・ゲヌビ）へ	09	48	200	17	34	47	35	097	07
太陽のシニスターのデサイル／ セミクィンタイル36度のアスペクトへ	12	37	201	58	36	28	37	000	16
金星のシニスターのデサイル／ セミクィンタイル36度のアスペクトへ	12	54	202	10	36	40	37	074	19
金星のタームへ	14	00	202	48	37	18	37	309	05
ＭＣへ	14	39	203	15	37	45	38	101	00
木星のデクスターのデサイル／ セミクィンタイル36度のアスペクトへ	15	55	204	00	38	30	39	023	16
水星のシニスターのセミスクエア／ セミクオドレート45度のアスペクトへ	18	34	205	42	40	12	40	288	06
火星のシニスターのトレデサイル／ セスクイクィンタイル108度のアスペクトへ	18	54	205	55	40	25	41	003	13
水星のタームへ	21	00	207	18	41	38	42	119	04
太陽のシニスターのセミスクエア／ セミクオドレート45度のアスペクトへ	21	37	207	43	42	13	42	305	03
金星のシニスターのセミスクエア／ セミクオドレート45度のアスペクトへ	21	54	207	54	42	24	43	008	02
木星のデクスターの セミセクスタイル30度のアスペクトへ	21	55	207	55	42	25	43	137	19
土星のタームへ	27	00	211	26	45	56	46	221	18
火星のコントラアンティションへ	29	06	212	57	47	27	48	053	08
11ハウスのカスプへ	30	00	213	41	48	11	48	324	22
射手座									
木星のタームへ	00	00	213	41	48	11	48	324	22
黄緯ありの火星のコントラアンティション			213	45	48	15	48	349	15
火星のシニスターのトラインへ	00	54	214	18	48	48	49	188	10
月のオポジションへ	01	44	214	57	49	27	50	064	01
水星のシニスターのセクスタイルへ	03	34	216	23	50	53	51	230	01
さそり座の心臓（アンタレス）へ	04	30	217	06	51	36	52	130	09

パート・オブ・フォーチュンが プロミッターへディレクション	プロミッター の黄経		オブリーク・ ディセンション		ディレクション の円弧の長さ		年	日	時間
射手座のパート・オブ・フォーチュン	度	分	度	分	度	分			
太陽のシニスターのセクスタイルへ	06	37	218	49	53	19	54	056	02
金星のシニスターのセクスタイルへ	06	54	219	03	53	33	54	122	13
金星のタームへ	08	00	219	58	54	28	55	097	00
土星のデクスターのインコンジャンクト／ クィンカンクス１５０度のアスペクトへ	09	02	220	50	55	20	56	052	23
月の黄緯ありのオポジションへ			222	32	57	02	57	317	11
水星のタームへ	14	00	225	08	59	38	60	185	13
１２ハウスのカスプへ	14	46	225	53	60	23	61	098	05
土星のデクスターの バイクィンタイル１４４度のアスペクトへ	15	02	226	05	60	35	61	172	08
水星のシニスターのクィンタイル７２度のアスペクトへ	15	34	226	34	61	04	61	351	06
火星のシニスターの セスクイクオドレート１３５度のアスペクトへ	15	54	226	52	61	22	62	097	10
太陽のシニスターのクィンタイル７２度のアスペクトへ	18	37	229	25	63	55	64	311	23
金星のシニスターのクィンタイル７２度のアスペクトへ	18	54	229	41	64	11	65	045	11
土星のタームへ	19	00	229	44	64	14	65	064	01
黄緯ありの木星自体へ			231	43	66	13	66	333	20
木星自体へ	21	55	232	37	67	07	68	036	22
土星のデクスターの セスクイクオドレート１３５度のアスペクトへ	24	04	234	45	69	15	70	096	19
火星のシニスターの バイクィンタイル１４４度のアスペクトへ	24	54	235	39	70	09	71	065	01
火星のタームへ	25	00	235	45	70	15	71	102	03

　パート・オブ・フォーチュンを逆方向（コンバース）、つまりサインの順番の逆にディレクションする者もいる。あなたはシグニフィケーターからプロミッターを引き算し、さかのぼっていきさえすればよい。

出生図の持ち主の２９歳における、ハイレグの惑星と他の惑星の、プロミッターへのディレクション（１６４４年９月１８日から始まり、１６４５年９月に終わる）

- 木星が山羊座の土星のデクスターのトレデサイル／セスクイクィンタイル１０８度のアスペクトへ　１月２８日
- パート・オブ・フォーチュンが蟹座の月のアンティションへ　２月２１日
- 火星が乙女座の金星のコントラアンティションへ　３月５日
- 土星が双子座の土星のシニスターのセミセクスタイル３０度のアスペクトへ　３月２３日
- 月が双子座の木星のオポジションへ　３月２４日
- 火星が乙女座の太陽のコントラアンティションへ　４月１８日
- 水星が蠍座の水星のタームへ　５月１２日
- 木星が山羊座の水星のシニスターのトレデサイル／セスクイクィンタイル１０８度のアスペクトへ　７月１日
- 火星が乙女座の火星のタームへ　７月２５日
- 火星が土星のセスクイコオドレート１３５度のアスペクトへ　８月１日
- アセンダントが水瓶座の黄緯ありの月のコントラアンティションへ　８月２９日

ディレクションの判断

　この年の最も重要なディレクションは、パート・オブ・フォーチュンが月のアンティションへ進行することである。なぜならば、月はラディックスでは７ハウスのレディで、５ハウスにあり、適度に強い。このディレクションは（商売をしている人には）月的な状況にある庶民と頻繁に付き合ったり、取引することを意味する。そして、水夫、未亡人、貴婦人やそのような人から利益があることを意味する。このような人々と数多くの契約をしたり、取引し、そしてまた月の性質がある商品を海外で取引することによって利益を手に入れることを意味する。また、月がラディックスで５ハウスにあることから、出生図の持ち主は使者、仲買人、外国の仲介者（可能であれば、大使）と頻繁に付き合い、このような人物によって、もしくは彼らを通して財産がかなり増えることなどを意味するだろう。

　順にいくと、次のハイレグの位置のディレクションは、月と黄緯なしの木星のオポジションである。このディレクションは６ハウスと１２ハウスにおいてであり、木星はプロミッターで、偶然に起こる出来事の性質を意味する。そして、木星はラディックスで１１ハウスと１２ハウスのロードであり、そして２ハウスを支配する。ラディックスでこれらのハウスのロードである木星によって意味されるような事柄や、そうでなければ、木星が一般的で本質的に意味することが原因となって出来事が生じる。

エッセンシャル・ディグニティにおいて強いので、私たちは前述の判断を取り、後の判断は取らない。それでも、これら両方を考えることは良いことだろう。

<small>月が木星のポジションへ来ることが意味することについては693ページ参照。</small>

このディレクションは6ハウスにおいてなので、暴飲暴食をして、ちょっとした木星的な病気になったり、あるいは、身体を悪くする恐れがある。その理由は、つまり、月が（親睦のハウスである）5ハウスにあるからである。この時、月が風象サインにあるシグニフィケーターで、木星が火象サインにあるので、血液が熱されることを十分に意味するだろう。なぜならば、双子座は熱と湿で、射手座は熱と乾だからである。それゆえ、血液が熱されるという意味が2つある。木星はラディックスでは友好的である。それゆえ、実際病気を患うというよりも、むしろ病気の可能性があるだろう。

トランジットを見るなら、木星が月の位置に来る、もしくは双子座2.00と20.00に来る時は注意すること。そして、シグニフィケーターとプロミッターが出会う前の週、もしくは、トランジットの前の週に、強くない下剤で洗浄することで、血液が浄化される。これはまた出生図の持ち主が親しい知人から冷たくされて悩むという悲しみを意味する。なぜならば、木星が12ハウスのロードで、12ハウスにあるからである。出生図の持ち主自身が月的な人物の密告で、自由が制限されてはいけないので、収監された友人を訪ねることは安全ではない。木星によって意味される人物は、この年出生図の持ち主に多くの損害を与えるだろう。すなわち、紳士、聖職者、弁護士であるが特に紳士である。1年間で支払うお金以上のお金を1時間で紳士が得ないように、出生図の持ち主にお金について注意するよう前もって警告する。木星は2ハウスのロードであろう。このディレクションが終わるまで、居酒屋などに遅くまでいることは良くないことである。

悪い意味は、11、12、2ハウスから生じる。8月にはまた、アセンダントは黄緯ありの月のコントラアンティションに来る。これは出生図の持ち主の状況で困難があり、多くの面倒なことによって、出生図の持ち主が雇用したり、仕事をしたり、もしくは、どこかしらの国に投資することができないことを意味する。そして、悪い状況にいる女性から、中傷されたり、恥をかかされることを意味する。そして、複数の女性によって、財産が消費されることを意味する。そして、次の3月頃に火星が金星のコントラアンティションに来た後に、月が木星のオポジションに来ることから、この意味はさらに強められる。そして、確かに、庶民の女性などから損害があることも意味するだろう。この年、ここでは昇進することを約束するようなアスペクトはない。

なぜならば、火星がラディックスで非常に弱い太陽の悪いディレクションに来るからで、太陽は昇進という点において利益となることを何もできないからである。この火星が太陽のコントラアンティションに来ることは、火星が3ハウスと10ハウスのロードで、太陽が8ハウスのロードであることから、親戚や軍人によって遺産や世襲財産などが損害を受けることを意味するだろう。

水星が水星自身のタームに来て、木星が水星のセスクイクィンタイル（108度のアスペクト）に来ると、出生図の持ち主は本に興味を持ち、読書を楽しみ、そして、真面目で、禁欲的で、信心深くなる傾向がある。私はアセンダントのサイン、すなわち、山羊座にある木星の土星へのセスクイクィンタイル（108度のアスペクト）を忘れていた。これは良いアスペクトである。そして2つのこのディレクションに従って、出生図の持ち主はより真面目に、孤独に、これまでよりも勉強する傾向がある。そして、木星はラディックスでは友好で、土星はアセンダントのロードという点から、前述のディレクションの悪さが多く取り除かれるようである。

しかし、まだ2つ以上のディレクションが残っている。火星が火星のタームへ、火星が土星のセスクイコオドレート（135度のアスペクト）へのディレクションなどである。これらは乙女座で起こり、乙女座のサインには、ラディックスでパート・オブ・フォーチュンがあり、そのロードの水星は非常に妨げられている。これは、故人から私たちの出生図の持ち主に生じる土地や、故人のお金といった遺産やその分与、そういった予定されていたものや、予定されるものを無効にしようとすることを強める。

ラディックスの太陽の位置への太陽のレボリューション、つまり、ソーラー・リターンの判断

均時差なしでレボリューション図*のアセンダントは蠍座7.24

*レボリューション図は834ページ。

そして、レボリューション図での木星は（ラディックスでの）月の位置にあり、8ハウスにあるので、火星が8ハウスにあるが、出生図の持ち主は損害を被ることよりはむしろそういった恐れがあるだろう。レボリューション図のアセンダントは蠍座で、蠍座のロードは火星である。この年、金星と月の両方は火星のスクエアに接近する（*女性に注意しなければならない*）。ラディックスでのアセンダントのロードである土星の位置は、この時6ハウスにあるので、頭痛や、憂鬱な空想を生じるだろう。しかしそれはむしろ太陽が土星のオポジションに進んで行くからである。しかし、そうであってもアセンダントをアフリクトする惑星がなく、土星を除くすべての惑星は地平線の上にあり、金星と月はコンジャンクションで、ドラゴンヘッドはラディックスのドラゴンテイルとパート・オブ・フォーチュンの位置にあり、この時のパート・オブ・フォーチュンのレディである月は、この時金星と共にあるので、ディレクションで意味された多くの災難は弱く、

影響はほとんどかまったくなく、浪費されるものは何もなく、実行されることなく、可能性があるということで終わるだろう。

アセンダントが牡牛座６．３７にあるプロフェクション図*の判断

＊プロフェクション図は８３４ページ。

　金星にはこの年の一部分、すなわち、１６４４年９月１８日から６月２９日までが割り当てられ、続く残りの部分は水星に割り当てられる。金星には出生時の潜在的なディグニティがあり、それゆえ、金星はこの出生図の持ち主に健康、そして出生時に金星が物質的に意味したことを約束する。また、木星は１０ハウスのロードで、この時、木星のトリプリシティの牡羊座にある。そして、このことはレボリューションでの出生図の持ち主の親戚が不幸になる恐れを少なくする。ラディックスでは牡牛座に土星が位置し、この時アセンダントになるので、親戚の死によって、土地の一画や、何かしらを少ないが得ることを意味するだろう。火星がラディックスの１１ハウスが上昇するカスプに戻ってきて、さそり座の心臓（アンタレス）に近いので、剣や火によって、出生図の持ち主の友人の誰かが突然死ぬことを意味するだろう。いつも観察されることだが、レボリューションやプロフェクションのいずれかで、月が天秤座にあるなら、暴飲暴食や不適切な食生活から災難を生じる。出生図の持ち主はこのことに注意しなければならない。

プロフェクション図での悪日

アセンダントが	
牡牛座の月のコントラアンティションへ	１６４５年　６月　９日
双子座の火星のオポジションへ	１６４５年　７月１０日
メディウム・コエリが	
魚座の火星のコントラアンティションへ	１６４４年　３月１３日
牡羊座の月のオポジションへ	１６４５年　４月１４日
太陽が魚座の火星のスクエアへ	１６４５年　７月　７日
月が天秤座の木星のオポジションへ	１６４５年　５月２２日
パート・オブ・フォーチュンが山羊座のドラゴンテイルへ	１６４４年１１月　７日
山羊座の木星のスクエアへ	１６４５年　５月２２日
山羊座の金星のコントラアンティションへ	１６４５年　６月　５日
山羊座の太陽のコントラアンティションへ	１６４５年　６月　８日
山羊座の水星のコントラアンティションへ	１６４５年　７月１５日

　レボリューションで悪い日は簡単に調べられる。凶作用のトランジットがアセンダントやミッドヘブンのカスプ、出生図での吉星の位置や、太陽、月、パート・オブ・フォーチュンなどに来る時である。

出生図の持ち主の３０歳におけるハイレグのディレクションと、他の惑星からこれら自身へのディレクション（１６４５年９月から始まり、１６４６年９月に終わる）

- 金星が蠍座の火星のトレデサイル／セスクイクィンタイル１０８度のアスペクトへ １０月１４日
- 水星が蠍座の太陽のセミスクエア／セミクオドレート４５度のアスペクトへ １０月２６日
- 木星が山羊座の木星自身のセミセクスタイル３０度のアスペクトへ １０月１４日
- 太陽が蠍座の水星のタームへ １２月８日
- 水星が蠍座の水星自身のセミスクエア／セミクオドレート４５度のアスペクトへ １６４５年１月１９日＊
- 水星が蠍座の木星のセミセクスタイル３０度のアスペクトへ １６４５年１月２１日
- 太陽が蠍座の太陽自身のセミスクエア／セミクオドレート４５度のアスペクトへ １６４６年５月３０日
- パート・オブ・フォーチュンが蠍座の火星のタームへ １６４６年６月１８日
- 火星が乙女座の水星のコントラアンティションへ １６４６年８月１２日
- 太陽が蠍座の金星のセミスクエア／セミクオドレート４５度のアスペクトへ １６４６年８月１８日
- 太陽が蠍座の木星のセミセクスタイル３０度のアスペクトへ １６４６年８月２５日

＊リリーの時代においては、新年の始まりは３月２５日からであって、現在のように１月１日から始まっていない。

　これらのディレクションでは、重要な行動は生じさせないが、唯一、金星の、火星のトレデサイル／セスクイクィンタイル（１０８度のアスペクト）へのディレクションは、貴婦人や、若い軍人と親しくなることを意味する。水星の、太陽のセミスクエア／セミクオドレート（４５度のアスペクト）へのディレクションは、取引について太陽的な人物との争いがあったり、最近亡くなった人の遺品に関しての情報が友人からもたらされることを意味する。そして、木星の、山羊座の木星自身とのセミセクスタイル（３０度のアスペクト）へのディレクションでは、その知らせが真実だと確認できるだろうが、思ったほどの利益はないだろう。なぜならば、木星にとって山羊座はフォールだからである。太陽の、水星のタームへのディレクションでは、出生図の持ち主は勉強好きになったり、会計簿を作ることに従事したり、貸しているお金を回収しようとし、そのお金は幸運にも返って来るだろう。なぜならば、すぐに、水星は蠍座にある木星とセミセクスタイル（３０度のアスペクト）に来て、１０ハウスにあるからである。このアスペクトによって出生図の持ち主は昇進したり、木星的な人物や身分の高い商人と知り合い、その後多くの利益が期待されるだろう。太陽自身のセミスクエア／セミクオドレート（４５度のアスペクト）へのディレクションが意味するように、幾分か出生図の持ち主自身に障害はあるのだけれども、出生図の持ち主は適切な考えを持ち続けるだろう。

そして、パート・オブ・フォーチュンが火星のタームへ来るので、出生図の持ち主は兄弟と親戚に関して注意しなければならないことを意味する。すなわち、彼らに多くのお金を与えないことである。しかしながら、１６４６年８月あたりに、太陽が金星のセミクオドレート（４５度のアスペクト）、そして、木星のセミセクスタイル（３０度のアスペクト）に来ると、出生図の持ち主の事業によって、そして、幸運にもふと出会い、知り合った木星的な友人によって、はっきりしなく、あやふやな年は良い結末を迎えるだろう。

均時差なしでアセンダントが山羊座１６.５９にあるレボリューション図*

＊レボリューション図は８３５ページ。

これは本質的に外国への旅行を意味する。なぜならば、太陽が９ハウスにあり、月がアセンダントにあるからである。ラディックスの土星があるサインに土星が戻って来るので、まるで改められたかのように、出生図の持ち主は世間に打って出たり、再び世間で人の世話をすることを始め、故人によって遺産や遺品を譲られるだろう。１０ハウスに火星と金星が存在するので、出生図の持ち主の評判は疑問視され、これまでの行ないに対して恥ずべき中傷を受ける。しかし、金星が強いので、私たちの出生図の持ち主はむしろ良くなる。なぜならば、７ハウスのレディである月が土星によってディスポーズされ、土星は月によってディスポーズされているからである。疑いなく、この年小さな争いが生じるが、そう長くは続かないだろう。なぜならば、火星、金星、月と木星が活動サインにあるからである。ドラゴンテイルがアセンダントにあるので、前述のような嫉妬から陰口を言われたり中傷され疑われることが強められる。そして、これはお金についてのことだろう。なぜならば、ドラゴンテイルが水瓶座にあり、ラディックスでの２ハウスのサインだからである。

アセンダントが双子座６.３７にあるプロフェクション図*

＊プロフェクション図は８３５ページ。

前述のいずれかが、あるいはそのようなことが実際に起こるだろう。しかし、土星、金星、火星はプロフェクション図でエグザルテーションにあるので、出生図の持ち主は不祥事を非難されたり、出生図の持ち主と対立する事柄に偶然出会うなどといったことの両方を避けられるという見込みが確実となる。その結果、レボリューション図とプロフェクション図の両方の進行図を考慮すると、この年の可能性としては、非常にその恐れがあるが、ほとんど影響はない。土星がラディックスでの土星自身の位置に戻ることを除けば、ここでは大きな出来事が生じるような強いディレクションはない。私たちの出生図の持ち主に小さな土地の一画などがもたらされることが生じる。

出生図の持ち主の３１歳におけるディレクションの判断
（１６４６年９月から始まり、１６４７年９月に終わる）

- 火星が金星のコントラアンティションへ
- パート・オブ・フォーチュンが土星のオポジションへ　１２月
- パート・オブ・フォーチュンが火星のスクエアへ　１２月
- 金星が水星のタームへ
- パート・オブ・フォーチュンがコンバース（逆方向の）ディレクションで月のセミスクエア／セミコオドレート４５度のアスペクトへ
- アセンダントが水星のセスクイコオドレート１３５度のアスペクトへ
- パート・オブ・フォーチュンが月のシニスターのクィンカンクス／インコンジャンクト１５０度のアスペクトへ
- 金星が太陽のセミスクエア／セミコオドレート４５度のアスペクトへ
- ＭＣが水星のタームへ

　最初のディレクションでは火星が金星のコントラアンティションへ来るので、金星的な人々と争ったり、不満を持つことを意味し、あるいは、出生図の持ち主に相続される世襲財産に関して、女性によって出生図の持ち主は損害を被ることを意味する。１２月に、パート・オブ・フォーチュンが黄緯ありの土星のオポジションにディレクションされ、同じ１２月中に、火星のスクエアにディレクションとなる。これらのディレクションは幾分か重要で、これらのディレクションは十分詳細に説明されなければならない。シグニフィケーターは蠍座９．００にあるパート・オブ・フォーチュンで、ミッドヘブンからそう遠くにはない。プロミッターは土星で、位置的には３ハウスにあるが、４ハウスの方に近い。パート・オブ・フォーチュンは事柄を意味し、そのオポジションにある土星は、行動様式、性質、そして、誰からなのかについてを意味する。

　土星は２ハウスのロードであり、私たちのパート・オブ・フォーチュンをディスポーズする火星は、３ハウスと１０ハウスのロードである。それゆえ、私がこれから導き出す判断は、細心の注意を払わなければ、老齢の土星的な人物から富と動産などに関して、もしくは、土地、家賃、年金などのような土星的な性質を持つ物事において、出生図の持ち主は非常に被害を被るだろう。そして、親戚や血縁関係が近ければ近いほど、出生図の持ち主はより多く損失する。なぜならば、この時、パート・オブ・フォーチュンがラディックスで８ハウスにあるからである。このディレクションが意味することは、死や、土星的な人物の死や、土星的な商品や、これまでの債権者によって、出生図の持ち主は財産を失ったり、貧しくなるということである。このディレクションではまた、父の財産について訴えられるだろう。それが原因で、受け取る予定よりも少ない財産を、私たちの出生図の持ち主は受け取るだろう。というのも、火星はパート・オブ・フォーチュンのスクエアへ来て、火星は３ハウスと１０ハウスのロードだからである。そして、さらに、本質的に火星は親戚を意味するので、お金や、保証契約やそのようなことに関して、兄弟や血縁者に決して干渉しないよう出生図の持ち主に忠告する。

そして、火星的な性質や種類の人物に、お金を預けたり、仕事や商売に関することを任せることに注意するよう忠告する。なぜならば、火星は１０ハウスのロードなので、最高位の人物、行政長官や、そのような人物を意味し、私たちの出生図の持ち主はお金やそのようなことに関して取引し、疑われるだろう。そして、これは親戚から、さらに悪い使用人からの前述の妨害の意味を二重にする。この年、私は土星か火星のいずれかによって意味されるような商品を扱うのに適した年であると思えない。オリガヌスを参照すると、２ハウスについての彼の判断では、これらの凶のディレクションの後、金星が蠍座の水星のタームに来るので、このディレクションは前述の問題を小休止させる。しかし、この一時的な中断は、パート・オブ・フォーチュンが月のセミスクエア／セミクオドレート（４５度のアスペクト）へ来ることによって、再び打ち消される。前述の仲間や同僚、一般の大衆、水夫など、あるいは、未亡人によって、新たに出生図の持ち主は悩まされ、出生図の持ち主の名誉が落とされるようなことがある。４月に、アセンダントは、６ハウスのロードであり、５ハウスと８ハウスを支配する水星のセスクイクオドレート（１３５度のアスペクト）に移動するので、出生図の持ち主は水星的な人物、つまり、法廷代理人、商人、仲買人、外国の仲介者、会計士によって、取引を疑われたり、悩まされる。そして、これらすべては遺産や、誰かしらの死や、長い間休止していることに関する物質的な物事が原因となる。５月に、パート・オブ・フォーチュンが月のクィンカンクス／インコンジャンクト（１５０度のアスペクト）に来て、７月と８月に、金星が太陽のセミスクエア／セミクオドレート（４５度のアスペクト）に来る。そしてMC＊が水星のタームに来る。これらのディレクションでは、多くの場合、月的な仲介人や背の低い人物、そして金星的な人物や、太陽的な人物、楽しい知的な人物が介入して来て、私たちの出生図の持ち主は不幸にも争い、それによって出生図の持ち主は財産で悩み、かなりの時間の間、不満を抱く時期が非常に長くあるという考えが導かれる。なぜならば、注意深く観察すると、このパート・オブ・フォーチュンの、土星のオポジションへのディレクションは、不動サインにあるからで、そして、パート・オブ・フォーチュンは火星のスクエアにディレクションとなる。これは土星によって意味される事柄が大きく、長く続くことを示し、親戚と軍人を意味する火星によって多くの争いがあることを示す。明るい、あるいは亜麻色の髪の毛や、赤毛の人物はすべて、出生図の持ち主の致命的な敵であったり、反対者であることを意味する。そして、また、田舎の無骨者はすべてそうであり、土星からは曲がった肩や、偏平足も意味される。しかし、私たちはこれらの物事がレボリューションやプロフェクションによって和らげられているかについて観察すべきである。

　＊原文はアセンダントとなっており間違い。

３１歳におけるレボリューション*の判断

　　*レボリューション図は８３６ページ。

　月が１２ハウスにあるが、ラディックスでは６ハウスのサインにある。このことは、私たちのこれまでの判断をはっきりさせることになる。つまり、悪い使用人、嘘の報告や見えない敵、陰で囁かれる噂によって、出生図の持ち主の仕事と財産は損害を被るだろう。火星はまた６ハウスのロードで、火星のフォールである蟹座にあり、２ハウスにある。赤毛の人物、軍人や使用人を信じないこと。さらに、土星が逆行で、カスプ、正確に言うと、病気や使用人のハウスである６ハウスをアフリクトする。そして、この年大きな家畜、馬、牛などを取引するのは良くない。土星は病気と消化が悪いことを意味する。

　月と太陽のトラインは私たちの出生図の持ち主の心を非常に生き生きさせ、月が木星とセクスタイルであることと、月が水星のトラインへ接近することによって、仲間のおかげで、そして勉強することで生き生きする。しかし、これらの惑星はこれらがある位置ではディグニティが小さいので、出生図の持ち主を窮地から完全に抜け出させる助けにはならない。

　確かに、めぐって来たプロフェクション*では、財産の状態において、すべてが混乱した状態に変わるようである。前述のアスペクトが無効でなかったり、大きな問題を引き起こさなければ、水瓶座のサインが８ハウスのカスプなので、出生図の持ち主に遺産が与えられたり、女性からの世襲財産や富が授けられるように思える。その結果として、多くの苦しみがある。しかしこれは完全に悪い年ではない。なぜならば、ドラゴンヘッドがレボリューションでは２ハウスにあり、プロフェクション図ではドラゴンヘッドは（ラディックスの）ドラゴンテイルの位置にあるからである。しかし、食について、ディレクションで一致する食のコンジャンクションもまた考慮する。私たちはラディックスのハイレグの位置への惑星の年間のトランジットを観察する時にこの食を探さなければならない。

　　*プロフェクション図は８３６ページ。

　要するに、ディレクション、レボリューションなどにおいて、論じられていることはすべて一致している。つまり、出生図の持ち主が前年に導かれた出来事に十分注意して行動しない限り、出生図の持ち主は上述にあるようなことで、出生図の持ち主の財産を多く損失することが続くだろう。なぜならば、この年の問題の原因は、前年の行動によって引き起こされるからである。そして、出生図の持ち主は時折お金に困窮するか、お金に関して強情な行為をとることで、自分自身の状況を悪くする疑いがあるだろう。これはアセンダントのL（ロード）である土星に対してパート・オブ・フォーチュンがオポジションにあることからまとめられた考えである。*注意し過ぎることは害ではない。*

３２歳のディレクション（１６４７年９月１９日から始まり、１６４８年９月に終わる）

- 金星が金星のセミスクエア／セミクオドレート４５度のアスペクトへ
- 金星が木星のデクスターのセミセクスタイル３０度のアスペクトへ
- 木星が太陽のシニスターのトレデサイル／セスクイクィンタイル１０８度のアスペクトへ
- アセンダントが木星のタームへ
- 木星が金星のトレデサイル／セスクイクィンタイル１０８度のアスペクトへ
- 火星が土星のタームへ
- 木星が土星のタームへ
- 火星が火星のセクスタイルへ
- パート・オブ・フォーチュンが水星のセミセクスタイル３０度のアスペクトへ
- ＭＣが１２ハウスへ
- アセンダントが土星のコントラアンティションへ

　前年の２つの凶星の凶作用のアスペクトによる悪さが完全になくなる可能性はないので、１６４７年の３２歳のディレクションでは、出生図の持ち主に起こるべき多少の悪さは残っているだろう。最初に、金星の、金星自身のセミスクエア／セミクオドレート（４５度のアスペクト）へのディレクションがあるので、これは実際には損害を与えることはないだろう。しかし、頻繁に移動したり、外国旅行をしたくなることを単に意味する。だがこれは旅行を意味しない。なぜならば、１１月に、木星が太陽のトレデサイル／セスクイクィンタイル（１０８度のアスペクト）に来るからである。個人的な友人が旅行への決心に反対するようなことがある。確かに、実際、木星は山羊座ではディグニティがないので、それによって、昇進することはないだろう。しかしながら、アセンダントが、木星のタームへ進行するので、元気で、健康で、うろたえることがなく、状況を判断し、十分成功し、穏やかな状況になることを意味するだろう。木星が金星のトレデサイル／セスクイクィンタイル（１０８度のアスペクト）に来るので、私たちの出生図の持ち主に新しい友達、知り合いができるが、しかし、彼らを利用しようとするなら困難と疑いが伴うだろう。なぜならば、３月に、木星が土星のタームに接近するからである。これは数日間の憂鬱や孤独を少し生じる。パート・オブ・フォーチュンが水星のセミセクスタイル（３０度のアスペクト）に来るので、文書と計算書をよく調べることになる。１６４８年６月に、アセンダントは２ハウスの土星のコントラアンティションに来るので、これは健康を害することよりもむしろ、悪い使用人や、土星的な人物によって財産が浪費されることを意味する。小さな損失で不満を感じるということがなければ、信頼していた友人との見えない悪質な取引から偶然に起こった損害を受けるだろう。このことは３２歳の後半の最後に、ミッドヘブンの、１２ハウスのカスプへのディレクションからはっきりと推測できるだろう。火星が１０ハウスのロードである火星自身のセクスタイルへ来るので、すべて争いを終わらせ、旅行に備えたり、旅行しようとしたり、天職に対してより真面目になる。そしてここでの、月の、火星のトレデサイル／セスクイクィンタイル（３６度のアスペクト）へのディレクションでは、考えを提唱したりすることが多くなり、

ここでは意欲が引き起こされるようである。しかし、これらのディレクションはあまり強くないので、レボリューションを考慮する必要がある。なぜならば、もし私たちの前述の判断がレボリューションから何も確証を得られないなら、ディレクションの影響が減じられる可能性があるからである。

３２歳のレボリューション*、つまり、太陽がラディックスの太陽の位置へ

*レボリューション図は８３７ページ。

ここでは、木星はアセンダントのカスプにあり、月は光を増し動きを速め、アセンダントのロードである水星は自身のハウスにあり、ほとんどがディレクションに有効である。ここでは、出生図の持ち主の利益を否定するものは何もないが、しかし、土星はラディックスでの月の位置に戻ってくる。そして、位置的にミッドヘブンにあり、アセンダントとスクエアである。これは少しの間、出生図の持ち主の行動や仕事を妨げ、そして、ゆっくりとだが成功するだろう。そして、９月の間は、出生図の持ち主に注意するよう忠告する。右肩に怪我をしてはいけないので、出生図の持ち主は馬の背中にあまり乗ってはいけない。３ハウスの月は、兄弟や親戚のために北西の国への旅行を生じるが、海外ではない。なぜならば、９ハウスのロードである火星は、蠍座の不動星座にあるからである。この年、出生図の持ち主は生の果物に気を付けたり、腸にガスを引き起こしたり障害を引き起こすような肉に注意すべきである。なぜならば、月が冷のサインにある火星に向うからである。

３２歳にめぐって来るプロフェクション*

*プロフェクション図は８３７ページ。

獅子座のアセンダントはラディックスにおける火星の位置の近くにあるのが分かるので、出生図の持ち主が健康を保とうとする場合、この私たちのディレクションは役に立つということを意味する。そのことがこのプロフェクション図において、ほとんど唯一の考慮すべきことである。木星はエグザルテーションとなる蟹座に位置し、この時、４ハウスのロードなので、出生図の持ち主の人生における不幸な妨害が終わることになるだろう。そして、私たちの出生図の持ち主の行動は変わり、適切な気質に改善される。そして、これまでの最も強力で損害を与える敵に対して、出生図の持ち主は絶対的な勝利を得る。恐らく、私たちの出生図の持ち主はこの時旅行について考えているが、次の年まで出生図の持ち主はその考えを行動に移さない。それがどのようなものか、あなたはすぐに判断できるだろう。

３３歳のディレクション（１６４８年９月１９日から始まり、１６４９年９月に終わる）

- ＭＣが射手座の土星のデクスターのバイクィンタイル１４４度のアスペクトへ　１０月５日
- 月が双子座の火星のタームへ　１０月２７日
- アセンダントが水瓶座の太陽のセスクイクオドレート／セスクイスクエア１３５度のアスペクトへ　１０月３０日
- 火星が天秤座の月のトラインへ　１１月１１日
- 火星が天秤座の水星の黄緯ありのコントラアンティションへ　１１月１７日
- アセンダントが水瓶座の金星のセスクイクオドレート／セスクイスクエア１３５度のアスペクトへ　１２月２４日
- アセンダントが水瓶座の木星のセクスタイルへ　１２月３１日
- ＭＣが射手座の水星のクィンタイル７２度のアスペクトへ　１６４９年５月３日
- 火星が天秤座の水星のコンジャンクションへ　５月１９日
- 火星が天秤座の土星のバイクィンタイル１４４度のアスペクトへ　５月３０日
- 火星が天秤座の金星のコンジャンクションへ　６月２７日
- ＭＣが射手座の火星のセスクイクオドレート／セスクイスクエア１３５度のアスペクトへ　９月１６日

　この年、一般的な不運から妨げられることはなく、これらのディレクションが続く間は、私たちの出生図の持ち主には多くの幸福が約束されるようである。なぜならば、１０月５日に、メディウム・コエリがラディックスでのアセンダントのロードである土星のバイクィンタイルに来るからである。この時、様々な老齢の商人や、土星的な人物が、気に入ってもらおうと出生図の持ち主に取り入るようなことがあるだろう。そして出生図の持ち主は人生を有益にしようとしたり、利益を出そうと時間を費やす。この時、家を購入したり、家を取り扱うことを望むようである。出生図の持ち主が土星的な商品を扱うには良く、土星的な人物と取引するのもまた良い。しかし、１０月に、月が火星のタームに来て、同時に、アセンダントが太陽のセスクイクオドレート／セスクイスクエア（１３５度のアスペクト）に来るので、私たちの出生図の持ち主は健康に気をつけ、胆汁が増えることに注意する。この月の間は、博識な内科医の助言を聞いて、そのような体液を減らすべきである。先程のアスペクトは、太陽的な商人と出生図の持ち主の間で、お金の請求や、そのようなことに関して、意見の衝突がある。しかし、１０ハウスのロードである火星が、天秤座の月のトラインに移動するので、１１月に、大いに重んじられている人物や、主要な行政長官、あるいは、海外への航海を目的とした人と好都合な協力関係を結ぶ申し出がある。雑談することが多く、目的を達成するための多くの出会いがある。なぜならば、火星が黄緯ありの水星のコントラアンティションと間もなく出会うからである。

出生図の持ち主は水星的な商人によって目的が妨害される、あるいは、共同経営者や取引するような人と出生図の持ち主が提案と契約について合意に達することができないようなことのいずれかがあるだろう。１６４８年１２月のある期間は、公平な会議と交渉に費やされるようである。これはアセンダントが金星のセスクイクオドレート／セスクイスクエア（１３５度のアスペクト）へ来ることで意味される。しかし、アセンダントが木星のセクスタイルへ来るので、前述のアスペクトとディレクションで、出生図の持ち主に起こる大きな神の恵みとしての事柄は短い期間しか続かない。このディレクションは２ハウスのカスプの近くなので、その年の残りは、出生図の持ち主は非常に幸運で、成功し、そして、出生図の持ち主はここで木星的な商品を取り扱ったり、木星的な状態にある多血質の人物によって、財産と幸運を多く増やすことが確実に保障される。出生図の持ち主は昇進したり、共和国や、人生で有益な高い地位に就くだろう。続いて５月に、ＭＣが水星のクィンタイル（７２度のアスペクト）へ来るので、出生図の持ち主は世界の多くの地域で多くの交渉を行い、水星的な商人や、多くのおしゃべりな人と親しむようなことがあるだろう。出生図の持ち主にとって、水星的な商品が不利益になるということはありえず、この時、友人の数を増やす。そして、貴族階級、紳士階級など、裁判官、唱道者、法律家などと驚くほど付き合うだろう。

しかし、火星が水星自体と出会い、水星はラディックスでは６ハウスのロードなので、背の高い痩せ型の水星的な使用人をあまり信用してはいけないということを警告する。その使用人は時折間違った手紙を書いたり、出生図の持ち主の計算書を間違える。出生図の持ち主の老齢の友人がこの間違いに気付き、見つけるだろう。これは火星が土星のバイクィンタイル（１４４度のアスペクト）へ来ることで示されている。ところが、１６４９年６月に、火星が金星自体に来るので、西の方角への小旅行が意味される。だが、出生図の持ち主はさほど満足しないだろう。なぜならば、９月頃に、ＭＣが火星のセスクイクオドレート／セスクイスクエア（１３５度のアスペクト）に来るからで、嘘によって中傷され、私たちの出生図の持ち主の評判は少しばかり損なわれるだろう。しかし、アセンダントが木星のセクスタイルへ来るのが主に支配的となり、これはこの年最も強いので、私はこの年を繁栄の年であると考える。そして、出生図の持ち主はより素晴らしい成功を求めて、世界へと大胆に乗り出すだろう。

レボリューション*

*レボリューション図は８３８ページ。

蠍座がアセンダントで、火星が出生図の火星の位置の近くにあり、エレベートし、９ハウスに位置する。

これは私たちの出生図の持ち主が大志を抱くことを意味し、出生図の持ち主は裕福さと財産を増やす。そして、その所有物は保たれ、自分のものにできるだろう。なぜならば、火星が１ハウスと２ハウスのロードで、不動サインにあるからである。水星と木星が１１ハウスにあるので、新しい知り合いと友人を手に入れる。ただこの時ラディックスにおける木星の位置だけがドラゴンテイルによって損なわれるので、ある木星的な友人からの裏切りがあることを意味する。もしかすると出生図の持ち主は顔に傷跡をつけたり、世間で軽蔑される。つまり、出生図の持ち主は世間で破産するかもしれないという疑いをかけられる。このレボリューションでは胆汁の傾向があり、それゆえ、１６４８年９月に、出生図の持ち主には特に胆汁と粘液を排出するよう忠告する。

　このレボリューションは、特に火星、水星、金星によって支配され、すべて十分ディグニティがある。この年、私たちの出生図の持ち主は荒々しかったり、好機を掴むことを強く望み、上手くいくだろう。

めぐって来たプロフェクション*

　*プロフェクション図は８３８ページ。

　この時、土星は山羊座、つまり、土星自身のハウスで、ラディックスでのアセンダントに移動する。そして、木星は獅子座に移動し、ラディックスの木星に対してトラインで、さらに火星は牡羊座に来る。そして、ドラゴンヘッドはほぼ（ラディックスの）カルミネートの度数にある。３つの上位の惑星がエッセンシャル・ディグニティにあるので、この年出生図の持ち主は非常に大きな行動を起こすことを意味し、そして、この年の間はずっと、出生図の持ち主は最も有益な方法を見つけ、その方法で多くのことを動かすのに有利となるだろう。この時位置する土星によって、出生図の持ち主がこれまで信用していなかった物を購入したり、受け継いだりするだろう。

　私たちが忘れてはならないのは、食がどこにあるか、そしてコンジャンクションは重要なのか、重要でないのか、である。

３４歳のディレクションの流れ（1649年9月19日から始まり、1650年9月19日に終わる）

　おそらく重要なディレクションから推測される起こるべきことは、全能の神の恩恵によって、約束されているようである。最初に、ラディックスでの木星のセクスタイルの照射がある２ハウスのカスプにアセンダントが進むので、出生図の持ち主に家財が増えることを意味し、珍しい家財道具を手に入れ、布やスズなどの木星的な物と商品を扱うことによって大きな利益を手に入れる。

パート・オブ・フォーチュンが木星のタームに来るので、このことは強まり、海外で貿易することを勧める。木星の性質を持つような製品を求め、手に入れる。1月に、水星は土星のタームに来るので、取引が数日間遅れたり、老人の盗みによる損害を意味するが、大した価値のものではない。パート・オブ・フォーチュンは蠍座の太陽と金星のセミセクスタイル（３０度のアスペクト）に来ることで、商売において、出生図の持ち主は良い結果を得て、利益となるだろう。これは太陽的な人物と金星的な人物が私たちの出生図の持ち主にとって有益で、これらの性質と状態にある商品や製品もそうであることを意味する。５月あたりに、パート・オブ・フォーチュンが木星のセミスクエア／セミクオドレート（４５度のアスペクト）に来るので、帆船のことで、商人、友人、木星的な人物から少し嫌われる。私たちの出生図の持ち主は友人から冷たくされるかもしれないが、木星が木星自身のデサイル／セミクィンタイル（３６度のアスペクト）に来るので、その疑いは晴れる。そして、その木星のアスペクトがアセンダントにあるので、出生図の持ち主は明るく、陽気で、身体は健康状態であることを意味する。７月に、アセンダントが火星のタームに来るので、これは胆汁質の体液を生じたり、火星的な人物によって財産を少し損失したり、訴訟によって出生図の持ち主は危険にさらされるだろう。しかし、これらの苦痛は続かない。なぜならば、土星が６ハウスにある金星のタームに来るので、完全な気質に変えてしまうからである。これはパート・オブ・フォーチュンが金星のタームへ来ることで促進される。８月に、木星がアセンダントの月のコントラアンティションに来るので、私たちの出生図の持ち主は女性、仲介者、同僚、一般大衆の人々、恐らく、水夫などに幾分不満を持つこととなる。太陽が土星のタームへ来るので、数日の間憂鬱な考えを意味するようである。これは９月に火星が金星のタームに来るまでのことで、それによって出生図の持ち主は憂鬱質な病気から完全に回復する。

３４歳のレボリューション*

＊レボリューション図は８３９ページ。プロフェクション図は８３９ページ。

「この年は悪いディレクションであろうか。」つまり、「蟹座にある土星のひどい位置は、惑星の他の悪い位置から強められているか？」私たちは出生図の持ち主の健康を恐れるだろう。しかし、それは財産が維持できないことよりは、むしろ落胆して物事を考えることと、消化が悪く、生もので胃を悪くすることを意味する。しかし、この年のある時期は、商品やお金に関して、土星的な人物を信頼することは良くない。３倍の警戒をすること。金星は８ハウスにあり、しし座の心臓（レグルス）と共にあるので、私たちの出生図の持ち主は友人や、女性の死によって、財産が十分増えるだろう。

火星が１０ハウスにあるので、火星的な人と取引することと同様に、火星的な商品を取り扱うことを勧める。そして、木星は９ハウスでおとめ座のスピカと共にあるので、南西の方角で出生図の持ち主の製品を取引することを熱心に誘われ、それによって、大きく昇進する。７ハウスにある月と土星は、多くの敵を意味し、身分の低い人々、そして月的な性質の人物と乱闘することを意味する。１１ハウスにあるドラゴンテイルは、出生図の持ち主の知り合いである宮廷人を殺したり、その人に多くの偽りがあることを意味する。７ハウスにある月が土星にアフリクトされるので、もし亡くなっていないなら、母や妻が病気になることを意味するだろう。めぐって来たプロフェクションでは、これまでの判断では少なくとも苦労はなく、ただアセンダントの天秤座だけが、食べ過ぎなどを警告する。そして、私が見たところ、ラディックスでの金星の位置は、プロフェクション図において、この時アセンダントとなっている。これはあちこちに何度か旅行に行くことを意味するだろう。そして、むしろ、これは金星と水星の両方がこの時蟹座へ移動し、月は魚座へ移動するからである。この時、土星は水瓶座でジョイなので、家や農場などを購入することを十分に望めるだろう。

３５歳のディレクション（１６５０年９月１９日から始まり、１６５１年９月１９日に終わる）

- 火星が天秤座の太陽のコンジャンクションへ　１２月２３日
- 火星が天秤座の金星のコンジャンクションへ　１月２８日
- 土星が双子座の６ハウスのカスプへ　１６５１年４月１９日
- アセンダントが水瓶座の土星のクィンタイル７２度のアスペクトへ　６月２０日
- パート・オブ・フォーチュンが蠍座の土星のオポジションへ　７月２７日

この年のハイレグのディレクションは多くないが、これらは非常に重要で、関心事である。なぜならば、火星は太陽自体へ来る。これは女性に関して太陽的な人物と口論したり、争うことを意味する。そして、身体に悪い体液が生じたり、右目に急激な涙が生じたり、出生図の持ち主と親戚との仲が悪くなることを意味する。火星が金星と出会ってすぐ後に、出生図の持ち主は暮らしている共和国において、優れた評判と信用を得るだろう。また、出生図の持ち主の属する地位に従って、名誉ある旅行をしたり、利益を手に入れるだろう。確かに、このディレクションは、出生図の持ち主が尻の軽い女性と多くの関係を持つことを阻止するだろう。出生図の持ち主が淋病などにならないためにである。そして、実際に、不幸にも同僚や取引する人々は、出生図の持ち主を非常に困らせるだろう。

病気の恐れがあったり、身体は病気になったりするだろう。土星は６ハウスのカスプへ接近するので、出生図の持ち主は屈折した性格の、気難しい使用人に困らされ、健康を損い、非常に憂鬱が満ち、心気症になる。そして、多くの仕事が出生図の持ち主の健康の回復を妨げる。アセンダントが土星のクィンタイル（７２度のアスペクト）に来るが、これは世間の交渉において多くの苦痛があり、勤勉に働かなければならないことを意味し、出生図の持ち主の仕事の進展や財産の増大が遅れることを意味する。すぐにパート・オブ・フォーチュンが黄緯なしの土星とオポジションになるので、出生図の持ち主は帆船に関して、あるいは土星的な商品や人物、兄弟姉妹、親戚、血縁者の誰かから、多くの危険にさらされることを意味する。そして、もし私たちの出生図の持ち主が取引するなら、それは北東の方角から起こる。

３５歳のレボリューション*

＊レボリューション図は８４０ページ。
＊プロフェクション図は８４０ページ。

この時、水星はアセンダントのロードである。しかし、ラディックスでは６ハウスのロードで、今の位置では６ハウスにある。この年は注意深く観察すべきであり、慎重に注意すべきである。なぜならば、２ハウスにある土星はお金が足りないことを強め、土星によって財産と、土星が意味するような物が消えていくことを意味するからである。確かに、パート・オブ・フォーチュンが１０ハウスに良い状態にあるが、しかし、そのディスポジターは弱く、助けは小さいので、注意し警戒することで財産を維持しなければならない。

財産を浪費したり、取引と商売で多くのごまかしがある恐れがあり、また、非常に危険な病気になるだろう。ハイレグのディレクションと関係しているように見えないが、６ハウスに多くの惑星があるので、明らかにそのことは実行される。この時、もし病気の性質とその原因を調べるとするなら、天秤座が６ハウスのカスプで、水星、ドラゴンテイル、木星、金星、そして月がすべて６ハウスにあることを私たちは観察できるだろう。絶対に、出生図の持ち主は（身体の中にできる）石が原因で激しいさしこみがあったり、奥まった身体の部位に非常に不幸な災難がある。また、腰と腎臓にひどい熱と痛みがあるだろう。幸運にも木星と金星が６ハウスに位置するので、穏やかに回復することが約束されるだろう。ドラゴンテイルが６ハウスにあるので、棘が残り、後に腐る。これは簡単には治らないだろう。

この年、出生図の持ち主は物事の進展に遅れが出るので、あらゆる事柄に、普通以上に注意するよう忠告する。物事の進行が遅くなったり、困難を伴うであろう。

プロフェクション図では、あまり大きな成功を保障しない。なぜならば、火星が（ラディックスの）月の位置へ来るので、愚痴を言う女性が出生図の持ち主を悩ませ、そして、ラディックスでのドラゴンヘッドがある位置に土星があるので、老人と悪い親戚に注意しなければならない。身分の低い債権者の手に多くの資本金を任せることに気を付けること。もし予防しないなら経験するであろう健康の被害と、前兆となっている財産の損失は、注意し、慎重に管理することで、その危険性を減らせるだろう。この年、ワインと女性は有益とはならず、家畜などによる利益もない。（レボリューションで）不運にも土星が蟹座を通過することは、出生図の持ち主に対して、不当な多くの訴訟を起こし、多くの困難がある。そして、出生図の持ち主の妻は多くの病気を患うだろう。しかし、そうであってもラディックスでの土星が友好的なので、打ち勝つことを土星が助けると私は疑わない。とはいえ、土星の影響はいつも多少恐ろしいものなので、私はより注意するのが良いと思う。

３６歳のディレクション（１６５１年９月１９日から始まり、１６５２年９月に終わる）

- アセンダントが水瓶座の水星のバイクィンタイル１４４度のアスペクトへ　９月２１日
- 水星が蠍座の火星のコントラアンティションへ　１０月９日
- 木星が水瓶座の土星のタームへ　１１月３日
- パート・オブ・フォーチュンが蠍座の水星のデサイル／セミクィンタイル３６度のアスペクトへ　１１月１６日
- 土星が双子座の土星のデサイル／セミクィンタイル３６度のアスペクトへ　１２月２２日
- パート・オブ・フォーチュンが蠍座のてんびん座の輝く星（ズベン・エル・ゲヌビ）へ　１２月２４日
- 火星が天秤座の水星のコンジャンクションへ　１月９日
- 火星が天秤座の土星のクィンカンクス／インコンジャンクト１５０度のアスペクトへ　１月９日
- 金星が蠍座の土星のタームへ　１６５２年３月２４日
- 水星が蠍座の火星のコントラアンティションへ　５月２５日
- 火星が天秤座の木星のクィンタイル７２度のアスペクトへ　５月３１日
- 木星が水瓶座の火星のオポジションへ　６月１９日
- ＭＣが射手座の太陽のクィンタイル７２度のアスペクトへ　７月１３日
- 土星が双子座の水星のトレデサイル／セスクイクィンタイル１０８度のアスペクトへ　７月２０日
- 水星が蠍座の１１ハウスのカスプへ　７月２０日
- 水星が射手座の木星のタームへ　７月２０日
- 太陽が蠍座の火星のコントラアンティションへ　９月８日

　この年はクライマクテリカル・イヤーで、吉作用か凶作用のいずれかのディレクションの性質に従って、通常、人は多くの良い行動もしくは悪い行動のいずれかを望む。私たちの出生図の持ち主には様々な弱いディレクションがあり、私は以下のような判断を導く。

アセンダントが2ハウスにある水星のバイクィンタイル（144度のアスペクト）と出会うので、出生図の持ち主は取引で財産が大きく増えたり、これまでの借金を返済されたり、商人、仲買人などと多く付き合い、親しくなるだろう。しかし、10月に、水星がコントラアンティションの火星へ来るので、取引で見落としがあったり、赤毛の仲介者によって損失する恐れがある。木星が土星のタームへ来ることが意味するように、出生図の持ち主は憂鬱な考えをするだろう。しかし、パート・オブ・フォーチュンが水星のデサイル／セミクィンタイル（36度のアスペクト）に移動し、そして、土星が土星自身のデサイル／セミクィンタイル（36度のアスペクト）に来るので、私たちの出生図の持ち主はより元気になり、自分自身の状態に満足し、多少禁欲的になったり、強欲になったり、もしくは裕福になろうとし、慎重になったりなどする。パート・オブ・フォーチュンが9ハウスにあるてんびん座の輝く星（ズベン・エル・ゲヌビ）へ来るところから判断すると、商売において突然の利益があったり、仕入れによって、出生図の持ち主は財産を非常に増やす機会を得るようである。それにもかかわらず、火星が水星とのコンジャンクションへ来るので、以前に結ばれた契約や、口先だけの契約によって、そして仲買人や代書屋などのような人によって、出生図の持ち主を妨げるずるがしこい偽装があることを意味する。

　しかし、火星が土星のクィンカンクス／インコンジャンクト（150度のアスペクト）＊に来るので、多くの助けがある。しかし、金星が土星のタームへ、そして、水星が火星のコントラアンティションへ来る。1月、2月、3月、そして、4月を通して、もし売買契約についての訴訟や、そのようなことがないなら、出生図の持ち主にこれまでの売買契約に不安な状態が続いたり、争いがあるようである。しかし、1652年5月頃に、火星が木星のクィンタイル（72度のアスペクト）に来るので、木星的な人物による仲裁があることを意味する。けれども、6月に、木星が火星のオポジションに来るので、再び新しい訴訟があったり、争いや、いじめがある。そして、出生図の持ち主と親戚、軍人、主要な司令官や火星的な状態の行政長官との間で不平不満が生じる。その後、MCがラディックスでの時間におけるルミナリーである太陽のクィンタイル（72度のアスペクト）に来るので、私たちの出生図の持ち主は繁栄し、名声、評判を得る。そして、出生図の持ち主が戦う相手を完全に征服したり、友人の調停によって、すべての争いが終わることを意味する。

　しかしながら、これは物質的なディレクションで、出生図の持ち主が夢見た以上のさらに良い昇進を意味したり、出生図の持ち主が太陽的な物を売買し、そして、太陽的な人物と取引することを意味する。その時、彼らから出生図の持ち主は非常に尊敬され、励まされるだろう。土星が水星のトレデサイル／セスクイクィンタイル（108度のアスペクト）に来るので、この判断には反しない。そのことで私たちの出生図の持ち主の行動に機敏さと速さが生じる。水星が11ハウスへ、そして、木星のタームへ来るので、出生図の持ち主は世間での取引を増やしたり、新しい友人とふと知り合い、彼らを通じて大きな利益を手に入れることが予測される。

　　＊原文はバイクィンタイル（144度のアスペクト）となっているが間違い。798ページの記述が
　　正しい。バイクィンタイル（144度のアスペクト）は792ページの33歳のディレクションである。

１６５２年９月８日に、太陽が蠍座の火星のコントラアンティションへ来るので、また石のさしこみの恐れや、これまで以上に胆汁質の物が優勢となり、出生図の持ち主はこれらに注意すべきである。手遅れにならないように博識な内科医の助言を得ること。また、この私たちの判断は不幸な状態にある親戚に関しても当てはめる。これはまた、火星的な人物との取引に注意し、彼らを信じてはいけないと警告している。

出生図の持ち主の３６歳のレボリューション*、１６５１年の太陽はラディクスの太陽へ*

　　＊レボリューション図は８４１ページ。
　　＊プロフェクション図は８４１ページ。

　均時差なしで、ラディックスの８ハウスの度数がこの時アセンダントとなる。出生図の持ち主は健康に２倍注意すべきである。このことはこのレボリューションで最も重要なことのようである。なぜならば、この頃月が太陽のオポジションから分離したからである。月がドラゴンヘッドへ近接し、月はアセンダントの度数に友好的なトラインとなるので、私は大きな安心感を得ることとなる。出生図の持ち主はさほどひどい病気にはならず、神の恩恵と医療のお陰で、病気を避けられるだろう。太陽が３ハウスにあり、月が９ハウスにあるので、私たちの出生図の持ち主は北西と、東の方角の友人を訪れるだろう。ラディックスでの土星の度数とサインは、この時カルミネートしているので、神のお許しがあるなら、困難を伴うが、私たちの出生図の持ち主は永久的な遺産を得るだろう。アングルは不動サインなので、その利益も固定されるだろう。木星が４ハウスにあり、ラディックスでの木星があるサインに移動するので、前述の判断を強めることを意味する。この時、土星は１２ハウスのカスプにあるので、私たちの出生図の持ち主の悪い友人が多く亡くなったり、投獄されるだろう。そして、もちろん、プロフェクション図を観察する人は明らかに、レボリューションでの木星の位置が、プロフェクション図での（アセンダントの）サインと度数であることが分かり、そして、ラディックスでのパート・オブ・フォーチュンのサインに（プロフェクション図で）太陽、金星、水星が来るのが分かるだろう。また、ドラゴンヘッドが水瓶座へ来て、不動サインで、土星のジョイであることも分かるだろう。主要な部分についてはすべて、前述の事を基にすると、１つのまったく同じ判断となる。

３７歳のディレクション（１６５２年９月１９日から始まり、１６５３年９月に終わる）

- アセンダントが魚座の金星のタームへ　１１月２日
- 火星が天秤座の木星のタームへ　１１月３０日
- 土星が双子座の火星のセミスクエア／セミコオドレート４５度のアスペクトへ　１２月３日
- 木星が水瓶座の月のトラインへ　１月９日
- ＭＣが射手座の金星のクィンタイル７２度のアスペクトへ　１月１４日
- 太陽が蠍座の黄緯ありの火星のコントラアンティションへ　１月１９日
- アセンダントが魚座の太陽のバイクィンタイル１４４度のアスペクトへ　２月８日
- ＭＣが射手座の土星のタームへ　２月８日
- 太陽が蠍座の１１ハウスのカスプへ　３月１８日
- 太陽が射手座の木星のタームへ　３月１８日
- アセンダントが魚座の金星のバイクィンタイル１４４度のアスペクトへ　１６５３年３月３０日
- アセンダントが魚座の火星のクィンカンクス／インコンジャンクト１５０度のアスペクトへ　３月３０日
- 水星が射手座の火星のトラインへ　４月５日
- 木星が水瓶座の火星のオポジションへ　４月１１日
- アセンダントが魚座の月のスクエアへ　８月１９日

　この年１１月に、アセンダントは金星のタームに来て、火星は木星のタームに来る。この２つの吉作用のディレクションは、健康に関係し、また、名誉、評判、そして、世間の事柄といった点にも関係する。これらのディレクションでは、出生図の持ち主は淫らな考えをし、その機会を得る。土星が火星のセミスクエア／セミコオドレート（４５度のアスペクト）に来るので、使用人は怠け、失敗することを意味し、そして、自分より身分の高い人物と見えないところで争うだろう。しかし木星が月のトラインに出会い、すぐ後の１月に、ＭＣが金星のクィンタイル（７２度のアスペクト）に来るので、私たちの出生図の持ち主は西の方角へ旅行に行く望みを満たす。そして、もし出生図の持ち主がこの時妻を望むなら、２回目の結婚によって、非常に多くの名誉、富、評価を手に入れることが約束される。このディレクションでは、出生図の持ち主に金星的な物や、商品、人物と取引することを勧める。彼らは出生図の持ち主の世襲財産を非常に増やすと共に、共和国での公職を紹介してくれる。また、新しい家を自分自身で手に入れ、好奇心に駆られそれに合う装飾品などをその家に備え付ける。太陽が火星のコントラアンティションに来るので、中傷されることを意味し、出生図の持ち主は火星を具体化したような人物に訴えられたり、火星的な商品についての訴訟が起こされる。あるいは、数週間の間、妻の相続分について、隣人や親戚と争うことを意味するだろう。しかし、前述の吉作用のディレクションの力と、この時アセンダントが太陽のバイクィンタイル（１４４度のアスペクト）に来ることで、相続分については、すべて結論が出て、私たちの出生図の持ち主は大変満足する。なぜならば、後者のアスペクトは魚座にあり、

出生図の持ち主のラディックスでの２ハウスにあるからである。このことで、出生図の持ち主自身の事業によって、そして、出生図の持ち主の取引と商売において、出生図の持ち主の私有財産は増える。ＭＣが土星のタームへ来るので、出生図の持ち主に土星的な人物から別の障害がある。そして、３月に、太陽が１１ハウスのカスプに出会うまで、ほんのしばらくの間、出生図の持ち主は機会を得るのが遅れる。そして、また、１６５３年３月に、太陽が射手座の木星のタームへ来て、アセンダントは金星のバイクィンタイル（１４４度のアスペクト）と、火星のクィンカンクス／インコンジャンクト（１５０度のアスペクト）に来る。このことについての私の判断は、もし妻を望むなら、まさしくその時期だったり、結婚を成就させるのに近い時期のようである。そして、明らかに、これらのディレクションは、無益ではない、つまり、ほとんど影響力を持たないことはない。この３７歳の年のこれらのディレクションで出生図の持ち主自身の事業だったり、あるいは、もしこれまでしていないなら、結婚することで、そして、君主の宮廷において新しい特権階級の友人によって驚異的な利益を得ることは疑いようがない。先程の吉兆のディレクションに続き、水星が火星のトラインに来るので、出生図の持ち主は勘定を完璧に仕上げ、出生図の持ち主の取引を終わらせ、世間でせっせと働き、出生図の持ち主が暮らしている場所での信用を増やす。しかし、１６５３年４月に、木星が火星のオポジションに来て、アセンダントが月のスクエアに来る。これは信頼していた火星的な人物が破産し、私たちの出生図の持ち主は損害を被ることを意味する。そして、出生図の持ち主は妻と、そして他の女性たちともまた仲が悪くなるだろう。そして、また、女性によって、そして、信頼していた月的な人物によって、財産が危険にさらされる恐れがあり、恐らく、海で小さな災難に遭うだろう。出生図の持ち主の健康は危険にさらされ、天然の生の果実の食べ過ぎや、冷たいものを取り過ぎて発熱する。それは、アセンダントが魚座にある月とスクエアにあるからである。双子座にある月はプロミッターで、ラディックスでの５ハウスにある。それゆえ、病気は飲み過ぎや、胃への負担からから引き起こされるので、出生図の持ち主は養生すべきで、特に粘液を清めるべきである。

３７歳のレボリューション*

*レボリューション図は８４２ページ。
*プロフェクション図は８４２ページ。

アセンダントのレディである金星が逆行で、６ハウスのロードである火星は乙女座で月とコンジャンクションなので、鼓腸や、リウマチの病気で出生図の持ち主の目が悪くなるようなことがある。土星が（ラディックスの）火星の位置へ戻るので、胆汁を刺激し、生じさせるが、出生図の持ち主の健康に関してさほど害しない。なぜならば、ドラゴンヘッドは６ハウスにあり、ラディックスでのアセンダントのロードであり、この時１０ハウスにエレベートする土星を除けば、レボリューションで不動サインにある惑星は１つもないからである。

　１１ハウスの火星と月が３ハウスの木星とトラインなので、出生図の持ち主は親戚

から利益を得るようなことがある。ドラゴンテイルは太陽に非常に近いので、出生図の持ち主の名声に対して、多くの中傷があると判断する。また、目を傷つける。しかし、太陽と木星のスクエアによって、その悪い意味はいくらか軽減するだろう。移ってきた土星はラディックスでの土星自身の位置と完全にスクエアのところに戻ってくることが観察される。これは四日熱を意味する。このことは、同時に、（ディレクションで）アセンダントが月のスクエアへ進行することからも強められるだろう。そして、土星は不動サインにあり、非常に長引く病気を患うだろう。だが、移ってきた木星がラディックスのアセンダントの度数にほとんど触れているのが分かるので、薬と食事療法で注意深く経過を見れば、これらの影響による悪さが少なくなるようなことがあるだろう。そして、恐らく、この年世の中の事に関して、多くの行動をせざるを得ない。そしてめぐって来たプロフェクションはラディックスと同じで、明らかに意味しているように健康に関してもそうである。ディレクションとレボリューションの両方において意味される主となる事は、結婚であり、結婚しているなら病気などである。月と土星の悪い影響から生じる淫らな考えと病気によって、出生図の持ち主は最もひどい損害を被る。

３８歳のディレクション*（１６５３年９月１９日から始まり、１６５４年９月に終わる）

*原文は３３歳となっているが間違い。

- パート・オブ・フォーチュンが蠍座の太陽のデサイル／セミクィンタイル３６度のアスペクトへ　９月２０日
- 火星が天秤座の火星のクィンタイル７２度のアスペクトへ　９月２０日
- パート・オブ・フォーチュンが蠍座の金星のデサイル／セミクィンタイル３６度のアスペクトへ　１２月２日
- 水星が射手座の月のオポジションへ　１２月２０日
- 金星が蠍座の火星のコントラアンティションへ　１２月２６日
- 太陽が射手座の火星のトラインへ　３月１８日
- 木星が水瓶座の水星のトラインへ　１６５４年６月３日
- アセンダントが魚座の水星のクィンカンクス／インコンジャンクト１５０度のアスペクトへ　６月５日
- 月が蟹座の火星のタームへ　６月５日
- パート・オブ・フォーチュンが蟹座の土星のセクスタイルへ　６月１１日
- パート・オブ・フォーチュンが蠍座の金星のタームへ　７月２４日
- 金星が乙女座の火星のコントラアンティションへ　７月２４日
- アセンダントが魚座の木星のクィンタイル７２度のアスペクトへ　８月９日
- 太陽が射手座の月のオポジションへ　８月２４日

　ここでは、始まりは良いように見える。なぜならば、１６５３年９月に、パート・オブ・フォーチュンが太陽のデサイル／セミクィンタイル（３６度のアスペクト）に来て、火星が火星自身のクィンタイル（７２度のアスペクト）に来るからである。これらのディレクションが意味するのは、出生図の持ち主は商売や導かれる人生において、（取引の規模に従って）利益が増えることを期待できることである。

そして、パート・オブ・フォーチュンが金星のデサイル／セミクィンタイル（３６度のアスペクト）に来ることが暗示するように、出生図の持ち主は金星的な商品によって、仕事を非常に大きくすることを意味する。１１ハウスの水星から５ハウスの月へのオポジションでは、出生図の持ち主は使用人を奇妙に思ったり、警戒したり、そして、出生図の持ち主は商売を委任することに注意深くなるだろう。ここでは出生図の持ち主に関する取引、勘定、信用状やそのようなものが、偽造され、失われる意味を含んでいる。１２月に、金星が火星のコントラアンティションに来るので、海での損失があり、信用を失う。そして、火星的な行政長官や親戚によってひどい旅行があることを意味し、それは侮辱的な方法によってである。３月に、太陽が火星のトラインに来るので、これは出生図の持ち主が暮らしている都市や国の最も重要な人物や行政長官によって、出生図の持ち主が非常に昇進することを意味する。これによって貴族階級、紳士階級などと親しくなったり、出生図の持ち主は狩猟をしたり、乗馬をしたりする傾向がある。この時、武器を扱ったり、火星的な人物と取引することを勧める。そうすることで、出生図の持ち主自身が暮らしている場所において、指揮権を持ったり、公職に就くことが期待できるだろう。そして、この年までにはっきりしなかった結婚はすることになるだろう。結婚は堂々と行われる。というのも、ラディックスの火星は妻の主要なシグニフィケーターだからである。そして、この時、武器、鉄などを取り扱うことによって、有利な状況となり、利益を得るだろう。出生図の持ち主に次から次へと天からの恩恵があるようである。木星は水星のトラインに来て、水星はパート・オブ・フォーチュンのディスポジターで、５ハウスのロードであるので、出生図の持ち主に息子が産まれたり、妻の相続分によって更なる利益を手に入れるだろう。１６５４年６月以降、アセンダントは水星のクィンカンクス／インコンジャンクト（１５０度のアスペクト）にディレクションするので、この時、出生図の持ち主は取引の帳簿を直し、そして、水星的な人物と物事から多くの利益を得るようなことがあるだろう。そして学者、秘書、仲買人、法廷代理人などといつも以上に付き合うだろう。そして、同時期である１６５４年の同じ６月に、月が火星と出会うので、消化が悪くなり、頻繁な付き合いが原因で、身体が病気になることに注意するよう警告する。しかし、思うに、病気は長引かず、病気に備えるだけだろう。パート・オブ・フォーチュンが土星のセクスタイルに来るので、鉛、石炭などの鉱山に関する取引と売買などが起こる。土星の性質の場合、妻の血縁の高齢者によって、財産が増えたり、土地を購入することを意味する。繁栄の時期は続くようである。なぜならば、７月に、パート・オブ・フォーチュンが金星のタームに来るからである。

しかし、この後すぐに、金星が火星のコントラアンティションに来るので、行政長官はほとんど目的もなく出生図の持ち主に腹を立てるだろう。アセンダントが魚座で２ハウスの木星のクィンタイル（７２度のアスペクト）に来るので、出生図の持ち主に大きな報酬があったり、出生図の持ち主の動産が非常に増えたり、非常に良い暮らしをすることを意味する。そして世間での大きな評価を手に入れ、出生図の持ち主に思いがけない家財が与えられる。これは良いことであり、この良いアスペクトが来るいくらか前、そして、来てすぐ後でさえ、出生図の持ち主が財産と健康の両方に気をつけることは非常に良いことである。１６５４年８月２４日に、ロンドンとその近郊において、非常に短い間のようだが、ペストが流行する。太陽が月のオポジションへやって来る。しかし、この時、太陽はラディックスの８ハウスにある理由からハイレグにはなれず、月もまたなれない。しかしこの性質のディレクションでは、著しい影響を与えずに通り過ぎることはないようである。出生図の持ち主にとって最も悪い疫病のようなことなので、人生で初めて保証契約関係を結ぶことを私は勧める。特に、１６５３年と１６５４年である。ラディックスでは太陽や月がエッセンシャル・ディグニティにおいて強くない。それゆえ、私たちはこのディレクションに関する出来事が致命的でないことを願う。しかし、太陽は８ハウスのロードであるが、太陽はアナレタではない。私はこれが意味するのは父の死と考え、そして、過剰に熱された血液によって、出生図の持ち主はひどい高熱を患うと考える。それゆえ、先程の夏には、慎重に食生活を送るべきである。そして、１６５４年４月に、血液は調整される。飲酒や過食をしてはいけない。もし病気が暴飲暴食によって引き起こされるなら、翌日に嘔吐するのが一番であることに疑いはない。また、これは遺言で譲られた土地の区画や物品に関して、出生図の持ち主と友達との間に強い対立があることを意味する。訴訟、多くの女性から嫌われること、目の痛みや、涙がしたたる事などを意味する。栗毛の馬からの落下に注意すること。

３８歳のレボリューション*

*レボリューション図は８４３ページ。
*プロフェクション図は８４３ページ。

火星はアセンダントにあり、そして、月は山羊座にあって、火星があることでアフリクトされる。この時、土星はラディックスでの８ハウスの度数に移り、パート・オブ・フォーチュンは土星とコンジャンクションで、土星は獅子座でディグニティがない。この時、出生図の持ち主は遺言で譲られた遺産を騙し取られ、支払いで遺産を浪費してしまう。このレボリューションは、土星が弱いということと、パート・オブ・フォーチュンをアフリクトしていることと、ドラゴンテイルがラディックスでのパート・オブ・フォーチュンがある位置の乙女座にあるという理由から、財産に関して悪い意味を持つ。

けれども、財産の損失よりも、財産が増えるという根拠の方が多い。なぜならば、木星と太陽は9ハウスと2ハウスでトラインになり、金星はアセンダントをセクスタイルでビホールドし、火星に対してもまたそうだからである。また、ドラゴンヘッドは魚座にあり、2ハウスにある。そして出生図の持ち主は何らかの方法で裏切られることがあるだろうが、一般的に、レボリューションと年間のディレクションの位置は、フォーティチュードにおいては凶作用の照射を凌駕する。このようなことから、私たちの出生図の持ち主は幾分損失を被るだろうが、それでも、出生図の持ち主の利益は損失よりも上回ることが期待できるだろう。一般的に、出生図の持ち主の健康だけが、この年の始まりから最も心配されるだろう。結論としては、プロフェクションで月の位置が蟹座であることにおいて、月の意味する良い望みがある。その他の点においては、私はこの年ロンドンに住むことは安全ではないと分かる。なぜならば、プロフェクションでの土星は双子座にあり、（ディレクションの）太陽と月のオポジションは射手座と双子座にあるからである。しかし、これについては出生図の持ち主の判断に任せるとしよう。出生図の持ち主はロンドンで伝染病が広まり始めるのを知っていて、一般的には悪い運命や、またこの時の特に悪いディレクションによる病気で苦しまないように、この年シティから避難するに違いない。

39歳のディレクション（1654年9月19日から始まり、1655年9月に終わる）

- 金星が蠍座の11ハウスのカスプへ　10月12日
- 金星が射手座の木星のタームへ　10月12日
- パート・オブ・フォーチュンが蠍座のMCへ　12月18日
- アセンダントが魚座のドラゴンヘッドのコンジャンクションへ　2月19日
- MCが射手座の木星のコンジャンクションへ　1655年4月16日
- パート・オブ・フォーチュンが蟹座の木星のコントラアンティションへ　5月23日
- 火星が天秤座の月のセスクイクオドレート／セスクイスクエア135度のアスペクトへ　6月3日
- 月が蟹座の火星のセミセクスタイル30度のアスペクトへ　6月10日
- 土星が双子座の太陽のトレデサイル／セスクイクィンタイル108度のアスペクトへ　7月5日
- 金星が射手座の火星のトラインへ　7月11日
- 水星が射手座の水星のセクスタイルへ　7月11日

　前年の太陽が月のオポジションへ来るという凶作用の進行がどのようなことを意味したとしても、部分的に凶作用は減るようである。しかし、この年が始まるまでは全体的には避けられない。金星が11ハウスのカスプと、木星のタームに来るので、医療のお陰で身体が回復したり、新しい、身分の低くない友人と知り合うことの前兆となる。しかし、先程のディレクションやレボリューションの欠点は、パート・オブ・フォーチュンがカルミネートの度数と幸運にも出会うことで、十分に補われる。1654年2月に、アセンダントが魚座のドラゴンヘッドに来て、

１６５５年４月に、ＭＣが射手座の木星とのコンジャンクションに来る。

パート・オブ・フォーチュンの、ＭＣへのディレクションによって意味されることは、７０７ページを参照し、アセンダントがドラゴンヘッドへ来ることについては、６６４ページを参照すること。そして何より、ＭＣが木星自体へ来ることについては、６６９ページを参照のこと。

この時出世図の持ち主は数年間のために備えるべきである。パート・オブ・フォーチュンが木星のコントラアンティションに来るが、木星的な人物とのお金に関する些細なことについて、ほんの小さな妨害がある程度である。

また、火星が天秤座の月のセスクイオドレート／セスクイスクエア（１３５度のアスペクト）に来るので、損害が少しあったり、海外から悪い知らせがあることを意味するだろう。しかし、月が火星のセミセクスタイル（３０度のアスペクト）に来るので、やがて良い便りが届くだろう。そして、土星が太陽のトレデサイル／セスクイクィンタイル（１０８度のアスペクト）に来て、金星が火星のトラインに来る。そして、水星が水星自身のセクスタイルに来る。これらすべては大きな成功をする年であることを意味し、大きな行動をし、財産を手に入れ増やすだろう。３つのハイレグの位置が安らかなプロミッターへ来るという、先程の吉作用のディレクションは強い。それゆえ、先程のディレクションで私たちが判断した前述の位置において約束される幸せ（つまり、出生図の持ち主の能力に見合った幸せ）は保証されるのである。

３９歳のレボリューション、つまり１６５４年で太陽がラディックスの太陽の位置へ戻ってくる時*

*レボリューション図は８４４ページ。
*プロフェクション図は８４４ページ。

アセンダントのレディである金星はデトリメントで*、土星によってアフリクトされ、フォールにある。太陽は６ハウスにあり、月は火星から妨げられ、この頃、月は私が前年に予測した病気を強めるような土星から分離する。この時月は凶星から分離し、水星に接近する。水星はアセンダントにトラインのビホールドをするので、この頃、出生図の持ち主の体調が好転することを意味するだろう。木星がドラゴンヘッドの位置へ戻り、パート・オブ・フォーチュンがカルミネートし、水星、月、火星がそれとのトラインに接近しているので、幸運をもたらし、取引と人生において、私たちがこの年を幸福であると判断するのは適切である。火星は目に胆汁質の急激な涙などを引き起こす恐れがあるだろう。金星は土星によってアフリクトされ、月は火星によってアフリクトされるので、もし出生図の持ち主がこの時結婚しているなら、その妻は重い病気を患うことを意味するだろう。なぜならば、これらは一般的に女性を意味し、この時５ハウスで金星と月の両方が損なわれているからである。恐らく、これは出産時での危険を意味するだろう。プロフェクションは胆汁質の急激な状態と、心臓の痛み、腸にガスが溜まることを警告する。苦しむかもしれないが、出生図の持ち主は発熱することはないだろう。なぜならば、私は以前調べたことだが、アセンダントがドラゴンヘッドに来ると、出生図の持ち主の健康状態は保証され、そして、出生図の持ち主は全能の

神の恩恵によって、レボリューションやプロフェクションのあらゆる災難は避けられるからである。出生図の持ち主は健康のために、手遅れにならないよう、博識な内科医の助言をもらうこと。(レボリューションで) ドラゴンテイルは5ハウスにあり*、そして、ほぼ5つ以上の惑星がある。このことから、居酒屋、酒場、売春宿には警戒し、出生図の持ち主自身や友人の家でたくさん宴会を開くのも安全ではないだろう。ドラゴンヘッドは11ハウスにあり、実質的にはMCが木星へ来ることについての判断と同じ意味を含んでいる。すなわち、特権階級の人と出会い、身分の高い人物のいる省庁で、友人が増えたり、出世することを意味する。

木星がすべてを満足させることがなかったであろうか？

*デトリメントはある惑星が、自身の支配するサインと180度反対のサインにある状態のことであるが、ある惑星が、その惑星のエグザルテーションのサインと180度反対のサインにある状態のときを示す場合もある。
*原文はドラゴンヘッドとなっており間違い。

40歳のディレクション（1655年9月19日から始まり、1656年9月に終わる）

- アセンダントが魚座の太陽のクィンカンクス／インコンジャンクト150度のアスペクトへ　10月12日
- パート・オブ・フォーチュンが蠍座の木星のデサイル／セミクィンタイル36度のアスペクトへ　10月12日
- 木星が水瓶座の水星のタームへ　11月6日
- アセンダントが魚座の金星のクィンカンクス／インコンジャンクト150度のアスペクトへ　11月24日
- アセンダントが魚座の火星のバイクィンタイル144度のアスペクトへ　11月24日
- パート・オブ・フォーチュンが蟹座の月のデサイル／セミクィンタイル36度のアスペクトへ　1月18日
- 火星が天秤座のおとめ座のスピカへ　3月3日
- 木星が水瓶座の太陽のトラインへ　3月16日
- 太陽が射手座の水星のセクスタイルへ　3月21日
- 金星が射手座の月のオポジションへ　1656年4月3日
- 土星が双子座の金星のトレデサイル／セスクイクィンタイル108度のアスペクトへ　4月9日
- 火星が天秤座の9ハウスのカスプへ　4月15日
- MCが射手座の木星のコンジャンクションへ　5月3日
- 月が蟹座の月のセミセクスタイル30度のアスペクトへ　5月3日
- 水星が射手座のさそり座の心臓（アンタレス）へ　5月9日
- アセンダントが魚座の木星のタームへ　5月16日
- 木星が水瓶座の金星のトラインへ　5月28日
- パート・オブ・フォーチュンが蟹座の木星のコントラアンティションへ　5月29日
- 木星が水瓶座の木星のセミクオドレート45度のアスペクトへ　6月3日
- 火星が天秤座の水星のタームへ　6月5日
- パート・オブ・フォーチュンが蟹座の火星のタームへ　6月28日
- パート・オブ・フォーチュンが蟹座の金星のスクエアへ　8月10日

この年22個のディレクションが起こる。10月に、アセンダントが魚座の太陽のクィンカンクス／インコンジャンクト（150度のアスペクト）に来て、パー

ト・オブ・フォーチュンが蠍座の木星のデサイル／セミクィンタイル（３６度のアスペクト）に来るので、出生図の持ち主の健康と財産の単に小さな意味を持つ。木星が水星のタームに来て、あるいは、アセンダントが金星のクィンカンクス／インコンジャンクト（１５０度のアスペクト）や（火星の）バイクィンタイル（１４４度のアスペクト）に来るので、この世の中の事柄に活動的で、慎重であるということだけが意味される。そして、金星的な商品と、火星的な商品を取り扱ったり、金星的で火星的な体型と背丈の人物によって、財産が増えることを意味する。なぜならば、両方のプロミッターは魚座にあるからで、それによって、新しい公職に就いたり、出生図の持ち主の評判はより広がるだろう。なぜならば、火星は１０ハウスのロードだからである。

また、出生図の持ち主は火星的な人物や、大いに重んじられている行政長官と知り合うことが増える。パート・オブ・フォーチュンが蟹座の月のデサイル／セミクィンタイル（３６度のアスペクト）に来る。そして、火星が天秤座にあるおとめ座のスピカに来て、木星が太陽のトラインに来て、太陽が水星のセクスタイルに来る。これらは吉作用があり、名誉、名声、家財その他のいろいろなものを手に入れることが期待できるディレクションである。そして、これらによって、太陽的な人物と、木星的な人物の両方と売買したり、取引したり、商売することが助長される。そして、火星がおとめ座のスピカに来るので、西と南の方角の場所で十分に成功する根拠となると私は思う。しかし、太陽が水星のセクスタイルに来るので、勘定、取引について、そして、知的な法廷代理人、秘書、代書人やそのような人たちと争い、少しの間出生図の持ち主は悩むだろう。けれども、前述の多くのディレクションは、書類に関することで出生図の持ち主が不利になることを取り除くだろう。しかしながら、金星が月のオポジションに来るので、喜べない。なぜならば、外国人によって、中傷するような文書が出され、出生図の持ち主の評判は落とされるからである。１６５６年４月に、土星が金星のトレデサイル／セスクィクィンタイル（１０８度のアスペクト）に来るので、中傷した人と和解する。しかし、火星が９ハウスのカスプに来るので、西の方角へ旅行したり、妻の親戚と争うことを意味する。これらは影響力がないように思える。なぜならば、ＭＣが木星に来るといった最高のディレクションにすぐに続いていくからである。そして、１６５６年５月に、月が月自身のセミセクスタイル（３０度のアスペクト）に来るので、本書６６９ページを基に予測した前年のように、まるで神の祝福が出生図の持ち主に降り注ぐかのようなことがある。ＭＣが木星に来るので、通常、この世界で人が得られる最も大きな昇進があったり、評判、名誉、公職、行政長官の職、仕事での報酬や成功を新たに手に入れる。１２ハウスにある木星の配置は、実際には、その利益をいささか少なくしたり、あまり信用されなくなることを意味する。しかし、疑いなく、この時期における世間での出生図の持ち主の生活と暮らしの状態と性質に従って、このディレクションが続いている間、出生図の持ち主は昇進する。水星が１１ハウスのさそり座の心臓（アンタレス）に来ることによって、昇進の大きさは増大する。この時、もし王が生きているなら、宮廷で演説するだろう。

水星は出生図の持ち主に妻の母か父から財産を譲られることを意味する。それについて、力強く議論するのは良いことである。なぜならば、このとき、木星が水瓶座の金星のトラインに来るので、神の恩恵があるからである。これらのアスペクト

が２ハウスにあり、不動サインにあるので、木星的な人物と金星的な人物によって、恐らく、妻の兄弟や親戚から、出生図の持ち主は宝石、家財道具、お金などを十分なほどたくさん与えられ、増やすだろう。パート・オブ・フォーチュンが木星のコントラアンティションに来るので、衣服、商品やお金に関して、紳士や聖職者を信用することで、出生図の持ち主の蓄えは少なくなり、そして、彼らに歪んだ嫌悪感を持つだろう。なぜならば、彼らは借りるが、返さないからである。木星が木星自身のセミスクエア／セミクオドレート（４５度のアスペクト）に来ることがこれを意味していると私は考える。火星が水星のタームに来て、パート・オブ・フォーチュンが火星のタームと金星のスクエアに来るので、要するに、勘定に不正があったり、これまで信用し、誠実だと思っていた人物が不正を行い、出生図の持ち主は再び悩むだろう。しかし、パート・オブ・フォーチュンが蟹座の金星のスクエアに来るので、妻の血縁者の誰かに変動があって、不正を行うことを意味するが、重大事にはならない。要するに、この年は前年に似ている。出生図の持ち主が力強く行動するように前もって言っておく。そして、この世界で目的を持って動き出したり、投機したり、危険を冒そうとし、それに応じて利益が増えることが予測される。

　ディレクションが非常に多いので、私はこの４０歳のレボリューション*とプロフェクション*の両方の図の説明を意図的に省略してある。

　　＊レボリューション図は８４５ページ。
　　＊プロフェクション図は８４５ページ。

４１歳のディレクション（１６５６年９月１９日から始まり、１６５７年９月に終わる）

- アセンダントが魚座の土星のセクスタイルへ　１０月２３日
- パート・オブ・フォーチュンが蟹座の太陽のスクエアへ　１１月２３日
- パート・オブ・フォーチュンが蟹座の７ハウスのカスプへ　１１月２３日
- 太陽が射手座のさそり座の心臓（アンタレス）へ　１月１８日
- パート・オブ・フォーチュンが蠍座の水星のセミスクエア／セミクオドレート４５度のアスペクトへ　１６５７年７月３日

　前年、出生図の持ち主の行動と取引が上手くいくにせよ、いかないにせよ、前年のディレクションは、この４１歳における障害の原因や問題となる。１６５６年１０月、この時アセンダントが土星のセクスタイルに移動するので、健康状態は普通で、真面目な人物との付き合いが多いことや、土地、賃貸やそのような物事について、動きがあったり、契約したりすることを意味する。これは繁栄しないというディレクションではない。なぜならば、土星は出生図でアセンダントと２ハウスのロードなので、土星的な物事と人物と関わることで利益になるだろう。１１月に、パート・オブ・フォーチュンが太陽のスクエアに来て、７ハウスのカスプに来る。７ハウスは本来訴訟と争いを意味する。ここから推測するのは、出生図の持ち主は、財産や亡くなった債権者から借りたお金について、太陽的な人物との間で多くの訴訟が起きたり、口論したり、多くの不快な苦しみがあるだろうということである。これらの争いは双方が断固として行うようである。

なぜならば、このディレクションはアングルと活動サインにあるからである。妻に関する何かしらのことで、挑発的なことが多くあったり、訴訟が多く起きたり、恐らく、遺産が彼女に遺贈されるであろう。しかし、そうであっても、これらは不穏な流れである。太陽が１１ハウスのさそり座の心臓（アンタレス）に来るので、私たちの出生図の持ち主は、名誉や、評判を得て、あらゆる敵に勝利し、征服する。しかし、健康に気を付けなければならないことを忠告する。なぜならば、このディレクションでは、通常、ひどい発熱があることを意味するからである。落馬によって、右目が危険にさらされてはいけないので、１月の間ずっと、馬術を避けた方が良い。

689ページ*参照。

　＊原書は６６９ページとなっているが、６８９ページの間違い。

パート・オブ・フォーチュンが水星のセミスクエア／セミクオドレート（４５度のアスペクト）に来るので、私たちの出生図の持ち主は使用人の勘定などを確認するのに忙しいことを意味する。

レボリューション*

　＊レボリューション図は８４６ページ。
　＊プロフェクション図は８３４ページ。

金星は金星自身のハウスにあり、コンバストから分離し、ラディックスでの金星の位置から少し離れていることが分かる。水星は金星とコンジャンクションである。これは気質が正常で、過剰な体液がないという身体の状態を表している。なぜならば、月が太陽、金星、水星、そして、木星とトラインにあるからである。出生図の持ち主に最も懸念されることは、２ハウスのロードである火星が１２ハウスにあり、土星とのコンジャンクションに近く、（ディレクションで）パート・オブ・フォーチュンが太陽のスクエアに来るのと同時に起こっていることである。いわば、悪い債務者や債権者などによって、その財産の多く、もしくは、一部分は、留保されたり、動かせなくなるだろう。この年、出生図の持ち主は交渉において火星的な人物に注意しなければならない。このことは要するに、この年意味される事のすべてである。ただし火星がレボリューションで７ハウスのロードなので投獄されることで破産してしまうこと、つまり、債権者が出生図の持ち主を騙すために投獄を訴えるという意味はある。

４２歳のディレクション*
（１６５７年９月１９日土曜日から始まり、１６５８年９月に終わる）

　＊レボリューション図は８４６ページ。
　＊プロフェクション図は８３５ページ。

- パート・オブ・フォーチュンが蠍座の火星のトレデサイル／セスクイクィンタイル１０８度のアスペクトへ　９月２３日
- 木星が水瓶座の土星のスクエアへ　９月２９日
- 火星が天秤座の木星のセクスタイルへ　１０月１６日
- 金星が射手座の水星のセクスタイルへ　１１月４日
- 土星が双子座の土星のタームへ　２月４日
- 水星が射手座の太陽のセクスタイルへ　３月２０日

- 月が蟹座の水星のスクエアへ　１６５８年４月２５日
- 水星が射手座の金星のセクスタイルへ　６月２６日
- ＭＣが射手座の土星のセスクイクオドレート／セスクイスクエア１３５度のアスペクトへ　８月２１日
- 金星が射手座のさそり座の心臓（アンタレス）へ　９月２日

　前年の凶作用のディレクションの影響力が、この年部分的に続いていることを除けば、この年は成功する年ではないというような否定的な根拠は見当たらない。なぜならば、９月に、パート・オブ・フォーチュンが蠍座にある火星のトレデサイル／セスクイクィンタイル（１０８度のアスペクト）に来ることは、火星的な商品によって、利益を得るような有益な売買契約と特権階級の火星的な人物を意味する。木星が土星のスクエアに接近するので、出生図の持ち主は憂鬱質になる傾向があるだろう。そして、出生図の持ち主は土星的な人物と財産に関して、木星的な知人を使って争い、それは法廷で論争することになるだろう。もし１０月に、身分の高い紳士が争わないと決心するなら、それは火星が木星のセクスタイルに来ることで表される。また、出生図の持ち主の心は元気になり回復し、共和国での多くの評判を手に入れたり、海外からの利益を手にする。もし出生図の持ち主が衣服や金星的な宝石を取り扱うなら、１１月に、金星が水星のセクスタイルに来るので、これまでの行ないに起因する神の恩恵が増えたり、使用人から信頼できる取引を依頼されることを意味する。そして、土星が土星自身のタームに来るので、傷つくことはない。しかし、私たちの出生図の持ち主はこれまでよりお金に対して、慎重で、控えめになったり、歴史と神学に励み、精通するようになる。水星は太陽のセクスタイルに出会うので、故人の遺品を購入したり、抵当にしたり、新しく遺産にしたり、調査することを意味する。そして、すぐに、出生図の持ち主は不適切な文書や、厄介な問題、不当な妨害といった複雑な関係に巻き込まれていることに気が付く。月が水星のスクエアに来ることによって、出生図の持ち主に対して、何かしらの偽造や、偽の文書が作られる。そして出生図の持ち主は不正な中傷をする文書や、取引や、書類に悩まされたり、水星的な人物などに苦しめられる。しかし、６月に、水星が金星のセクスタイルに来るので、出生図の持ち主の状況は穏やかになり、真実が発見され、私たちの出生図の持ち主に本来の満足感が戻る。そして、ＭＣが土星のセスクイクオドレート／セスクイスクエア（１３５度のアスペクト）に来るので、土星的な人物と司法官への賄賂によって、物事はゆっくり進展していくだろう。去年のディレクションの悪さは強く、この年まで消し去ることは難しい。そして、偶然起こる不幸は最後に生じると私は思う。１６５８年９月２日に、金星がさそり座の心臓（アンタレス）に来るので、私の判断では、出生図の持ち主の評判と満足したことは最終的に、すべて争いで終わる。ラディックスでの金星は４ハウスのレディで、出生図のアルムーティンである。そしてこの年のレボリューションにおいて、ドラゴンヘッドはアセンダントにあり、アセンダントのロードである木星は自身のエグザルテーションにある。土星は２ハウスのロードで、天秤座にあり、そして、火星は１１ハウス、１２ハウス、４ハウスのロードで牡羊座にある。土星がコンバストなので、しばらくの間、出生図の持ち主はお金、動産、土地を動かせないことを意味する。

そして、ドラゴンテイルが月と共にあるので、私が述べた中傷と、予測できるであろう論争がある。しかし、めぐって来たプロフェクションでは、すべて良い状態で、土星は天秤座にあり、火星は山羊座にあり、金星は魚座にある。すなわち、3つの惑星はこれらのエグザルテーションにある。すべてが意味することは、財産上の不幸が出生図の持ち主にあるだろうが、予測としては、出生図の持ち主は災難の恐れを克服するだろう。ほとんどの惑星が非常に優勢で、とても強く、エッセンシャル・ディグニティが強いからである。

43歳のディレクション（1658年9月19日から始まり、1659年9月に終わる）

- 火星が天秤座の火星自身のタームへ　10月9日
- アセンダントが魚座の水星のタームへ　11月9日
- 太陽が射手座の太陽自身のセクスタイルへ　11月28日
- 土星が双子座の木星のオポジションへ　12月29日
- パート・オブ・フォーチュンが蠍座の水星のタームへ　1月15日
- 土星が双子座の木星のオポジションへ　2月16日
- 太陽が射手座の金星のセクスタイルへ　3月6日
- 水星が射手座の金星のタームへ　1659年6月19日
- 木星が水瓶座の金星のタームへ　7月8日
- パート・オブ・フォーチュンが蠍座の太陽のセミスクエア／セミクオドレート45度のアスペクトへ　7月20日
- 火星が天秤座の月のバイクィンタイル144度のアスペクトへ　8月1日
- MCが射手座の火星のバイクィンタイル144度のアスペクトへ　8月14日
- アセンダントが魚座の火星のセスクイクオドレート／セスクイスクエア135度のアスペクトへ　8月26日

　火星が天秤座の火星自身のタームに来るので、背中の腰の部分や腎臓に熱を生じ、排尿が困難になったり、胆汁質で腸にガスが溜まることで便通が妨げられる。しかし、アセンダントが魚座の水星のタームに来るので、精神は活気付き、出生図の持ち主は元気になる。活動的で活発なので負債と借りているお金を返済するようになる。すぐ11月に、太陽がラディックスでの11ハウスの太陽自身のセクスタイルに来て、太陽自身のトリプリシティと、木星のハウスに来るので、偉大な君主に仕える使用人と役人によって、多くの名誉を得て昇進するだろう。そして、君主のいる宮廷を良く知るのに適した相応しい時期である。しかし、12月に、土星が双子座の木星のオポジションに来るので、多くの人々や身分の高い人物が妬み、陰険に、悪意を持ってずるがしこい手段をとる。そして、出生図の持ち主の前述の昇進の妨害をする。出生図の持ち主自身の使用人や、使用人の性質をもつような雇用人、もしくは、身分と地位の低い人物がひどく裏切ることを意味する。

　このディレクションでは、血液は少し冷やされ、腸内にガスが溜まり、憂鬱な妄想が沸き起こり、これらによって、数週間の間、出生図の持ち主には喜ぶこと

がない。パート・オブ・フォーチュンが水星のタームに来るが、出生図の持ち主に関することで告訴されることに気を付けなければならないことを意味する。そして、１６５８年２月に、再び土星が黄緯ありの木星とのオポジションと出会う。それが原因で、これまで付き合って来た友人によって、出生図の持ち主は入り組んだ、聞いたことがないような極めて悪い問題に巻き込まれる。しかし、太陽が金星とセクスタイルに来るので、出生図の持ち主の心は多くの喜び事によって再び満たされ、落ち込んだことは、すべて、喜びや、有益なことへと変わって行く。そして、もし出生図の持ち主がこの時結婚していないなら、疑いなく、出生図の持ち主は活発で、育ちの良い貴婦人を得る。あるいは、高位で利益ある昇進をしたり、公職に就く。あらゆる場所で、一般的で大きな評価を手に入れたり、成功による報酬や売買契約で成功する。そして、恐らく、出生図の持ち主は西の方角へ旅行するだろう。この時、疑うことなく、出生図の持ち主に仕事を続けさせること。すると、神が与えた才能によって、出生図の持ち主は仕事を大きくし、金星的な商品で繁栄するだろうと私は考える。１６５９年６月に、水星が金星のタームに来るので、いわゆる水星的な意味を持つ使用人は信用できる人になる。そして、７月に、木星が金星のタームに来るので、身体の調子は整い、良い気質となるが、成果は現れない。パート・オブ・フォーチュンが太陽のセミスクエア／セミクオドレート（４５度のアスペクト）に来るが、出生図の持ち主の幸せは妨害されない。太陽的な債権者によって、これまでの顧客が少し減ったり、行政長官と口論することを意味する。しかし、火星が月のバイクィンタイル（１４４度のアスペクト）に来て、ＭＣが火星のバイクィンタイル（１４４度のアスペクト）に来るので、火星的な状態の人物と、一般の大衆からより高い評価を受けることを意味する。そして、それは出生図の持ち主にとって、火星的な昇進があることを意味するだろう。しかし、１６５９年８月に、アセンダントが火星のセスクイクオドレート／セスクイスクエア（１３５度のアスペクト）に来るので、昇進する時に小さな障害や誰かの悪意があることを意味するが、昇進を妨害することはできない。

１６５８年９月１９日６：３８ＰＭ、太陽がラディックスの太陽の位置へのレボリューション*

*レボリューション図は８４７ページ。
*プロフェクション図は８３６ページ。

一般的に、私たちは根本的に吉星が配置されるハウスから幸運を予測する。私たちはこの年、７ハウスをその役割とする。７ハウスでは、月、そして、レボリューションでのアセンダントのロードである金星の両方がある。木星は５ハウスにあり、木星自身のトリプリシティにあり、木星は太陽と火星とセクスタイルで、ロング・アセンションのサインにある金星と月とスクエアである。これはトラインと同等である。これらは年間のディレクションの判断と一致するので、もし出生図の持ち主が結婚していないなら、出生図の持ち主は再び結婚式を挙げ、持参金から利益を手に入れるだろう。なぜならば、木星は獅子座にあり、ドラゴンヘッドは７ハウスにあり、月は木星のスクエアから分離し、金星とのコンジャンクションに来るからである。恐らく、木星が５ハウスにあるので、この年（能力があれば）

息子を持つことが約束される。しかし、私たちは悩みがあることもまた予測すべきである。なぜならば、太陽は火星とコンジャンクションだからである。そして、それによって、アフリクトされ、発熱の症状があったり、見えない敵や、火星的な悪い使用人に非常に苦しんだり、腎臓に発熱があったりする。なぜなら火星はインターセプトの牡羊座の１２ハウスを支配し、７ハウスのロードだからである。そして、これは実際の現実的な危害よりも、むしろ精神的な苛立ちを意味する。なぜならば、木星は火星、太陽の両方に友好的なパーティルのセクスタイルで、ラディックスでのアセンダントのロードである土星は、この時エグザルテーションにあるからである。また、出生図の持ち主の蓄えは少し減るようである。なぜならば、ドラゴンテイルは２ハウスのサインにあるからで、そのような疑いがある。恐らく、天秤座の太陽と火星は前述の判断を強めるので、出生図の持ち主の体内に石ができたり、腰の部分や腎臓に痛みがあるだろう。めぐって来たプロフェクションでは、（ラディックスでの）７ハウスのサインがアセンダントにあるので、身分の低い月的な敵を生じる。そして（簡単に言うなら）結婚の望みがあるが、出生図の持ち主の財産に関して、火星的か、赤毛の人物を信用することに強く警戒し、注意すること。ここでは、恐らく、下層階級の債権者が出生図の持ち主を刑務所に入れることを意味するだろう。なぜならば、（プロフェクションで）木星は双子座にあり、この年のディレクションにおいて、土星は木星とオポジションだからである。この年私は木星的な人物を取引するのに有望な人としてあまり勧めない。

４４歳のディレクション（１６５９年９月１９日月曜日から始まり、１６６０年９月に終わる）

- ＭＣが射手座の火星のタームへ　９月２１日
- パート・オブ・フォーチュンが蠍座の金星のセミスクエア／セミクオドレート４５度のアスペクトへ　９月２７日
- 水星が黄緯ありの射手座の月のオポジションへ　１月２８日
- パート・オブ・フォーチュンが蠍座の木星のセミセクスタイル３０度のアスペクトへ　２月３日
- パート・オブ・フォーチュンが蟹座の水星のスクエアへ　２月９日
- 太陽が射手座の金星のタームへ　３月６日
- 水星が射手座の土星のクィンカンクス／インコンジャンクト１５０度のアスペクトへ　１６６０年５月２５日
- 木星が水瓶座の月のトレデサイル／セスクイクィンタイル１０８度のアスペクトへ　７月１３日
- 金星が射手座の太陽のセクスタイルへ　７月１９日
- 太陽が射手座の月のオポジションへ　７月２５日
- 木星が水瓶座の月のコントラアンティションへ　８月１３日

この年に入ると、出生図の持ち主は身分の高い人物と小競り合いが始まり、友人だと思っていた人が実は敵だったと分かる。これはメディウム・コエリが火星のタームに来ることから明らかである。

パート・オブ・フォーチュンが金星のセミスクエア／セミクオドレート（４５度のアスペクト）に出会うので悪くはなく、その争いを和解させる金星的な友人によって、先程の争いは減り、落ち着くことになる。しかし、多くの物事に活動的になるなら、善と悪が調和した行動が期待される。この時、水星が月とのオポジションに来るので、法廷での新しい訴訟があり、出生図の持ち主は多くの人を訴訟に巻き込む。そして、出生図の持ち主は取引について、出生図の持ち主の使用人と債権者との間で多くの問題を引き起こす。誰かがでっち上げたり、文書の偽造や間違いがあったり、借金を拒まれる。そして、悪い知らせが海外や遠い場所からやって来る。しかし、財産の大きな損失へとは続かない。なぜならば、２月に、パート・オブ・フォーチュンが木星のセミセクスタイル（３０度のアスペクト）に来るからで、目に見える損失はなく、出生図の持ち主は穏やかになり、良い希望を持てる。しかし、すぐに、パート・オブ・フォーチュンが水星のスクエアに来るので、水星的な人物から損害を受けたり、悪い債権者によって、財産が無駄にされたり、浪費される恐れがある。取引に間違いがあったり、文書偽造罪や偽証罪、多くの論争、お金に関する訴訟が推測される。しかし、太陽が金星のタームに来るので、私たちの出生図の持ち主は健康な状態を維持し、勝利を望み、最後に勝利する。

　１６６０年５月に、水星が土星のクィンカンクス／インコンジャンクト（１５０度のアスペクト）に来るので、出生図の持ち主は真面目で、冷静で、控えめになる傾向がある。高齢の人々の決済を完璧にし、出生図の持ち主は満足感を得る。木星が月のトレデサイル／セスクイクィンタイル（１０８度のアスペクト）に来るので、成功することが増え、隣人に愛され、評判が上がるが、結果的に争うこととなる。このアスペクトは財産などを与えるだろう。次に、金星が太陽のセクスタイルに続くので、身分の低くない知人と友人を新しく得る。そして、世間的な大きな幸せが約束され、出生図の持ち主は非常に満足し、とても好かれるだろう。

　しかし、まるでこの人生に安定した幸せがないかのように、７月の終わりに、太陽が月のオポジションと出会うので、これは出生図の持ち主の健康と体質においてひどい病気があることを意味し、血液は熱され、ひどい高熱を生じ、目に痛みがあることを意味する。悪いことは単独でほとんど来ないので、出生図の持ち主に反対する多くの身分の高い人物が現れたり、友人が出生図の持ち主を見捨てたりする。そして、彼らは信頼の点において出生図の持ち主に不正を働き、信用して、任せていたお金や蓄えを奪われる。出生図の持ち主と妻との間に多くの嫉妬が生じたり、多くの様々な訴訟があったり、心と身体の両方に多くの苦しみや痛みがある。前述の金星が太陽のセクスタイルに来ることは、これらの不幸を幾分少なくする。しかし、この凶作用のディレクションに先行して来ており、後に来ないので、その不運を完全に取り去ることはできない。木星が水瓶座の月のコントラアンティションに来るので、このアスペクトを弱めるよりもむしろ強める。しかし、ここで意味されることは、健康よりもむしろ財産についてである。

４４歳のレボリューション*（１６５９年９月１９日月曜日）

＊レボリューション図は８４７ページ。
＊プロフェクション図は８３７ページ。

　アセンダントのロードである太陽がアセンダントとセクスタイルなので、出生図の持ち主は適切な節度をもって、健康になろうと努力するようなことがある。獅子座は１ハウスと２ハウスを所有するので、私たちの出生図の持ち主は自分自身をしっかり保てば、ディレクションが意味するような全体的な損失はない。
　火星は１１ハウスにあり、ドラゴンテイルは１０ハウスにあるので、明らかに言えることは、出生図の持ち主にとって火星的な人物は不幸を呼ぶ友人や知り合いだろう。出生図の持ち主は非常に注意すべきである。なぜならば、彼らは非常に信頼できないからである。木星が２ハウスにあるので、出生図の持ち主はどこでも親しくし、この時木星は４ハウスの土星とセクスタイルなので、土地を購入することがあるだろう。これは良いことであり、安全に取引される。ルミナリーは両方安全な状態で、かつ、妨げがない。月の光の輝きは増していく時で、パート・オブ・フォーチュンとほとんどコンジャンクションにある。これらは、（ディレクションで）１６６０年７月に起こる太陽が月のオポジションに来る悪さを抑える助けになるだろう。６月、７月と８月に、激しい動きや行動を起こさないこと。転落して右肩を怪我してはいけないので狩猟や乗馬などに気を付けること。そして、このことについては、私はさらに警告する。なぜならば、私はレボリューションでの双子座に火星があるのと、プロフェクション図で射手座に土星があるのを見つけるからである。この２つのサインは進行において、アフリクトされている。出生図の持ち主の知り合いにはほとんど愛情がないだろう。プロフェクションでは、月の動きは速く、月はデトリメントである山羊座にあり、１１ハウスのレディである。それだけでなく、知り合いが腹黒いということも分かるだろう。なぜならば、ラディックスでは、月は７ハウスのレディだからである。この年私たちは射手座と双子座の２度か２度近くに凶星のトランジットがあるか注意深くよく調べなければならない。そして、これは最も危険な時期で、特に注意しなければならない日を示すだろう。

４５歳のディレクション（１６６０年９月１９日火曜日から始まり、１６６１年９月に終わる）

- アセンダントが魚座の月のクィンタイル７２度のアスペクトへ　１０月１４日
- 金星が射手座の金星のセクスタイルへ　１０月２６日
- アセンダントが魚座の金星のアンティションへ　１１月２０日
- 太陽が射手座の土星のクィンカンクス／インコンジャンクト１５０度のアスペクトへ　２月１４日
- 火星が黄緯ありの蠍座の土星のオポジションへ　３月５日
- アセンダントが魚座の火星のタームへ　１６６１年４月１７日
- 土星が双子座の土星のセミスクエア／セミコオドレート４５度のアスペクトへ　５月３０日
- 月が蟹座の７ハウスのカスプへ　７月１２日
- 月が蟹座の太陽のスクエアへ　７月１２日
- 火星が蠍座の火星のタームへ　８月３１日

まったく起こりそうにないことではないが、太陽が月のオポジションに来ることの悪い影響力は、むしろ１６６０年９月まで遅れて作用するだろうと私は判断する。なぜならば、この年間レボリューションにおいて、私はアセンダントに火星を見つけているからである。１０月に、アセンダントが魚座の月のクィンタイル（７２度のアスペクト）と出会い、金星が射手座の金星自身のセクスタイルに来て、１１月に、アセンダントが魚座の金星のアンティションに来る。これらのディレクションは、凶作用のディレクションの毒を無効にするので、出生図の持ち主の身体の健康面はすぐに回復し、卑しい人々の手にあり、危うかった財産は取り戻される。ここでは利益や収益があり、共和国で昇進することがある。この時期、宝石と珍しい品物を取り扱うのは良い。金星のアンティションは魚座であったし、金星はラディックスでのアルムーティンであったであろう。明らかに、このディレクションは、私たちの出生図の持ち主に関して多くの利益がある。この４５歳の年の前半に、出生図の持ち主は刺激を受け、奮起するので、北西などへの旅行を意味するだろう。２月に、太陽が射手座の土星のクィンカンクス／インコンジャンクト（１５０度のアスペクト）に来るので、私たちの出生図の持ち主は旧友に対して私情をはさまず決済し、以前貸していたお金について詮索する。

　１６６０年３月５日、火星が黄緯ありの天秤座の土星のオポジションに来るので、出生図の持ち主と親戚との間に多くの騒動があることを意味する。しかし、基本的にお金に関することで、その原因は明確である。なぜならば、このディレクションの度数はレボリューションでは２ハウスのカスプだからである。

　１６６１年４月に、アセンダントが火星のタームに来るので、出生図の持ち主に胆汁が生じたり、出生図の持ち主はお金を十分に得ることができないことに不満を抱いたり、困ったりする。これによって出生図の持ち主は自分に関することにいくらかだらしなくなる。終わりがどうなろうと気にしないようになるが、これは、土星が土星のセミスクエア／セミコオドレート（４５度のアスペクト）に来ることから意味される。しかし、この時怠惰になったり、臆病になったりする時期ではない。なぜならば、７月、月が同時に７ハウスのカスプに来て、太陽のスクエアにも来るので、私たちの出生図の持ち主には知力が備わる。そして、最初に注意することは、これらのディレクションでは、他の病気になる恐れがある。あるいはもし前述のディレクションが吉星の接近によって遅れているなら、これはより危険な意味を持ち、この時これら２つの不運な状況に入り込むだろう。暴飲暴食が原因で前述の病気になったり、生ものによって胃を冷やしたり、この時期はより不快な状態になる。しかし、７ハウスのカスプは快適さを意味する健康的な木星のタームにある。

もし出世図の持ち主の妻が亡くなっていないなら、この星々は出世図の持ち主に対して、理由なく多くの敵を生じる。そして、必ず自分自身について非常に注意しなければならない。なぜならば、これらのディレクションは西のアングルのカスプにあり、8ハウスのロードである太陽にパーティルのスクエアだからである。これは多くの人が思っている以上に非常に危険である。なぜならば、時々ディレクションがそのカスプへ接近することは、人の人生にとって破壊的で、致命的である。これは壊血病からの悪寒と発熱を意味する。もし用心深く予防していなければ、最初にその徴候が少なければ少ないほど、より危険な状態となるだろう。

8月に、火星が火星自身のタームに来るので、前述のディレクションが意味する悪さが大きくなり、先程の恐れついて2倍注意する必要がある。

４５歳でのレボリューション*

＊レボリューション図は８４８ページ。

太陽はアセンダントのカスプにあり、月は太陽のセクスタイルから分離し、アセンダントにある火星のセクスタイル*に向かう。そして、火星は7ハウス、8ハウス、そして、2ハウスのロードである。その結果、この年の始まりは悪くないようで、これまでの敵と和解することを意味する。そして、（ディレクションで）アセンダントが月のクィンタイル（７２度のアスペクト）に来ることによって、要するに、約束された幸運を助長する。それでも、火星は本質的に悪い影響を持つので、月のディレクションが作用している時、（レボリューションで）この時火星はアセンダントにあるので、胆汁や急な暴飲暴食が原因で、病気になったり体調が悪くなるだろう。土星の位置は2ハウスなので、これらの月のディレクションでは論争が起こる恐れがあり、世間での争いの原因はお金である。太陽と月とはほとんどパーティルのセクスタイルである。両方共にアンギュラーにあり、半球の上に上昇し、ドラゴンヘッドが2ハウスのカスプ近くにあるので、問題なく前述のディレクション、すなわち、月が7ハウスのカスプに来て、月が太陽のスクエアに来ることを和らげる。しかし出生図の持ち主は前もって困難に対して備えなければならない。そうすれば、出生図の持ち主は*星を支配する賢者*である。火星は中傷などを意味するだろう。

＊原書ではトラインとなっているが、セクスタイルの間違い。

めぐって来たプロフェクション*

＊プロフェクション図は８３８ページ。

土星はラディックスでのアセンダントのサインである山羊座に来て、木星は自身のトリプリシティである獅子座に来て、水星は双子座に、火星は牡羊座に、パート・オブ・フォーチュンは土星の位置に来る。これらはディレクションにおいて意味される事柄を非常に和らげる。なぜならば、ラディックスのアセンダントがこの時4ハウスにあり、そこに土星があるからである。これは土地や借家を購入し、利益を得ることを意味する。

４６歳のディレクション（１６６１年９月１９日木曜日から始まり、１６６２年９月に終わる）

- 金星が射手座の金星のタームへ　１０月２５日
- 月が蟹座の金星のスクエアへ　１１月１３日
- 金星が射手座の月のオポジションへ　１２月１４日
- 月が蟹座の金星のタームへ　１２月１９日
- アセンダントが魚座の木星のスクエアへ　１月２６日
- パート・オブ・フォーチュンが蟹座の月のセミセクスタイル３０度のアスペクトへ　２月１日
- 火星が蠍座の火星のスクエアへ　２月７日
- 月が蟹座の木星のコントラアンティションへ　１６６２年５月１３日
- 土星が双子座の火星のデサイル／セミクィンタイル３６度のアスペクトへ　５月２３日
- 土星が双子座の火星のタームへ　６月２３日
- 火星が蠍座の月のクィンカンクス／インコンジャンクト１５０度のアスペクトへ　７月５日
- アセンダントが魚座の金星のアンティションへ　７月１１日
- アセンダントが魚座の太陽のアンティションへ　８月２４日

　前年に月が太陽のスクエアに来るので、訴えを起こすような人や、厄介者、中傷する女性に関係した災難、もしくは、太陽的な病気などで出生図の持ち主は様々に苦しむだろう。しかし、前年にもし騒動が起こっていたなら、この年に苦しめた者たちはそのことに対する罰を受ける。金星が金星のタームに来ることがそれを意味している。そして、月は、トロピカルサイン*で活動サインにある金星のスクエアに来るので、貴婦人や上流階級の婦人とわずかな対立があるだろう。しかし、彼女を通じて、多くの利益を得たり、生活が楽になるだろう。そして、これは出生図の持ち主が健康的な状態であることを意味する。また、美しい上流階級の婦人を愛してしまい、お金を浪費することもあるだろう。明らかに、この４６歳の年の始まりには、４つの最初のディレクションが意味するように、出生図の持ち主は女性絡みのことに多く関係する。金星が月のオポジションに来るので、旧友の１人と絶交したり、女性問題の嵐が起こるだろうが、１２月に、月が金星のタームに来ることで再び落ち着くだろう。

　　*トロピカルサイン Tropical Signs：夏至点のある蟹座、冬至点のある山羊座を意味する。

　続いて、重要なディレクションがある、すなわち、アセンダントが木星のスクエアに来る。これは１２ハウスと２ハウスにおいてである。これは非常に強い。なぜならば、木星はラディックスにおいて強いからである。そして偶然にもそのアスペクトは木星自身のハウス両方にあり、木星が常にコシグニフィケーター*であるハウスにある。これによって、私たちの出生図の持ち主の人生において、多くの変化が生じ、出生図の持ち主は訴訟に巻き込まれたり、貴族階級、紳士階級、役人の紳士や出生図の持ち主がその時暮らしているであろう場所に住む人と争いが生じる。聖職者は出生図の持ち主に意地が悪く、十分の一税やそのようなものを増やすだろう。

　　*コシグニフィケーター Cosignificator：共通するシグニフィケーター。ハウスのコシグニフィケーターについては、２ハウスのコシグニフィケーターは牡牛座であり、木星である。第１書４９ページから５６ページ参照のこと。また、ある惑星が主要なシグニフィケーターの惑星とアスペクトやコンジャンクションすると、その惑星はシグニフィケーターが意味することをもたらすのを助けたり、助けなかったりする。そのために判断にその惑星を加えなければならず、その惑星をコシグニフィケーターとも言う。

紳士は名誉に関して争うだろう。しかし、確実に主となる一番の問題は、貴族や紳士階級の人がたぶんこの時出生図の持ち主に多くの借金をし、出生図の持ち主は蓄えるのに苦労する。そこで彼らに冷たくされるが、しかし、本質的に出生図の持ち主は勝利することを約束されていて、私たち自身が満足するような良い結果となる。１６６１年１０月に、私たちの出生図の持ち主は多くの血液を壊す余分な体液と、腸間膜の中にある粘液質の物を身体から排泄させたり、きれいにすることで健康を回復するだろう。時々このディレクションが来ると、疱瘡や、このような破壊的な病気を患う。早い内に身体や血液を清め、血液についての診断を受けるのが良い。なぜならば、すぐに、パート・オブ・フォーチュンが月のセミセクスタイル（３０度のアスペクト）に来るので、出生図の持ち主は利益を上げるために、多くの行動をし、多くの労働をするようになるからである。前述の木星の強さが助けにならないなら、出生図の持ち主は激しく反対されているのが分かるだろう。

　なぜなら裁判官や身分の高い行政長官が意図的に力ずくで出生図の持ち主の名誉と幸福を妨害するからである。火星が火星自身のスクエアに来て、不動サインから作用するので、ここでは、出生図の持ち主と兄弟や親戚との間に不幸な争いがあり、また、法廷での煩わしい訴訟が起こることを意味するようである。この時、火星的な人物や、赤毛や亜麻色の髪の毛の人物を信頼するのは適切ではない。ここでは、月が木星のコントラアンティションに来るので、恐らく、時を得ていなく、不穏な年であり、災難は他人の荷馬車から起こる。ここでは、知人と親友が離れて行くだろう。そして、このことはアセンダントが木星のスクエアに来ることの意味と二重になり、出生図の持ち主に対して大陸法と普通法両方の弁護士と、細かいあら探しをする法廷代理人が出生図の持ち主と敵対するだろう。どのような方法をとってでも、すぐにその状況を避けるべきである。

　５月と６月に、土星が火星のデサイル／セミクィンタイル（３６度のアスペクト）に来て、火星のタームに来る。出生図の持ち主はそのことにこだわり我慢しているが、状況は和らいで落ち着いて行く。そして、火星的な行政長官や人物からの支持を取り戻し、それによって、そしてまた火星が月のクィンカンクスに来ることが約束しているように、出生図の持ち主の仕事はさらに成功するだろう。しかし、７月に、アセンダントが金星のアンティションに移動し、そして、８月に、太陽のアンティションに来る。これは、*数多くたくさん働いた後、ラティウム**に向かうことを示しているだけである。苦労の後、目的はすべて達成され、波乱の多い年に勝利し、名を上げ、望むものを手に入れる。そして、これらの苦しい状況からでさえ、驚くべき昇進がある。

　　＊ラティウム Latium：ローマ帝国の首都ローマが建設された地方。

　この時、ディレクションには非常に害することがないことを知るべきである。これらのディレクションでは損失することよりも心が落ち着かないことなどが生じるだろう。

レボリューション*

*レボリューション図は８４８ページ。
*プロフェクション図は８３９ページ。

　私がこれについて単に言えることは、月が太陽とセクスタイルで、木星のセクスタイルに接近し、木星は１０ハウスのおとめ座のスピカの近くにあり、木星はアセンダントのロードで、２ハウスのロードである土星は１２ハウスにある。そして、土星は重い惑星（ポンデロス・プラネット）*で、お金に関する事柄は土星的な人物を頼りにすることを勧める。多くの人が出生図の持ち主が不幸になることを願ったり、出生図の持ち主を苦しめ、獄中か、そのようなところで死ぬようにする。なぜならば、火星と土星が８ハウスと１２ハウスでトラインだからである。あなたは８ハウスの火星が２ハウスとオポジションというのが分かるだろう。火星的な人物に再び注意しなけばならない。

*重い惑星（ポンデロス・プラネット）Ponderous Planet：大きくて重い惑星という意味。上位の惑星（火星・木星・土星）のこと。また、軽い惑星（ライト・プラネット）Light Planet は月、金星、水星のこと。

　プロフェクション図では、天秤座はアセンダントで、その年のレボリューションでは、天秤座はカルミネートするので、名誉を得たり、昇進することを意味する。そして土星は土星自身のジョイである水瓶座にあるので保護される。そしてハイレグのディレクションが意味する多くのことを完全に取り消す。いやしかし、木星、太陽と金星が年間のレボリューションにおいてエレベートし、土星はケーデントで、火星は力のないハウスにあるので、これまでの病気を和らげることを約束する。

４７歳のディレクション（１６６２年９月１９日金曜日５：５４ＰＭから始まり、１６６３年９月に終わる）

- 月が蟹座の月のクィンタイル７２度のアスペクトへ　９月２５日
- 金星が射手座の土星のクィンカンクス／インコンジャント１５０度のアスペクトへ　１０月６日
- アセンダントが魚座の土星のセミスクエア／セミクオードレート４５度のアスペクトへ　１２月１日
- 月が蟹座の木星のコントラアンティションへ　２月６日
- パート・オブ・フォーチュンが蟹座の火星のセミセクスタイル３０度のアスペクトへ　２月２５日
- 木星が水瓶座の水星のセスクイオドレート／セスクイスクエア１３５度のアスペクトへ　３月９日
- パート・オブ・フォーチュンが蠍座の土星のタームへ　１６６３年４月２８日
- 火星が蠍座の水星のセミセクスタイル３０度のアスペクトへ　６月１０日
- 月が蟹座の土星のセクスタイルへ　７月２９日
- アセンダントが魚座の土星のタームへ　９月１０日

　前年での最後の２つのディレクションはダブルボディサインにあるが、その影響が消えているということはありえない。月が自身のハウスの蟹座にある月自身のクィンタイル（７２度のアスペクト）に来るので、出生図の持ち主が取引する月的な人々や商人のような人から、または、海外への新しい方法による投機や、月的な商品によって、先程の影響が強まったり、将来の利益のためにより多くの物事が生じる。また、北西の方角への旅行を意味したり、航海を意味する。この方角に移動したりこういった航海をするのはいずれであっても良いことだが、私たちの出生図の持ち主は不安定な傾向がある。

金星が土星のクィンカンクス／インコンジャンクト（１５０度のアスペクト）に来るので、出生図の持ち主は土星的な人物によって、どちらが有利な状態かを決め、判断を固める。そして、１２月に、アセンダントが土星のセミスクエア／セミクオドレート（４５度のアスペクト）に来るので、出生図の持ち主は新たに疑いを抱き、恐れるだろう。そしてお金を自由に使うことに対して小さな障害があることに気付く。あるいは出生図の持ち主は土星的な性質に応じて疑い深くなる。そして、確かに、月が木星のコントラアンティションに来るので、木星的な友人は出生図の持ち主を助けることができる立場にいるにもかかわらず、数多く裏切ることを意味する。しかし、そのコントラアンティションがアングルにあるとはいえ活動サインにあるので、問題となるのは発熱であろう。しかし長くは続かない。なぜならば、同じサインにパート・オブ・フォーチュンが火星のセミセクスタイル（３０度のアスペクト）に来るからである。この年のレボリューションにおいて、火星は友好的なので、私たちの出生図の持ち主は火星的な人物によって、必要なものを貰ったり、火星的な物事によって、出生図の持ち主の悩みは減るだろう。３月に、木星が水星のセスクイクオドレート／セスクイスクエア（１３５度のアスペクト）に来るので、出生図の持ち主は使用人の取引について調べたいと思うようになる。すなわち、請求書、証書などについてである。そして、それは上手くいき、時を得ているだろう。パート・オブ・フォーチュンが土星のタームに来るので、再び、私たちの出生図の持ち主への支払いは遅くなる。つまり、出生図の持ち主が不足した物を早く手に入れられない。しかし、火星が水星のセミセクスタイル（３０度のアスペクト）に来るので、水星的な人物や法廷代理人によって、迅速に素早く不足した物を手に入れられることが約束されるようである。

　７月に、月が土星のセクスタイルに来るので、出生図の持ち主は遺産を貰ったり、高齢の貴婦人の死によって財産が増えることを意味する。そして、出生図の持ち主は暮らしている場所で最も勇敢で身分の高い人物の間で、多くの尊敬を集め、結論としては、この年に神の恩恵がある。その結果、あらゆる隣人と友人は出生図の持ち主を喜ばせるが、共和国での官庁の職員はあまり喜ばないようである。なぜならば、アセンダントが土星のタームに来るからである。

レボリューション*において考慮される多くの物事

＊レボリューション図は８４９ページ。
＊プロフェクション図は８４０ページ。

　この時、ラディックスでのアセンダントの度数はカルミネートしており、そこにパート・オブ・フォーチュンがある。月は（ラディックスでの）土星の位置に来て、２ハウスのロードである水星は（ラディックスの）自身の位置に来る。金星はラディックスでのドラゴンテイルの位置に来て、木星はラディックスでのカルミネートの度数に来る。そして、アセンダントのロードである火星は蠍座にある。これらのディレクションは一致して、この年、何らかの苦労があったり、病気の危険があることを意味する。使用人に注意しなければならないが、名誉を得たり、昇進したり、遺産を手に入れることを意味する。なぜならば、４ハウスのレディである月が牡牛座にあり、アセンダントにあるからで、老婦人や貴婦人からの恩恵があることを強める。

めぐって来たプロフェクションで約束されることはほとんどない。しかし、地位は約束される。なぜならば、蠍座がアセンダントだからである。その他のことについては非常に弱い。

４８歳のディレクション（１６６３年９月１９日土曜日１１：４３ＰＭから始まり、１６６４年９月に終わる）

- アセンダントが魚座の水星のアンティションへ　１１月１１日
- 木星が水瓶座の木星のタームへ　１２月１２日
- パート・オブ・フォーチュンが双子座の火星のタームへ　１２月１８日
- 火星が蠍座の木星のタームへ　１６６４年４月１０日

　この年のディレクションはわずかで、あまり多くのことを約束しない。アセンダントが水星のアンティションに来るのは木星のハウスで、出生図での２ハウスなので、出生図の持ち主は非常に活発になり、行動することを意味する。そして、出生図の持ち主は全体的に神学に傾倒したり、神父や教会の評議会などについて調べようとする。また、取引したり、書類を送ることによって、出生図の持ち主は仕事に励む。海外の地域や王国の多くの地域を任されたり、もしくは訴訟などで証書によってお金を手に入れる。また、神学者、法廷代理人、文官などと付き合うことが多くなる。木星が木星自身のタームに来るので、出生図の持ち主は財産を増やす。パート・オブ・フォーチュンが火星のタームに来ることは、木星の吉作用の影響を妨害しない。なぜならば、これらは両方共に１ヶ月以内に起こり、木星は火星よりも強いからである。また、４月に、火星が蠍座の木星のタームに来る。ここは年間レボリューションにおいて、金星がある位置である。このディレクションで気になることはこれだけである。それではレボリューション＊に進んでいこう。

　　＊レボリューション図は８４９ページ。

　ここで出生図の持ち主に忠告することは、地平線の非常に近くに火星があり、６ハウスにラディックスでのアセンダントがあるので、健康に注意しなければならない。３つ目として、この年、火象サインのトリプリシティにある土星と木星のコンジャンクションは、この出生図の持ち主のラディックスの１２ハウスにあるので、それによって、出生図の持ち主は多くの高齢の男女から妬まれたり、中傷を受けたりすることが分かるだろう。彼らは理由なくそうするけれども、出生図の持ち主は敵に打ち勝ち、彼らが混乱することを意味する。なぜならば、木星がラディックスで強く、このコンジャンクションでも強いからである。（ヨーロッパはこの時期の前に混迷するだろう）ドラゴンテイルが８ハウスにあることが意味するように、出生図の持ち主は亡くなった債権者のことで、損害を被るだろう。そして、自らの目の痛みに悩まされるだろう。水星がおとめ座のスピカと共にあることは、（ディレクションでの）アセンダントが水星のアンティションに来ることの意味を強め、それは性質が優れた状態である。太陽は土星と木星のセクスタイルなので、土地の購買や賃貸を意味するだろう。そして、ドラゴンヘッドが２ハウスにあるので、出生図の持ち主の財産は堅固なものとなる。

プロフェクション図*は、隣人の悪意と、偽りの友達に注意するよう警告する。なぜならば、射手座がアセンダントで、そこは（レボリューションにおいて）土星と木星のコンジャンクションがあり、ラディックスでのMCのカスプは、この時１２ハウスにあるからである。ここでは、先程の警告にすべて一致する。先程の判断に加え、この図でドラゴンヘッドが水瓶座にあることは、（ディレクションで）アセンダントが水星のアンティションに来ることと、レボリューションでドラゴンヘッドが獅子座の２ハウスにあることとの両方の意味が保護されることを約束する。

*プロフェクション図は８４１ページ。

４９歳のディレクション（１６６４年９月１９日日曜日１７：３２ＰＭから始まり、１６６５年９月に終わる）

- 木星が水瓶座の太陽のセスクイクオドレート／セスクイスクエア１３５度のアスペクトへ　１０月１７日
- パート・オブ・フォーチュンが蠍座の火星のコントラアンティションへ　１１月１０日
- 木星が水瓶座の金星のセスクイクオドレート／セスクイスクエア１３５度のアスペクトへ　１２月１１日
- 木星が水瓶座の木星のセクスタイルへ　１２月１７日
- 火星が蠍座の太陽のセミセクスタイル３０度のアスペクトへ　１２月３０日
- 水星が射手座の木星*のタームへ　１月１７日
- 火星が蠍座の金星のセミセクスタイル３０度のアスペクトへ　２月２３日
- 火星が蠍座の木星のセミスクエア／セミクオドレート４５度のアスペクトへ　３月１日
- アセンダントが牡羊座の木星のタームへ　３月１日
- ＭＣが山羊座の金星のタームへ　３月１日
- アセンダントが牡羊座の火星のトラインへ　１６６５年８月２日
- パート・オブ・フォーチュンが蠍座の１１ハウスのカスプへ　８月９日
- パート・オブ・フォーチュンが射手座の木星のタームへ　８月９日
- パート・オブ・フォーチュンが黄緯ありの射手座の火星のコントラアンティションへ　９月３日

*原文は金星となっているが木星の間違い。

この４９歳の弱々しいディレクションの大部分に関して、唯一私たちが観察すべきことは、木星が太陽のセスクイクオドレート／セスクイスクエア（１３５度のアスペクト）に来ることである。身分の高い人物との小さな争いが生じ、そして、お金に関して、紳士にうんざりさせられることがある。２番目の、パート・オブ・フォーチュンが火星のコントラアンティションに来ることで、兄弟や親戚が出生図の持ち主に小さな不満を抱き、不当に扱うだろう。軍人や、火星的な人物や、火星的な商品は、この年の最初の部分において、有益ではないだろう。上記のディレクションからはあまり悪いことはやって来ない。なぜならば、１６６４年１２月に、木星が金星のセスクイクオドレート／セスクイスクエア（１３５度のアスペクト）と、木星自身のセクスタイルの両方に来るので、すべてのこれまでの恐れを払いのけ、疑いが晴れるからである。そして、仕事を木星的な人物と一緒にしたり、木星的な商品によって、名誉を得たり、昇進したり、あるいは、十分な成功を手に入れる。このアスペクトは主に２ハウスにあるので、

これは公職によって十分に財産が増えることを意味する。火星が太陽のセミセクスタイル（３０度のアスペクト）に来るので、評判が上がり、太陽的な人物と和解したり、出生図の持ち主は崇高な考え方をする。

水星が木星のタームに来たり、火星が金星のセミセクスタイル（３０度のアスペクト）に来るので、妨害はなく、出世し、引き立てられ、この両方のディレクションは成功に直接結びつく。すぐに続くディレクションが意味することを実行する準備をさせること。火星が木星のセミスクエア／セミコオドレート（４５度のアスペクト）に来るので、地位の高い人物（地位の高さは出生図の持ち主が暮らす生活の状態に従う）によって、身の回りの仕事が遅れてしまうが、命じられたことは成功するに違いない。アセンダントが牡羊座の木星のタームに来ることは、あらゆる反対を取り除き、私たちの出生図の持ち主が自分の目的を実行し、進展させることを助ける。同じ月に、ＭＣが金星のタームに来ることは、適切な助けとなる。その後、１６６５年８月に、アセンダントは火星のトラインに来て、パート・オブ・フォーチュンは１１ハウスに来る。もしこれらが何も約束しないディレクションなら、ルーカス・ガウリクスを疑うがよい。そして、また、考慮すべきことは、火星は出生時のアセンダントのサインにあればエグザルテーションであることである。そしてこの年のレボリューションにおいて、火星は自身のハウスである蠍座にあり、金星は天秤座にあり、木星は４ハウスにあり、木星の位置は出生時のおおよその上昇度数（アセンダント）を祝福している。ドラゴンヘッドは１１ハウスにある。これらすべての事から導き出す判断は、私たちの出生図の持ち主は共和国において軍隊での名誉ある昇進があったり、(可能性の範囲において)鷹、狩猟、乗馬に非常に夢中になる。そして、出生図の持ち主の暮らしている場所に王がいるなら、王から非常に寵愛されるだろう。もしくは、この時期に、出生図の持ち主が暮らしている場所の貴族、紳士や、最も身分の高い行政長官に寵愛される。それゆえ、出生図の持ち主は出世し、かなり財産を増やす。あるいは、この時出生図の持ち主は友人から多くの宮廷人を紹介されるだろう（宮廷人がいる場合）。彼らの友情によって、私たちの出生図の持ち主の財産は思った以上に増えるだろう。

宮廷人の代わりに、身分の高い人物の寵愛でも良い。

しかし、１６６５年９月に、パート・オブ・フォーチュンが再び火星のコントラアンティションに来るので、出生図の持ち主は、喜びの最中に困難に巻き込まれる。それは特に出生図の持ち主が信頼していた友人と親友から借金やお金を得ることなどについてである。

レボリューション*

*レボリューション図は８５０ページ。
*プロフェクション図は８４２ページ。

ルミナリーは安全な状態で、エッセンシャル・ディグニティにおいて弱いが、位置におけるアクシデンタル・ディグニティは十分強い。月はパート・オブ・フォーチュンとスクエアにあるので、身分の低い人によって、損失することがあることを意味するが、それほど多く損失しない。なぜならば、金星がコンバストから分離し、この頃、木星のスクエアから分離するからである。一般的な運命が出生図の持ち主のある事柄を妨げないなら、私はこのレボリューションで恐れのある悪

影響はなく、その逆だと考える。めぐって来たプロフェクションは出生図と同じであり、出生図の持ち主は非常に元気で、共和国などでの仕事を遂行するための力強い意思を意味する。

５０歳のディレクション（１６６５年９月１９日月曜日２３：２１ＰＭから始まり、１６６６年９月に終わる）

- 木星が水瓶座の２ハウスのカスプへ　９月２２日
- 太陽が射手座の水星のタームへ　１０月２２日
- 水星が射手座の１２ハウスのカスプへ　１０月２２日
- アセンダントが黄緯ありの牡羊座の水星のオポジションへ　１１月１６日
- アセンダントが牡羊座の月のセクスタイルへ　１２月４日
- 水星が射手座の土星のバイクィンタイル１４４度のアスペクトへ　１月１６日
- パート・オブ・フォーチュンが射手座の火星のトラインへ　１６６６年３月２５日
- ＭＣが山羊座の火星のクィンカンクス／インコンジャンクト１５０度のアスペクトへ　４月７日
- 火星が蠍座の土星のオポジションへ　４月２５日
- アセンダントが牡羊座の水星のアンティションへ　５月８日
- アセンダントが牡羊座の土星のデサイル／セミクィンタイル３６度のアスペクトへ　６月７日
- 太陽が射手座の１２ハウスのカスプへ　６月１３日
- 木星が水瓶座の火星のタームへ　７月１４日
- 水星が射手座の水星のクィンタイル７２度のアスペクトへ　７月２７日
- 火星が蠍座の水星のデサイル／セミクィンタイル３６度のアスペクトへ　８月８日
- アセンダントが牡羊座の水星のオポジションへ　８月１５日

　木星が２ハウスのカスプに来るので、この年の始まりは良く、利益があったり、良い収益が予測され、太陽が射手座の水星のタームに来ることとも矛盾しない。しかし、１０月に、水星が１２ハウスのカスプに来て、アセンダントが水星のオポジションに来るので、私たちの出生図の持ち主は使用人の裏切り、盗みに注意することを勧める。そして、旅行中、こそ泥に盗まれないように注意させること。出生図の持ち主は多くの様々な問題に巻き込まれたり、お金に関して疑われる。恐らく、出生図の持ち主は保証契約が原因で訴えられる。出生図の持ち主は夢にも思わなかったことが原因で苦しめられる。多くの敵が現れ、多くの訴訟が生じる。そして、歯痛や頭痛など、もしくは、腸内にガスの溜まる病気や、ひどい心気症を患う。泥棒には非常に注意しなければならない。アセンダントが月のセクスタイルに来ることにすぐに続くので、ディレクションの凶作用の大部分は防がれるようである。その結果、前述の予測されることすべては和らげられ、月的な仲間によって、慰められたり、元気づけられる。そして、若い貴婦人によって利益を手に入れるだろう。

　１月に、水星が土星のバイクィンタイル（１４４度のアスペクト）に来るので、真面目で慎重になり、そして、老人によって、争いが収拾する。パート・オブ・フォーチュンが火星のトラインに来るので、出生図の持ち主は取引や商売によって、財産を増やす。

そして、出生図の持ち主は乗馬を楽しみ、馬の価格を値切り良い結果を得る。そして、火星的な人物と商品を取り扱うのは安全だろう。というのも、MCが山羊座の火星のクィンカンクス／インコンジャンクト（１５０度のアスペクト）＊に来るので、儲けが多く、十分な利益を上げるからである。４月に、火星が土星のオポジションと出会い、そのアスペクトは１０ハウスと４ハウスにあるので、出生図の持ち主が財産、土地、借家に関して疑われることを意味するだろう。そして、私たちの出生図の持ち主が世話をしている場所や事務所で妨害があるだろう。この時、出生図の持ち主は痔になったり、頭と喉に障害があったり、憂鬱質的な粘液によって脾臓などに問題があったり、危険にさらされる。１６６６年５月に、アセンダントが水星のアンティションに来るので、この年の始まりに、出生図の持ち主が訴えていたお金を取り戻す。恐らく、そのお金は妻に遺言で譲られたものであったり、この頃亡くなった債権者の借金などに関するものである。

アセンダントが土星のデサイル／セミクィンタイル（３６度のアスペクト）に来ることが意味するように、高齢者と多く頻繁に付き合い、そのことで利益を手に入れる。出生図の持ち主は読書に熱心になる。太陽が１２ハウスに来るので、出生図の持ち主は大きな家畜を取り扱うことによって、利益が増え、成功するが、人との取引は上手くいかないと忠告する。なぜならば、新たな敵が現れ、新たに聞いたことがないような非難を受け、悪い噂が広まり、中傷されるからである。もし他のディレクションが同時に起こるなら、これは通常自由が抑制されることを意味する。しかし、移行してくるのはたった１つで、アセンダントが月にセクスタイルなのは、まだ力があるので、大きな問題は起きない。

１６６６年７月に、木星が火星のタームに来るので、資産に関して、新たな争いがあったり、不必要な論争があることを意味する。水星が水星自身のクィンタイル（７２度のアスペクト）に来るので、出生図の持ち主に富を得たい意志が生じることを意味する。そして、出生図の持ち主は事業を経営するために多くの行動をとる。火星が水星のデサイル／セミクィンタイル（３６度のアスペクト）＊に来るので、出生図の持ち主は仕事を普通以上にすることを求められる。

しかし、アセンダントが再び水星の悪いオポジションに来て、アフリクトされるので、誓約書が偽りであったり、信用できない使用人や、こそ泥のいずれかによって、出生図の持ち主の平穏な状態は再び妨げられる。そして、故人から出生図の持ち主に与えられるものは引き留められる。そして、出生図の持ち主は妻の借金について問題に巻き込まれたり、妻によって財産への妨害が生じる恐れもあるだろう。この年の始まりから終わりまで、水星的な人物、商人、筆記者、代書人、仕立屋などと知り合っても利益はないだろう。そして、本当に、この年出生図の持ち主はほとんど災難を避けられないだろう。水星は最も厳密に言うならアナレ

＊原文はセスクイクィンタイルとなっているが間違い。
＊原文はセミセクスタイル（３０度のアスペクト）となっているが間違い。それは１６６３年のディレクション。

タで、アセンダントが水星のオポジションに２度来るので、不安の原因となり、この年無気力になったり、ただただ悲しみ、出生図の持ち主の人生は危険にさらされるだろう。

レボリューション*

*レボリューション図は８５０ページ。
*プロフェクション図は８４３ページ。

月と太陽はアングルにおいてトラインで、木星は太陽と月とトラインで、火星は月と太陽とセクスタイルである。水星は偽りの敵を意味するシグニフィケーターで、このディレクションで定められた出生図の持ち主を妨害する人は弱いことを意味する。

木星と火星のオポジションは不動サインにあり、（ディレクションで）太陽が１２ハウスのカスプに来ることに関連し、悪い債務者によって、出生図の持ち主は損害を被る恐れがあったり、投獄される恐れや、世間的に悪い人々とのひどい争いがあるだろう。月がおうし座の目（アルデバラン）*と共にある。証書や文書が少しでも関与するなら、兄弟によって危険にさらされる。

*あるいは、突然の高熱が生じる。

土星はラディックスではアセンダントのロードで、（レボリューションで）自身のハウスにあるので、十分助けになる。しかし、恐らく、ここでは多く財産を浪費する。そして、様々な動きのある年で、多くの困難があることで終わるが、出生図の持ち主が予想したよりは良い状態で終わる。この年、貴族階級、紳士階級や聖職者に委託したり、抗議したりするには適さない。

プロフェクションのアセンダントは、年間レボリューションの太陽と月とにトラインである。しかし、土星のいる位置にディグニティがなく、ラディックスでの６ハウスの双子座のサインをアフリクトする。これは使用人が泥棒であることを意味し、注意すれば、防止したり、和らげることができる。そうであっても、土星は腸内にガスが溜まる病気を意味する。

１６６７年*に、（ディレクションで）アセンダントは太陽と金星のオポジションに来るので、出生図の持ち主にとって致命的だったり、非常に危険な状態にあると私は考える。なぜならば、太陽は８ハウスのロードで、金星は４ハウスのロードだからである。この年を過ぎれば、出生図の持ち主は生きていく可能性がある。人の力では一定の年数を明確に決められないので、出生図の持ち主はその期間について神に任せなければならない。しかし、この年の間、私は快適な吉作用のディレクションはないと判断する。そして、太陽や金星はどちらも厳密に言うとアナレタではないが、水星はアナレタである。私は水星が前年に病気の原因を作り、そして、病気が続いていると私は考える。そして、これらのディレクションで生命は断たれる。

*レボリューション図は８５１ページ。
*プロフェクション図は８４５ページ。

読者へ

さて、この出生図の判断を見て、汝が尊重し、これを快く受け入れようと思えるなら、いずれにおいても汝は同じように出生図の判断を行えるよう導かれるだろう。これはこの上なく素晴らしいことのように見える。しかし、神の使いである天使は怒り、疫病と共に私の家を訪れた。それは、私の本の後半部と、この出生図についての部分を完成させる時であった。

　　　　誰かがこんなことを言っている。泣くのは控えて下さい。

ディレクションにおいて、Ｑはクィンカンクスを意味し、新しいアスペクトで１５０度で成り立つということを汝は分かるだろう。セミクィンタイル、クィンタイル、セスクイクィンタイル、そして、バイクィンタイルは、判断上セクスタイルとトラインの性質を持つ。しかし、すべてさほど強く作用しない。セミクオドレートとセスクイクオドレートは、スクエアのアスペクトの性質を幾分か持っている。

汝に私の善意を受け入れることを勧めるが、３書すべてを理解している人はどこにもいなくて相談できないので、前述の論文にある多くの至らない点を見過ごしてしまう。これが今この著作の結びでの私の大きな悩みである。

１６４７年９月８日水曜日５：３０ＰＭに筆を置く。まさに最初に私の家を閉ざしてから５週間目である。

　　　　　　　　　　　　　　　　　　私は作品以外の何者でもない。
　　　　　　　　　　　　　　　　　　ウィリアム・リリー

汝が読む前に、誤字を訂正している。そして、出生図のディレクションにおいて、土星、木星、火星、金星、水星をプロミッターに進行させることは分かっているであろうから、汝が知るべきは、私がこれらそれぞれの位置円をとって、これらを進行させていることである。しかし、作業は膨大になるので、私はこれらの様々なディレクションを挿入しなかった。極軸においてこれらは進行される。汝が分かるようここに添付する。

土星、木星、火星、金星、水星の位置円（サークル・オブ・ポジション）

土星の黄経	09.02	牡牛座
南の黄緯	02.58	
地平線の下の北の赤緯	11.42	
赤経	37.36	
4ハウスからの距離	04.34	
位置円（サークル・オブ・ポジション）	08.00	
オブリーク・アセンション	35.57	

木星の黄経	21.55	射手座
南の黄緯	00.37	
地平線の上の南の赤緯	23.52	
赤経	261.11	
ミッドヘブンからの距離	39.01	
位置円（サークル・オブ・ポジション）	52.00	
オブリーク・アセンション	295.03	

火星の黄経	00.54	獅子座
北の黄緯	00.28	
地平線の上の北の赤緯	20.32	
赤経	123.14	
ミッドヘブンからの距離	98.56	
位置の極軸	51.00	
オブリーク・ディセンション	149.02	

金星の黄経	06.54	天秤座
南の黄緯	01.00	
地平線の上の南の赤緯	01.50	
赤経	186.43	
ミッドヘブンからの距離	35.27	
位置の極軸	39.00	
オブリーク・ディセンション	182.57	

水星の黄経	03.34	天秤座
南の黄緯	01.32	
地平線の上の南の赤緯	02.49	
赤経	182.40	
位置の極軸	41.00	
オブリーク・ディセンション	183.05	

イングランドの主要都市と主な町の経度・緯度表*

	経度		緯度	
	度数	分	度数	分
バーウィック	21	43	55	48
ブリストル	21	43	51	41
ケンブリッジ	24	25	52	16
カンタベリー			51	06
カーナーヴォン	20	08	53	33
カーマーゼン	20	08	52	20
チェスター	20	23	53	11
チチェスター	21	37	50	51
コルチェスター	25	25	52	00
コベントリー	22	45	52	42
カーライル	21	31	54	55
コッカーマス	21	26	55	07
ウェールズのセント・デイビッズ	19	13	52	20
ドーバー	25	45	51	10
アイルランドのダブリン	16	40	53	04
ダラム	22	00	54	57
エクセター	19	11	50	40
セント・エドモンズベリー	24	37	52	27
スコットランドのエジンバラ	23	50	56	15
グロスター	22	11	52	20
ヘレフォード	24	43	52	22
ランカスター	21	55	54	22
レスター	00	00	53	29
リンカーン	22	52	53	12
ロンドン	24	20	51	32
ウェールズのラドロー	21	46	52	43
マンチェスター	22	00	53	42
ニューアーク			53	06
ノーザンプトン	22	29	52	30
ノリッチ	25	36	52	40
オックスフォード	23	26	51	42
コーンウェルのリザード・ポイント	19	25	50	10
ピーターバラ	24	00	52	40
ライ	25	10	51	00
シュールズベリー	21	47	53	00
サウサンプトン	22	58	51	10
ニューカッスル近郊のタインマウス	24	20	55	10
ウォルシンガム	25	13	52	54
ウスター	21	52	52	12
ヤーマス	26	00	52	46
ヨーク	23	30	54	30

＊緯度は基本的に現在のものと同じだが、経度は同じではない。というのも本書が書かれた当時はグリニッジ天文台がまだ出来ておらず経度の基準になっていない時代であるからである。この経度は当時流通していた地図の経度を使用していると思われるが、どの地図を基準にしているかは不明。

Christian Astrology *Book3* 833

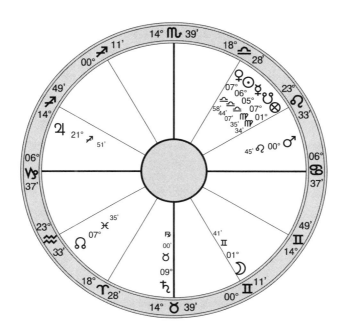

イングランドの商人の出生図（500、742 ページ）

　リリーの扱う出生図は１６１６年９月１９日２：２４：３０ＰＭで設定されています。当時はユリウス暦なので、まず現行のグレゴリオ暦に換算し直す必要があります。さらに、緯度は５３度ですが、分まで表示されておらず、経度が不明です。これらを考慮して、ＭＣが蠍座１４．３９、アセンダントが山羊座６．３７で緯度５３、経度０に近い地域でできる限り調整し、１６１６年９月２９日２：１４：０５ＰＭで図を作成しています（上の図参照）。現在の正確な天文データからすると、分だけでなく、数度違っている場合があります。そういうことがありますが、リリーがどう出生図を判断したのかを汲み取って頂きたいと思います。

　次のページから年別にレボリューションとプロフェクションの図を掲載しています。
　プロフェクションは１２年で一周して同じ図に戻ってくるので、１６５６年のプロフェクションは１６４４年のプロフェクションと同じものとなります。
　レボリューションは本来、太陽がラディックスの太陽の位置に正確に戻って来た瞬間で作成しますが、そうやってレボリューション図を作成すると、本文と合わなくなる場合が多々ありますので、数分ずらして作成している場合があります。それでも本文と合わない場合もあり、それについては註釈を加えています。注意点は、レボリューションでのパート・オブ・フォーチュンの位置です。出生図とは違う方法でとっています。７３６ページを参照してください。

１６４４年９月２９日 ０９：０２ レボリューション
▷７８３ページ

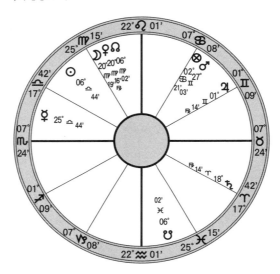

１６４４年、１６５６年 プロフェクション
▷７８４、８１１ページ

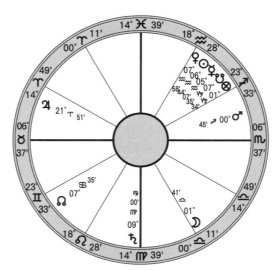

１６４５年９月２９日 １４：５１　レボリューション
▷７８６ページ

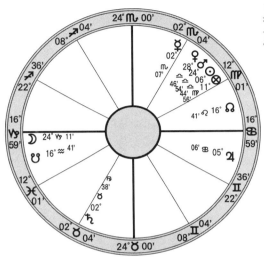

リリーは本文で、太陽が９ハウスにあり１０ハウスに火星と金星があるとしている。

１６４５年、１６５７年　プロフェクション
▷７８６、８１３ページ

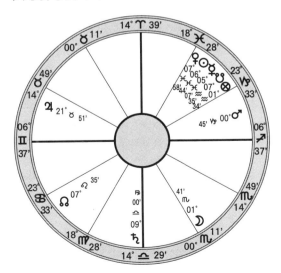

１６４６年９月２９日　２０：５０　レボリューション
▷７３６、７８９ページ

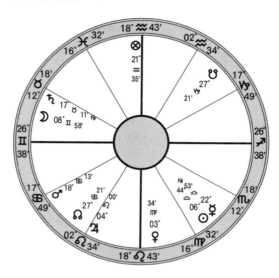

１６４６年、１６５８年　プロフェクション
▷７８９、８１５ページ

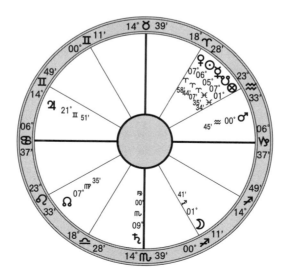

１６４７年９月３０日　０２：３５　レボリューション
▷７９１ページ

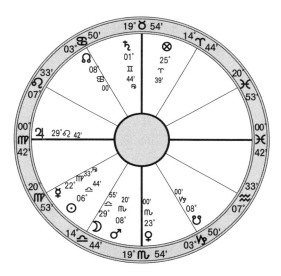

１６４７年、１６５９年　プロフェクション
▷７９１、８１７ページ

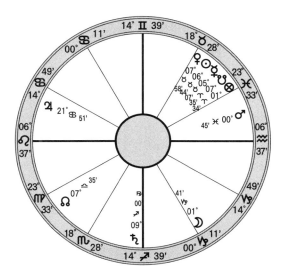

１６４８年９月２９日 ０８：３５　レボリューション
▷７９３ページ

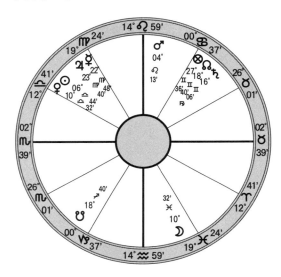

１６４８年、１６６０年　プロフェクション
▷７８４、８１９ページ

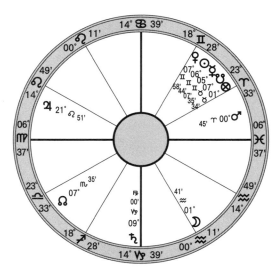

1649年9月29日 13：40　レボリューション
▷795ページ

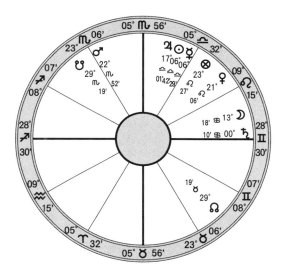

1649年、1661年　プロフェクション
▷796、822ページ

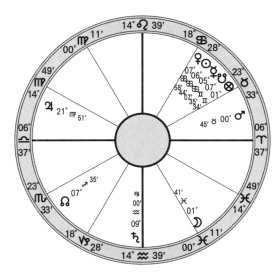

１６５０年９月２９日 １９：５６　レボリューション
▷７９７ページ

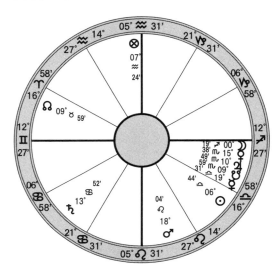

１６５０年、１６６２年　プロフェクション
▷７９８、８２４ページ

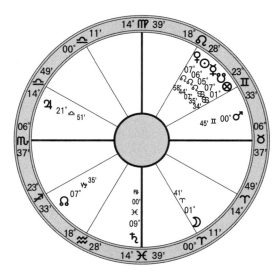

１６５１年９月３０日 ０１：５３　レボリューション
▷８００ページ

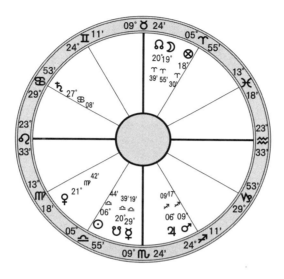

１６５１年、１６６３年　プロフェクション
▷８００、８２５ページ

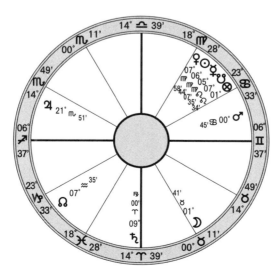

１６５２年９月２９日　０６：５８　レボリューション
▷８０２ページ

リリーは本文で、火星は６ハウスのロードであるとしている。

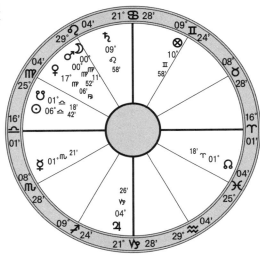

１６５２年、１６６４年　プロフェクション
▷８０３、８２７ページ

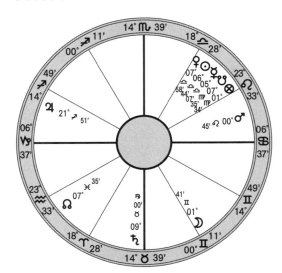

1653年9月29日 13：32　レボリューション
▷805ページ

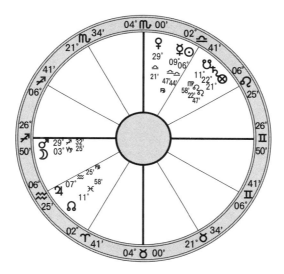

1653年、1665年　プロフェクション
▷806、829ページ

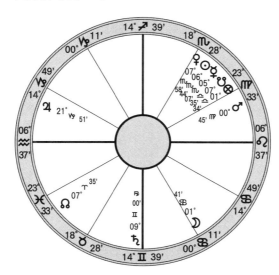

１６５４年９月２９日　１８：５６　レボリューション
▷８０７ページ

リリーは月の位置を５ハウスにあるとしている。

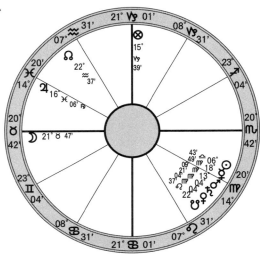

１６５４年、１６６６年　プロフェクション
▷８０７、８２９ページ

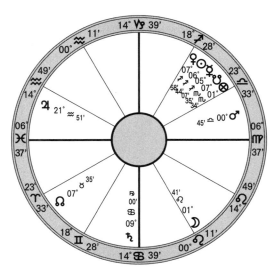

１６５５年９月３０日　００：４６　レボリューション
▷８０５ページ

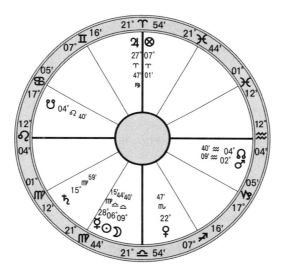

１６５５年、１６６７年　プロフェクション
▷８１０、８２９ページ

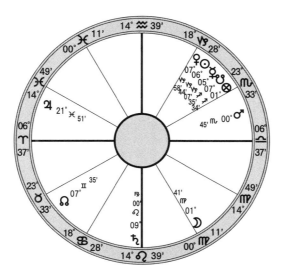

１６５６年９月２９日　０６：５３　レボリューション
▷８１１ページ

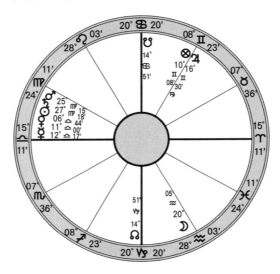

１６５７年９月２９日　１２：５４　レボリューション
▷８１２ページ

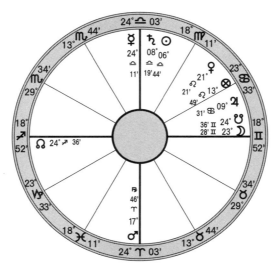

１６５８年９月２９日１８：３８　レボリューション
▷８０５ページ

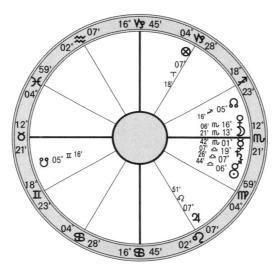

１６５９年９月３０日００：０８　レボリューション
▷８１７ページ

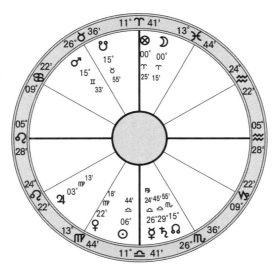

１６６０年９月２９日 06：10　レボリューション
▷８１９ページ

リリーは、火星が７ハウス、８ハウス、そして、２ハウスのロードであるとしている。

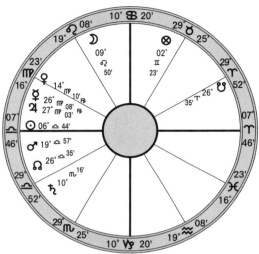

１６６１年９月２９日 11：56　レボリューション
▷８２２ページ

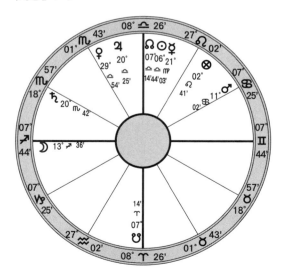

１６６２年９月２９日１７：５４　レボリューション
▷８２３ページ

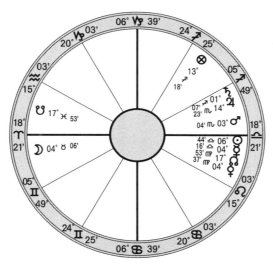

リリーは、パート・オブ・フォーチュンが山羊座でカルミネートであるとしている。

１６６３年９月２９日２３：５４　レボリューション
▷８２４ページ

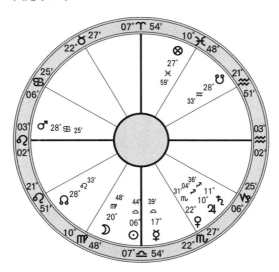

１６６４年９月２９日 ０５：３１　レボリューション
▷８２６ページ

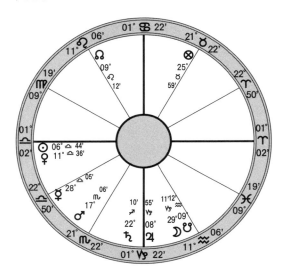

１６６５年９月２９日 １１：２５　レボリューション
▷８２９ページ

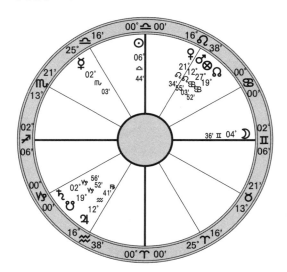

１６６６年９月２９日　１７：１２　レボリューション
▷８２９ページ

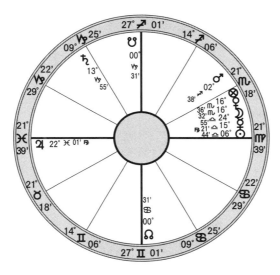

１６６７年９月２９日　２２：５４　レボリューション
▷８２９ページ

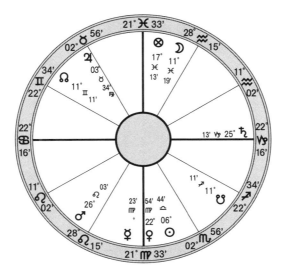

恒星一覧（２０１５年１月１日における位置）

ア

アークトゥルス		天秤座２４.２６
アセルス・アウストラリス		獅子座　８.５６
アセルス・ボレアリス		獅子座　７.４５
天の川（北）	（おおよそ）	双子座２６.００〜蟹　座６.００
天の川（南）	（おおよそ）	蟹　座１２.００〜２２.００、 射手座２７.００〜山羊座１０.００
アルゲニブ		牡羊座　９.２１
アルゴル		牡牛座２６.２２
アル・ジャー		獅子座２８.０７
アルタイル		水瓶座　１.５８
アルデバラン		双子座１０.００
アルファード		獅子座２７.２９
アルフェッカ		蠍　座１２.３０
アルヘカ		双子座２５.００
アンタレス		射手座　９.５８
アンドロメダ星雲		牡羊座２８.０３
イエド・プリオル		射手座　２.３０
いるか座	（おおよそ）	水瓶座１４.００〜２０.００
ウヌクアルハイ		蠍　座２２.１７

カ

カノープス		蟹　座１５.１１
カペラ		双子座２２.０４
かみのけ座	（おおよそ）	乙女座１９.００〜天秤座１３.００
ケフェウス座	（おおよそ）	牡羊座　４.００〜双子座　１.００

サ

サダルスウド		水瓶座２３.３６
シリウス		蟹　座１４.１７
スピカ		天秤座２４.０３
スブラ		獅子座２４.２７
ズベン・エス・カマリ		蠍　座１９.３４
ズベン・エル・ゲヌビ		蠍　座１５.１７

セギヌス	天秤座１７.５２

タ

デネブ・アディゲ	魚　座　５.３１
デネブ・アルゲディ	水瓶座２３.４４
デネボラ	乙女座２１.４９

ハ

ヒアデス星団	双子座　６.０１
フェイシズ	山羊座　８.３１
フォーマルハウト	魚　座　４.０４
プレアデス星団	双子座　０.０６
プレセペ星団	獅子座　７.２５
プリンケプス	蠍　座　３.２２
プロキオン	蟹　座２５.５９
ベガ	山羊座１５.３０
ベテルギウス	双子座２８.５８
ベラトリックス	双子座２１.０９
ボス	水瓶座　５.２２
ポルックス	蟹　座２３.２５

マ

マルカブ（ペガサス座）	魚　座２３.４１
マルカブ（ほ座）	乙女座２９.０６
ミンタカ	双子座２２.３４

ラ

ラスタバン	射手座１２.０９
ラブラム	乙女座２６.５３
リゲル	双子座１７.０２
レグルス	乙女座００.０２

トレミーに則った惑星のエッセンシャル・ディグニティの表

サイン	惑星のハウス	エグザルテーション	惑星のトリプリシティ 昼 夜	惑星のターム					惑星のフェイス			デトリメント	フォール
牡羊座	火星 昼	太陽 19	太陽 木星	木星 6	金星 14	水星 21	火星 26	土星 30	火星 10	太陽 20	金星 30	金星	土星
牡牛座	金星 夜	月 3	金星 月	金星 8	水星 15	木星 22	土星 26	火星 30	水星 10	月 20	土星 30	火星	
双子座	水星 昼	DH 3	土星 水星	水星 7	木星 14	金星 21	火星 25	土星 30	木星 10	火星 20	太陽 30	木星	
蟹 座	月 夜昼	木星 15	火星 火星	金星 6	木星 13	水星 20	金星 27	土星 30	金星 10	水星 20	月 30	土星	火星
獅子座	太陽 夜昼		太陽 木星	土星 6	水星 13	金星 19	木星 25	火星 30	土星 10	木星 20	火星 30	土星	
乙女座	水星 夜	水星 15	金星 月	水星 7	金星 13	木星 18	火星 24	土星 30	太陽 10	金星 20	水星 30	木星	金星
天秤座	金星 昼	土星 21	土星 水星	土星 6	水星 11	木星 19	金星 24	火星 30	月 10	土星 20	木星 30	火星	太陽
蠍 座	火星 夜		火星 火星	火星 6	金星 14	水星 21	木星 27	土星 30	火星 10	太陽 20	金星 30	金星	月
射手座	木星 昼	DT 3	太陽 木星	木星 8	金星 14	水星 19	土星 25	火星 30	水星 10	月 20	土星 30	水星	
山羊座	土星 夜	火星 28	金星 月	金星 6	水星 12	木星 19	火星 25	土星 30	木星 10	火星 20	太陽 30	月	木星
水瓶座	土星 昼		土星 水星	土星 6	水星 12	金星 20	木星 25	火星 30	金星 10	水星 20	月 30	太陽	
魚 座	木星 夜	金星 27	火星 火星	金星 8	木星 14	水星 20	火星 26	土星 30	土星 10	木星 20	火星 30	水星	水星

DH：ドラゴン・ヘッド
DT：ドラゴン・テイル

第１書１０４ページより抜粋。

リリーによるマイナーアスペクトの記号 (▷512ページ)

```
Semisextil consists of degrees  30   character ⚹.
Semiquintil                     36   ⚺
Semiquadrate                    45   ⚻
Quintil                         72   ♡
Sesquiquintil                  108   ⚼
Sesquiquadrate                 135   ⚽
Byquintil                      144   ⚿
```

惑星のフォーティチュードとデビリティを調べるための便利な表

エッセンシャル・ディグニティ		デビリティ	
自身のハウスにある惑星、またはハウスによって別の惑星とミューチャル・リセプションにある惑星はディグニティを持つだろう	5	デトリメント	−5
エグザルテーション、またはエグザルテーションでのリセプション	4	フォール	−4
自身のトリプリシティ	3	ペレグリン	−5
自身のターム	2		
デカネイトやフェイス	1		

アクシデンタル・フォーティチュード		アクシデンタル・デビリティ	
ミッドヘブンかアセンダント	5	12ハウス	−5
7、4、11ハウス	4	8、6ハウス	−2
2、5ハウス	3		
9ハウス	2		
3ハウス	1		
順　行（太陽と月は常に順行なので、太陽と月は無効）	4	逆　行	−5
速い動き	2	遅い動き	−2
オリエンタルの時の土星、木星、火星	2	土星、木星、火星がオクシデンタル	−2
オクシデンタルの時の水星と金星	2	金星、水星がオリエンタル	−2
満ちて行く月や、月がオクシデンタルの時	2	光が欠けて行く月	−2
コンバストと太陽のビームに関わらない	5	太陽のコンバスト	−5
太陽の心臓、つまりカジミ	5	アンダー・ザ・サン・ビーム	−4
木星と金星とのパーティルのコンジャンクション	5	土星や火星とのパーティルのコンジャンクション	−5
ドラゴンヘッドとのパーティルのコンジャンクション	4	ドラゴンテイルとのパーティルのコンジャンクション	−4
木星と金星とのパーティルのトライン	4	土星と火星の包囲	−5
木星と金星とのパーティルのセクスタイル	3	土星か火星とのパーティルのオポジション	−4
獅子座24.00のしし座の心臓（レグルス）とのコンジャンクション	6	土星か火星とのパーティルのスクエア	−3
天秤座18.00のおとめ座のスピカ*とのコンジャンクション	5	牡牛座20.00のアルゴルの頭*とのコンジャンクションまたは、5度以内にある	−5

＊2015年において、メドゥーサの頭（アルゴル）：牡牛座26.22。しし座の心臓（レグルス）：乙女座00.02。おとめ座のスピカ：天秤座24.03。

第1書115ページから抜粋。

すべての占星術師や実践者が理解するのに適した、サインに関しての必要不可欠な表

男性と女性の度数		ライト、ダーク、スモーキー、ボイドの度数	ディープ、ピットの度数	不自由、不十分の度数	幸運を増やす度数
牡羊座	男：8,15,30 女：9,22	D.3, L.8, D.16, L.20 V.24, L.29, V.30	6 11 16 23 29		19
牡牛座	男：11,21,30 女：5,17,24	D.3, L.7, V.12, L.15 V.20, L.28, D.30	5 12 24 15	6 7 8 9 10	3 15 27
双子座	男：16,26 女：5,22,30	L.4, D.7, L.12, V.16 L.22, D.27, V.30	2 12 17 26 30		11
蟹 座	男：2,10,23,30 女：8,12,27	L.12, D.14, V.18 SM.20, L.28, V.30	12 17 23 26 30	9 10 11 12 13 14 15	1 2 3 4　15
獅子座	男：5,15,30 女：8,23	D.10, SM.20 V.25, L.30	6 13 15 22 23 28	18 27 28	2 5 7 19
乙女座	男：12,30 女：8,20	D.5, L.8, V.10, L.16 SM.22, L.27, D.30	8 13 16 21 22		3 14 20
天秤座	男：5,20,30 女：15,27	L.5, D.10, L.18 D.21, L.27, V.30	1　7 20 30		3 15 21
蠍 座	男：4,17,30 女：14,25	D.3, L.8, V.14, L.22 SM.24, V.29, D.30	9 10 22 23 27	19 28	7 18 20
射手座	男：2,12,30 女：5,24	L.9, D.12, L.19 SM.23, L.30	7 12 15 24 27 30	1　7 8 18 19	13 20
山羊座	男：11,30 女：19	D.7, L.10, SM.15, D.19 D.22, V.25, D.30	7 17 22 24 29	26 27 28 29	12 13 14 20
水瓶座	男：5,21,27 女：15,25,30	SM.4, L.9, D.13 L.21, V.25, L.30	1 12 17 22 24 29	18 19	7 16 17 20
魚 座	男：10,23,30 女：20,28	D.6, L.12, D.18, D.22 V.25, L.28, D.30	4　9 24 27 28		13 20

L：ライト、D：ダーク、SM：スモーキー、V：ボイド

第1書116ページより抜粋。

用 語 解 説

ア▼

アジメーン
Azimene
惑星が弱体化する位置。第1書の116ページの「不自由、不十分の度数」のこと。(530ページ)

アフェータ
Apheta
ハイレグ参照。(529ページ)

アフリクト
Afflicted
惑星が好ましくないアスペクトなどによって傷ついていること。(525ページ)

アルフリンダリ
Alfrindary
フィルダリア Firdaria。Firdar、Alfridaria、Alfridaries とも言う。リリーのものはアブー・マーシャルのものと異なる。(733ページ)

アルムーティン
Almuten
ハウスにおけるアルムーティンは、判断を求めるハウスのカスプで上昇したり、下降するサインで最もディグニティがある惑星のことを言う。図におけるアルムーティンは、図全体においてエッセンシャル・ディグニティとアクシデンタル・ディグニティについて最も力がある惑星。
これは第1書での定義だが、著者によって定義が異なる。(550ページ)

アンダー・ザ・サン・ビーム（太陽光線下）
under the Sun Beams
太陽自体の前後それぞれ17度から離れるまで。(542ページ)

位置円（サークル・オブ・ポジション）
Circle of Position
レギオモンタヌス、アルゴル、リリーなどのプライマリー・ディレクションで使用される。アングルではない場所に天体などがある場合、シグニフィケーターの極軸を使って、仮想の地平線である位置円を導き出し、シグニフィケーターに対してそういった天体のディレクションを行う。(516ページ)

円弧（アーク）
Arc
古代においては天体は地球を中心とした球面上に配置されて動くと考えられた。円弧はその球面上のある点から点の長さ、距離。(491ページ)

オクシデンタル Occidental	太陽が地平線の下に沈んだ後に惑星が地平線の下に沈む状態にあること。（５６３ページ）
オブリーク・アセンション Oblique Ascension	黄道の度数とともに東から斜めに上昇する赤道上のポイント。反対に黄道の度数とともに西に斜めに没する赤道上のポイントはオブリーク・ディセンション Oblique descension（斜降赤経）と言う。（４９０ページ）
オブリーク・サイン Oblique Signs	山羊座から双子座にかけての６つのサインで、惑星の上昇が最も速く、偏っている。（５７２ページ）
オベイング・サイン Obeying Signs	天秤座〜魚座。（５４３ページ）
重い惑星（ポンデロス・プラネット） Ponderous Planet	ポンデロスは、大きくて重い惑星という意味。上位の惑星（火星・木星・土星）のこと。また、軽い惑星（ライト・プラネット）Light Planet は月、金星、水星のこと（８２２ページ）。
オリエンタル Oriental	太陽が地平線の上に上昇する前に惑星が地平線の上に上昇する状態にあること。（５６３ページ）

カ▼

回帰線 Tropic	蟹座と山羊座。（６０１ページ）
下位の惑星 Inferiour Planets	インフェリア・プラネット。水星・金星・月の地球より内側の惑星。（５６８ページ）
カジミ Cazimi	太陽の前後それぞれ１７分以内に惑星がある状態。コンバストと違い、惑星が非常に強くなる。（６１２ページ）
カルミネートの度数	MC の意味で使われている。（６１８ページ）
凶暴なサイン Feral Signs	獅子座と射手座の後半部分。（６４８ページ）
極軸の高度 the Elevation of the Pole	Poler Elevation とも言う。Elevation を省略し、Pole のみの場合もある。地理緯度はポールと呼ばれることがある。これは地平線の軸であり、その場所の天頂を表す。レギオモンタヌス、アルゴル、リリーらのプライマリー・

	ディレクションでは惑星それぞれの極軸が使用される。レギオモンタヌスらの極軸と、後のプラシーダスの極軸は異なる。また北極星の高さのことでもない。（505ページ）
クオーター Quarter	クオドラント Quadrants 象限とも言う。天上の四分の1のこと。（563ページ）
クォドラチャー Quadrature	90度の位置にあること。（655ページ）
クライマクテリカル・イヤー Climacterical Years	厄年。7と9の倍数の年齢の時で、最も凶兆なのは49歳、63歳。（530ページ）
結合性 Affinity がない	コンジャンクションや、メジャーアスペクトが成立しない位置にあること。（528ページ）
コマンディング・サイン Commanding Signs	牡羊座〜乙女座。（543ページ）
コンバスト（燃焼） Combust	太陽の位置するサインと同じサインにある時で、惑星が太陽の前後それぞれ8度30分よりも離れていない時。（542ページ）
コンフィギュレーション Configurations	配置、形態の意。アスペクトのこと。（524ページ）

サ▼

時間におけるライト Light of the Time	昼生まれは太陽、夜生まれは月。（525ページ）
シニスター Sinister	左側の意。シニスターのアスペクトはサインの順番に従ったアスペクト。（511ページ）
獣象サイン Bestial Signs	第1書でのリリーの定義は牡羊座、牡牛座、獅子座、射手座、山羊座のこと。（570ページ）
柔軟サイン	原文ではコモンサイン Common Signs。柔軟サインと同義で、双子座、乙女座、射手座、魚座を指す。（586ページ）
出生図のロード （ロード・オブ・ザ・ジェニチャー） Lord of the Geniture	リリーの定義では出生図で最もエッセンシャル、アクシデンタルのディグニティを持つ惑星で、一番良い位置にあり、最もエレベートする惑星。（531ページ）

上位の惑星 Superiour Planets	スーペリア・プラネット火星・木星・土星の地球より外の惑星。（５６８ページ）
ショート・アセンションのサイン Signs of Short Ascensions	山羊座から双子座にかけてのサイン。（５４３ページ）
スペキュラム Speculum	ラテン語で鏡を意味する。惑星の位置やアスペクト、ハウスのカスプやタームなどの情報を記入した図表。ディレクションで参照するために作成する。（５０７ページ）

タ▼

太陽のオリエンタル Oriental of the Sun	太陽より東側にある惑星で太陽より先に昇る。（５６３ページ）
太陽のオクシデンタル Occidental of the Sun	太陽より西側にある惑星で太陽より後に沈む。（５６３ページ）
男性のクオーター	アセンダントからミッドヘブンまで、７ハウスのカスプから４ハウスのカスプまでの部分。（６００ページ）
強さを与える Give One's Virtue to	コンジャンクションやアスペクトによって、ある惑星の強さを別の惑星に与えること。ただし、エッセンシャル・ディグニティをリリーは考慮していない。著述家や古典によってその定義が違う。
ディスポーズ Dispose	配列する、傾向を持たせるといった意味があるが、占星術では、ある惑星が、あるサインにあると、そのサインのロードやエグザルテーション、ターム、トリプリシティ、フェイスのロードからディスポーズされるというように使われる。ディスポーズする惑星をディスポジターと言う。（５２９ページ）
デクスター Dexter	右側の意。デクスターのアスペクトはサインの順番とは反対のアスペクト。（５１１ページ）
デビリティ Debility	惑星の配置で、惑星が弱い状態であること。（５２４ページ）
トロピカルサイン Tropical Signs	夏至点のある蟹座、冬至点のある山羊座を意味する。（８２０ページ）

ハ▼

パーティル
Partile
度数が同じで正確なアスペクト。（５２６ページ）

バイコーポリアルサイン
Bicorporeal Signs
ダブルボディサインとも言う。双子座、射手座、魚座。乙女座を含む場合もある。（５５３ページ）

ハイレグ
Hyleg
出生図の持ち主の寿命に影響を与える惑星や位置。アフェタ Apheta、プロロゲーター Prorogator とも。（５２７ページ）

ビホールド
Behold
見るという意味。リリーは本書ではほぼアスペクトの意味として使っている。（５２６ページ）

ファミリアリティ
Familiarity
親しむという意味。一般的に２つの惑星間のアスペクト、パラレル、ミューチャル・リセプションを意味する。（５５２ページ）

フォーティチュード
Fortitude
惑星の配置で、自身のサインやエグザルテーションにあり、惑星が強い状態であること。（５２４ページ）

プラティック
Platic
リリーの第１書での定義では、惑星同士のオーブの半分以内でのアスペクト。（５６５ページ）

プロヒビション
Prohibition
意味としては阻止、妨げ。ある惑星が別の惑星に近づきアスペクトを形成する前に動きの速い第３の惑星が先に惑星とアスペクトを形成すること。（６４３ページ）

プロミッター
Promittor
出生図の配置によって、出来事や状況が約束されている promised 惑星で、すべての惑星はプロミッターに成り得る。ディレクションでシグニフィケーター（表示体）とプロミッターとでアスペクトが形成されれば約束された出来事、状況などが起こる。（５０５ページ）

プロロゲーター
Prorogator
ハイレグ参照。（５２９ページ）

ベスパーティン
Vespertine
太陽の後に沈む惑星。（５７７ページ）

ペレグリン
Peregrine
エッセンシャル・ディグニティを持たない惑星。（５４１ページ）

ホラリータイム
Horary Times
惑星の昼の円弧もしくは夜の円弧を１２で割ったもの。（６５１ページ）

マ▼

ミュートサイン
Mute Signs
蟹座、蠍座、魚座。（５８２ページ）

ラ▼

ライツ
Lights
太陽と月。一方だけの場合はライトLight。（５０５ページ）

ラディックス
Radix
根、根源の意。出生図や出生時の星の配置。（５６２ページ）

リセプション
Reception
第１書１１２ページでの定義では「シグニフィケーターである２つの惑星がお互いのディグニティにある状態」。例えば太陽が牡羊座にあり、火星が獅子座にあるような時。これはハウスによるリセプションだが、エグザルテーション、トリプリシティ、ターム、フェイスでもリセプションがある。リリーのリセプションはいわゆるミューチャル・リセプションで、アスペクトも接近も必要としない。（５４４ページ）

ルミナリー
Luminary
太陽と月。（５２５ページ）

レシーブ
Receive
受け入れる、受容の意味がある。リリーはレシーブを定義していない。一般的には、ある惑星があるサインにあると、そのサインのロードやエグザルテーション、トリプリシティ、ターム、フェイスのロードからレシーブされる。またレシーブにはアスペクト、接近を必要とする考えもある。そしてトリプリシティ、ターム、フェイスは単独では弱く、これらのうち同じ惑星のもの２つで重なるとレシーブが成立するという考えがあるがリリーはひとつでレシーブを成立させ、アスペクトも接近も必要としない。（５４４ページ）

レディ
Lady
ロードの性別が女性なら、つまり月、金星にはロードでなくレディを使用。（５３１ページ）

ロング・アセンションのサイン
Signs of Long Ascensions
北半球の場合は蟹座から射手座にかけてのサイン。（５３０ページ）

監訳者あとがき

　ヨーロッパでは占星術が２度衰退しています。
　一度目は４、５世紀頃。
　ローマ帝国でキリスト教が国教となり、占星術が弾圧の対象となりました。それから占星術は衰退し、西ローマ帝国が崩壊したこともそれに拍車をかけます。
　しかしヨーロッパの占星術の知識はアラビア、ペルシャの方面に伝播し引き継がれます。
　再びヨーロッパで占星術が復興するのは１２世紀。イスラム文化圏の書物がラテン語に大量に翻訳された時代。アラビア方面に伝播していた占星術の知識が再びラテン語に翻訳されヨーロッパに戻り、この頃から占星術は復興していきます。
　二度目の衰退期は１７世紀の終わり頃。リリーの活躍していた１７世紀半ばのイギリスは占星術黄金期で、アルマナック（暦）が大流行したのですが、その後占星術は衰退していきます。衰退の原因は科学革命、古い宇宙観の崩壊など諸説ありますが、はっきりしません。
　そして１９世紀後半にアラン・レオが再び占星術を復興しますが、その占星術はリリーのような伝統的な占星術でなく、簡略化され、心理的な占星術でした。
　この占星術が現在にまで引き継がれています。
　心理占星術の反動なのか、１９８０年代から、伝統的な占星術への回帰が起こります。
　ロバート・ハンド Robert Hand、ベンジャミン・ダイクス Benjamin Dykes、ジェームス・ハーシェル・ホールデン James Herschel Holden ら現代の欧米の占星術師によって様々な占星術の古典が英訳されています。
　そういった流れの中、日本でも伝統的占星術への関心が高まりつつあります。かく言う私もそのような伝統的占星術に関心をもった者の一人です。私は中国占術や東西の占星術を研究しています。中国占術には『古今図書集成』『四庫全書』などに収められた莫大な占術の古典が存在し、いくつかは日本語に翻訳されていますし、インド占星術も本国インドでかなりの数のサンスクリット語の占星術の古典的文献が英訳されています。
　しかし、西洋占星術に至っては、最近まで英文で読める近世以前の古典がそれほど数がありませんでした。というのも１７世紀頃までの西洋占星術の古典のほとんどがラテン語で書かれたものだったからです。現在、欧米でラテン語から英語に翻訳する作業が続けられ、少しずつ英語で読める占星術の古典が増えていっています。
　そういった西洋占星術の古典の中でも特に高い評価を得ているのが本書『クリスチャン・アストロロジー』でしょう。

『クリスチャン・アストロロジー』の巻末にリリーが参考にしたであろう文献の目録が収められています（第１書・第２書の巻末に収録）。そこに掲載されているものだけでも約２５０ものタイトルがありますが、タイトルを見れば分かるように、ほとんどがラテン語です。それらの文献から得た知識をもとに英語で執筆されたのが本書なのです。

ですから、本書は長い年代を経て蓄積された占星術のエッセンスが凝縮されたものと言ってもいいかもしれません。

日本での占星術の古典の翻訳状況はと言いますと、２０１５年１月現在、ほとんど翻訳されておりません。マニリウスの「アストロノミカ」のみで、トレミー（プトレマイオス）の天文書である「アルマゲスト」は翻訳されていますが、占星術書の「テトラビブロス」でさえ翻訳されていません。インド占星術ではヴァラーハミヒラの「ブリハット・サンヒター」のみです。

私は『クリスチャン・アストロロジー』を読んだとき、なぜ、誰も日本語に翻訳しないのだろうかと疑問に思い、何とかして日本語に翻訳したいと思いました。できるだけ早く翻訳したく思い、翻訳を協力してくれる人を探しました。占術の書籍の翻訳というのは、語学力だけでなく、占術の知識も必要です。そういった人物はなかなかいないものですが、運良く、私の姉は語学が堪能で、占星術も研究していたので、翻訳を頼みました。

それが２年前です。そして、１年前に太玄社に『クリスチャン・アストロロジー』の企画を提出したところ快諾していただけました。ただ、出版事情を考慮し、第１書ではなく第３書からの出版ということになりました。第１書、第２書は合本で引き続き出版される予定となっています。

本来ならもっと易しくてページ数の薄い伝統的占星術の入門書籍からとも思ったのですが、そういうことをしていると、『クリスチャン・アストロロジー』の出版が何年先になるかわからなく、現実的ではありません。ですからまず早く『クリスチャン・アストロロジー』を出版しようという考えに至りました。

企画が通った頃、１年かけて姉が翻訳を仕上げてくれました。そこから、私も姉の訳文をもとに１文、１文英文の翻訳を進め、註釈を加えていきました。本書を翻訳していて、どうして誰も『クリスチャン・アストロロジー』を日本語に翻訳しないのがわかりました。

あまりにも読みづらいからです。

この読みづらさは、リリーの文章の特徴でもあります。

特徴を挙げると
①１文が長すぎる
　１文が延々と続きます。１０行続くのはざらにあります。
②文章構造が複雑

よく、「リリーは文法的な誤りが多い」と聞きますが、私の印象ではそれほど多くありません。どちらかと言うと、倒置、省略が多くあるという感じで、それが文法的な誤りに見えてしまうということがあるとは思います。またそういったことは文章構造を複雑にしていますし、さらに、関係詞がどれに係っているかや指示語がどれを指しているのか非常にわかりづらい文章でもあります。主語と述部をはっきり意識して読まないと迷路に迷い込んでしまいます。構文をきっちりとる英文解釈のやり方で読み進めるのが日本人には適しているように思えます。

　③現代の英単語の意味と違う。

　古語はもちろんありますが、現在使われている単語の意味が現在と違う場合があり、ラテン語から派生した英単語はラテン語の意味で訳したほうがしっくりくる場合が多くありました。例えば、nice は現代では良いといった意味に使われますが、もともとラテン語の無知や愚かという意味から派生しているので、本文ではそちらの意味で使われています。

　④現在の占星術の用語の定義と違う。

　古典での占星術用語の意味、もしくは、リリー個人で用語の定義や使い方が現在と違う場合があります。

　例えば、ホロスコープは現在では占星術の図を意味する場合が多いですが、当時はアセンダントの意味で使われていました。プログレッションはリリーが本文でプロフェクションと同じと言っていて、ディレクションと使い分けています。

　以上が大体のリリーの文章の特色です。

　これらに加え、記述に間違いがあるところも多々ありました。タイプミスと思われるところもありますが、リリー本人が間違っている箇所もあります。明確に間違いと思われるところは修正させて頂きました。また、リリーが本文で挙げた占星術師の多くが日本でほとんど知られていないということもありました。註釈においての日本語での紹介に必要性を感じましたので、調べる必要がありましたが、ネットがなければほぼ不可能だったと思います。日本のサイトはもちろんのこと英語のサイトでもなく、イタリアやドイツのサイトでやっと出てくる占星術師もいました。数年前ではどのような占星術師かということを調べることは不可能であったと思います。

　このような文章と私も9ヶ月間格闘しました。翻訳に際し、心掛けたことがあります。

　まず実践で使えるよう、できるだけ平易でわかりやすい日本語にしました。

　数式の計算も原文のままだとわかりづらいので現代の計算法にしています。

　また、できるだけ客観的に訳そうと心掛けました。というのも翻訳や、特に註釈ですが、今まで学んできた占星術の知識のフィルターを通して、自分の占星術

の知識に都合のよく翻訳や解説をしてしまう危険性があるからです。

　註釈はあくまでリリーの第１書、第２書に記述があるものはそこから。ないものは、占星術の用語辞典では定評のある James Wilson の Dictionary of Astrology と Nicholas de Vore の Encyclopedoia of Astrology をできるだけ参考にしました。

　日本にまだ翻訳されていない占星術用語がありますが、基本カタカナ表記で、日本語にできるものは日本語に訳しました。例えば、the quarter of the year はカタカナ表記にすると意味がわかりづらいので、「年の四季分」と訳したりしています。

　また、latitude は地理緯度と黄緯の両方の意味を持ちます。原文で黄緯とわかるものは「黄緯」、地理緯度は単に「緯度」と訳出しています。

　このような過程を経て『クリスチャン・アストロロジー』第３書は出版されましたが、お読みになっていかがだったでしょうか。

　いきなり時刻修正から始まりますので、非常に難しく感じる方もいるかと思います。ただ、出生図の判断の手順として、まず時刻修正から始めますので、本書の内容も時刻修正から始まっています。難しく感じた方は５３２ページぐらいからの分かるところから読むのもいいとは思います。

　出生図の判断については、現在の占星術に比べて判断要素が多く、複雑で、繊細な印象を持たれるかもしれません。

　その判断法は、「何ハウスにこの惑星があったらどうのこうの」といった単純なものではありませんし、

　性格判断は多少あるものの、ほとんどは、運命的な予測を中心とした内容となっています。ただし、決して宿命的でなく、この時期にこうするのがいいとか、この方角に旅行や商売をすればよいといった開運法的な要素も持っています。

　現代の占星術と大きく違うところももちろんあります。例えば４ハウスが母のハウスでなく父のハウスであることなどです。もちろん天王星、海王星、冥王星は当時まだ発見されていませんので使われておりません。

　判断法は、ハウス、ハウスのロード、ハウスにある惑星、一般的なシグニフィケーターの惑星、それらにアスペクトする惑星。これらを考慮し、状態を調べ……と手順が非常に多いと感じてしまうでしょう。

　しかし、この手順は私の学んできたインド占星術では一般的に行われている手順となっていますし、７５５ページにあるような、「１０ハウスは７ハウスから見て４ハウス」といったハウスを回す方法もインド占星術でよく行われる方法です。インド占星術を学んでいる方は、『クリスチャン・アストロロジー』に共感を得るかもしれません。というのも占星術の古典的世界は地域や文化は違えど共通性が多いものです。

　例えば、逆方向（コンバース）ディレクションについての記述がありますが、このディレクションは中国の占星術である「張果老星宗」を典拠とした七政四余

では一般的に使用されています。そこにその地域や文化的要素が加わりますので、七政四余ではタームの代わりに二十八宿を使い、二十八宿に配当されている五行と、アセンダントの二十八宿の五行の関係で吉凶を決めていきます。

　台湾では、すでにベンジャミン・ダイクスの Traditional Astrology for today が「當代古典占星研究」というタイトルで中国語で漢訳されています。そこでは七政四余で使われている用語が西洋の伝統的占星術の用語の漢訳に流用されています。エグザルテーションは「旺」、ドミサイルは「廟」、デトリメントは「陥」といったものや、プロフェクションは「小限」と訳されています。七政四余と概念はまったく同じではないですが、それなりの共通性があるので、このように流用されたのだと思われます。

　『クリスチャン・アストロロジー』とインド占星術、七政四余を比較しながら研究を進めていくと、様々な発見や共通性が見出せました。

　西洋の伝統的占星術で重要文献の一冊に挙げられる『クリスチャン・アストロロジー』ですが、「この書の内容が西洋の伝統的占星術である」という認識をもつことは半分は正解ですが、半分は誤りかもしれません。

　というのも、西洋占星術の古典は時代や地域によって違うからです。例えばローマ時代の「テトラビブロス」と『クリスチャン・アストロロジー』は同一ではありません。また同時代の同地域でも個人によって違う場合さえあります。

　あくまで、「１７世紀半ばのイングランドの卓越した占星術師であったウィリアム・リリーの伝統的占星術」という認識が正しいと思われます。

　リリーはそれまでの占星術の古典を包括しまとめあげましたので、多くの古典の要素を持っています。『クリスチャン・アストロロジー』を読めば分かりますが、「テトラビブロス」の引用も非常に多くあります。

　ですから『クリスチャン・アストロロジー』から入り、様々な各時代の西洋占星術の古典に触れていくのが分かりやすいのかもしれません。

　そして、古典に書かれていることは必ず検証してみてください。金科玉条となり、ドグマティックな対応をされないようにしてください。

　さて、遅くなりましたが、リリーの生い立ちについて述べたいと思います。

　ウィリアム・リリーは１６０２年５月１日にイングランドのレスターシャー州、ディスワースの村の農民の家系に生まれました。経済的に厳しい環境でしたが、グラマースクールでラテン語などの教育を受けます。これが後の占星術の研究に大きく役立つことになります。

　経済的理由で大学への進学は断念しますが、教育の高さを買われ、ロンドンの塩商人ギルバート・ライト氏のもとに秘書、使用人として雇われます。１６２４年にライト氏の妻が亡くなり、ライト氏は１６２６年にエレンという女

性と再婚します。しかしその後すぐに１６２７年にライト氏は亡くなります。残された未亡人のエレンとリリーは恋に落ち、結婚します。

この結婚生活は長く続かず、エレンに先立たれますが千ポンド近くもの遺産がリリーに残されます。

リリーは１６３２年に占星術を学び始めます。占星術師のジョン・エヴァンズから学びますが、納得ができず、エヴァンズのもとを離れ、独学で学び始めます。経済的な余裕があり、当時高価であった占星術の書籍を買い集め、ラテン語が堪能であったのでそれらの書籍から知識を深めていきました。

１６３５年から占星術での顧客の鑑定を始めますが、リリーの名が世に広まったのは１６４４年のアルマナック（暦）の出版での成功です。１６４６年に１３，５００部、１６４８年に１８，０００部、１６５０年までに毎年３０，０００部売れたと言われています。

そしてリリーの最大の功績である本書『クリスチャン・アストロロジー』が、１６４７年に出版されます。

リリーは『クリスチャン・アストロロジー』でほんの断片しか述べていませんが、マンデーンの分野でも優れた才能を発揮しました。

１７世紀半ばはイギリスでは清教徒革命の頃。

リリーは議会派と王党派では議会派の勝利を予測し、その通りとなります。しかしリリーは再び王党派が勢力を盛り返すのを予測していました。それもその通りとなり、１６６５年のロンドンでのペストの流行、１６６６年のロンドン大火も予測し、実際起こります。

１６５２年にリリーはサリー州ハーシャムに移り住み、そこで医学を学んでいます。

１６８１年没。亡くなる直前までアルマナックの執筆を続けていたそうです。

リリーは本文で

　　先人たちはうんざりするような、非常に多くの法則を残しているが、占
　　星術を理解していないような人の手によるアラビア語の悪い翻訳が原因
　　で、矛盾することがたくさんある。

翻訳をする者にとっては非常に気をつけなければならないことです。『クリスチャン・アストロロジー』の翻訳がきっかけとなって、これから占星術の古典の翻訳が少しずつでも増えていってくれればと思います。

ただ、できるだけ、同じものが翻訳されるよりは翻訳されていないものが翻訳されていく状況が望ましいと思われます。なぜなら、よくあることですが、一度、ある古典が出版されると、それを参考にして翻訳しやすいため、同じ古典を別の

翻訳家が訳して出版していくということがあり、結果として翻訳される古典の数が増えていかないという悪循環があるからです。
　少しでも多くの占星術の古典が翻訳され世に出ていくことを願っています。

　最後になりましたが、私の何度もの翻訳修正を快く受けて頂いた、リリーの愛好者でもある編集者の西尾厚氏に感謝いたします。また、本書の企画を通して頂いた太玄社の今井社長に感謝申し上げます。それから、共に翻訳をしてくれた姉、そして一昨年、去年に亡くなった祖母と伯母、いつも応援してくれている家族に感謝いたします。皆様ありがとうございました。

　２０１５年１月

　　　　　　　　　　　　　　　　　　　　　　　　　　田中　要一郎

訳者あとがき

　「ウィリアム・リリーの『クリスチャン・アストロロジー』を訳してみる？」
２０１２年の、弟からの電話が始まりでした。
　『クリスチャン・アストロロジー』は有名な占星術の古典なのに、今まで日本語に翻訳されず出版されていないのが不思議なくらいでした。
　こんな機会は二度と巡って来ないと思い、すぐに了解したものの、原書の英文を読むのと正確に日本語に翻訳することは違いました。原書は膨大な量の上、翻訳が非常に難しく、所々にラテン語まであるので、これはかなり手間取る仕事になると感じました。
　翻訳し始めると、現代知られている占星術の手法や判断とは異なる箇所があり、またリリーが生きていた時代における風習や、彼の独特な言い回し表現もありました。
　可能な限りリリーの個性が出るように翻訳を心がけましたが、読者が混乱したり、疑問に思ったり、また理解しづらいような箇所もあるかと思います。
　また、翻訳について何らかの議論を引き起こすだろうと思いますが、まずは彼が残した占星術の知識や当時の占星術技術を学んで頂ければと思います。
　そして、占星術の教科書として、一人でも多くの人が本書を手に取ってくれることを願います。
　読者の中にはついに日本語で読めると感じている人がいるかと思います。
　本書が日本における占星術の研究に少しでも貢献ができれば幸いです。
　人の運命やこの世のしくみを知りたくて、さまざまな占術を学んできましたが、今回翻訳の機会を頂いたことに不思議な巡り合わせを感じています。
　最後に、本書の翻訳の機会を与えてくれ、翻訳はもちろん占星術的なアドバイスを数多くしてくれた弟に、そして、いつも応援してくれている家族に感謝します。本書翻訳中に他界した祖母、伯母も出版されたことを天国で喜んでくれていればと願います。

田中紀久子

刊行に寄せて

「『クリスチャン・アストロロジー』の邦訳が出ます、帯の文と推薦の言葉を描いてもらえませんか」と、版元さんからご連絡をいただいたときには、本当に驚きました。仕事柄、帯文や推薦文を描く仕事は多いのですが、このようなうれしい驚きを引き起こすご依頼はめったにありません。なにしろ、この本は英語で初めて書かれた包括的な伝統的占星術の教科書であり、プトレマイオスから当時にいたる多くの占星術書の知識を包括的にまとめ、また実際の占星術判断のケースを具体的に提示したということで、占星術を現代にまで継承させる大きな役割を果たした本なのです。二千数百年にわたるホロスコープ占星術の歴史の中でも屈指の重要古典であることに間違いありません。その本がついに日本語で読めるようになるのです。

一も二もなくお引き受けし、校正刷りを拝見してまた驚きました。翻訳が読みやすいのはもちろんのことですが、学習者の便宜を図って原著のページネーションと邦訳版のページをそろえる編集をされているという細やかさ。さらに用語についての詳細な訳注がつけられているという点でも、監訳者の田中要一郎さん、翻訳の田中紀久子さん、編集の方の熱意と努力の深さに心から敬服した次第です。

本書の重要性についても、監訳者あとがきで簡にして要を得る紹介がなされているので、僕などがいうことはあまりないのですが、個人的な思い出を含めつつ一言二言付け加えさせていただきましょう。

僕の本書との出会いは僕の学生時代ですから、リリーの『クリスチャン・アストロロジー』（１９８５年）がレグルス社から復刻されて数年後のことになります。

当時、欧米の占星術界ではいわゆる「心理学的占星術」が主流のトレンドとなっていました。監訳者あとがきにもあるように、占星術は歴史の中で何度か衰退と興隆を繰り返し、変容を続けているわけですが、英語圏では１７世紀後半に一度占星術は衰退します。細々と継承された占星術ですが、１９世紀末に神智学の影響下に再興され、アラン・レオが旧来の「宿命論的」占星術を大きく改変し、人間の霊的進化のマップとしての占星術という概念を提唱します。それは実践的な意味では伝統的占星術の簡略化という面もありますが、同時に神智学を経由して再興されたヘルメス主義的太陽崇拝と人間の魂と星との関係を深く考える占星術の誕生ということでもありました。さらに２０世紀に入り、心理学者ユングやアサジオリの思想を取り入れ、現代人にはあまりにもオカルト的に見える神智学的な装いを脱色したうえ、ホロスコープのシンボルを集合的無意識の表象として解

釈してゆく「心理学的」占星術が登場したのです。立役者は、なんといっても音楽家にして占星術家のD．ルディア、そしてユング派分析家であったリズ・グリーンの二人でしょう。

　１０代のころから占星術に興味を持っていた僕は、従来の「当てもの」式の占いに辟易(へきえき)していたこともあり、知的なこの心理占星術の流れの洗礼を受け、それこそ手に入る限りの文献をあさり、英国に出かけてはこの流れを学び、日本に紹介する仕事をしてきました。

　しかし、その一方で、もう一つの流れが英語圏の占星術世界では進んでいたのです。それが「伝統占星術」復興でした。その最大の起爆剤の一つが、この『クリスチャン・アストロロジー』の復刻だったのです。

　９０年のことだったと思います。英国占星術協会の年次大会に顔を出していたとき、僕は美しい紫色に髪を染められた、風格を感じさせるご婦人に声をかけられました。

　「あなたはどんな占星術に興味をお持ちなの？」

　心理学的な占星術こそ最新のトレンドだと思っていた僕は胸を張ってこう答えたのです。

　「はい、もちろん、心理占星術です」

　そのときのことを思うと、今でも顔から火が出そうになります。その女性は、だれあろう、"Horary Astrology Rediscovered" の著者、オリビア・バークレーさんで、英国における伝統的占星術復興のパイオニアの一人だったのです。「心理占星術、それはいいわね」という反応を期待していたら、それどころか「心理占星術は退屈」と一刀両断にされたのです。

　あわてて大会のブックストールで刊行されたばかりのオリビアさんの著書を買い込み、サインもいただいて、読み始めたのでした。

　そして、再発見されたリリーの『クリスチャン・アストロロジー』をもとにした伝統占星術の世界を知ることになったのです。

　リリーの主著であるこの本は、１９世紀末の占星術師ザドキエルによって一応の「復刊」を遂げてはいましたが、これは大幅な抄訳で原型をほとんどとどめていないものでした。そこで１９８５年にレグルス書店から『クリスチャン・アストロロジー』がファクシミリ版で「第三版」として発行されたときには巨大なインパクトが与えられたのです。

　現代の心理学的占星術ではイメージの働きを重視し、ユング心理学でいう「拡充」という方法を得意とします。占星術象徴を神話などほかの元型的イメージと照らし合わせることによってその解釈を深化させていきます。具体的な出来事を

当てることよりも、人生経験の意味の深層をあぶりだして心の成長と変容に寄与しようとするのです。一方で、伝統的占星術が持っていた複雑なルールを失っていたということがあります。

一方で『クリスチャン・アストロロジー』を読むとわかるように、伝統的な占星術の中には具体的な対象物や事件を「シグニフィケーター」「プロミッター」として特定の天体と対応させその状況によって、具体的な状況を描き出そうとします。ここでは現代占星術ではあまり重きをなさなくなっていた天体の「強さ」（ディグニティ）が決定的な役割を果たします。このルールの詳細さと複雑さが実践の上での伝統占星術を学ぶ面白さの一つであり、ルールが簡素な現代的心理占星術が「退屈」だと思う向きもある要因の一つでしょう。

この伝統的占星術復興のインパクトはあまりにも大きかったので一時は伝統派の占星術実践者たちが現代占星術を舌鋒鋭く批判するという時期もあったのですが、その後、ヘレニズム、中世、ルネサンスとさまざまな時代の占星術が英訳されてきたということ、また、占星術実践者の内部でもパトリック・カリー、ニコラス・キャンピオン、ジェフリー・コーネリアスら正規の大学でも教鞭をとるレベルの占星術研究者／実践者がアカデミックな研究方法論を実践者の中にも持ち込んだこともあって、現在ではドグマテイックな態度をとる占星術家はほとんどいなくなったといっていいでしょう。多様性が重視されるようになっているのは、占星術世界も同じです。

さて、このような占星術を展開したリリーはどのような人物だったのでしょうか。

「占星術の学徒」student of Astrology は、占星術実践者にとってはもちろん、より広く英国初期近代研究においても重要な人物です。リリーは、「占星術の黄金時代」でもあり、同時に「占星術の危機の時代」でもあった１７世紀中葉の英国における、もっとも著名で成功した占星術家でありました。

ロンドンを旅するとあちこちで青や緑の丸いプレートが壁などに貼り付けられているのを見ることができます。記念プラークと呼ばれるもので、歴史上の人物がかつて住んでいた場所など、歴史的史跡であることを示すものですが、２００３年にウイリアム・リリーの住まいであった場所に緑のプラークが取り付けられたのです。これは占星術家としては初めてのこと。リリーのプラークが取り付けられた時には、英国の占星術関係者の間では快哉の声があがりました。

また、神戸学院大学の岡部芳彦准教授がカンタベリー大権裁判所の検認記録のなかからリリーの遺書を発見されたことも興味深い示唆を僕たちに与えてくれて

います。

　カンタベリー大権裁判所は「ヨーク大権裁判所と並んでイングランド・ウェールズにおける最高位の教会裁判所」であり、「それぞれの職業におけるもっとも富んだ人々の遺産目録」がその記録に含まれているのです（岡部芳彦『イギリス検認遺産目録研究』晃洋書房、２０１５年）。

　Student of Astrology という肩書きで、このような遺産目録に記録が発見されたのは、岡部氏によれば現在までのところ、イギリス全土においてもリリーが唯一の例であるとのこと。これは、リリーがきわめて大きな成功を残していたことの証左であり、いかにリリーの存在が大きかったかということを示しています。

　もう一つ、教会とのつながりという点では、リリーの墓はロンドン郊外ウオルトン・オン・テムズのセント・メアリー教会にあることを述べておきましょう。現在、毎年、リリーの命日を「リリー・デイ」として占星術家たちが近くのパブに集まって墓参し、またリリーをしのんでの講演をおこなっていますが、その墓碑銘には「astrologer」と刻まれています。占星術にたいして懐疑的であった教会の墓地にこのような碑銘が残されていること自体、リリーの時代には占星術が受容されており、かつリリーの地位が相当のものであったことを示しているのではないでしょうか。

　著名な民俗学者であり、井村君江氏によってその妖精研究が日本でも広く紹介されている、キャサリン・ブリッグスはリリーの自伝を編纂、復刻し、そのタイトルをいみじくも「最後の占星術師」としました。

　もちろん、現在でも多くの占星術師が活動しているわけで、リリーが「ラスト占星術師」というわけではありません。が、リリーは占星術がまだ秘教的なものでも摩訶不思議なものでもなく、一種の学問と認知されていた時代の占星術師という意味で最後であり、また政治的にも相当の影響力をもつことができた最後、という意味では「ラスト占星術師」であったということはできるでしょう。歴史家キース・トマスの名著の題を借りていえばリリーは「魔術の衰退」の直前とそのただなかを生きた魔術師であり占星術師であったということになります。

　リリーは１７世紀半ばの内戦期において数々の予言をそのパンフレットで残し、自身は議会派の立場であって、議会派の勝利を予言することで議会派軍の士気を高めることに協力したりもしています。多くの有力な政治家から相談を受けアドバイスをしていた記録があり、告発を受けたときもこうした有力者が救いの手を差し伸べています。

　一方で王党派とも関係をもち、チャールズ１世の脱獄を手助けするアドバイスをしたり、ライバルでもあった王党派の占星術師ジョージ・ウォートンが逮捕さ

れたときには、占星術上のライバル関係を超えてその救出に自らの政治的コネクションを利用して尽力したこともありました。さらにリリーに関する史料の多くはオックスフォードのボードリアン図書館にありますが、これはエリアス・アシュモールとのかかわりによるものです。ボードリアン図書館に多くの図書を寄贈した、当時第一級の知識人であったエリアス・アシュモールもリリーと深い親交を結んでいましたが、政治的には王党派に属していました。ちなみに、１９７４年に民俗学者キャサリン・ブリッグスが編纂して復刻したリリーの自伝を最初にまとめたのはほかならぬこのアシュモールです（"Mr. Lilly's History and His Life and Times" １７１５）。

　リリーがこのような政治的影響力を多少なりとも行使することができたのは、国璽尚書を務めた、議会派の議員であったバルストロード・ホワイトロックとの親密な関係によるものです。リリーは、のちに（１６７０年）元カンタベリー大司教であったギルバード・シェルドンより医師免許を与えられますが、それ以前から占星術の上でも健康や医療に関する判断を得意としており、当時一般的な方法であった、依頼人の尿を観察し、それが持ち込まれた時間のホロスコープを作成して判断を下していました。そのため彼らは「尿の予言者」（ピス・プロフェット）などとも呼ばれています。リリーはホワイトロックの病気の経過を見事に予言し、ホワイトロックからの信望を得て、占星術家としての成功への足掛かりをつかんだのでした。なお、リリーの遺書には親族のほかにホワイトロックの子どもに遺産の一部を残すと書き記していますから、その関係がいかに親密なものであったかも想像できるというものです。しかし、先にも述べたように王党派とも関係し、時代の荒波を生き抜く現実的な賢明さをも持っていたことがよくわかります。

　リリーの名声を高めたのは有力なパトロンを得たことだけではなく、「イングランドの予言者マーリン」の名で知られる占星術年鑑をはじめ多くの冊子を出版したことでもありました。リリーの占星術年鑑は一時、３万部に迫る部数を誇り、その予言は大きなメディア的影響力を持つようにもなったのでした。

　ちなみにこうした占星術年鑑はリリー以外にも多くの占星術家が発行しており、１７世紀におけるその総部数は３００万部とも４００万部とも言われていますが、キース・トマスによればこれでも過小評価であって、その印刷点数は実に聖書を上回るものだったということです（『宗教と魔術の衰退』法政大学出版局、１９９３年）。

　チャールズ１世の処刑やオリバー・クロムウエルによる共和制の誕生、ロンドン大火などはこうした出版物で予言されています。ただし、これだけの影響力をもつ出版物ですから、当局からの検閲もあったわけで、占星術師たちは慎重に自

分たちの言葉を選ぶ必要がありました。

　もう一つ、リリーは占星術家のネットワーキングに大きな寄与をしていたことを付け加えておきましょう。現在、英国、米国、オーストラリアなどでは占星術協会が存在し、情報交換と親睦、教育にあたっていますが、その先駆的存在が１７世紀半ばにありました。その中心人物がリリーであり、彼らは年に一度、Astrologers' feast と称して夕食会を兼ねたシンポジウムを開催して、一時的には４０名以上のメンバーを集めていました。

　政治的には極めて不安定な時期でもあり、かつ、占星術の予言が影響力をもつ時代でもあります。そこでは政治的な発言はご法度であり、政治的立場を超えて同じ学問の徒が集うという理念がかかげられました。これは、英国学士院が創設されるよりも前のことであり、リリーの精神の先駆性の一端を示すものでもあります。

　さて、リリーの『クリスチャン・アストロロジー』に見られる姿勢についても少し述べておきましょう。

　冒頭にも解説されている通り、本書は３巻からなっていて、その中心をなすのはホラリー占星術です。ホラリーは占いたいと思った瞬間のホロスコープを作成し、そこから質問にたいしての判断を引き出すという技法。そしてここに訳出された第３巻は、出生ホロスコープの解釈の方法です。

　占星術を学習している方なら、最初の「ヘルメスの天秤」と呼ばれる技法から、最近までやはりほとんどわすれられていたプライマリー・デイレクションなどによる出生時刻の修正法に始まり、人生の各テーマを事細かに詳細なルールによって判断してゆく、その技法の細かさに目を見張ることになるでしょう。現代占星術との大きな違いは、一見したところのこのルールの細かさや複雑さにあり、これが「再発見」されたときに占星術実践家たちが大いに興奮し、ここにこそ「あたる鍵」があるに違いないと考えたのは無理もありません。こうした技法を再発見し、占星術の実像が残されていくことはまことに価値があることだといえます。

　しかし、同時にこのような細かな技法を習得しようとするうちに、一定のルールさえ適用できれば誰でもいつでも普遍的に占いが当たる、というふうに考えるのはやはり危険だと思います。

　リリー自身、ロンドン大火をはじめとして驚異的で具体的な予言は「占星術のより秘密の鍵、あるいは預言的占星術」によってなされたのであると言っています。つまりは神が星を解釈することを許したときにのみ、こうした予言ができるのである、という一種の宗教的信念がリリーにはあったのです。

機械的にホロスコープを「客観的に読む」ということだけでは済まない面があることをリリーは自覚していました。
　英国の指導的占星術研究家ジェフリー・コーネリアス博士は、繰り返し、一見、宿命論的に見えるリリーの占星術（そして占星術そのもの）のDivinatoryな性質を指摘しています。デイヴィネーションは、通常「占い」と訳されますが、これは神的なものとの交流によって運命と交渉しようとする営みでもあるのです。
　はたして占星術がDivinationなのかというのは、ここ数十年来、英米での占星術界で盛んに議論されてきた重要なテーマなのですが、それについて語るのはまたの機会にしましょう。その代わりに、ここではコーネリアス博士による、『クリスチャン・アストロロジー』の扉に掲げられているリリーの肖像画（本書489ページの対向ページを参照）に残された暗号の謎解きをご紹介しておきましょう。
　リリーはホロスコープを手にしています。画面上部には黄道が描かれ、そこには魚座と牡羊座の境界線上に木星と土星の合が示されています。春分点近くにおける木星と土星の合は、天文学者ケプラーがイエス・キリストの誕生時の星相として想定したもので、これは20世紀の心理学者ユングも著書『アイオーン』（人文書院、1990年）のなかで採用しているものです。遠景には田園と川岸を認めることができ、7匹の羊を追う羊飼いと漁師が見えます。これは「人の子の羊飼い」（牡羊座とリンク）と「魂の漁師」（魚座とリンク）というキリスト教の伝統的なアレゴリーとして読み取ることができます。
　そして何より重要なのは、リリーが手にするブランクのホロスコープの中央にNon Cognutというラテン語の標語が書き込まれていることです。
　これは英訳するとnot compellingつまり、星は強要しない、という意味。これはスコラ神学者トマス・アクィナス以降、占星術家たちの多くが掲げるモットーであり、星たちは人間の肉体には影響を与えるけれども人間の自由な魂には影響を与えることはない、ということです。
　ここには、実際的であり、かつ人間の運命を機械論的、ドグマ的にとらえようとしないリリーの態度が見られます。
　また実際の技法を見ても、プロフェクションのようなきわめて古いものを復興させる一方でケプラーによって発明されたマイナーなアスペクトを出生図解釈に取り入れるなどの革新的なこともリリーはいとわずやっています。
　リリーの中には自由な精神が息づいていたのです。
　リリーのこの本は、訳者あとがきでも述べられているように多くの議論を今後呼ぶことでしょう。リリーの占星術がどのような性質のものであったのか、という知識社会学的研究はまだまだこれからの課題ですし、実践者の方がどのように

本書で指南される技法を生かしていくか、また現実問題に応用できるかはまさに読者の方にゆだねられています。

　いずれにしてもそれは占星術実践をより豊かにし、僕たちが運命をどのように考えるか、ひいては人生をどのようにとらえるかを考える大きなヒントになるはずです。

　改めて本書の出版をお祝いするとともに、ここに一文寄せさせていただくことに感謝して、筆をおくことにします。

鏡リュウジ

＊ 翻訳に際し、以下の書籍、サイトを参考にしました。

参 考 文 献
Christian Astrology by William Lilly (REGULUS)
Christian Astrology Book3 by William Lilly (ASTROLOGY CLASSICS)
Encyclopedia of Astrology by Nicholas de Vore (ASTROLOGY CLASSICS)
Dictionary of Astrology by James Wilson (ASTROLOGY CLASSICS)
『予言占星学Ⅰ』ルーメン・コーレブ 著、星子真理子 訳（Astro-Research Center 'ZENITH'）
『予言占星学Ⅱ』ルーメン・コーレブ 著、星子真理子 訳（Astro-Research Center 'ZENITH'）
The Primary Directions of Regiomontanus & William Lilly by Rumen Kolev（Astro-Research Center 'ZENITH'）
『西洋占星術の歴史』S.J. テスター 著、山本啓二 訳（恒星社厚生閣）

参考サイト
「Astrologycom.com」 http://astrologycom.com/
「Skyscript.co.uk」 http://www.skyscript.co.uk/
「Astrologyweekly」 http://www.astrologyweekly.com/
「Astro-wiki」 http://wiki.astro.com/astrowiki/en/Main_Page

［著　者］
ウィリアム・リリー William Lilly
１６０２年５月１日イングランドに生まれる。
少年の頃、グラマースクールでラテン語などの教育を受ける。経済的な理由で大学への進学を断念し、ロンドンの塩商人ギルバート・ライト氏のもとに秘書、使用人として雇われる。ライト氏が亡くなり、その妻のエレンと結婚。この結婚生活は長く続かず、エレンに先立たれるも千ポンド近くの遺産がリリーに残される。
１６３２年に占星術を学び始め、当時高価であった占星術の書籍を買い集め、ラテン語が堪能であったのでそれらの書籍から知識を深める。
１６４４年のアルマナック（暦）の出版で成功し、１６４７年に『クリスチャン・アストロロジー』を出版。
マンデーンの分野でも優れた才能を発揮し、清教徒革命での議会派の勝利を予測し、王党派が再び勢力を盛り返すことも予測する。１６６５年のロンドンでのペストの流行、１６６６年のロンドン大火も予測する。１６８１年没。

［監訳者］
田中要一郎 Yoichiro Tanaka
１９７４年和歌山県生まれ。早稲田大学卒。
占術研究家。芸人。高校時代より占いに興味を持ち、研究を始める。
西洋古典占星術、インド占星術、七政四余など古典をベースとした東西の占星術を比較研究する。
五術研究家の阿藤大昇の門下で「三式・三典」を伝授される。
日本のみならず中国、インドの諸師にも学ぶ。レイモンド・ロー公認風水師。
主な占術は「占星術」「子平」「風水」「易」「タロット」「人相・手相」「姓名判断」など多岐に渡る。
訳書『子平推命基礎大全』梁湘潤 著（太玄社）
訳者ホームページ http://uranaigeinin.com/
訳者ブログ http://gree.jp/tanaka_yoichiro

［訳　者］
田中紀久子 Kikuko Tanaka
１９７３年和歌山県生まれ。
占術研究家。
幼少の頃より占いに興味を持つ。四柱推命、西洋占星術、インド占星術、易、タロットなど多岐にわたって占術を学ぶ。

クリスチャン・アストロロジー 第3書

2015年 5月24日　初　　版発行
2021年10月14日　第二版発行

著　　者───ウィリアム・リリー
監訳者───田中要一郎
訳　　者───田中紀久子

装　　幀───中村吉則
編　　集
本文DTP───西尾　厚

発行者───今井博揮
発行所───株式会社太玄社
　　　　　TEL：03-6427-9268　FAX：03-6450-5978
　　　　　E-mail：info@taigensha.com　HP：https://www.taigensha.com/
発売所───株式会社ナチュラルスピリット
　　　　　〒101-0051　東京都千代田区神田神保町 3-2 高橋ビル２階
　　　　　TEL：03-6450-5938　FAX：03-6450-5978

印刷────中央精版印刷株式会社

©2015 Yoichiro Tanaka
ISBN 978-4-906724-18-5 C3011
Printed in Japan
落丁・乱丁の場合はお取り替えいたします。定価はカバーに表示してあります。